大戰將臨

The World Crisis

邱吉爾親歷的帝國紛爭

從外交僵局到兵戎相見
英國首相重述一戰歷史

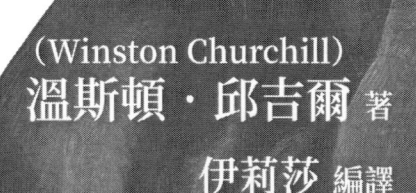

（Winston Churchill）
溫斯頓・邱吉爾 著

伊莉莎 編譯

從戰前緊張局勢到戰爭初期的關鍵事件，更加連貫、更易理解，解析全球危機的歷史

以英國首相邱吉爾視角
重新審視一戰的根本原因

目錄

前言 ……………………………………………… 007

積壓已久的憤怒情緒 ……………………………… 009

大規模戰爭的里程碑 ……………………………… 021

阿加迪爾危機 ……………………………………… 035

在海軍部 …………………………………………… 059

北海前線 …………………………………………… 085

愛爾蘭和歐洲均勢 ………………………………… 101

危機 ………………………………………………… 111

海軍的動員 ………………………………………… 129

戰爭：陸軍渡海 …………………………………… 143

入侵法國 …………………………………………… 161

馬恩河戰役 ………………………………………… 173

海戰 ………………………………………………… 189

安特衛普與海峽各港口 …………………………… 209

費雪勳爵 …………………………………………… 231

目錄

科羅內爾和福克蘭群島 …………………………… 247

轟炸斯卡伯勒及哈特爾浦 ………………………… 271

土耳其與巴爾幹各國 ……………………………… 293

西線的僵局 ………………………………………… 311

坦克與煙幕彈的起源 ……………………………… 323

選擇 ………………………………………………… 337

多格灘戰鬥 ………………………………………… 351

再次思考和最後決定 ……………………………… 367

陸軍進攻的起因 …………………………………… 381

攻陷外圍堡壘與希臘的二次提議 ………………… 395

新的決心 …………………………………………… 405

3 月 18 日 …………………………………………… 417

德‧羅貝克中將改變計畫 ………………………… 427

在懶洋洋的夏日山丘,

伴人憩睡有淙淙溪流,

遠處傳來低沉的鼓聲,

彷彿是從夢境中傳來的鼾聲。

低沉的隆隆聲響徹遠近,

親愛的朋友奔向彈雨槍林,

在身旁通過的土路上,

士兵們不斷前進,但無一倖免地走向死亡。

—— 《什羅普郡少年》(*A Shropshire Lad*) 第 35 頁

前言

　　戰爭結束後的 10 年間，我撰寫了 4 卷書。這些書的內容已被精簡，並濃縮於此書之中。長期以來，我一直期望將它們彙集整合成為更受大眾喜愛的形式。原先的 4 卷書每隔 2 年出版一卷，內容自然有所重疊，各卷的範圍和篇幅也不盡相同。此外，這些年間出版了許多書籍，從中我們獲得了大量知識。在重寫整個故事時，我能夠更簡潔連貫地敘述各個事件。對於事實和故事的基礎，我認為無需做實質性的修改，也不必改變我基於這些事實得出的結論。關鍵性的文字仍然原貌重現，但是我刪除了大量細微末節和一些為自己辯解的內容，因為我認為這些在如今，已不如 10 年前重要。我將故事的重要主題集中於我曾參與的特殊討論。

　　然而，在盡其可能的情況下，我根據新的知識做了更正。我必須對費雪勛爵辭職的情況做一些與本書前一版略有不同的陳述。H·H·阿斯奎斯先生（H. H. Asquith）在他《回憶錄》（*Memoirs*）中揭示的事實和費雪勛爵傳記作者對這位年邁海軍上將行為的記述，比我之前的觀點更為嚴苛。我對在法國的歷次大戰做了更為詳盡的敘述，這是基於最新可靠消息的研究。然而，基本上，我覺得，我不能改變我根據戰爭中海軍、陸軍和政治行為等方面得出的審慎判斷。

　　這本綜合版的書，致力於完全遵循丹尼爾·笛福（Daniel Defoe）的《騎士回憶錄》（*Memoirs of a Cavalier*）這本書的寫作方法和素材的安排，是由個人對往事的追憶，透過相當明顯的線索串聯而成的歷史著作。它並不是一本全面綜合式的記事錄；但是它目的在幫助人們從浩瀚的資料中整理出最重要的問題和最基本的結論。我自始至終要求自己忠實地盡最大努力說明發生的事件和其原因。在第一次世界大戰降臨至結束的 10 到 12 年

前言

間，由於我所處的地位，我能根據掌握的情況，充分了解最重要事情的過程；在那個時期的大部分時間，我擔任高級職務——海軍大臣和軍需大臣。

本人對本書所提出的事實、資料和結論深信不疑。此前的各卷已經至少被翻譯成 7 種文字出版，並成為眾多文章批評和評論的焦點。外界尚未提出任何具有實質性的重要論點或整體性推論，促使我對書中內容有所更改；在向讀者呈現此完整故事時，我堅信，本書在實質性問題上的論述不會被未來的歷史學家推翻。

溫斯頓・邱吉爾
1930 年於肯特郡查特韋爾

積壓已久的憤怒情緒

1870 — 1904 年

　　在維多利亞女王時代的輝煌時期，政治家們常常談論大英帝國的榮耀，並為上帝保佑我們度過無數危難，最終帶領我們進入安全和繁榮的時代而感到歡欣鼓舞。他們全然不知未來還將面臨最可怕的險境，而偉大的勝利尚需爭取。

　　他們教導孩子們，偉大的反拿破崙戰爭是英國人民歷史上最輝煌的成就。他們將滑鐵盧和特拉法加海戰役視為英國軍隊在陸地與海洋戰鬥中的巔峰之作，這些卓絕的勝利使得過去的一切相形見絀。這些勝利對於我們這個海島民族悠久而輝煌的歷史而言，似乎是理所當然的結果。這個民族在過去千年的時間裡，從弱小中逐步崛起，走向進入世界一流的行列。在三個不同的世紀中，不列顛民族三次使歐洲免於軍事統治。低地國家曾三次遭受攻擊，攻擊者分別是西班牙、法蘭西王朝和法蘭西帝國。不列顛帝國透過戰爭和策略手段（常常是獨自一人）三次擊敗了侵略者。這些戰爭在開始時總是敵人占據壓倒性優勢，鬥爭持續多年並歷經種種艱險，但最終我們總是取得勝利。最後這場勝利是最為偉大的，是在付出巨大犧牲並戰勝最強大敵人之後才獲得的。

　　事實上，那是故事的終結，通常就像一本書的結尾一樣。歷史上一些國家和帝國先是崛起，隨後達到鼎盛，接著發生轉折，最終衰落。自伊莉莎白女王時代以來，我們已經三次經歷了類似的驚人事件，但是我們還需要在更大規模上經歷第四次，這似乎難以想像。但是它已經發生，我們會親眼見證。

積壓已久的憤怒情緒

　　世界大戰與古代戰爭的區別在於，交戰雙方均掌握了極為強大的力量和可怕的毀滅性武器。現代戰爭無一不以極端殘酷的方式進行。這種戰爭彙集了各時代的恐怖元素，不僅軍隊，整個民眾也陷入恐懼之中。受過良好教育的戰時政府領導者，理性地意識到他們的國家處在危急關頭。德國開啟了地獄之門，成為恐怖活動的先鋒；但是德國也受到過去被他攻擊過的國家所做的，最後復仇的步步緊逼。每次違反人道或國際法的暴行，常常招致更大規模和更長時間的報復。沒有一次停戰協議或談判能緩和武裝衝突。傷員死於陣地，死者腐爛於土壤。商船、中立國船隻和醫療救護船被擊沉於海上，船中所有的人只能聽天由命、坐以待斃，或在泅水時溺死。透過飢餓迫使敵國百姓投降，不考慮年齡或性別。城市和歷史遺址毀於炮轟，炸彈從天而降，不問炸中的是誰。多種多樣的毒氣使士兵窒息或燒傷。液體燃燒劑噴射到士兵身上。駕機戰士在高空被擊落掉入火焰之中，或者在大海深處溺斃。軍隊的戰鬥力只受限於他們國家男子的人數。歐洲和大部分亞洲與非洲變成一個巨大的戰場，經過幾年戰鬥，在戰場上潰敗和逃亡的不是軍隊而是民族。當一切成為過去時，這些文明而有科學知識的基督教國家儘管明文規定，不准虐待俘虜和吃人肉，可是這種規定是否行之有效還大可置疑。

　　然而，任何事物都無法動搖人類勇敢的內心。石器時代的先人，經歷了種種險阻與磨難，以頑強的毅力克服了內心深處的極度痛苦，最終成為自然的征服者。到了中世紀，他們主要依靠智慧擺脫當時的恐懼，以崇高的尊嚴面對死亡。在 20 世紀，人類的神經系統所能承受的身體和精神壓力，相較起來，遠遠超過原始時代較簡單的人種所能忍受。人們一次又一次地挺過可怕的炮火襲擊，一次又一次地從醫院返回前線，一次又一次地在潛艇惡劣環境中忍受飢餓，他們毫不退縮地大步向前。作為個體，在經歷如此折磨之後，依然能夠保持理性和同情心，這是一種無上榮耀。

　　20 世紀伊始，人們尚未察覺世界迅速發展的速度，直到戰爭的爆發

才使他們猛然醒悟，並親身感受到自身的強大力量。在戰爭爆發後的短短一年內，幾乎無人理解，每一個戰鬥員背後實際蘊藏的資源——無論是物質上的還是道德上的——是何等龐大，幾乎無窮無盡。累積的憤怒充斥胸膛；力量的儲備同樣豐盈。自拿破崙戰爭結束，尤其自1870年以來，每個文明社會的財富和人力累積幾乎未曾受到抑制。儘管某些地區曾出現阻礙發展的片段，發展的潮流雖有進退，但是總體上巨大的進步浪潮持續向前。當可怖的大決戰訊號出現時，人類的勇氣、忍耐力、聰明才智、科學水準、機械能力和組織才華，不僅超越以往任何時候，而且遠超最樂觀的想像。

維多利亞女王時期是一個累積的時代；不僅僅是物質財富的累積，同時也是所有能增強國家實力的因素和要素的增長與積聚。教育普及至社會各個階層。科學揭示了自然界的無盡寶藏。寶藏之門逐一被開啟。陰暗而神祕的寶庫被照亮和開發，任何人都可以自由進入——每進入一個寶庫，人們都會發現這個寶庫至少通向另外兩個寶庫。每天早上，人們睜開眼睛，總能看到某種新機器開始運轉。每天晚上，當人們吃完晚飯，機器依舊在運轉。在所有人入睡之後，機器也不會停止。

集體思想以相似的步伐推進。迪斯雷利曾提及19世紀初期的情況：「在那些年代，英國是少數人、極少數人所擁有的。」在維多利亞女王統治的每一年，人們都見證了這些限制逐漸被打破、消失。每一年都有成千上萬的新人進入非官方的工作職位，這些人關心自己的國家及其歷史，關心本國對其他國家、對世界和對未來的責任，並懂得責任的重大，明白自己是這些責任的承擔者。高層次的勞動者長期享受著多種多樣的舒適物質生活。物質方面的進步使大眾的艱苦生活有所緩解、健康有所改善，成人和孩子的生活逐漸好轉，他們應付某些最嚴重，不幸事故的保障大大增強，受保障的人數也顯著增加。

因此，無論何種號角響起，各個階級與階層都能為國家提供所需。有

積壓已久的憤怒情緒

的貢獻科學知識，有的捐獻財產，有的投入工作精力與進取心，有的獻出寶貴的英勇與無畏精神，有的付出容忍的力量。然而，貢獻最多且最樂意奉獻一切的，是那些最普通的男女勞動者。他們僅領有近乎貧困的不穩定週薪，只擁有陋室中的幾件家具以及穿在身上的衣物。他們對國家的愛與自豪、對所信教義的忠誠、對是非的敏銳感知，使他們能夠無畏地面對並忍受災禍與艱難——這些挑戰與困苦是世人從未經歷過的。

這些經歷並非某一個民族獨享。在每一個自由國家中，愛國主義和民族主義情感或多或少在穩步上升；在每一個被奴役或自由的國家中，法律規定，人們必須加入能夠增進愛國主義和民族主義情感的組織或機構。民族美德一旦被其統治者扭曲或誤導，就會變成自我毀滅和給全人類帶來巨大災難的根源，其影響遠超民族的不良習氣。在德國、奧地利和義大利，在法國、俄國或英國，這些統治者應在多大程度上承擔責任呢？難道真的有地位顯赫、肩負重任的人，出於惡念，蓄意謀劃並決定去做這種可怕的事情嗎？人們在研究世界大戰的原因後得出了一個流行的觀念，認為根源在於，少數人決定世界命運的固有缺陷。

有人說得好：「在人類事務中更多的是錯誤而不是計畫不周。」即使是最有能力的人，他們的智力也是有限的，他們的權威也是有爭議的，他們也處於輿論的氛圍之中，即使他們對重大問題有短暫和區域性的貢獻，但是問題本身遠遠超過他們的理解範圍，其規模如此之大，細節如此浩繁，各方面的變化又如此頻繁——所有這些必須充分考慮，然後人們才能宣布，戰敗者是否必定完全邪惡，勝利者是否完全清白。事情還是沿著一定路線發展，無人能夠使它偏離。德國頑固地、不顧一切地、吃力地向著火山口喧鬧處奔去，還拖著我們大家一起前奔。但法國是處在強烈的仇恨之中，而俄國的情況錯綜複雜。我們英國也許透過某種努力，付出某些物質利益的犧牲，做出某種既合乎友誼又帶有命令的強制性姿態，就能及時使法國和德國和解，組成大聯盟；不過單是依靠這個聯盟，歐洲的和平與榮

譽就有保障了嗎？我無法回答。我只知道，我們盡最大努力引導我們的國家經受住日益加劇的、危及和平的軍備威脅，不把英國或其他國家帶入戰爭，如果這些努力失敗，我們則力爭獨自承受住暴風驟雨，不使英國遭到毀滅。

無需追溯德、法兩國之間的古老紛爭，無需列舉他們數世紀以來的衝突次數和留下的創傷，也無需評判雙方所受的傷害或挑釁。當1871年1月18日，德意志帝國在凡爾賽宮宣布成立之時，歐洲歷史的新篇章正式開啟。有人說，「歐洲失去了一位主婦，得到了一個主人。」一個新興且強大的國家誕生了，擁有充沛的人口、先進的科學與知識，並為戰爭而組織起來，因勝利而獲得崇高地位。法國戰敗，失去了阿爾薩斯與洛林，陷入貧困與分裂，孤立無援，且在人口數量上逐漸處於無法挽回的劣勢；法國人只能在暗地裡獨自追憶昔日的輝煌。

德意志帝國的領導層對倒下對手的無情性格和不可調和的決心並無幻想。老赫爾穆特・馮・毛奇（Helmuth von Moltke the Elder）曾言：「我們在半年內以武力取得的成果，若要避免再次被奪走，必須以武力守護半個世紀。」奧托・馮・俾斯麥（Otto von Bismarck）則更加謹慎，他寧願從未獲得洛林。在軍方的壓力下，他被迫放棄自己的明智判斷，承擔起雙重責任，從一開始便對每個政策行動表現出深切的憂慮。受世界輿論和英國堅決態度的限制，自1875年挫敗法國的復興勢頭後，俾斯麥運用全部權力和才能，建立了一個精心設計的聯盟，目的在確保德國的長期優勢和保有其征服的土地。他深知，除非付出德國絕不願支付的代價，與法國的爭端無法調和。他明白，一個充滿仇恨的民族將永遠注視著他新建的帝國。其他任何事情都必須服從這一個核心事實。德國無法承受更多的對抗力量。1879年，他與奧地利結盟。4年後，該聯盟擴展為德、奧、意三國同盟。1883年，他通過祕密協議將羅馬尼亞納入這個體系。不僅需要保險，還需要雙重保險。他最擔心的是法國與俄國之間建立反德同盟；但是這些擴

積壓已久的憤怒情緒

展安排並未遇到這種危險。顯然，德奧同盟若自行發展，自然會傾向於將法國與俄國拉在一起。難道他不能建立一個三皇同盟——德國、奧地利和俄國的聯合嗎？若能如此，最終將實現壓倒一切的力量和持久的安全。6年後的1887年，俾斯麥的這個最高理想因俄、奧在巴爾幹利益衝突而破滅。但是他依然致力於與俄國的雙重保險條約，這仍是他面前的最佳方案。透過這個安排，德國可以確保自己不會成為法、俄侵略性聯合的目標。另一方面，俄國也能消除疑慮，不再擔心德、奧同盟會破壞其在巴爾幹的地位。

德國設計的所有這些謹慎和自作聰明的方法，其目的是在和平中享受勝利果實。此外，俾斯麥的體系始終包含與英國保持良好關係的原則。這一點是必要的，因為眾所周知，義大利絕不願意做任何與英國作戰有關的事情，而且如今世人皆知，義大利曾要求在三國聯盟的最早祕密條文中特別說明這一點。在這個聯盟的早期，英國對此是完全贊同的。就讓法國獨自去撫平自己的創傷吧；德國支配著歐洲大陸，因而能夠充分利用具有19世紀末特色的、前所未有的工業發展機遇。德國的政策是進一步鼓勵法國以擴展自己的殖民地作為安慰，目的在使其心思離開歐洲，只是偶爾促使其與英國發生不花大力氣的對抗和摩擦。

這種安排使得歐洲人能夠保守且和平地生活了20年，但這一局面隨著德國實力和輝煌的不斷增強，以及1890年俾斯麥的下臺而告終。鐵血宰相離去，新興力量開始攻擊他憑藉無與倫比的能力所長久維持的體系。由於土耳其人治理不善，巴爾幹和近東地區戰爭的危險日益增加。正在崛起的泛斯拉夫主義和俄羅斯強烈的反德情緒，開始衝擊俾斯麥建立的雙保險條約結構。最終，隨著德國的繁榮，德國的野心也逐漸膨脹，不僅不滿足於歐洲大陸的霸權，還渴望在全世界追求殖民地。德國已是最大的軍事帝國，開始將目光逐漸轉向海外。

擺脫了俾斯麥的束縛，年輕的皇帝任用列奧·馮·卡普里維伯爵（Leo

von Caprivi）及其繼任者的一些二流、自滿的助手，他們興高采烈地摒棄了維持德國安全的防衛措施。德國一方面與法國維持公開且持續的爭執，另一方面卻放棄了與俄羅斯簽訂的雙保險條約，隨後在海上與英國展開對抗。這兩個愚蠢的決定隨著時間的推移逐漸顯現出其後果。到了1892年，整個俾斯麥政策刻意防備的情況還是出現了，俄、法兩國簽訂了雙邊同盟。儘管其後果不是立刻顯現，但是歐洲局勢實際上已經改變。從此以後，德國原本小心維持的、無可爭議的支配地位，被勢力均衡所取代。兩個龐大的聯合體都擁有強大的軍事資源，起初它們尚能並存，但是漸漸變得勢不兩立。

儘管主要國家的聯盟顯然對德國不利，但是這種變化中，沒有任何人以戰爭來威脅德國。法國始終如一的精神是永不放棄收復失地的夢想，但是法國民族普遍熱愛和平，各階層仍記得德國的強大力量及戰爭可能帶來的可怕後果。

此外，法國人對俄國在純粹法、德爭端中的立場始終無法確定。雖然條約確實存在，但是要將其付諸實踐，必須以德國發動侵略為前提。什麼樣的行為才算侵略？在兩國全面武裝的背景下，衝突發展到何種程度才能認定一方為侵略者？俄國方面在這方面有很大的靈活性。在所有這些問題中，俄國是裁決者。在法、德爭端中，俄國沒有直接利益，但在關鍵時刻要讓數百萬俄國人送死，俄國將發揮決定性作用。沙皇的話當然是可靠的保證。然而，即使是受人尊敬的沙皇，如果試圖將俄國引入不受歡迎的狀態，也可能被推翻。如果一個偉大民族的政策由一個人掌控，那麼在他下臺後，這個政策很容易被改變。因此，法國對因抵抗德國壓力而引發戰爭時，俄國是否會遵守法沒有絕對把握。

這些便是德國取得無可爭議的主導地位後所形成的艱難平衡局面。除了兩個集團之外，還有英國，其海軍穩居絕對優勢，從未遭遇挑戰。顯然，不列顛帝國的地位因其支持哪個聯盟將直接決定勝負而愈顯重要。然

積壓已久的憤怒情緒

而，索爾斯伯利勳爵（Marquess of Salisbury）表現得不願意利用這個有利形勢。他始終保持對德國友好的傳統態度，同時對歐洲大陸糾紛持冷漠超然的姿態。

對德國而言，脫離俄國相對容易，但想擺脫英國的話則是一條漫長的道路，必須逐步取消眾多支柱與紐帶。英國對俄國在亞洲意圖的疑慮，與法國之間的歷史性對抗，對布萊尼姆、明登和滑鐵盧戰役的記憶，與法國在埃及和全球殖民地的持續衝突；德國與英國之間密切的商業關係，還有皇室的關係——所有這些構成了大英帝國與三國同盟中那個主要國家之間的深遠關聯。抑制德國新興的殖民主義野心並非英國政策的一部分，在不止一個事例中（如在薩摩亞群島）我們積極支持他們。由於完全缺乏策略考量，索爾茲伯里勳爵以黑爾戈蘭交換尚吉巴。甚至在俾斯麥下臺之前，德國人看起來也不像是令人愉快的外交夥伴。他們似乎一直在尋求贏得我們的支持，並提醒我們，他們是我們唯一的朋友。為了強調這一點，他們甚至想得更遠。他們一直在玩弄一些小動作，設法使我們與法國和俄國發生衝突。德國威廉大街年復一年地探察著聖詹姆士宮他們的動作，意圖獲得一些利益或讓步，而這些利益可以讓德國的外交善意得以延續一段時間。每年，他們都在我們與法國和俄國的關係上增添一些摩擦，強調英國是多麼不得人心、英國擁有多麼強大的敵人，以及與德國結為朋友是多麼幸運。如果撤回對他的支持，或者如果德國將勢力轉向敵對聯盟，英國在歐洲會處於何種境地呢？這種言論持續了近20年，在英國新一代外交人員心中留下了深刻的孤立感。

然而，這些外交官的困擾絲毫未能動搖英國堅定的政策方針。英國以無所謂的態度對待德國的殖民擴張。儘管英、德兩國在貿易領域存在競爭，但是他們之間的重要商業聯繫卻日益增多。在歐洲，英、德互為最重要的客戶。即使在1896年，德皇因詹姆森襲擊事件致電南非川斯瓦共和國保羅·克魯格總統（Paul Kruger）（如今我們知曉這是德國政府的決定而

非個人行為），英國也只是短暫地爆發了一陣憤怒。波耳戰爭期間，所有德國反英情緒的爆發，以及組織歐洲反英同盟的多次嘗試，均未能阻止內維爾·張伯倫先生（Neville Chamberlain）在1901年提倡與德國結盟，也未能阻止英國外交部在同年建議將英、日同盟擴展為英、德、日三國同盟。在這一時期，我們與法國的嚴重分歧至少不亞於與德國的分歧，而英國強大的海軍優勢並未使這兩個國家感到嚴重不安。我們對三國同盟和雙邊同盟採取同樣明確的立場。我們不願被捲入歐洲大陸的爭端。法國收復失地的努力未能引起英國公眾或任何政黨的興趣。讓英國軍隊在歐洲與強大的大陸國家作戰的想法，被所有人視為絕對荒謬。只有在英國民族的生存真正受到威脅時，才會促使大英帝國放棄對歐洲大陸事務的平靜與容忍的超然態度。而德國注定要成為這種威脅的來源。

　　毛奇在他的軍事證詞中表示：「在諸多大國之間，英國必然需要一個強而有力的歐洲大陸盟友，他無法找到比統一的德國更符合其利益且不會提出海上權利要求的國家。」

　　自1873年至1900年，德國海軍公開宣告，不存在與強大海軍國家進行海上戰爭的可能性。然而，1900年德國卻頒布了一部性質截然不同的《艦隊法》。

　　該法案的序言聲稱：「在當前形勢下，要維護德國的商業和貿易，只需做到一件事，德國必須擁有一支具備以下能力的戰鬥艦隊：即便是最強大的海上對手，與德國這樣的艦隊交戰，該國將面臨失去自身在海上最高地位的風險。」

　　歐洲大陸的首要陸軍強國決定同時成為至少第二大的海軍強國，這在全球事務中是至關重要的大事。若其目標完全達成，無疑將重現歷史上已證實的，對不列顛島國人民極具威脅的局面。

　　迄今為止，所有英國海軍的部署都是根據兩個大國總和的標準進行的，即足以超過兩個稍次於他的強國合在一起的力量。在當時，這兩個強

積壓已久的憤怒情緒

國指的是法國和俄國。如果出現比這兩國中任何一個更強的第三支歐洲艦隊，將徹底影響英國的生存。如果德國針對我們艦隊的海軍，我們將無法維持在歐洲體系外的「光榮孤立」。在這種情況下，我們必須尋找一個值得信賴的盟友。我們找到了位於地球另一邊、同樣處境危險的另一個島嶼帝國。1901 年，英國與日本簽訂了同盟條約，但是我們仍然難以承擔與法、俄兩國同時發生糾紛的風險。1902 年，在阿瑟·貝爾福（Arthur Balfour）和蘭斯當勛爵的領導下，英國政府明確著手解決我們與法國的分歧。然而，在採取這些步驟之前，我們還是向德國伸出了友誼之手。我們邀請他加入我們與日本的聯盟，共同努力解決摩洛哥問題。但是兩次邀請均被拒絕。

1904 年，俄日戰爭爆發，德國主要傾向於支持俄國；英國則準備履行與日本簽訂的條約，同時增進與法國的友好關係。在這種局勢下，各大國靜待遠東戰爭的結果。最終的結果令除英國以外的所有國家感到震驚。日本在陸地和海上接連擊敗俄國，俄國內部的動亂徹底改變了歐洲的局勢。儘管德國的勢力與日本對立，但是俄國的崩潰卻使德國的力量顯著增強，德國在歐洲大陸的主導地位得以恢復。德國在各方面的自信心迅速且明顯地增強。與此同時，法國再次衰弱，逐漸被孤立並陷入真正的危險境地，愈發急切地尋求與英國達成協議。英國的政治家對歐洲的內幕有著獨到的見解，他們正確地評估了日本的戰爭能力，顯著提升了自身的力量和安全。新盟國日本因勝利而得意洋洋；古老的敵人法國，正在尋求英法友誼；德國的艦隊尚在組建中，而在中國海的所有英國戰艦也能夠安全地調回。

英、法之間的主要分歧正逐步得到解決，最終在 1904 年簽署了《英法協定》。該協定包含了多項條款，但其核心精神在於，法國不再反對英國在埃及的利益，英國則總體上支持法國在摩洛哥的立場。這個協定贏得了英國保守派的讚賞，在其支持者中，對德國威脅的看法已扎根。自由黨政治家也略顯短視地歡呼這個協議，認為它是消除與宿敵之間誤解與分歧、

保障普遍和平的措施，因此幾乎得到了廣泛的歡迎。只有一位深思熟慮的觀察家對此提出了異議，那就是羅斯伯里勳爵，「我悲哀地深信，這個協定更可能導致糾紛而不是和平。」這個不受歡迎的評論遭到了英國兩黨從截然不同立場的憤怒蔑視，普遍的指責集中在這位評論者身上。

英國及其所支持的一切已經偏離了「光榮孤立」的政策，他重新出現在歐洲的舞臺上，反對德國。自 1870 年以來，德國首次不得不面對一個體系外的強國，這個國家絕對不會屈服於威脅，並且在必要時有能力單獨對抗德國。1905 年，德國要求將泰奧菲勒‧德爾卡塞（Théophile Delcassé）撤換掉，1908 年，法國政府的驅逐行動如同一個「身披閃亮盔甲」的幽靈，準備橫掃俄國。然而，德國卻無法從擁有強大海軍的獨立島國——海上霸主那裡獲得相同的配合。

迄今為止，德、奧、義三國同盟在總體實力上仍然優於法國和俄國。儘管對這兩個大國發動戰爭，對於三國同盟來說是一種巨大的壓力，但是最終結果似乎無可避免。然而，若英國的力量加入敵方，而義大利退出同盟，那麼自 1870 年以來，德國將首次無法確定自己處於優勢地位。他能接受這種情勢嗎？新興的德意志帝國日益增長的野心和抱負正躍躍欲試。他會同意這樣的局面嗎？在這種情況下，各國將普遍形成這樣的印象（儘管可能表達得非常禮貌，或許也相當輕描淡寫，但卻是確定無疑的）：德國的意志不再是歐洲的終極法律。如果德國及其皇帝願意接受法國、俄國和英國早已習慣的那類約束，願意在一個更自由、更輕鬆的世界中以平等的權力生活，那麼當然一切都會很好。但是德國願意嗎？他能容忍各國在他的體系之外根據獨立的標準進行會議，並僅根據他們的是非曲直提出要求，能容忍他們毫無畏懼地抵抗侵略嗎？未來十年的歷史將揭示答案。

與最強大國之間發生的那些緩慢部署和逐步武裝的對抗相比，較弱帝國的衰退對和平構成的威脅幾乎同樣嚴重。土耳其的各種勢力十分活躍，這些勢力對舊政權及其種種弊端形成了挑戰，而舊政權恰恰是德國所依賴

積壓已久的憤怒情緒

的力量。巴爾幹的基督教國家一年比一年強大，他們等待機會解放那些仍在土耳其暴政下掙扎的同胞。各國民族情感的增長使得本已脆弱不堪的奧匈帝國感受到了巨大的緊張和壓力。巴爾幹國家還將這個趨勢視為拯救同胞、恢復領土和實現統一的機會。義大利則以熱切的目光注視著土耳其的腐朽和奧地利的動盪。就這些南部和東部地區而言，毫無疑問將會發生一系列深深刺激俄國和德國的重大事件。

德國為自己製造了諸多不利因素，因而導致了後來的戰爭。然而，從德國統治者的角度來看，這些極端不智的行動卻是必要的。也就是：必須使法國保持恐懼；在俄羅斯民族——不僅僅是俄國宮廷——衰弱時，必須讓其承受強烈的公開侮辱；緩慢而深刻的與大英帝國對抗，必須透過不斷挑戰其海上權力來刺激。只有在那時才能形成那些條件，在那些條件下，德國的任何侵略行為，都會引發各國聯合起來抵抗，並在最終戰勝他的力量。在憤怒情緒累積到頂點之前，還有很長的路要走。我們還需焦急地沿著這條道路行進十年。

曾有一段時間，撰寫此類內容的文章成為潮流，內容多半討論英國政府在過去十年裡是否完全無視日益逼近的危險，或是政府心中藏有大量祕密事務，並試圖將不祥的預兆完全隱瞞，不讓缺乏思考能力的民眾知曉。但事實上，這兩種說法分開來看都不真實，合併來看則有一定的道理。

英國政府及其背後的議會並不認為大戰即將來臨，因而決定加以阻止。然而，烏雲密布的假設不斷在他們腦海中浮現，隨後的不安事件與趨勢，頻頻使大臣們對這個假設保持警覺。

在這整個十年中，這種二重性與不協調成為英國政治的主旋律；那些肩負國家安全責任的人，同時存在於兩個不同的思想領域。一個是可見的現實世界，充滿和平行動和世界主義的目標；另一個是假設的世界，一個「臨界」的世界，這個世界有時顯得荒誕不經，有時又似乎即將成為現實——這是個充滿恐怖陰影的世界，在各種動盪中走向無底的災難深淵。

大規模戰爭的里程碑

1905 — 1910 年

　　如果讀者希望理解這個故事及其衍生的觀點，他需要在每個關鍵環節上緊跟作者的思路。他不僅必須了解戰爭爆發時的陸、海軍態勢，還需熟知導致這種態勢的事件。他必須知道海軍和陸軍的指揮官；他必須掌握艦隊和陸軍的編制以及它們的策略概況；他必須耐心地傾聽艦船與火炮的設計；他還需要擴展視野，觀察現代國家集團的形成和逐漸發展的對抗；他必須關注黨派間較為次要，但是不可避免的鬥爭，以及政治力量和重要人物之間的相互影響。

　　上一章的核心角色是各個主要國家或帝國，主題圍繞著全世界的平衡與各聯盟的初步形成。現今，將焦點收斂到我們的島國，舞臺上的角色轉變為當時英國的政界人物和各派系。

　　1895 年，作為一名年輕的軍官，我有幸應威廉‧哈考特爵士之邀共進午餐。在交談中，我可能多言了一些，於是提出了這樣一個問題：「將會發生什麼事情？」這位經驗豐富的維多利亞時代政治家回答道：「我親愛的溫斯頓，根據我漫長一生的經驗，我深信，什麼也不會發生。」自那時起，在我看來，事件接踵而至。海外大規模對抗的增加與國內黨派鬥爭的激化並行不悖。在這些事件的規模相較下，維多利亞時代發生的事件顯得黯然失色。當時大國之間的小規模戰爭、表面問題上的激烈爭論、要人的高尚與敏銳的智力以及他們行為的適度與嚴謹規範，都屬於已逝的年代——那時的人們如同在有渦流和漣漪的平滑河流上航行；而如今，我們如同被拋入大瀑布下，掙扎在急流險灘之中。如今回顧，之前的時代似

大規模戰爭的里程碑

乎是遙不可及的夢境。

我認為我們國家暴力衝突時期的開端是 1896 年的詹姆森襲擊事件。即便不能確定這是南非戰爭的序幕，至少也是個預兆。從南非戰爭引發了卡其大選（Khaki election）貿易保護主義運動、中國勞工的呼聲以及隨之而來的憤怒反應，再加上 1906 年自由黨取得的勝利，導致上議院對平民政府的猛烈攻擊突然出現。到 1908 年底，這個自由黨占絕大多數的政府實際上已經陷入了無能為力的境地。1909 年的大衛·勞合·喬治（David Lloyd George）預算使局勢有所改觀，但是反過來，這個措施又成為雙方更為對立的原因。上議院否決這個預算，這決定幾乎是毫無疑義違反憲法的政治大錯。此事直接導致了 1910 年的兩次大選、議會法的通過和愛爾蘭的獨立鬥爭，這場鬥爭把國家帶到了內戰的邊緣。我們經歷了連續近 20 年的黨派鬥爭，每次都重複地損害國家利益，每次的震盪都比上次更加猛烈，每次都冒著更嚴重的危險，最終似乎必須以軍刀來冷卻沸騰的熱血和普遍存在的激情。

1902 年 7 月，索爾斯伯利勳爵退出了政界。從 1885 年開始，他一直擔任首相兼外相，如今看來，這只是一個簡短的插曲。在這整整 17 年間，自由黨從未對國家大事行使過任何實際控制。他們之所以獲得短期執政機會，僅僅是因為多了 40 張愛爾蘭民族主義者的選票。在其中的 13 年裡，保守黨享有 100 到 150 張相同性質的選票多數，此外還有整個上議院的支持。這樣的長期執政最終告終。改革的期望和改革即將到來的感覺普遍存在。這象徵著一個時代的終結。

接替索爾斯伯利勳爵的是貝爾福先生。這位新首相從未享有一個公平的機會。他所繼承的，僅僅是一筆已經耗盡的遺產。事實上，他最明智的選擇應該是盡可能平靜且迅速地體面辭職。他本來可以非常得體地宣布：1900 年議會是在戰爭背景下選出的，重點是解決戰爭問題，如今戰爭已經成功結束，選民的授權已終止，因此在繼續擔任職務之前，他必須再次得

到選民的認可。毫無疑問，這樣做會讓自由黨上臺，但是他們並不會占據絕對多數，而他們將面對一個強大且團結的保守黨反對派，保守黨在4、5年後——大約在1907年——會重新有效地控制國家。然而，當時保守黨的議員們在歡呼貝爾福先生登上首相寶座時，完全沒有預想到他們會被選民拋棄。當時議會才成立2年，任期尚有4、5年。因此，貝爾福先生開始處理政府事務，以一種寧靜的、漠然的態度面對大量態度疏遠的輿論和一直在他周圍工作敵對勢力的不斷增強。

擔任副職的張伯倫先生幾乎無所不能，但他並不抱有幻想。他憑藉敏銳的政治嗅覺，察覺到反對執政聯盟的浪潮正在持續增長。他沒有採取中庸和謹慎的策略來應付局勢，而是被其本性中的激情所驅使，選擇了不顧一切應付方法。人們指責政府反動。溫和的保守黨人和年輕的保守黨人紛紛敦促政府走向開明與和解。反對黨有望加快奪取政權的步伐，他們以憤怒的抗議發起攻勢。張伯倫對他們表示，包括對持有懷疑或憂慮態度的朋友表示，他可以用暴力平息憤怒，並從反動的本質中找到爭取普遍勝利的方法。他舉起了貿易保護主義的旗幟。

時間、逆境以及新通過的《教育法》使自由黨人團結一致；而貿易保護或人們所稱的關稅改革則使保守黨四分五裂。最終，6位大臣辭職，50名保守黨議員明確撤回對政府的支持。在這些人當中，有一批能夠為政黨注入新生力量和強大活力的年輕人，他們是一個政黨在野時期極為需要的力量。自由工聯主義者的活動不僅得到了索爾斯伯利勳爵辭職的間接支持，還得到了邁克爾·希克斯·比奇爵士和德文郡公爵（Dukes of Devonshire）等統一黨主要人物的積極支援。自從開除皮爾派保守黨員以來，保守黨從未遭受如此嚴重的損失。

然而，由於貝爾福先生在上任之前並沒有提出辭呈，他現在更不願意讓權力從他手中被奪走。此外，他認為黨內分裂是最嚴重的國內災難，並視分裂黨派為不可原諒的罪行。因此，他以驚人的耐心和冷靜努力維持表

大規模戰爭的里程碑

面的團結,希望能夠平息風波並盡可能長久地保持穩定。他極為細心和巧妙地設計了一系列方案,目的在讓意見分歧嚴重的人們相信他們的觀點仍然一致。當大臣們辭職時,他謹慎地在自由貿易主義者和貿易保護主義者之間保持平衡,盡量做到不偏不倚。正如亨利八世一樣,他在同一天驅逐了天主教徒和新教徒,因為他們各自都背離了他的中心,偏離了他那矯揉造作的妥協方案。

在此種令人不快的局勢下,貝爾福先生維持現狀長達2年之久。呼籲進行大選的聲音未能奏效,對他緊抓職位不放的譏諷也沒發揮作用,朋友們的勸告未能動搖他,反對派試圖迫使他進行決定性辯論的努力也未能成功。這位首相始終如一,表現出不知疲倦的沉穩與冷靜,繼續履行其職責。他那清醒而正直的內心對細枝末節毫不理會,對各種呼籲漠然視之。如前文所述,在俄日戰爭的關鍵時期,他採取了堅定支持日本的政策。與此同時,他拒絕了所有誘惑,未利用俄國艦隊在多格灘擊沉英國拖網漁船的機會與俄國開戰。他組建了帝國國防委員會以備戰。他還完成了1904年與法國的協定,其重大意義在上一章已有詳述。然而,到1905年,英國政界對這些事務已不再關心。政府的支持度不斷下降,保守黨的影響力持續減弱。反政府的風暴愈演愈烈,反對垂死政權的聯合力量也在不斷增強。

1905年11月下旬,貝爾福先生正式向國王遞交了辭去首相職務的辭呈。亨利·甘貝爾−班納曼爵士(Henry Campbell-Bannerman)組建了新政府,並於次年1月舉行了公民投票。這屆政府代表了因波耳戰爭而導致自由黨分裂的兩派。自由黨中以傑出才幹著稱的帝國主義分子占據了幾個關鍵職位。阿斯奎斯先生就任財政大臣;愛德華·格雷爵士(Edward Grey)擔任外交大臣;理察·霍爾丹(Richard Haldane)擔任陸軍大臣。另一方面,首相本人代表自由黨的主流,他任命羅伯特·里德(Robert John Reed)為大法官,約翰·莫利先生(John Morley)為印度事務大臣。這兩位政治家雖

然不反對在南非的實際戰爭措施,但是也曾不斷譴責這場戰爭;入閣的勞合・喬治先生和約翰・伯恩斯先生(John Burns)則是政見更為激進的民主政治家。政府的信譽因值得尊敬人物的參與而提高,他們是里彭勛爵、亨利・福勒爵士以及剛從印度總督任上回來的埃爾金勛爵。

1906年1月的選舉結果顯示保守黨大敗。自《改革法案》以來舉行的選舉中,英國議會史上從未見過如此劇變。例如在曼徹斯特,這個主要的政治戰場之一,貝爾福先生與8位保守黨同僚均告落選,取而代之的是9位自由黨或工黨代表。經過近20年的執政,保守黨在下議院只剩下約150個席位。自由黨獲得了大多數席位,比其他各黨加在一起還多出100多席。兩大黨彼此不滿,對卡其選舉中的錯誤和選舉中的權力濫用感到憤怒,對中國勞工的不公正呼聲提出反訴。

當亨利・坎貝爾－班納曼爵士應愛德華・格雷爵士之邀參與一項截然不同的工作時,他依然獲得了全國各地自由黨人、和平主義者、反戰人士和反侵略者的熱烈支持。此時,阿爾赫西拉斯會議正處於關鍵時刻。英、法關於埃及與摩洛哥的協議首次公布後,德國政府默默接受了這個局勢,既未提出抗議,也未表示不滿。德國首相伯恩哈德・馮・比洛(Bernhard von Bülow)甚至在1904年宣稱,德國對該協議中的任何條款都沒有異議。他表示:「在我們看來,這個協議是試圖透過友好諒解的方式消除英、法之間的一些分歧。從德國利益的角度出發,我們不反對這項協議。」但令德國政府深感不安的是泛日耳曼和殖民地政黨的介入。在這種壓力下,德國政府的態度發生了變化,一年後,德國公開指責這項協議,並尋找機會宣稱他對摩洛哥的權利。不久,這樣的機會便出現了。

1905年初,一支法國外交使團抵達費茲。使團成員的言行似乎意在將摩洛哥視為法國的保護國,忽視了《馬德裡條約》所規定的國際義務。摩洛哥蘇丹向德國求助,詢問法國是否獲得了代表歐洲發言的授權。此時,德國得以作為國際協定的維護者發聲,指責法國破壞條約。德國此舉背後

的意圖顯而易見，即警告法國，他無法承受與英國簽訂協定而得罪德國的後果。德國採取了極為嚴厲的行動。有人建議德皇前往丹吉爾，他在那裡的言行一反常態，於1905年3月31日發表了一篇由內閣成員擬定的毫不妥協的講話，公然向法國挑戰。德國外交部廣泛傳播了這次演講。1905年4月11日和12日，2份帶有威脅性質的急件被迅速送往巴黎和倫敦，要求《馬德裡條約》的所有主要簽約國召開會議。德國動用一切手段讓法國明白，如果他拒絕開會，後果將是一場戰爭；為確保萬無一失，他們派了一名特使從柏林前往巴黎，明確傳達這個目的。

　　法國對戰爭毫無準備，陸軍狀況糟糕；俄國更無戰鬥能力，且法國缺乏充分理由。然而，法國外交部長德爾卡塞堅絕不肯讓步。德國態度愈加咄咄逼人，1905年6月6日，法國魯維埃內閣幾乎在炮口下同意召開會議，德爾卡塞旋即辭職。

　　至今，德國的策略可謂極其成功。透過直接施加戰爭威脅，德國強迫法國屈服於其意志，法國因此犧牲了與英國達成協議的那位部長。莫里斯·魯維埃內閣（Maurice Rouvier）真誠地尋求友好的解決方案，一方面避免在這種情況下法國被迫出席會議的羞辱，另一方面確保不對德國做出實質性的妥協。然而，德國政府決定最大限度地利用他們的勝利，在會議前後使法國陷入困境。最終，會議於1906年1月在阿爾赫西拉斯召開。

　　如今英國登上國際舞臺，顯然國內的混亂並未使他失去冷靜與平和。他並未鼓勵法國拒絕參與。然而，如果德國加速對法國開戰的直接原因是法國與英國最近公開簽署的協定，世人認為英國不可能保持漠不關心。因此，亨利·坎貝爾－班納曼爵士指示愛德華·格雷爵士在阿爾赫西拉斯大力支持法國。作為和平、緊縮開支和改革時期的首個行動，他還授權啟動英、法總參謀部的軍事會談，目的是在戰爭發生時能協同作戰。這是一個具有重大意義和深遠影響的步驟。此後，兩國參謀部的關係越來越密切和信任。我們兩國軍人的思想進入了一個特殊的軌道。在軍事合作中一方面

不斷增強相互信任,另一方面加強了相互預警。儘管兩國政府明確宣告,在這些技術性討論中沒有任何政治約定,事實上兩國已建立起極強而有力的連繫。

英國在阿爾赫西拉斯的立場使德國處於劣勢。俄國、西班牙和其他簽署國支持英、法。奧地利向德國表明了他的底線,不願踰越。因此,德國發現自己陷入孤立,先前透過戰爭威脅獲得的優勢在談判桌上消失殆盡。最終,奧地利提出的妥協方案使德國得以體面撤退。然而,這些事件埋下了嚴重後果的種子。歐洲分裂成兩個陣營的現象愈發明顯。德國感受到將奧地利緊密連繫在一起的必要。他公開威脅法國的舉動,深深影響了法國的大眾輿論。法國軍隊進行了迅速而徹底的改革,與英國的諒解更為牢固。阿爾赫西拉斯會議成為通向大規模戰爭的一個重要轉捩點。

1908年初,亨利・坎貝爾-班納曼爵士的病逝為阿斯奎斯先生的上位鋪平了道路。作為財政大臣,他曾是前首相的得力助手,隨著首相健康狀況的惡化,他逐漸承擔起更多責任。他負責推行《許可證法案》,該法案是1908年議會會議通過的主要議案。由於這項任務,他贏得了黨內一個極端且教條主義派系的忠誠,而先前他的帝國擴張主張曾使他們與他疏遠。阿斯奎斯決定將自己與勞合・喬治的民主政治才能及日益增長的聲譽連繫起來。於是職位順利地傳到他們的手中,阿斯奎斯成為首相,勞合・喬治成為財政大臣和政府的二把手。新內閣如舊內閣一樣,是不明言的聯合政府。內閣、黨內多數的激進和平主義分子和自由黨帝國擴張分子之間,存在著一條十分明顯的分界線。

作為首相的阿斯奎斯現在採取不偏不倚的立場,但是他的內心一直傾向於愛德華・格雷、陸軍部和海軍部,每當他必須公開表態時,他便明確地與這些人站在一起。然而,首相不能像亨利・坎貝爾-班納曼爵士那樣,給予愛德華・格雷爵士希望的那麼多支持。老首相的話是黨內極端分子的法律,他們幾乎願意接受他所說的一切。他們深信,他在外交和國防

大規模戰爭的里程碑

事務上所做的不會超過絕對必要的限度,而他做必要事務時的方式,絕不迎合好戰分子的情緒。但是阿斯奎斯關於波耳戰爭的意見不甚「穩當」,他是外交大臣的終生好友,而後者即使在順利進入愛國大道時也徘徊不前。因此他在某種意義上受到懷疑,他在對外事務上採取的每個措施都受到資深政界人士的警惕審視。如果與法國的軍事商談不是亨利・坎貝爾-班納曼爵士的授權,如果不是爵士的政治道德無懈可擊,我懷疑阿斯奎斯是否能夠開始或繼續進行這樣的商談。

由於我於1904年在下議院自由貿易問題上曾轉而投支持反對黨的票,因而在工作中與勞合・喬治先生建立了密切的政治連繫。他是第一個歡迎我的人。我們在貝爾福先生下臺前作為反對派成員,共同坐在一起並協同行動,在亨利・坎貝爾-班納曼爵士政府期間合作得十分融洽,那時我擔任殖民地事務部次長。當我進入新內閣擔任貿易委員會主席時,這種合作仍然持續。一般而言,儘管我們的觀點有所不同,但我們都支持在對外政策和軍備上持遏制態度的立場。讀者必須了解,這些態度與觀點的分歧,儘管在歷屆強大的英國政府中以不同形式表現出來,但是絕不會妨礙政府中主要人物之間的和諧與愉快的關係,而我們的工作在謙恭有禮、友好和善意的氛圍中繼續進行。

不久後,新的歐洲危機爆發。1908年10月5日,奧地利在未事先通知或談判的情況下,宣布吞併波士尼亞與赫塞哥維納。這兩個屬於土耳其帝國的省分自1878年《柏林條約》以來一直由奧地利管理,此次合併僅是正式宣告既成事實。那年夏天出現的〈青年土耳其革命運動〉對奧地利而言,似乎是土耳其重申對波士尼亞與赫塞哥維納主權的訊號,而這是奧地利所擔心的,因此奧地利用先發制人的措施加以阻止。合理且耐心的外交手段本有可能確保奧地利所需的緩和局勢。事實上,奧地利與最相關的大國——俄國的談判取得了積極進展。但出乎意料的是,奧地利外交大臣阿洛伊斯・萊克薩・馮・埃倫塔爾伯爵(Alois Lexa von Aehrenthal)在決定

對俄國做出適當讓步之前，突然宣布了合併，從而中斷了談判。這種明目張膽的破壞行為不僅冒犯了俄國，也對俄國談判者亞歷山大・伊茲沃爾斯基（Alexander Izvolsky）個人表示了輕視。

此次合併引發了各方的憤怒和抗議。根據 1871 年〈倫敦會議〉宣告：「國際法的基本原則是任何大國不得不受條約規定的約束，亦不得擅自修改條約條款，除非獲得簽約各方同意。」英國拒絕承認奧地利吞併波士尼亞與赫塞哥維納以及保加利亞的獨立宣言。土耳其大聲抗議此違反國際法的行為，並組織了對奧地利商品的有效抵制。塞爾維亞人動員了他們的軍隊。但受影響最嚴重的是俄國。整個俄國激起對奧地利的深刻仇恨，成為第一次世界大戰的次要原因。在這次國家間的爭端中，埃倫塔爾與伊茲沃爾斯基之間的個人不和也有一定的影響。

英國和俄國此時要求召開會議，並表達對已發生的事件無法贊同。奧地利在德國支持下拒絕這個要求。塞爾維亞方面出現暴力行動的危險變得顯而易見。愛德華・格雷爵士明確表示，英國不願在巴爾幹的爭端中被拖入戰爭，隨後他努力遏制塞爾維亞，安撫土耳其，並給予俄國全面的外交支持。爭端持續到 1909 年 4 月，並以以下方式告一段落。

奧地利決定，除非塞爾維亞承認其對波士尼亞與赫塞哥維納的吞併，否則他們將發出最後通牒並對其宣戰。在這個危急時刻，德國首相馮・比洛親王出面干預。他堅持要俄國勸告塞爾維亞讓步；大國應正式承認這次吞併，無需召開會議，也不必對塞爾維亞做任何補償。俄國打算同意這個做法，事先不通知英國或法國政府。如果俄國不同意，奧地利將在德國全面支持下對塞爾維亞宣戰。因此俄國面臨與奧、德兩國的戰爭，就像法國三年前一樣，俄國在威脅下屈服了。只有英國還在捍衛條約和國際法的神聖性。條頓民族取得了全面勝利，但這是以充滿危險的代價得來的勝利。法國在遭受 1905 年的粗暴對待後，開始徹底重整軍備。隨後，俄國於 1910 年大大的增強了原本就已經很龐大的軍隊；法、俄兩國經歷了同樣的

大規模戰爭的里程碑

痛苦，加強了三軍的合作，鞏固了聯盟，並開始利用俄國的勞動力和法國的資金建造俄國西部邊境急需的策略鐵路系統。

接下來輪到英國體驗德國實力的壓力了。

1909年春季，英國海軍大臣拉姆齊·麥克唐納先生（Ramsay MacDonald）突然要求建造至少6艘「無畏」級戰艦。他提出這個要求的理由是，德國艦隊的迅速發展以及根據1908年《海軍法》進行的快速擴充，這個情況引起海軍部的極大焦慮。我對歐洲形勢的危險仍持懷疑態度，海軍部的理由未能說服我。在與財政大臣接觸後，我立即開始審查這個計畫，稽核支持這個計畫的理由。我們共同得出的結論是，建造4艘戰艦的計畫足以滿足我們的需求。在過程中，出於需要細緻分析英、德海軍現狀和未來的特性與組成，我不同意海軍部提出的論點，即危險局勢將在1912年到來。我認為海軍部在這個主題上的數字有些誇張。我不相信德國正在祕密建造比他們公布的「艦隊法」所要求更多的「無畏」級戰艦。我認為，我們在主要的「無畏」級戰艦數量，加上新計劃建造的4艘，在海軍力量的差距上，已經能夠保證在1912年（當時稱之為危險年）之前，讓我們掌握充分的優勢。無論如何，由於海軍部只要求在財政年度最後一個月（即1910年3月）開始建造第5艘和第6艘「無畏」級戰艦，這些不影響我的預算，因而財政大臣與我一起建議1909年應批准建造4艘，其餘2艘應與1910年計畫一起考慮。

回顧這次爭論的大量檔案，結合事後實際發生的事件，不難斷定（就事實與數字而言）我們完全正確。海軍部的悲觀預測在1912年並未實現。我們發現英國在那一年的優勢是充分的。沒有祕密的德國「無畏」級戰艦，也沒有德國海軍上將馮·鐵必制大量建造艦隻的宣告。

內閣成員之間的爭執引發了政府外部的強烈不安。爭論過程使氣氛驟然緊張。爭論中的實際論點從未成為問題。讓整個國家真正感到驚恐的原因是人們第一次廣泛意識到德國的威脅。最終達成了一個獨特的解決方案。海軍

部要求建造6艘軍艦，經濟學家建議減少到4艘，最終我們妥協為8艘。但是8艘中的5艘在1912年「危險年」和平地過去之前，尚未準備就緒。

雖然財政大臣和我在狹義上是正確的，但是在決定命運的大潮中我們完全錯了。最大的榮譽應歸於海軍大臣麥克唐納先生，因為他在捍衛自己的觀點時表現出了堅毅與勇敢，儘管他的黨指責了他。在爭議進行時，我幾乎沒有想到，在下一次有關海軍的內閣危機發生時，我們的角色會顛倒過來；他也意想不到，他頑強爭取的艦隻，當它們最終完成時，會受到我熱忱的歡迎。

無論對某一年所需艦隻的具體數量有什麼不同意見，不列顛民族總體上已意識到一個無可爭辯的事實，即德國計劃透過海軍增強其無比強大的陸軍，到1920年，德國的海軍將遠遠超過英國現有的艦隊。德國1900年的《海軍法》在1906年做了修正和補充；而在此基礎上，1908年又有了新的增補。1904年在萊雷瓦爾的一次耀武揚威的演講中，德皇自稱為「大西洋海軍司令」。英國所有頭腦清醒的人開始陷入深度憂慮。德國為何要擁有如此龐大的海軍？德國用海軍與誰對抗、與誰較量，除了我們之外他還能對付誰呢？一種日益沉重的感覺不再限於政治和外交圈子，人們已意識到普魯士人居心叵測，他們妒忌不列顛帝國的輝煌，一旦找到對我們不利的機會，他們會盡可能利用它。人們還開始明白，放棄針鋒相對的手段去說服德國改變他的既定路線是毫無用處的。我方建設艦隻的態度優柔寡斷，在德國人看來是缺乏民族精神的表現，這再次證明驍勇的種族應該替代衰弱的、過分文雅的、追求和平的種族，後者已不能在世界事務中繼續保持強大地位。任何人目睹英、德兩國在英國自由黨執政的頭3年建設艦隻的一系列數字，都會覺得英國置身於危險（如果不是致命）的環境中。

1905年，英國建造了4艘，而德國則建造了2艘。

1906年，英國削減了原本計劃建造的3艘軍艦，而德國則增加建造了計畫中的3艘。

大規模戰爭的里程碑

　　1907 年，英國進一步減少了計劃建造的 2 艘，而德國則進一步增加建造了 4 艘。

　　此等數字至關重要。

　　毫無疑問，可以得出這樣的結論：若英國海軍的發展繼續滯後，英、德之間原有的差距將迅速消失，這個認知漸漸在每個英國人心中扎根。

　　如今，我們目睹了德國在 5 年內通過政策和軍事力量的增強，如何徹底地喚醒了世界上最強大的三國。其中兩國（法國和俄國）在公然的戰爭威脅下已屈服於德國的意志。這兩國都被一個鄰國公開宣布，他將不惜一切使用武力的意圖所鎮服。兩國都感到，只有屈服才能逃脫血腥的折磨和可能發生的災難。對未來遭受公開侮辱的恐懼加重了昔日的屈辱感。第三個大國——沒有進行戰備，但是島國難以進入，而他在世界事務上的角色不能被忽視——英國，也感到有一雙手正在挖其賴以生存的基礎。很快而且肯定，德國海軍將編隊整齊地出現在我們的國門口，必然置我們於危險境地，只有持續的努力，以及幾乎像對待實際戰爭那麼緊張的警惕，才能避開這個危險。在法國與俄國增加武裝力量的同時，英國也在同樣的壓力下增加艦隊。此後這三個不得安寧的國家將更密切一致地行動，以免一個接一個地被他們的對手征服；此後他們的軍事部署將逐步趨於一致；此後他們將有意識地面對共同的危險。

　　啊！愚蠢而勤勉的德國人，勤奮工作，思想深刻，在祖國的閱兵場上大步前進，鑽研繁瑣的計算，對新發現的繁榮充滿熱情，不滿足於平凡的成功，有多少支柱支撐著你們的和平與榮耀，你們別親手把它們砸爛！

　　當時馮·比洛親王的繼承人特奧巴爾德·馮·貝特曼—霍爾韋格（Theobald von Bethmann Hollweg）寫道：「在 1909 年，局勢的發展基於這樣的事實，即英國堅定地站在法、俄一邊。這是實施他的傳統政策，那就是反對當時最強的歐洲大陸國家；德國緊緊掌握他的海軍計畫，指出他東方政策的明確方向，而且必須防範法國的敵意，這種敵意在他近幾年的政策中

絕不會減輕。如果說德國把英國宣布的與法、俄雙邊同盟的友誼，看成是法、俄政策所有侵略性傾向的可怕加劇，那站在這個同盟一邊的英國越來越把德國艦隊的加強和我們東方政策中對他古老權利的破壞看作威脅。雙方已經有過爭論，氣氛極不友好和充滿不信任。」用他自己的話說，這些就是這位新德國首相的繼承物。

如今，他將為這個世界帶來更多的煩惱。

大規模戰爭的里程碑

阿加迪爾危機

　　1911 年春，法國遠征軍占領了費茲。這個舉動，加上德國對摩洛哥問題日益加劇的不滿，促使德國政府在 7 月初採取了果斷措施。當時，歐洲金融界活躍的德國曼內斯曼兄弟公司聲稱，他們在摩洛哥海岸的大西洋沿岸，一個名為阿加迪爾的港口及其腹地擁有巨大的利益。德國外交大臣阿爾弗雷德・馮・基德倫（Alfred von Kiderlen-Waechter）向法國提出了這個主張。法國政府表示完全理解他們在摩洛哥所擁有的利益，故使得德國有理由在剛果河流域尋求一定的殖民補償。然而，德國新聞界對用摩洛哥的利益去交換他們已經過剩且不利健康的熱帶地區表示不滿。儘管問題複雜，但是本質上並不重要。法國人已經有了長期談判的準備。就阿加迪爾港口及其內陸腹地區域而言，法國人認為並不存在任何德國利益。他們稱那只是一個人跡罕至的沙灣，岸邊沒有德國產業，也沒有貿易機構，更沒有房屋；腹地同樣沒有德國利益。這些事實只需經由兩國可信任的代表實地勘查便能輕易證實。雙方都表示願意安排一次勘查，而更急於討論剛果邊界方面的問題。

　　1911 年 7 月 1 日清晨，德意志帝國突然且出乎意料地宣布，皇帝陛下指派炮艦「美洲獅」號前往阿加迪爾，以維護和保護德國利益。宣言發布時，這艘小小的戰艦已經啟程。全歐洲的警鐘立刻開始震響。法國感覺到，他面臨了無法解釋的行動，而行動背後的目的更是難以猜測。英國在查閱地圖後開始思索，非洲大西洋海岸出現一個德國海軍基地對其海運安全的潛在影響。英國注意到這個事實，並將其與德國在馬德拉和加納利群島的活動連繫起來考慮，以及這些水域是從南美和南非運送補給和貿易路線的交會點。歐洲感到不安，法國則真正感到恐慌。當梅特涅伯爵將德國

阿加迪爾危機

的行動通知愛德華・格雷爵士時，後者告知他，局勢如此嚴重，必須由內閣討論。1911年7月5日英國內閣開會後，格雷爵士告知梅特涅伯爵，英國政府不能對摩洛哥問題漠然處之，在未弄清德國意圖之前，他們必須持保留態度。從那天起到1911年7月21日，德國政府保持沉默。毫無疑問，英國清醒而正確的姿態使德國外交部大為吃驚。隨後，兩國政府之間出現了一段被稱為「沉默期間」的時間。與此同時，德國和法國的報紙展開了激烈的筆戰，而英國報紙則顯得十分沉悶。

從駐歐洲各國大使館每天傳來的電報中，推測德國行為背後的真正意圖是相當困難的。我全神貫注地聆聽內閣對這個問題的反覆討論。德國是在找尋對法國開戰的藉口呢？還是僅僅透過製造壓力和不安來改善其殖民地位？如果是後者，那麼在一段緊張時間之後，糾紛會自然而然地得到解決，這種情況在過去曾多次發生。大國在兩邊列隊集合，受精心設計的外交緩衝禮節的引導和保護，相互展示各自的陣營。在最前面是兩個主要爭執國（德國和法國），其他國家按照其資源與資格依次排列左右，形成了同盟國與當時一開始被稱為協約國的陣營。在合適時刻，其支持者會發出某種含義模糊的言語，表示其內心狀況。作為這些意見表達的結果，法國或德國的立場會後退或前進一小步，或者可能稍稍向右或向左移動。當重要的歐洲平衡——實際上也是世界平衡——做出這些微妙的調整時，雙方原本僵持對峙的軍隊將撤回到自己的地界，撤退時有儀式和禮節，還會相互道賀，或者彼此輕聲耳語對結果表示慰藉。以前我們也見過幾次這種情況。

然而，即使是這種發展也並非沒有風險。人們必須考慮到那些日子裡這些國家互動的性質，它們既不是棋盤上的棋友，也不是穿著美麗褶襉衣服在方陣舞中互相作弄的木偶，而是具有動能或潛力的巨大組織。它們如同行星般，在太空中彼此接近時不可避免地會產生強大的磁性反應。若它們靠得太近，電流將開始閃爍，超過某個臨界點，它們可能會被彼此的引

力吸引，脫離各自的軌道，導致可怕的碰撞。外交手段的任務就是防止這種災難的發生；如果在任何國家和民族的心中不存在有意識或無意識的戰爭意圖，外交或許能夠奏效。然而，在這種嚴肅而微妙的接觸中，任何一方的暴力行為都可能撕裂和擾亂所有人的克制，將世界推入黑暗的深淵。

我在思考，德國人對於先前的《英法協定》有一定的不滿。我們在埃及獲得了許多實際利益，而法國在摩洛哥也獲得了巨大利益。如果德國人認為這些安排會損害其相對地位，那麼他沒有理由忍耐並和善地表示他不會提出和堅持自己的觀點。在我看來，作為大國中最孤立且最少結盟的英國，可能發揮緩和局勢、減輕緊張並促成和解的作用；當然，這正是我們所努力的方向。然而，如果德國的意圖是邪惡的，那麼這樣做的效果微乎其微。在那種情況下，必須果斷地表明立場，而且必須在為時未晚之前表明。即便我們完全退出世界政治舞臺也無濟於事。如果我們這樣做，我們所有的制衡影響將不復存在，隨之而來的必然是敵對力量的緊張加劇。因此，我閱讀所有開始傳遞懷疑心態的報紙和電訊時，能夠察覺到愛德華‧格雷爵士在平靜表面下日益增長的、時而非常嚴重的焦慮。

歐洲局勢烏雲密布，且由於我們會議室內各種力量的交錯互動而更加錯綜複雜。會議室內的情形正是外部外交局勢的縮影，充滿了微妙的平衡與保留。負責執行英國外交政策的大臣們，背後有象徵海上力量的巨大三叉戟，他們完全屬於政府中的自由帝國擴張派。他們受激進分子的密切監督，必須保持沉默，其中包括受人尊敬的莫利勳爵和洛雷本勳爵，而財政大臣與我通常傾向於支持他們。顯而易見，如果某種危險情況突然發生，這種沉默會使英國難以用堅定果斷的語氣發表言論。因此，我們既無法遠離危險以保持清白，也沒有能力採取果斷行動及時化解危險。在這種環境下，財政大臣的態度顯得尤為重要。

數週以來，他始終未顯示出任何跡象表明他將採取何種行動。在我們多次的談話中，他讓我留下的印象是時而站在這一方，時而站在那一方。

阿加迪爾危機

然而,到了1911年7月21日早上,當我在內閣會議前拜訪他時,我發現他已經變得截然不同了。他已經下定決心,並且非常清楚地看到了前進的道路。他明白該做什麼以及何時該如何去做。他對我說的要點是,我們正在滑向戰爭。他詳細談論了我們所關心的德國那令人不安的沉默。他指出,德國目前的行為幾乎是將英國視為無足輕重的國家;德國完全忽視了我們強大的形象;德國持續對法國施加最嚴厲的壓力;災難可能隨時發生。要避免這場災難,我們必須斬釘截鐵地表明立場,而且必須立刻表明。他告訴我,當天晚上他將出席一年一度的銀行家晚宴,並在宴會上演講。他想要明確告訴他們,如果德國想要開戰,將發現英國會成為他的強敵。他讓我看了他準備的講稿,並告訴我,內閣會議後他會將講稿交給首相和愛德華·格雷爵士過目。「他們會怎麼說?」我問。他回答說,他們當然會感到非常寬慰;的確,他們感到寬慰,我也是。

勞合·喬治先生接管外交政策,代表著從反對派手中奪回控制權,這是一個具有決定性意義的事件。從此,我們能夠立即實施堅定且統一的政策。那天晚上,在銀行家協會,財政大臣發表了如下言論:

「若維護和平的代價是:英國放棄數世紀英勇奮鬥所贏得的偉大和有利地位,讓英國在利益攸關的地方受人擺布,似乎在國際會議上毫無影響力;如果這樣的局勢被強加於我們國家之上,那麼我要明確地說,以這種代價換來的和平,對我們這樣的大國將是一種難以忍受的侮辱。」

在倫敦,銀行界人士聆聽他的演講時,因勞合·喬治的預算不公及其帶來的巨大財產損失而感到焦慮。他們很少考慮未來,因此無法領會演講的意義和重要性。他們僅將這些話視為大臣對外交事務的平常陳述。然而,歐洲國家的大臣們卻一致震驚。

4天後,大約在下午5點半,財政大臣與我在白金漢宮的噴泉旁散步,忽然一個信使趕來,問財政大臣能否立即去見愛德華·格雷爵士。勞合·喬治先生突然停下腳步,轉身對我說:「這肯定是關於我的演講。德國人

可能要求我辭職，就像他們要求德爾塞卡辭職一樣。」我回答：「那將使你成為英國最受歡迎的人。」（事實上，他當時並不是最受歡迎的人。）我們迅速返回，在下議院愛德華・格雷爵士的辦公室見到了他。他開口第一句話是：「我剛收到德國大使的信件，語氣非常強硬，我們的艦隊可能隨時遭受攻擊。我已經派人通知麥克唐納，讓他提高警惕！」接著，他簡要地告訴我們，他剛剛與梅特涅伯爵的對話。這位大使表示，聽了財政大臣的演講後，德國無法再做任何解釋。他用尖刻的言辭說，如果法國拒絕德國政府伸出的手，為了維護尊嚴，德國將以一切手段迫使法國完全尊重德國的條約權利。隨後他宣讀了一份針對勞合・喬治先生演講的長篇抗議書：「至少可以說，這篇演講不能被理解為對德國講話的警告，事實上英國和法國的報紙已經將其解讀為接近威脅的警告。」愛德華・格雷爵士認為應該以如下方式回應，指出由於剛才讀給他聽的那封信件語氣無禮，解釋財政大臣的演講將有損英王陛下政府的尊嚴。當我們正在討論時，海軍大臣到來，幾分鐘後他匆匆離開去發布警告命令。

　　這些致命的措辭顯得尤為謹慎且適當，柔和、平靜的語調，伴隨著謙遜、莊重、精確衡量過的、充滿和平氛圍的文字。然而，正是這個德國，他會毫無預警地開炮，將各國擊倒在地。因此，如今海軍部的無線電報悄然透過電波傳至戰艦高聳的主桅，艦長們在甲板上踱步沉思。沒有事情，根本沒有事情。在20世紀想到這些真是太愚蠢和太荒唐。難道會有人從黑暗中跳出來襲擊和謀殺，要我們性命？難道魚雷會撕破還未睡醒的艦艇腹部，過了一夜到太陽昇起時海軍優勢已經不復存在？一個守衛一直良好的島嶼最後竟不能自衛？不，絕不會發生這種事情。沒人會做這種事情。文明已足以制止這種毀滅。各國間貿易與交通上的相互依賴、人們的公法意識、海牙公約、自由原則、工人政黨、鉅額融資、基督教慈善事業以及人類的常識使得這類噩夢不可能成真。你有把握嗎？想錯了真遺憾。這樣的錯誤只能犯一次——犯一次就足以遺恨千古。

阿加迪爾危機

　　倫敦市長官邸的演講震驚了各國：尤其對德國政府而言如同晴天霹靂。他們的情報曾讓他們確信，勞合·喬治將成為和平派的領袖，英國的舉動將保持中立。然而，從一個極端轉向另一個極端，現在他們認為英國內閣是完全團結一致的，財政大臣被選為英國政府中最激進的大臣來發表這個宣告。他們無法理解，為何德國駐英國的代表和間諜會被如此嚴重地誤導。他們的憤怒，決定了梅特涅伯爵的倒臺。機會一到，他便被召回。作為在倫敦居住了10年的大使，竟然無法預見一個最有權勢的大臣在此類問題上的行動。根據上述情況，這種看法對梅特涅伯爵未免過於苛刻。他怎能預知勞合·喬治先生的決定？就在幾個小時前，他的同僚們也一無所知。即便是與他緊密合作的我也無從知曉。沒有人知道。在他明確做出決定之前，連他自己都不清楚。

　　目前來看，德國人在這次事件中或許並非有意挑起戰爭。然而，他們確實試圖探究對方的反應，並準備走到危險的邊緣。在懸崖邊上，人很容易失去平衡：輕推一下、3分鐘熱度、片刻的頭暈，所有這一切都可能導致人瞬間墜入深淵。在英國公開表態之前，不論德國人是否有戰爭的意圖，但是從此刻之後他們不再有此打算。

　　在財政大臣的演講及其引發的迴響之後，德國政府不再懷疑，如果在這個關鍵時刻將戰爭強加於法國，英國必定會對他宣戰。他們雖未立即從原有立場上退讓，但是盡量小心避免新的挑釁行為；他們與法國的談判方式趨向調和與妥協。對於我們而言，評估問題在不同階段的確切意義仍然極為困難，在整個7、8、9三個月裡，形勢繼續模糊且令人感到壓抑。德國外交政策特性上表現出的細微但是決定性的改變難以察覺，同時，據我們所知，德國境內實施的某些預防性軍事措施，大大增加了我們的憂慮。因此，隨著炎熱的夏季一天天過去，英國的氣氛變得愈發緊張不安。

　　迄今為止，身為內政大臣的我在這一系列事態變化中並未發揮任何特殊作用，儘管我密切關注其發展。就在此時，我突然遭受了一次猛烈的震驚。

1911年7月27日下午，我出席了唐寧街10號的一個遊園會。在那裡，我遇到了警察總監愛德華·亨利爵士。我們談論起歐洲的局勢，我告訴他局勢十分嚴峻。隨後，他提到，根據一項奇特的安排，內政部應透過倫敦市警察局負責保衛查坦和洛奇山的軍火庫，這些軍火庫貯藏著海軍無煙火藥的全部儲備。多年來，這些軍火庫只由幾個警察守衛，未曾出過事故。我問他，如果有一天晚上20個德國敢死隊員乘坐2、3輛汽車全副武裝來到那裡會發生什麼情況。他回覆說，他們將能夠為所欲為。我立即離開了遊園會。

幾分鐘後，我從內政部辦公室撥通了海軍部的電話。我詢問誰在值班，得到的答覆是，主管業務的海軍大臣隨艦隊駐守在克羅默蒂；第一海務大臣正外出視察。當然，透過有線或無線電訊，我很快與他們取得了聯繫。此時，一位海軍將軍（不提其名）正在掌管部務。我要求海軍陸戰隊立即保衛這些對皇家海軍至關重要的軍火庫。我知道在查坦和樸茨茅斯的徵兵站駐有大量海軍陸戰隊。這位海軍將軍在電話中回答我，海軍部既沒有責任也不願意承擔這個任務；他的語氣顯然表明他對文官大臣的干擾非常不滿。「那麼你拒絕派遣海軍陸戰隊？」經過片刻的猶豫，他回答道：「我拒絕。」我放下電話筒，轉而撥通了陸軍部。霍爾丹先生在那裡。我告訴他我計劃在當晚增強和武裝那裡的警察，並要求他為每個軍火庫增派一連步兵。幾分鐘內，命令就已下達，幾個小時內，陸軍便出動了。到第2天，海軍的無煙火藥儲備庫便安全了。

這是一件小事，也許我的憂慮是杞人憂天。然而，一旦人們開始從這個角度審視局勢，就無法考慮其他選擇。周圍充滿了和平、安適、心境平和的英國人正過著繁忙生活。街道上擠滿了男男女女，他們完全沒有感覺到任何來自國外的威脅。近千年來，英國的土地上幾乎沒有外國軍隊踏足。英國本土的安全已有一百年未受威脅。人們以充分的自信和相當的無知，一年又一年，世世代代地經營生意、參加體育運動、上學和參與黨派爭論。他們的所有思想都源自和平環境。他們的所有安排都是長期和平的

結果。如果有人告訴他們：我們可能正在接近一場大規模戰爭，也許就在這個居住著來自世界各地，可是信賴外來客的倫敦市內，一些死心塌地的外國人可能正計劃對我們所信任的偉大武器和防禦屏障發動致命攻擊，那麼大多數人會表示懷疑，許多人會感到非常惱火。

我展開對易受攻擊的關鍵部門的調查。我聯繫了當時帝國國防委員會的助理大臣、具有遠見卓識的海軍上校漢基，他已經在編撰戰時手冊，對要害部門進行分類。這本手冊的計劃實際上早已開始。我繼續探討破壞、間諜及反間諜的問題。我還訪問了一些使用不起眼工具、默默無聞且嚴肅認真的軍官。他們向我透露了德國間諜和特務在英國各海港活動的情況。迄今為止，內政大臣必須在必要時簽發許可證，以檢查通過皇家郵政的特殊信件。此時，我簽發了一般許可證，授權檢查名單上特定人物的一切來往信函，這份名單不斷更新。用這種方法，我們立刻發現了一個由德國資助的英國特務組成的龐大系統。這只是內政部長正式干預準備工作中的一小部分，但是一旦我涉足其中，它在我心目中就變得比其他事務更加重要。在接下來的 7 年裡，我幾乎很少考慮其他問題。自由政治、國家預算、自由貿易、和平、費用削減和改革——這些選舉鬥爭中的口號在這個新的需要全神貫注的任務面前顯得不切實際。在接踵而至的嚴酷現實面前，只有愛爾蘭仍保持著他的位置。其他大臣無疑也有類似的心理歷程，但是我只講述我自己的故事。

此時，我開始深入研究歐洲的軍事局勢，閱讀所有提供給我的檔案。我花費大量時間參與辯論與討論。國防大臣指示他的部下向我提供任何我想了解的資訊。總參謀長威廉·尼科爾森爵士（William Nicholson）是我的老朋友。我們在 1898 年蒂拉赫遠征結束時，同在威廉·洛克哈特爵士麾下的參謀部任職。他撰寫的評論文字優美且充滿力量，宣揚明確而堅定的原則立場。然而，教給我最多知識的人是軍事作戰局長威爾遜將軍（後來的陸軍元帥亨利·休斯·威爾遜爵士）（Sir Henry Wilson）。這位軍官具有非凡的洞

察力與信念。他對歐洲大陸擁有極其豐富的知識，徹底了解法國的陸軍，洞悉法國參謀部的機密。他曾任英國參謀學院院長，多年來致力於一個目標——即在戰爭爆發時我們應立即站在法國的一邊作戰。他堅信戰爭遲早會爆發，軍事情報的線索盡在他掌握之中。在他小小的辦公室裡，四面牆上掛著一幅巨大的比利時地圖，清楚地標明德國陸軍橫越比利時入侵法國時每一條可以行軍的道路。他把全部假期都用來稽核這些道路及周圍鄉村。他無法前往德國詳細了解情況，因為德國人也對他非常了解。

某個夜晚，德國大使梅特涅伯爵，這位我相識10年的朋友，邀請我共進晚餐。當晚只有我們兩人，他拿出了曾在德皇地窖中珍藏的著名霍克酒。我們進行了一次有關德國的深入對話，討論他如何壯大、拿破崙在德國統一中的角色，以及普法戰爭的起因和結局。我提到俾斯麥在軍方壓力下割讓洛林是一大憾事，並談及阿爾薩斯——洛林如何成為歐洲軍備競賽和對立結盟的根源。他反駁說，這兩地自古以來就是日耳曼的省分，直到某個平靜的日子被路易十四侵占。我則指出，那裡的人民在思想感情上傾向法國；他說人們的感情是兩邊都有。我強調整個事件深深刻在了人們的心中，法國人永遠不會忘記失去的省分，也不會停止對他的呼喚。隨後，我們的談話轉向了更為嚴峻的話題。我問他是否對當前形勢感到焦慮？他回答說，人們試圖包圍並網住德國，但他是一頭強壯的野獸，網住他並不容易。我指出，德國與奧匈帝國和義大利結盟，怎麼能被網住？我們多年來常常處於孤立的狀態，卻並未感到驚恐。他說，對於一個島國而言情況不同，但是當你的國家經常遭受外敵入侵、掠奪和壓迫，並且只有依靠軍隊抵擋入侵者時，你自然會感到恐懼。我回應道，沒有人讓德國感到害怕，反而是每個人都被德國嚇到了。

隨後，我們談論起海軍問題。我提到，德國試圖在海上與英國抗衡無疑是個重大失策。德國無法趕上我們。我們將以2比1的比例建造艦艇，若有必要，比例甚至會更高。這樣，兩國間的對抗情勢將會逐步升高。激

阿加迪爾危機

進派和保守黨人,無論他們之間有何分歧,在這一點上卻達成了完全一致。任何英國政府都絕不會允許存在危及我們海軍優勢的力量。他表示,勞合·喬治先生曾向他表達過相似的觀點,但是德國人並不追求海上優勢。他們只希望擁有一支能保護其商業和殖民地的艦隊。我反問道,一支較弱的艦隊有何用處?它只是另一個隨時可能失去的資產。他回應說,皇帝對他的艦隊有著深厚的感情,這是他親手創造的。我忍不住提到,毛奇曾公開表達完全不同的觀點,認為艦隊是德國的核心利益。

我之所以記錄下這些愉快但謹慎的對話筆記,並非因為它們具有特殊的重要性,而是為了展示不同的觀點。後來我了解到,財政大臣在相同的環境中表達得更加明確,他表示,如果英國海軍的優勢受到確實的威脅,他將在一年內為其籌集一億英鎊。

梅特涅伯爵是一個備受尊敬的人物,他忠實地效力於他的主君,同時盡力維護和平,尤其是在英、德之間的和平。在柏林的一次將軍和親王們的聚會上,有人提到英國艦隊有一天可能會毫無理由地襲擊德國。聽到這番言論,這位大使回答道,他在英國居住了將近十年,他清楚這種事情絕對不會發生。他的話引起了在場人士顯而易見的不信任,於是他站起來說,他以德國官員的榮譽來保證這句話的真實性,並願以他個人的榮譽作擔保。這些話暫時平息了聚會者們的議論。

缺乏深思熟慮的人往往嘲笑傳統外交,並聲稱戰爭是由祕密外交操作引起的。當人們看到導致大國間戰爭和諸多糾紛的細微原因時,容易誤以為這是祕密外交的錯誤。事實上,這些小事僅僅是危險疾病的症狀,從這一點來說,它們才顯得重要。在這些症狀背後,存在著強大民族的利益、激情和命運。長期的對抗往往透過瑣碎的小事表現出來。過去有人說過:「大規模的騷動由小事引起,但與小事無關。」傳統外交的長處在於使這些小事不至於引發災禍,除此之外並無特別本事。然而,推遲戰爭可能會消除戰爭。改變環境、改變聯盟、新興集團的出現和新利益取代舊利益。許

多可能導致戰爭的爭端被歐洲的傳統外交手段化解了，用梅爾本勳爵的話說，是被外交手段「平息」了。世上的大小國家，雖然對各自可怕的遭遇記憶猶新，但是如果他們能夠設計出更廣泛、更深刻的和平保證，將各自的家園建立在兄弟般相互依賴的、更穩固的基礎上，那麼他們依然需要歐洲傳統外交家的典雅態度、有禮貌和審慎的言辭、沉著冷靜的舉止、保密的觀念和慎重的作風。不過這是題外話。

1911年8月23日，首相在議會休會，大臣們離去後，非常祕密地召開了帝國國防委員會特別會議。他召集了與外交形勢和作戰任務密切相關的大臣，當然，包括財政大臣，陸、海軍的重要軍官也出席了會議。我受邀參加，儘管這與內政部沒有直接關係。我們整天都在開會。上午是陸軍發言，下午則是海軍發言。

軍事作戰局長威爾遜將軍闡述了總參部的看法。他站在特意運來的巨幅地圖旁，情緒異常激動，披露了德國在德、奧與法、俄戰爭中對法國的攻擊計畫（事後被證明極其準確）。他的講話簡述如下：

首先，德國人將以接近五分之四的兵力對抗法國，僅留下五分之一的兵力來遏制俄國。德國陸軍將部署在從瑞士邊界到亞琛的前線。他們計劃通過右翼橫掃比利時，進而繞過保護法國東部邊境的堡壘防線。德軍右翼的這種大規模橫掃行動將利用從盧森堡到比利時默茲河的每一條道路。這些道路共有15條，每條路或許可以通過3個師。比利時默茲河的流向與這些師的前進方向平行，並保護他們的右側翼。沿這條河有3個重要且築有工事的航道或橋頭堡。第一個是列日，與德國最近；最後一個是那慕爾，與法國最近；在兩者之間是于伊堡。現在的問題是：德國人在占領這些橋頭堡之後，是選擇限制自己在比利時默茲河東邊，並利用河流作為防護屏障，還是將兵力擴展到默茲河以西，超越河界繼續進攻？這只是他們計劃的一部分，難以預料。他們會不占據比利時默茲河以西的地區嗎？他們會只用騎兵掠過沿河的狹長地帶嗎？或者他們會指揮步兵師甚至軍團在

阿加迪爾危機

河的西部進軍嗎？如我們現在所知，戰爭來臨時，他們動用了整整 2 個集團軍進軍。但是在當時，最恐懼的猜測也不超過一個軍。

最詳盡的證據顯示，德國人為通過比利時進軍，進行了極為周密的準備。靠近邊境的大量兵營、龐大的補給站、鐵路運輸網路和無數的專用支線，清晰且毫無爭議地揭示了他們的意圖。宣戰後，列日可以在數小時內被占領，甚至可能在宣戰之前，從埃爾森博恩軍營出發的汽車和摩托車隊進行突襲。那個軍營在 1911 年 8 月時駐滿了軍隊，好奇的民眾和普通的鄉村居民已被粗暴地阻止他們靠近軍營。

在如此猛烈的攻擊下，比利時將如何應付呢？列日已無力迴天，但是法國軍隊或許能及時抵達那慕爾協助防禦。至於其他地方，假如比利時決定抵抗侵略者，比利時軍隊將撤退到被戰壕環繞的安特衛普之巨大兵營和堡壘之中。這片廣闊的區域擁有縱橫交錯的河流與運河，並由三道防線保護，將成為比利時王室和人民的最後避難所。

我們也分析了荷蘭的處境。沒有人認為德國人會像對待比利時那樣蹂躪荷蘭，但是德國人可能會發現，通過位於德國和比利時之間的荷蘭領域中，那奇怪形狀的突出部分進軍是非常便利的。那塊突出部分被當時英國參謀部稱為「馬斯垂克闌尾」。如果德國計劃將大部隊投入比利時默茲河以西的區域，他們肯定會採取這種方式。

法國未向我們詳細說明應付這場嚴峻局勢的具體計畫；但是顯然，他們期望透過自身的大規模反攻，搶先阻止並瓦解德軍的包圍行動。

在動員完成後，雙方在各條戰線上可投入師級軍隊的數量預計如下：

法國……85 個師。

德國……110 個師。

有觀點認為，若戰爭爆發後，立即派遣 6 個英國師前往防守法軍最左翼陣地，擊敗德軍的機會將大大增加。法軍如果知道他們並非孤軍奮戰，戰鬥信心將倍增。關於俄國軍隊，威爾遜將軍的預測是準確的，他對俄軍動員緩

慢的描述打破了很多幻想。認為德國會滿足於僅用不到20個師來抵抗俄軍的觀點，顯然不可信，但英國參謀部認為這樣的決定是有其充分依據的。我們很快將看到忠誠的俄國和沙皇如何在關鍵時刻做出巨大犧牲，將德軍的大部分力量引向東方。當時無法預見這種行動，現在大多數人也已經將其遺忘。

在2點鐘短暫休會之前，會議上進行了廣泛的討論和大量的詢問。當我們在3點鐘復會時，輪到了海軍部發言。第一海務大臣亞瑟‧尼維特‧威爾遜爵士（Arthur Knyvet Wilson）用另一幅地圖闡述了在我們捲入這樣一場戰爭時，他認為應採取的對策觀點。他並未向大家透露海軍部的作戰計畫，而是將這些計畫緊鎖在自己的腦海中，但是他指出，作戰計畫包含對敵人港口進行嚴密封鎖的原則。人們很快就意識到，陸軍部和海軍部之間的觀點存在深刻的分歧。海軍部的想法大致是，我們應該將作戰努力限制在海上；如果我們派遣少量陸軍到歐洲大陸，他們將被歐洲大陸國家的重大爭鬥所吞噬。若將我們的陸軍保留在艦隊上，準備對德國海岸進行反擊，它將迫使大量德軍從其戰線撤出。這個觀點遭到陸軍將軍們的猛烈抨擊，並且未得到大多數與會者的認同。此外，關於這些軍隊登陸的諸多細節，陸軍和海軍當局完全不一致。在這個關鍵時刻，陸軍與海軍參謀部在基本問題上的嚴重分歧，成為我進入海軍部的直接原因。會議解散後，霍爾登先生向首相暗示，除非建立一個海軍部委員會，使其與陸軍部計劃協調工作，並由其組織適當的海戰參謀部，否則他不願繼續負責陸軍部的工作。當然，我之前對此事一無所知，但是這件事注定很快就以明確的方式深深影響我的命運。

我認為總參謀部對法國陸軍的評價過於樂觀。他們明顯是支持法國的，因此我擔心他們的觀點可能帶有一廂情願的成分。英國軍人不可避免地希望看到自己的國家在法國的干預行動中站在盟友一邊，並堅信法國若被德國摧毀，將對英國的未來構成巨大威脅。因此，他們傾向於高估法國陸軍的實力，對其前景過於樂觀。總參謀部的大部分情報來自法國。法國

的總參謀部態度堅定且充滿希望。進攻原則是他們軍事藝術的核心，也是法國軍人的主要驅動力。儘管根據最可靠的情報，戰前全面動員時法國的陸軍僅相當於戰前德國陸軍的四分之三，但是法國在動員令下達的第9天到第13天就能為前線召集一支占優勢的部隊。法國將軍們抱有極高的期望：大膽而積極地進攻阿爾薩斯──洛林，將有望破壞德國人通過比利時進軍巴黎的精心計畫。這種希望反映在英國總參謀部的評估報告中。

我無法贊同這些觀點，因此我撰寫了一份提交給帝國國防委員會的備忘錄，包含了我在總參謀部所掌握的所有資訊，並基於此做出的結論。備忘錄的起草日期是1911年8月13日。其目的顯然是為了揭開未來的帷幕，勾勒各種可能的前景，權衡無數的因素，並考慮難以估量的事物。可以看出，我將動員後的第20天稱為「法軍從默茲河一線被驅逐並撤退至巴黎及南部」的日子，將動員後的第40天稱為「德國內部和前線力量發揮到頂點」，「那時將出現考驗決定性力量的機會」的日子。我樂於承認，我並非意圖將這些日期視為精確的時間點，而是將其作為指引，表明可能發生的情況。然而，事實上，這些預言在3年後幾乎完全得到了驗證。

在1914年9月2日，我重新印製了這份備忘錄，目的在激勵我的同仁，懷抱這樣的希望：如果第20天的不利預測應驗，那麼第40天的有利預測也將實現。後來事實確實如此。

歐洲大陸軍事方面的問題

邱吉爾先生備忘錄

1911年8月13日

本備忘錄已決定在歐洲大陸部署英國軍事力量。本文不對該決定進行預測性評價。

假設英國、法國和俄國結成聯盟，這些國家遭受德國和奧地利的攻擊。

1. 決定性的戰鬥將發生在法、德之間的那些戰役中。德國陸軍在能力上至少與法軍相當，且能夠動員的兵力為 220 萬對 170 萬。因此，法國必須設法使雙方力量均衡，要麼在德國軍隊尚未全力發揮之前，要麼在德國軍隊全力以赴之後。前一種情況可能在第 9 至第 13 天之間實現；後一種情況大約在第 40 天時出現。

2. 在動員階段的數日內，法軍即便在前線擁有與敵方相當或暫時占優勢的兵力，這一事實並無重大意義，除非法國打算採取策略攻勢。德國人不會在他們不占優勢的日子發動全面進攻；若法國人主動進軍，他們將立即失去所有內部交通連繫的優勢，並在推進過程中遭遇德軍增援，進而失去暫時的人數優勢。因此，戰爭初期，法國人別無選擇，只能採取守勢，無論是在堡壘防線上還是在比利時邊境後方防守；何時發動第一次激戰的決定權在德國人手中，德國人必定足夠聰明，能夠選擇最合適的時機，不會違背他們的意願被迫進行決戰，除非法國方面採取某些不顧後果且毫無道理的行動。

3. 英國在謹慎評估各種進攻機會時，必須考慮到德軍一旦發起決定性進攻，將會有充分優勢的軍隊作為後盾，並在廣泛的戰線上發動攻勢，迫使法軍從比利時邊境後方的陣地撤退，即便法軍能夠堅守凡爾登——貝爾福戰線的堡壘群間隙。毫無疑問，一系列大規模戰鬥將會爆發，各地的戰況會有所不同，而德軍遭到重創的可能性始終存在。即使德軍的進攻停止，法軍的兵力也不足以進行反攻；無論如何，我們絕對不能對此抱有希望。更大的可能性是，在大約第 20 天時，法軍將被從默茲河防線驅趕，撤退到巴黎及其以南的地區。所有基於相反假設所制定的計畫都過於依賴運氣。

4. 計畫中不排除動用 4 或 6 個英國師參與這些初期的戰役。這樣的安

阿加迪爾危機

排在實質上是一個重要的因素。他對法軍的價值遠遠超過其數字顯示的力量。他能極大地鼓舞每位法國士兵的士氣，並使德軍在強行攻占邊境時須付出更高的代價。但對我們最具現實影響的問題是，德軍突破邊境並入侵法國後將會發生什麼情況。法國無力在前線採取任何行動來結束戰爭。他不夠強大，無法入侵德國。他唯一的機會是在法國境內擊敗德國。就這問題在做出任何最終決策前應進行充分研究。

5. 德軍通過比利時推進法國，其軍力可能因以下全部或部分原因而相對削弱：

—— 由於進攻時難免會遭受重大損失（尤其是若德軍進攻法國堡壘防線失敗）；

—— 由於在外線作戰需要部署更多的兵力；

—— 由於必須保護他們經由比利時和法國的交通線（尤其是從沿海側翼來的交通線）；

—— 由於進攻巴黎（需要投入至少 50 萬對抗 10 萬的兵力），包圍其他地區，特別是在沿海地區，也需要大量兵力；

—— 由於英國軍隊的到達；

—— 因第 13 天起俄國壓力日益增加；

通常來說，由於德軍的行動公開，從右側進軍導致了不利的策略局面。所有這些因素的影響將隨著德軍的持續推進和時間的流逝而逐漸增加。

6. 正如海軍部備忘錄所述，海軍封鎖需要一段時間才能對德國的商業、工業和食品價格產生影響；巨大的戰爭日常開支對德國信譽和財政狀況的壓力也需要時間才能顯現。這些壓力將逐步同時發展。（財政大臣特別關注這一點以及德國工業和經濟組織結構的細微變化）。

到第 40 天，德國在內部及其戰線上已達到強弩之末的狀態，這種緊張情勢將愈加嚴重，直到最終崩潰。除非德國在法國境內取得決定性的勝利，否則難以減輕重負。假如法軍未在突如其來或險惡的戰鬥中過度消

耗，40 天後，軍事力量的平衡將漸漸傾向法軍，且局勢會逐步改善。德軍將面臨愈加迫切的進攻需求，但前線可能出現兵力逐漸均等的情況，此時或許會出現考驗決定性力量的機會。

W. S. 邱吉爾

會議結束後，憂慮沉甸甸地懸在每個與會者的心上。

在那些日子裡，陸軍部忙於處理機密資訊，無法採取任何微小的公開行動，卻事先做了所有可能的準備工作。每個營的行動細節都透過檔案詳細制定，包括嚴格的時刻表，甚至連喝咖啡的地點也明確標示。此外，還印製了數以千計的法國北部和比利時地圖。由於「威爾特郡及其鄰近各郡缺水」，騎兵的調動被推遲。新聞界嚴格按照黨派劃分，言論大多傾向於和平主張，沒有新聞檢查或強制行為，瀰漫著一種普遍的沉默。沒有任何言論打破長期以來令人窒息的寂靜。大規模的鐵路罷工突然神祕地結束了。勞資雙方在聽取財政大臣的真誠談話後，相互做出了讓步。

在 1911 年 8 月中旬，我前往鄉村小住數日，心中除了戰爭的危機外別無他念。我處理了一些日常事務，但是心中唯一強烈關注的領域依舊明亮。1911 年 8 月 30 日，我在梅爾山周圍生機盎然的鄉村寫給愛德華‧格雷爵士一封信，內容如下：

或許已經到了採取果斷行動的關鍵時刻。如果摩洛哥的談判未能成功，請審慎考慮以下策略：

提議締結與法國及俄國的三國同盟，以保護（特別是）比利時、荷蘭和丹麥的獨立。

告知比利時，如其中立地位受損，我們將援助並與法國和俄國結盟以保障其獨立。為此，我們將採取最有效的軍事行動。但是比利時軍隊必須參戰配合英、法軍隊。比利時還需立即適當駐防列日和那慕爾。否則我們無法對其命運負責。

給予荷蘭和丹麥同等的保障，前提是他們應盡最大努力備戰。

阿加迪爾危機

若有必要，我們應協助比利時防衛安特衛普，並為駐紮於該地堡壘的部隊提供補給和彈藥。我們應在適當時機對荷蘭施加最大壓力，確保他保持斯海爾德河的全面開放。若荷蘭封鎖該河，我們將以封鎖萊茵河作為報復。

對我們而言，封鎖萊茵河的能力至關重要，而且這種重要性隨著戰爭的進展會越來越明顯。反之，如果德國人在戰爭開始時不利用「馬斯垂克闌尾」，那麼他們將再也不需要它。

讓我補充說明一下，我完全不認同嚴密封鎖的理論，也不喜歡海軍部的說法。如果法國人派巡洋艦到摩加多爾和薩非，我認為我們應該將主力艦隊調往蘇格蘭以北的戰時位置。我們的利益在歐洲，而非摩洛哥。這個舉動的重要性與我們派 2 艘軍艦與法國艦隊聯合巡弋相當。

請告知我您何時回到倫敦；請將這封信轉交給首相。

我的觀點在接下來的 3 年和平時期內保持不變。相反，我的經歷和見聞使我的觀點更加堅定和充實。在某些方面，例如取消嚴密封鎖計畫和命令艦隊進入戰時位置，我成功實現了這些目標。對於其他事項，如保衛安特衛普，我卻無權在需要時採取行動。然而，我並不像有人常說的那樣，憑愚蠢的衝動行事，我努力遵循基於深思熟慮和研究的堅定信念。當我看到自己的一些信念在那個可怕和極度混亂的時期逐一得到驗證時，我不由得對自己信念的真實性充滿信心。對於該做些什麼，我從未感到疑惑，唯一的困難是說服或勸導他人。

無論如何，阿加迪爾危機最終以和平方式解決。透過外交手段抵制德國，危機得以終止。德國再次以突然的威脅姿態擾亂整個歐洲，對法國施加了極為粗暴的恐嚇。這是英國政治家首次直接感受到戰爭的危險，這種感覺在歐洲大陸人民心中從未消失。然而，法國做出了讓步與補償。關於西非法、德領地邊界的複雜談判（謠言的傳播發揮了重要作用），兩國最終達成了協議。從我們的角度看，法國獲得了相當的利益。但是法國並

不特別高興，在那些焦慮不安的日子裡，總理約瑟夫・卡約先生（Joseph Caillaux）被免職，這在當時難以理解，但是從後來的事態發展來看便能較易理解。

德國統治階層內的緊張程度必定極為嚴重。德國殖民大臣奧斯卡・馮・林德奎斯特（Oskar von Lindequist）還未在協議上簽字就辭職了。毫無疑問，在德皇居住的宮殿內，眾多穿著華麗制服的朝臣們內心充滿著深刻的屈辱感和強烈的仇恨，這些激情的代表正是皇儲本人。世界將無限的汙穢積聚在這個不幸者的身上。事實上，他或許與一個普通的年輕騎兵中尉相差無幾，沒有受過公立學校的教育，也不必考慮生計。他具有相當的個人魅力，主要濫用在女人身上，但是在黑暗的日子裡他的魅力卻迷惑了維林根的青年人。在高級指揮官、政府高級官員和政黨領導人充滿激情的注視和言辭的阿諛下，他已被衝昏頭腦。因此，他縱身投入這強勁的愛戴潮流中，成為一股權勢，或者應該說是一個權勢的中心，連德皇也得刮目相看。德國再次著手增加自己陸、海軍的力量。

阿爾弗雷德・馮・鐵必制（Alfred von Tirpitz）曾言：「問題在於我們必須保持高度警惕，持續大規模增強軍事力量，避免一切挑釁，並耐心等待，直到我們的海軍力量足夠強大，迫使英國人允許我們和平呼吸。」僅僅是和平呼吸！竟需要如此龐大的裝備來確保這個簡單的動作！

目前我們需要回顧法國對這些事件的回應。

1911年初，最高國防會議副主席兼法國指定的陸軍戰時總司令米歇爾將軍為戰役計畫起草了一份報告。他斷言德國必然會通過比利時進攻法國；德國的包抄行動不僅會限於比利時默茲河以南，還會遠遠超出，涵蓋布魯塞爾和安特衛普。他聲稱德國參謀部不僅會立即動用21個現役軍，還會動用透過總動員組建的大約21個後備軍。因此法國應準備面對通過比利時的大規模包抄行動和一支包含42個軍的部隊。為應付這次入侵，他建議法國應該一開始就組織和使用大部分後備軍。為此，他建議每個現

阿加迪爾危機

役編制應有一個並行的後備編制，使 2 個單位在現役軍官的指揮下一同上戰場。透過這種動員方式，法國陸軍將從 130 萬人增加到 200 萬人，使德國入侵軍面對至少同等規模的法軍。許多法國軍的編制將提高到 70,000 人，大部分團部將擴充為由 6 個營組成的旅。

米歇爾將軍的下一步計劃是部署這些部隊。他建議將近 50 萬人的主力部隊布置在里爾和阿韋爾訥之間，以抵禦德國的主要包抄力量；其次，他提議在伊爾松和勒泰勒之間部署 30 萬人的次要部隊，位於主力部隊的右側。此外，他指定 22 萬人守衛巴黎，這部分的部隊也將作為總預備隊。其餘的部隊則沿著東部邊界配置。這便是法國軍隊領導人在 1911 年的計畫。

這個計畫與法國軍事思想的主流觀點完全相悖。總參謀部不認為德國會採取通過比利時進行包抄的策略，特別是從比利時北部進攻。他們不相信德國會在戰鬥初期動用後備部隊，也不認為這些後備隊在沒有經過長期訓練的情況下具備參戰能力。他們認為情況恰恰相反，德國人只會動用現役部隊，並以極快的速度展開進攻，法國的反擊部隊必須在德軍穿越東部防線時迎擊並阻止他們。為了實現這個目標，法國的軍隊編制應該盡可能保持高比例的現役部隊，並盡量減少後備隊的比例。為此，他們要求制定《三年兵役法》，以確保至少擁有 2 支由年輕士兵組成的完整部隊。在法國參謀部內，除了參謀長外，攻勢學派占據主導地位，其中最活躍的倡導者是格朗邁松上校，他們堅信勝利可以透過對敵人的猛烈突襲在戰鬥初期瞬間獲得。

這種意見衝突決定了米歇爾將軍的命運。或許，他的個性和氣質與他深邃而敏銳的判斷力不相稱。這樣的差異常常損害到真正的政策。在國防會議上他的同事聯合成大多數來反對他。在阿加迪爾危機緊張期間他們的爭議達到緊要關頭。新任國防部長梅西米上校堅持在全體會議上討論米歇爾的計畫。這位副主席處於孤立地位；幾乎任何一個將軍都直截了當地宣

布不同意他的方案。在這種情況下，沒過幾天國防部長便通知他：他已失去法國陸軍的信任，1911 年 7 月 23 日他辭去國防委員會副主席的職務。

政府計劃由加列尼或波接替米歇爾的職務；然而，波請求任命幾位將級軍官，部長拒絕了他的請求。他的任命因此沒有繼續，表面上以年齡為由，這對加列尼更不利，因為他的年紀更大。最終，在這種情況下，選項落在約瑟夫・霞飛將軍（Joseph Joffre）頭上。

霞飛是工程兵軍官，在馬達加斯加和摩洛哥分別在加列尼麾下擔任不同職務，因而獲得了思想穩健、沉默寡言和意志堅強的名聲。1911 年，他成為最高國防委員會委員。很難找到一個比他更不像英國人想像中的法國人的人物 —— 這個人大腦袋，寬肩膀，思考慢條斯理，行動遲緩，土裡土氣。也不容易找到像他那種類型的人：第一眼看來就覺得不適合編織和拆散深奧複雜而龐大的現代戰爭之網。他是國防委員會中資格較淺的委員。他從來沒有率領過軍隊，甚至沒有在戰爭演習中指揮過軍隊大規模調動。在這類演習中他只扮演過交通線監察長的角色，而當時他被委派在這個職位上做動員軍隊的工作。

霞飛得知這出乎意料的任命提名時，感到憂慮和困惑，這是合情合理且可信的。他的疑慮因為得到愛德華・德・卡斯泰爾諾將軍（Noël Édouard）特別安排的保證而消除。這位將軍熟悉法國參謀部的計畫與理論，尤其擅長大規模戰役。因此，霞飛作為法國參謀部提名的首選人選和他們理論的代表而接過了權力。他始終忠於這個理念，3 年後法國注定要遭受的巨大災難，從那時起幾乎是不可避免的了。

霞飛將軍的品格使他非常適合在戰前為幾屆短命的法國政府提供最有價值的服務。他象徵並體現了變動不居的世界中的「穩定」以及派系鬥爭中的「不偏不倚」。他是一個具有明確政治觀點的「良好共和主義者」，而非一個擅長政治操作或參與陰謀的軍人。沒有人質疑他的宗教信仰，同時也沒有人能指責他為支持無神論的將軍們而犧牲天主教的利益。在政治家

們對未來的大決戰只會喋喋不休、怒氣沖沖和七嘴八舌講空話的時候，法國對這位將軍無論如何有某些可以託付的地方。在近3年的政府頻繁更迭中，霞飛一直擔任他的職務，可以肯定地說，在局勢日益險惡的歲月裡，他在技術事務上的建議幾乎總是被短命的部長們所採納。他在卡約和梅西米手下任職，在雷蒙·普恩加萊（Raymond Poincaré）和亞歷山大·米勒蘭（Alexandre Millerand）手下任職，在阿里斯蒂德·白里安（Aristide Briand）和艾蒂安納手下任職，當戰爭爆發時，他再次在維維亞尼和梅西米手下任職。

最後，我們再來討論一下英國的情況。

1911年10月，阿斯奎斯先生邀我前往蘇格蘭小住。抵達次日，我們在從海邊沙地返回他家的途中，他突然問我是否願意加入海軍部。當他剛成為首相時，也曾問過我同樣的問題。這一次，我毫不猶豫。戰爭的陰影籠罩心頭，我欣然應允，答道：「當然願意」。他提到霍爾丹先生明日會來，我們將共同商討此事。但是我明白，他的決定已定。夕陽餘暉映照著兩艘緩緩駛離福斯港灣的戰艦，他們在我眼中彷彿賦予了新的意義。

當晚，當我準備就寢時，我在臥室的桌上發現了一本厚重的《聖經》。得到的消息在我心中揮之不去，職位的徹底轉變和賦予我的職責令我心神不寧。我思及英國的危機，他鍾愛和平卻缺乏周全準備；我思及他的力量與美德，思及英國所長期倡導的良知和公正的使命。我思及強大的德國，矗立在其帝國的輝煌中，以深邃、冷靜、耐心且無情的分析方法進行研究。記憶閃回到1907年布雷斯勞的陸軍演習，那些矯健的士兵一隊接著一隊地從我面前經過；想到1910年在維爾茨堡周圍，山丘上和道路旁，數千匹強壯的馬匹拖著大炮和大量榴彈炮。我思及德國人的教育及其一絲不苟的精神，以及他們在科學和哲學上的成就所蘊含的意義。我思及德國透過突然而成功的戰爭所建立的權勢。我隨手翻開《聖經》，在「申命記」第9章中讀到：

1. 以色列啊，請聽！今日你將渡過約旦河，進入並驅逐比你更強大的民族，獲取廣大而堅固、高聳入雲的城邑。

2. 那國民乃是亞衲族的後裔，身材高大魁梧，這是你所了解的；並且你也聽說過有人說：「誰能在亞衲族人面前立足呢？」

3. 今日你當知曉，耶和華，你的神將如烈火般在你前方行走，滅絕他們，並在你面前將他們制伏。如此，你便可依照耶和華的話驅逐他們，使其迅速滅亡。

4. 當耶和華，你的神把這些國民從你面前驅逐之後，你心裡不可自言：「耶和華帶我進入這片土地，是因為我的正義。」其實，耶和華之所以將他們從你面前趕走，是因為他們的邪惡。

5. 你得以進入他們的土地，並非因為你的公義，也不是因為你內心的正直，而是由於這些國民的邪惡，耶和華，你的神將他們從你面前驅逐出去，並且耶和華要實現他向你的祖先亞伯拉罕、以撒、雅各所許下的諾言。

這段話似乎充滿了慰藉與激勵的啟示。

阿加迪爾危機

在海軍部

麥克唐納先生和我以正式的禮節完成了交接。早晨，他來到內政部，我將他介紹給那裡的官員。下午，我前往海軍部；他引見了部裡的委員、主要軍官及部門主管，然後告辭。我明白他對這次調動心懷不滿，但是從他的態度上根本看不出來。待他離開後，我立即召開了委員會正式會議，會上祕書宣讀了任命我為海軍大臣的告示文件。特任狀授予後，我依據樞密令成為「向國王和議會負責，統轄海軍部所有事務的大臣」。我將履行這個職責，並度過我一生最值得紀念的 4 年。

我毫不遲疑地投入處理那些我認為需要立即解決的海軍重要問題。首先，主力艦隊的作戰計畫，到那時為止，原計畫仍基於嚴密封鎖的原則。其次，整頓其他艦隊，以提升其快速應戰能力。第三，制定全面的防備措施，以應付突如其來的攻擊。第四，組建海軍戰時參謀部。第五，建立海軍與陸軍 2 個部門的密切合作機制，協調海陸作戰計畫。第六，進一步提升軍械設計，增加各級新戰艦的火炮力量。第七，在艦隊高級司令部和海軍部委員會的人事構成上做出一些調整。

此外，我發布了一些個人指示，以確保我能「在床上安穩睡覺」。海軍軍械庫在海軍部的直接監督下得到了有效的保護。除了常駐人員外，海軍部還安排了海軍軍官輪流值班，以確保無論是週一至週六、週日或節日，白天或夜晚，海軍部始終有人能夠發出警報，確保任何時候都有一位負責軍務的海軍大臣在海軍部大樓內或附近值班以接收警報。在我椅背後的牆上，我安裝了一個敞開的櫃子，櫃門後面懸掛著一幅巨大的北海海圖。每天，一位參謀官會在這幅海圖上用旗子標示德國艦隊的位置。在戰爭爆發前，這個慣例從未被忽視；遮住作戰室整面牆的巨大地圖開始發揮

作用。每天一進入辦公室，我首先檢視我的海圖，這已成為我的慣例。我這樣做更多是為了提醒自己和周圍的同事保持對無時不在的危險的警覺，因為我還有許多其他的情報來源。我們全都以這種精神投入工作。

此刻，我必須向讀者介紹兩位傑出的海軍元帥：費雪勳爵和亞瑟·威爾遜爵士。他們卓越的品格以及在軍艦與海軍部的終生奉獻，加上查爾斯·貝雷斯福德勳爵（Lord Charles Beresford）充沛的精力與愛國精神的影響，是皇家海軍達到現今輝煌的主要原因。費雪和威爾遜這兩個名字將在本書中頻繁出現，因為他們在我將要敘述的非凡事件中扮演了決定性的角色。

在至少10年的時間裡，擴展、改進或更新海軍的最重要舉措無不歸功於費雪。他的成就包括水管鍋爐的引進、「全巨型炮艦」的設計、潛艇的採用（被查爾斯·貝雷斯福德勳爵稱為「費雪的玩具」）、普通教育方案的實施、後備艦艇的核心船員制度，以及隨後為了應付德國艦隊的威脅而在本國水域集中艦隊、淘汰大量作戰能力較弱的艦艇、1908年和1909年的大海軍計畫、將12英吋大炮更新為13.5英吋大炮——所有這些的改革都主要歸功於他。

在推行這些具有深遠影響的改革過程中，他的行事風格與決絕態度在海軍內部難免出現了一些強烈的反對勢力。他所引以為傲的方法是激起反對者的強烈敵意，然後予以正面回擊，他對此樂此不疲。他希望大家明白，事實上他也曾公開宣告，任何反對他政策的軍官，無論其級別如何，必將自毀前程；至於那些賣國賊，無論公開還是祕密反對他的人，「他們的妻子將成寡婦，他們的孩子將成孤兒，他們的家將成廢墟。」他反覆強調這些話。「冷酷、無情和毫不憐憫」是他常掛在嘴邊的詞語，許多被迫退役的海軍將領和艦長的悲慘例子證明了他言出必行。他毫不猶豫地用最尖銳的言辭來表述他的政策，似乎在向他的敵人和批評者發出挑戰和藐視。他在達特茅斯皇家海軍學院的邏輯學課程教材中寫道：「偏愛是高效

的祕訣。」在他看來，偏愛意味著不論資歷，只以公眾利益為準則來辨識和選拔天賦才能；然而，「偏愛」這個詞一直讓人們記憶猶新。有人說軍官們生活在「魚池裡」——否則他們就是運氣不好。他對那些不同意他的方案的人所提出的意見和論點極為蔑視，隨時隨地以言辭和書信嚴厲地抨擊他們。

在皇家海軍中，存在不少具有社會影響力和財力雄厚的軍官，其中許多人對費雪懷有敵意。他們有機會接觸議會和媒體。這些人當中，有相當一部分優秀且有才幹的海軍軍官對他們表示同情，雖然並不完全贊同他們的所有做法。在所有反對費雪的人中，主要人物是當時的海峽艦隊（主力艦隊）總司令查爾斯·貝雷斯福德。皇家海軍因此出現了令人遺憾的分裂，分裂遍及每一個海軍中隊和每一艘戰艦，形成費雪派和貝雷斯福德派。凡是第一海務大臣提出的建議，艦隊總司令都予以反對。在整個海軍中，校級和尉級軍官被迫選邊站。爭論涉及技術問題和人身攻擊。沒有一方具有足夠的力量壓倒對方。海軍部在艦隊中有支持者，艦隊在海軍部中也有朋友，因此雙方能夠迅速獲得對方陣營中的準確情報。要不是有相當一部分軍官置身事外，不惜代價拒絕參與這場鬥爭，這種分裂可能會嚴重破壞海軍的紀律。這群中立者默默且堅定地做好自己的工作，直到派系鬥爭的風暴過去。對於這些軍官，大家應心懷感激。

毫無疑問，費雪決定去做的事情中，有九成是正確的。他的重大改革在皇家海軍歷史上最關鍵的時期，保持了強大的力量。他為海軍敲響了警鐘，這警鐘正是英國陸軍在南非戰爭時期所經歷的那種震驚。在長期的和平與無挑戰的自滿之後，人們如今可以聽到遠處隱隱的雷聲。正是這位費雪，高高舉起風暴訊號，並呼籲全體人員堅守職位。他迫使海軍的每一個部門審視自己的位置和存在的問題。他提醒他們，敲打和引導他們清醒過來，緊張地工作。然而，在這種不間斷的工作中，海軍變成了令人不愉快的地方。納爾遜傳下來的「兄弟幫」傳統，此時——僅此時——被拋棄

在海軍部

了；在「兄弟幫」領袖們公開表示相互敵意的背後，到處充斥著他們追隨者的惡意陰謀。

我質問自己，這一切是否真的無可避免？我們是否能夠實施費雪的改革，但是不採納他的手法？我堅信，費雪在面對重重困難和阻礙時，步步為營，更需要經過艱苦卓絕的鬥爭，這讓他怒不可遏。在肩負艱鉅任務的政府部門中，政治權威與專業權威的結合是必不可少的。一位強而有力的第一海務大臣要推行富有活力的政策，必須得到海軍大臣的支持，唯有後者才能夠支持並保護他。他們聯手，權威才能倍增。兩者若都高效運作，便能互相提供至關重要的幫助。雙方協調工作，效率得以倍增。聯合力量的集中，使派系鬥爭失去活動空間和機會。不論結果如何，他們共同為海軍利益做出的決定必將被忠實執行。費雪工作的後期幾年，海軍部是由兩位大臣統治的時期，不幸的是，這兩位都身患重病，甚至是致命的疾病。儘管考德勳爵和特威德莫思勳爵都是極為能幹且個性正直的人物，但是他們在 1904 至 1908 年擔任海軍大臣時健康狀況極差。此外，兩人都不是下議院議員，無法在議會中展示才幹，也無法以毋庸置疑的語氣宣告海軍部將遵循下議院批准的政策。1908 年，麥克唐納先生接任海軍大臣時，機會出現了。這位大臣擁有清晰的頭腦和堅定的勇氣，年富力強，精力充沛，並在下議院擁有穩固的政治地位，能夠立即施展影響力以穩定局勢。可是對於費雪來說，這個機會來得太遲了。對立方的憤怒緊追不捨；對立與仇恨已深入骨髓。海軍內部的分裂與不和繼續凶猛且公開地表現出來。

在這個時期，費雪經歷了一場意外事件，即所謂的「培根信件」事件，這與他職業生涯的終結密不可分。培根艦長是海軍中最具才幹的軍官之一，也是費雪的堅定支持者。1906 年，他在查爾斯・貝雷斯福德的指揮下於地中海服役。費雪要求他定期寫信匯報一切情況。培根遵命寫了一些內容豐富且有分量的信件，但其中對上司的批評可能會引發爭議。儘管這些信件本不應引起關注，但是費雪有個習慣，就是將涉及技術主題的信

件、備忘錄和短箋用精美的字型印刷出來，以便教育和激勵他的追隨者。費雪非常欣賞培根信中的論點及其說服力，1909 年，他命人將這些信件印刷並在海軍部內廣泛傳閱。最終，一份信件落入對立陣營之手，並迅速傳到倫敦的一家晚報。第一海務大臣因此被指責鼓勵下屬對上司不忠。這個事件對費雪來說是致命的。1910 年初，正如預期，約翰‧費雪爵士離開了海軍部，退役進入上議院。儘管他滿載榮譽，但是在歡慶聲中，他也承受了來自對手的諸多攻擊。

當我確定要前往海軍部時，便立刻派人去請費雪；他當時正在國外享受陽光。我們自 1909 年海軍預算爭論後便未曾再見過面。他認為自己有義務忠於麥克唐納先生，但是當他得知我與麥克唐納互換職務的決定與我無關時，便急忙回國。我們在賴蓋特小隱修院一起度過了愉快的 3 天。

我發現費雪確實是一個充滿知識和靈感的火山，一旦他了解了我的主要目標，便立刻表現出極大的熱情。事實上，對於他來說，在平靜的盧塞恩湖畔無所事事地等待，幾個星期焦急地關注懸而未決的阿加迪爾危機，必定是極其痛苦的，尤其是在他畢生的傑作——他鍾愛的海軍隨時可能面臨最大考驗的時刻。一旦他開始講話，幾乎就停不下來。我向他提出了一些問題，他毫無保留地表達了自己的看法。與他討論這些重大問題一直令我感覺很享受，但我最感興趣的是他推動艦船設計的相關工作。他還興奮地談論海軍中的將領們，但是對於他描述有關將軍間的宿怨，聽者必須大打折扣。我的目標是保持平衡，總體上採納費雪的政策，同時堅持必須停止長期的敵對。

儘管我對前述情形瞭然於心，但是與費雪一開始交談時，我並未意圖要召回他。然而洽談至週日晚間，他的才幹與影響力已令我深信不疑，此刻我幾乎已決定 3 年後將要實施的計畫，即再次任命他為海軍領導人。我並不畏懼大眾輿論，此時我對此已有充足的心理準備。我擔憂的是舊怨復發與延續；鑑於他的性格，爭執是難以避免的。此外，我也顧慮到他的年

在海軍部

齡，我無法完全相信一位 71 歲的老人能夠保持內心的平靜。翌日上午，在返回倫敦的途中，我真的想對他說「來幫助我吧」，如果他表達了回歸的意願，我必定會說出這句話。但是他保持了適度的尊嚴。一小時後我們抵達倫敦。隨後，我有了其他想法，並聽取了不少反對的建議，幾天後我決定在別處尋求第一海務大臣。

我無法判斷自己是否正確。

像費雪勳爵這樣長期擔任高級職務，處理極為機密且至關重要事務的人，他的通訊數量之多令人驚嘆，且內容毫無忌憚。當我為撰寫此書以及滿足撰寫他傳記的作者需求，將從這位將軍那裡收集到的所有親筆書信影印出來時，密密麻麻的打字紙竟達 300 頁之多。這些信件大致重複了他一生中與海軍相關的主要思想和信條。儘管信中存在許多不一致和明顯矛盾之處，但其核心主題沒變。這些信件還展示了令人愉快的內容，點綴著恰當且有時深奧的引文、光彩奪目的短語和比喻，以及諷刺性的笑話和尖銳的個人攻擊。這些所有都是他一想到便迅速寫下的，他那強而有力的筆鋒隨著他傲慢的思緒奔流直下。他常常大膽地快速寫下他所想到的，有些想法是其他人甚至連想都不敢想的。他那洶湧澎湃的表達引來許多敵人的猛烈抨擊，這並不奇怪。真正奇怪的是他沒有因此遭致太多災難。他天生的樂觀情緒支撐著承受住了壓力。事實上，在這些年裡，他書信中大量不謹慎的激烈言辭，在某種程度上反而有自我保護的作用。人們漸漸相信，這正是與大海的衛士身分相稱的活潑言辭，那位年邁的海軍將軍在他多風暴的航程中傲然前行。

在這段準備期內，他的信件成為了我快樂的泉源。他用小珍珠別針或絲帶將密密麻麻書寫在 8 到 10 頁特大信紙上的信件固定在一起，信中充滿了各種資訊和決策，有憤怒的譴責，也有至高無上的靈感與鼓勵。收到這樣的信讓我感到欣慰。他給我的信件一開始就充滿深情和慈父般的親切。信以「我親愛的溫斯頓」開頭，結尾通常有所變化，如「成為煤灰也

屬於你的」、「直到地獄結冰也屬於你的」或「直到木炭發芽也屬於你的」。接著又是附言，寫上 2、3 頁富有想像力和才華橫溢的文字。我每次重讀這些信件，都不能不對他烈火般的靈魂、火山般的精力、深刻的創造性思想、猛烈且直言不諱的憎惡、對英國的愛產生強烈敬愛的感情。唉！當地獄結冰、木炭抽芽和友誼化作煤灰那一天，當「我親愛的溫斯頓」變成了「大臣，我再也無法與你共事了」。我感到欣慰的是，我們那段悠久而深厚的情感並未告終。

　　第一海務大臣亞瑟‧威爾遜爵士以他一貫的端莊樸素風度接待了我。他顯然清楚派遣我前往海軍部的主要原因。當關於我任命的機密消息最初傳到海軍部時，他在與其他海軍大臣的討論中提到：「我們將迎來一位新上司；如果他們希望我們為其效力，我們就繼續工作，否則，他們會尋找其他人。」此前我只在帝國國防委員會會議上見過他，我對他的看法分為兩方面：一方面，我欽佩他性格中的各項評論；另一方面，我完全不同意他的策略見解。他認為組建戰時參謀部是多餘的，而我卻建立了這個機構。他不贊成陸軍部的計畫，即戰爭發生時派遣陸軍前往法國；我則認為應將這些安排完善至每一個細節。他至今仍是嚴密封鎖德國港口的支持者。而在我這個外行或陸軍軍人看來，魚雷的使用已經使這種策略不再可行。這些都是極為重要且不可忽視的分歧。他可能認為，在阿加迪爾危機中，我們陷入了不必要的恐慌，未能準確理解英國艦隊的實力與靈活性，也未能正確了解英國策略力量的真正特質。除非他的任期得到延長，否則他將在 3、4 個月內因年紀的因素退休；而我則帶著一個明確的目的來到海軍部，即組建一個由我親自挑選的新委員會。在這種情況下，我們的合作注定無可指望。

　　然而，現在讓我來刻劃這位個性鮮明的海軍將領吧。毫無疑問的，他是我遇到的或相處過之中最無私的人。他沒有任何需求，也毫無畏懼——絕對無所畏懼。不論他是在指揮英國艦隊還是修理一輛老舊汽車，他都會

在海軍部

以同樣的熱情、興趣和滿足感對待。從重要的職位到完全退休，再從完全退休的狀態下回到海軍部門任職的巔峰，這樣的變遷對他的心跳不會產生任何影響。每一件工作對他而言都是任務。這不僅是因為沒有其他事情更重要，而是因為在他眼中根本不存在其他事情。一個人盡其所能的做好工作，無論是大事還是小事，自然不會索取任何回報。這就是他在漫長的海軍生涯中所依賴的精神，並透過他的榜樣，將這種精神灌輸給所有海軍官兵。在許多場合，人們覺得他對官兵冷漠無情。命令就是命令，不論是終結一個軍官的職業生涯還是提升他的名聲，不論命令涉及最愉快或最討厭的工作，他對所有的抱怨、各種情緒和激動，總是以淡漠的笑容應付。我從未見過他的鎮定被打亂。他從不毫無拘束地暢所欲言，從不放鬆自如。直到我離開的那一天為止，我從不知道我的工作在他的眼中是否值得讚許。

儘管他冷淡的態度，使得他被廣泛稱為「猛拉」（Tug，因為他總是埋頭工作，彷彿總是在拖拉）或者「老過分」，但是他在艦隊中依然享有極高的愛戴。士兵們願意完成艱辛而單調的任務，即便他們質疑這些任務的必要性，只因為這是他下達的命令，這就是「他的作風」。在克里米亞戰爭期間，他是海軍候補少尉。每個人都熟知他獲得維多利亞十字勳章的事蹟。當時在蘇丹的塔邁，我們的方陣被擊潰，他的加特林機槍彈藥耗盡，人們看到他用拳頭逐個擊倒持矛的德爾維希士兵，揮舞著斷刃的劍柄如同揮舞雞毛撣子。據說他對天候的反應極為遲鈍。他在北海過冬，只穿著一件薄薄的緊身短上衣，顯得非常舒適，而其他人穿著厚重的大衣仍在發抖。他在熱帶的陽光下光著頭也不會中暑。他天生具備創造力和豐富的機械知識。海軍使用了40年的反水雷系統和一直用到被無線電報取代的桅頂訊號，都是他靈巧頭腦的產物。他是經驗豐富且技藝高超的海上艦隊司令官。此外，他善於表達，書面文字清晰而細膩，他撰寫的文件論點詳盡，分析範圍廣泛。從一開始他給我的印象就是具有最高的品格和思想境

界，但我認為，他過於依賴過去的海軍技術，當條件迅速變化時難以接受新思想。當然，他還極度地固執己見和頑固不化。

與他經過幾次交談後，我意識到我們幾乎不可能達成一致。我派人送給他一份關於組建海軍戰時參謀部的紀要，這引發了明確的爭議。他對我的意見提出了有力且毫無保留的反對，因此我決定立即組建一個新的海軍部委員會。海軍部的大臣持有副大臣級的任命狀，自然需要將我的建議呈交首相並獲得他的同意。1911年11月5日，我通知首相，鑑於亞瑟·威爾遜爵士反對海軍戰時參謀部的整體原則，而我認為在1912年1月底之前設立新的海軍部委員會是絕對必要的。隨後，我在1911年11月16日將全部建議提交給首相：法蘭西斯·布里奇曼爵士為第一海務大臣，巴滕貝格的路易斯親王為第二海務大臣，帕克南海軍上校為第四海務大臣；布里格斯海軍少將留任原職，繼續擔任海軍審計署署長兼第三海務大臣。建議海軍副司令海軍中將喬治·卡拉漢接替法蘭西斯·布里奇曼爵士擔任國內艦隊司令。但最重要的任命是委派約翰·傑利科爵士為海軍副司令。這實際上使他凌駕於現役軍官名單上4或5名最重要的高級將領之上，成為未來最高指揮官的候選人。

這些變動在1911年11月28日的深夜被議員得知時，在下議院引起了相當的轟動，幾乎所有的海軍大臣都被換了新人，唯有一人例外。立刻有人質問我：「他們是辭職的還是被免職的？」等等。我簡要地做了必要的解釋。此時我處於強而有力的位置，因為知曉阿加迪爾危機內情的人大多數都對艦隊狀況感到擔憂，而派我去海軍部的目的正是為了進行一番新的和激烈的努力，這是眾所周知的。

亞瑟·威爾遜爵士與我在友好、禮貌但同時顯得冷淡的言語中告別。他對於縮短他的任期沒有表現出絲毫怨恨，依舊保持著一貫的好脾氣和冷漠。只有一次他表現出微弱的憤怒痕跡，當時我告訴他，首相有意將他的名字上報國王以請求封爵。他極力要求不要將他的名字上報，認為這個頭

在海軍部

銜毫無意義且可笑。然而，儘管如此，國王決定授予他功績勳章，他最終被說服接受了。在他於海軍部的最後一晚，他以真正的「兄弟幫」方式設宴款待新任海務大臣們，然後退休回到諾福克。我情不自禁地想到約翰·譚尼爾（John Tenniel）著名的漫畫《丟下領航員》（Dropping the Pilot），畫中描繪了沒有經驗且衝動的德國皇帝漫不經心地看著令人尊敬的俾斯麥從梯子上掉下來。但是我的行動完全是出於崇高的公眾利益，沒有其他雜念，我以此理由來鼓舞自己。

人們將在適當的時候發現，我也將與亞瑟·威爾遜爵士重新合作。

就任海軍部數週後，有人告知我，在希望拜訪我的幾位海軍將級軍官中，包括海軍少將大衛·貝蒂（David Beatty）。我此前從未見過他，但是對他有以下幾點印象：首先，他是艦隊中最年輕的將級軍官。其次，在恩圖曼戰役中，他曾指揮白炮艦沿尼羅河上溯，盡可能地支援第21槍騎兵團。此外，他多次目睹陸軍在陸地上的作戰，因此既具備海戰經驗又具有陸戰經驗。再者，他出身騎兵世家；其父曾在我所屬的第4輕騎兵團服役，我剛入伍時常聽別人談論他。據我所知，這位將軍是個非常優秀的騎兵，綽號「戀鄉癖」。最後，在海軍內部有許多關於他承受巨大壓力的談論。以上這些是這位軍官在我腦海中留下的印象，關於他的詳細描述，是因為我有幸決定重用他，這對皇家海軍和英國武裝力量發揮了重大作用。

然而，海軍部內有人對他的品行給出了完全相反的意見。據說他升遷過快，對岸上事務興趣濃厚，心思並未完全放在海軍上。在大西洋艦隊中，他曾獲少將軍銜的職位任命，但他拒絕了這個任命——在職位相對於候選人比例極少的情況下，這是海軍軍官採取的非常嚴重的步驟——結果是他今後將不會再有進一步的任命。如果提供進一步的任命將違反先例。他已經有18個月沒有職務，可能長達3年無職務，期滿後將按慣例退役。

初次見到這位將軍時，我立即否定了那些負面的忠告。他很快成為我

的海軍祕書（或如任命書所稱的私人祕書）。從那時起，我們在相鄰的兩間辦公室裡一起工作，在接下來的 15 個月裡，我們不斷討論與德國海戰的問題。我逐漸意識到，他看待海軍策略和戰術問題的視角有別於一般的海軍軍官：在我看來，他更像是一名士兵在研究這些問題，他在陸地戰爭中的經驗更突出地體現了他曾接受過的海上訓練。他不僅僅是個工具主義者。他不認為武器裝備本身就是目的，而是將其視為工具。他認為戰爭問題應該從陸、海、空三方面綜合考慮。馬球運動和狩獵場的經歷使他的思維敏捷而靈活，在尼羅河炮艇上和岸上與敵作戰的不同經歷豐富了他的思想。我與他從不同角度討論我們的海軍問題，雙方都受益匪淺。他完全不用技術行話進行評論，他敏銳深邃的洞察力越來越令我印象深刻。

當 1913 年春季，戰鬥巡洋艦中隊指揮官職位空缺時，我毫不遲疑地在眾多候選人中選擇了他來領導這個至關重要的指揮部，即後來聞名遐邇的戰鬥巡洋艦艦隊——皇家海軍的策略機動部隊。該部隊作為指揮核心，以其速度與力量的高度結合一直受到海軍部的關注。2 年後（1915 年 2 月 3 日），當我登上「雄獅」號甲板拜訪他時，軍艦上仍留有多格淺灘戰役中最近獲得的勝利痕跡。我從他手下的艦長和將軍們口中聽到了他們對這位領導者充滿敬意和熱情的評價。我記得，當我離開軍艦時，那位冷靜沉著的將軍帕克南抓住我的衣袖，對我低聲道：「海軍大臣，我想私下對您說句話。」他的聲音中充滿了壓抑的激情：「納爾遜又回來了。」這些話常常在我心頭迴響。

在我為戰爭籌備艦隊的過程中，巴騰貝格的路易斯親王給予了大量指導和支持，整體而言，他是我最重要的顧問。從 1912 年 1 月到 1913 年 3 月，他擔任第二海務大臣（當時法蘭西斯・布里奇曼爵士因健康問題暫時缺席），隨後在 1914 年 10 月底前擔任第一海務大臣。必須對這位卓越的親王和傑出的英國水手做出描述。他的出身使他在大戰伊始便被解除職務，結束了他長期的職業生涯，正因如此，更顯得描述他的必要性。

在海軍部

路易斯親王是英國海軍的子嗣，自幼由大海哺育。英國軍艦的甲板便是他的家園。他的所有興趣都集中在英國艦隊上。迄今為止，家庭的崇高地位既是助力也阻礙了他的事業：在某個階段之前，身世發揮了支持作用，但在此之後則成為阻礙因素。結果是他在40年的海上服役大部分時間裡，都在岸上不太愉快的指揮部度過。人們在馬爾他聽說，他經常率領巡洋艦中隊在關鍵時刻高速進入狹小的海港，在離岸不到100碼時拋錨，測量錨鏈後全速後退，使軍艦安全進入恰當位置。他對陸海作戰和歐洲大陸的知識超過了我所認識的大多數海軍將軍。他的兄弟是保加利亞國王，在斯利夫尼察戰役中展示了卓越的軍事天賦。他本人精通英國海軍的各個方面，從理論到實踐無所不通。任命他為費雪勳爵麾下的英國海軍情報局局長是有充分理由的。他是受過完整訓練且有成就的參謀官，具備清晰且精準易懂的表達能力，以及日耳曼民族那種一絲不苟和勤勉不懈的精神，我們從未低估這種精神。

據傳聞，有件傳說頗為引人注目。當年，他隨英王愛德華拜訪基爾時，一位德國高級海軍將領責備他不應在英國艦隊服役。路易斯王子臉色嚴肅地回應：「先生，我1868年加入皇家海軍時，德意志帝國尚未成立。」

在我所處理的事務中，他所發揮的作用可以被記錄為一個未曾公開的故事。

我們面臨的首要挑戰是設立戰時參謀部。這個事務的所有細節均由路易斯親王擬定，並由第一海務大臣批准。我還請教了當時在奧爾德肖特擔任指揮的道格拉斯・黑格爵士（Douglas Haig）。他向我提供了一些專業的論文，論文闡述了參謀組織的軍事原理，並在許多方面對現有海軍的工作方法提出了令人敬畏的評論。受益於這些不同的觀點，我於1912年1月發表了一份文件，目的在盡可能消除對海軍的偏見，向公眾呈現我的結論。

我始終致力於為海軍建立一個真正的參謀部。

然而，這樣的任務需要歷經一代人的努力。魔杖的揮動無法培養高級軍官的思維習慣——這種思維習慣對於參謀團隊的有效運作至關重要。年輕軍官可以透過訓練成長，但是他們需要時間逐步在海軍中獲得權力。大部分專業軍官的意見都持反對態度。過去沒有參謀部，他們也過得相當不錯。他們不希望出現一個自稱比其餘人更聰明的特殊軍官階層。在海上工作主要靠資歷，其次才是技術能力。因此，當我前往海軍部時，我發現那裡對海軍軍官的專業訓練毫不重視，從未有軍官被要求閱讀一本簡單的海戰書籍，或參加哪怕是最基礎的海軍史考試。皇家海軍對海軍文獻沒有任何重大貢獻。關於海軍力量的標準著作是由一位美國海軍將軍所撰寫的。對英國海戰及其海軍策略的最佳記述，出自一位英國平民之手。「沉默的海軍機構」並非因為專注於思索和研究而沉默，而是由於日常工作的繁重和不斷複雜化的技術使其難以發聲。我們擁有能幹的行政官員、各領域的傑出專家、無與倫比的領航員、嚴謹的紀律執行者、優秀的海軍軍官以及勇敢奉獻的精神；然而，在戰爭初期，我們的許多軍官更像是船長而非艦長。這導致了不少問題的產生。為了使皇家海軍在戰爭問題和形勢上具備廣闊的視野，海軍政策至少需要保持 15 年的穩定。沒有這種視野，航海技能、炮術操作、各類工具的運用以及最忠誠的獻身精神都無法得到應有的發展。

15 年！而我們僅有 30 個月！

我已經提到，在阿加迪爾危機期間，財政大臣對於能夠增強英國立場的每一件事都表現出極大的熱情。然而，危機一旦過去，他的行動便截然不同。他認為應該努力消除任何可能令德國感到痛苦的因素，並在海軍數量方面與德國達成共識。我們知道，德國正在制定一項新的《海軍法》，很快就會頒布。如果德國決定與英國對抗，我們必須接受挑戰；但是或許透過友好、誠摯和親善的對話可以避免這種災難的發展。我們對德國的殖民擴張並無敵意，甚至可以積極促成他在這方面的願望。肯定有辦法中止

在海軍部

因為盲目行動而引發可怕後果的連鎖反應。如果幫助德國擴大殖民範圍能夠帶來穩定局勢，那麼這是我們樂意付出的代價。我完全贊同這個觀點。如果我和財政大臣能夠攜手合作，並證明我們竭盡全力以求緩和英、德海軍對抗卻無果，那麼除了其他的一般理由外，我認為我會有更充分的理由要求內閣和下議院提供必要的撥款。因此，我們聯合與愛德華·格雷爵士商討，並徵得首相同意，請歐內斯特·高爾斯爵士（Ernest Gowers）前往柏林直接晉見德皇。歐內斯特·高爾斯爵士適合承擔這項任務，他與德皇非常熟悉，同時忠於英國利益。我們帶去一份簡短但意義重大的備忘錄，馮·貝特曼－霍爾韋格在自己的著作中比任何人都更為簡潔地概述了其內容：「接受英國的海上霸權……不擴展德國海軍計畫……盡可能縮減該計畫……英國方面不干預我們的殖民擴張……討論並改善我們的殖民抱負……建議共同宣布，兩國不參與針對彼此的侵略計劃或聯盟。」高爾斯接受任務後立即啟程。他在柏林只停留了2天，一回來就立刻來見我。他帶回了德皇的一封熱情友好的信和馮·貝特曼·霍爾韋格關於《德國海軍法》的詳細報告。我們在海軍部徹夜貪婪地閱讀這份極為珍貴的檔案。檔案顯示，我們考慮了6年的計畫（4、3、4、3、4、3對他們2、2、2、2、2、2），現在必須增加為5、4、5、4、5、4以應付他們預期的3、2、3、2、3、2。如此，我們將在「無畏」級戰艦和「無畏」級巡洋艦方面可以對德國保持60%的優勢，即每建造2艘的同時，我們將額外建造3艘中的1艘。鑑於德國建立了第3支巡洋艦中隊，我們將不得不召回在地中海的戰艦，並將地中海防務交給法國。為了應付德國在人員上的增加，我們不得不將計畫中的兵力增加再往上翻一倍，當年增加4,000人，第2年再增加4,000人。

這些事項已經提交給內閣，內閣決定派遣一位部長前往柏林，並指定霍爾丹先生承擔此職責。在兩國政府初步交換意見後，國防事務大臣在歐內斯特·高爾斯爵士的陪同下於1912年2月6日啟程赴柏林。

數週前，我便計劃在貝爾法斯特發表演講，支持地方自治法案。此方案在北愛爾蘭省首府引發了強烈敵意，迅速蔓延。由於我曾公開承諾，只能竭力履行諾言，但是為避免不必要的刺激，將聚會地點從烏爾斯特會議廳改至市郊的大帳篷。各方揚言以暴力和騷動威脅，近萬名軍隊集中於該地區以維持和平。我的計畫是，若貝爾法斯特一切順利，翌日前往格拉斯哥，視察沿克萊德河的幾處造船廠，並就海軍形勢發表演講，闡明我們的根本意圖，目的在對霍爾丹的使命提供必要支持。當我在倫敦火車站等待前往愛爾蘭的火車時，讀到德國皇帝在國會開幕式上的演講，宣布增加陸海軍撥款的新法案。新《海軍法》對英國和德國國民而言仍是祕密，但我知曉其規模和特性，並將其與陸軍法案連繫起來，感到一種迫在眉睫的危險。德皇的一句話格外引人注目：「保持和加強保衛德國人民的陸上與海上力量是我不變的責任和關注，德國不缺乏適合扛起武器的青年人。」這話確實不假。人們想起出生率下降的法國，通過其堡壘群凝視廣闊的德國土地，默默思索如何應付這些「適合扛起武器的青年人」，而德國的確「不缺乏」此類青年。我的思緒匆匆越過愛爾蘭的騷動，暫時忘卻演講的煩惱，集中於格拉斯哥，彷彿此地或許能對抗德國控制歐洲大陸的威脅。歐洲可能再次從一個島嶼上找到抵抗軍事霸主的護衛者，這個島嶼過去和將來從不缺乏從孩提時代培育的、適合海上服役的訓練有素且能吃苦耐勞的水手。

　　因此，愛爾蘭的困境結束後，我在格拉斯哥演講：

　　英國海軍的根本目的是防禦。我們無意侵略，也從未有過任何侵略的念頭，我們也不將侵略的想法強加於其他大國。然而，英國海軍力量與偉大且友好的德意志帝國（我相信它有可能長期保持為一個偉大而友好的帝國）的海軍力量之間存在差異。對我們而言，英國海軍是必需品，而從某種角度看，德國海軍對他們來說更多是一種奢侈。我們的海軍力量關係到英國的生存。海軍對我們是生存，對他們是擴張……

在海軍部

　　在我們國家，海員儲備豐富。可以採取比目前所知更有效的措施來利用這些儲備人力；我已指示我信賴的海軍專家對此進行深入研究。我們的儲備是一項寶貴的資源，源自皇家海軍和商船隊，這個島嶼現在和未來都不會缺少從小就接受海上訓練且能吃苦耐勞的水手。

　　無論國外發生什麼情況，這裡不會有哀鳴，不會發出求救訊號，也不會有呼籲救助的聲音。我們將像祖先一樣面對未來，無憂無懼，不驕不躁，只有冷靜和堅韌的決心。我們應該成為歡迎海軍對抗推遲或緩和的先鋒。我們不應以空話，而應以行動來迎接任何這樣的緩和……

　　若歐洲大陸意圖加強對抗，我們將無畏挑戰，直至該國滿意為止。由於海軍競爭愈加激烈，我們不僅會增加艦船的建造數量，還將擴大我們海軍實力與其他海軍強國的比例。如此一來，隨著競爭的加劇，我們的優勢將更加顯著，而非縮小。因此，我們要讓所有人明白，其他海軍大國不僅無法透過增加努力來超越我們，反而會因我們採取的措施而遠遠落後。

　　這篇演講在德國引發了相當大的轟動，並迅速在國內的自由黨報紙中引起了廣泛的迴響。顯然，「Luxury」這個詞在翻譯成德語時帶有負面含義。「Luxus Flotte」（奢侈艦隊）在德國成為人們憤怒傳播的一個詞。正如我預料的那樣，當我回到倫敦時，我發現我的同事們正在氣頭上。他們對格拉斯哥情況的不滿使得他們無法對貝爾法斯特的事態表示祝賀。2天後，霍爾丹先生從柏林回來，內閣召開會議聽取他對這次任務的報告。出乎普遍預期的是，國防事務大臣宣稱，我在格拉斯哥的演講不僅沒有妨礙他的談判，反而是最大的幫助。事實上，他前一天對馮·貝特曼·霍爾韋格提出了幾乎相同的論點。他告訴這位首相，「如果德國增加建造第3中隊，我們將不得不在領海內保持5個甚至6個中隊，並可能從地中海調回艦隻來加強他們；如果德國在現有計畫之外增加造艦數量，我們將立即著手建造2艘軍艦對應德國新增加的1艘，而且為了海軍，人民不會抱怨多付一個先令的所得稅。」他描述了他如何親自向德皇和馮·鐵必制朗讀我

演講中最重要的段落,以說明和證實他在之前討論中所說的話。就我而言,他的話解決了我的問題。這只是霍爾丹先生在任何時候和任何有關這個國家準備對德作戰問題中,所扮演的英勇而忠實角色的另一個例證。

霍爾丹先生親自帶回了新版《德國海軍法》的真實文字,這是德皇在討論過程中親手交給他的。這份檔案經過精心起草,具有高度的技術性。霍爾丹先生在海軍部專家審查之前,謹慎地選擇不對其發表任何意見。我們現在要對這份檔案進行嚴格審查,結果更加證實了我們最初得到的負面印象。

1912年3月9日,我指出,依據海軍部的觀點,與德國談判的根本性建議應是:現有的《德國海軍法》不應增加,若有可能,還應減少建造艦隻;但是實際情況恰恰相反,德國確定將頒布一項新法律,該法律不僅規定1912年,且在未來5年內,海軍將持續大幅增長。實際上,五分之四的德國海軍將永久性地以戰爭為立足點。德國政府將全國可以動用的25艘至29艘全部編入現役的戰艦,但目前,英國政府在領海內全部現役的戰艦,即使算上大西洋艦隊,也只有22艘。

因此,在根本性的建議上,我們遭遇了頑固的反對態度。然而,我們也毫不退讓,於是討論轉向反對侵略性計畫的共同宣言問題。對此,愛德華・格雷爵士提出如下策略:「英國不會對德國發動無故攻擊,也不會奉行侵略性政策。入侵德國並非英國的目標,英國目前參加的任何條約、諒解或聯盟均不以此為目的,他也不願成為具有此種目標的任何組織的成員。」德國政府認為這個策略誠意略顯不足,透過大使提出如下附加條款:「因此在德國被迫進行戰爭時,英國應至少保持善意的中立。」或者「因此,理所當然,如果戰爭強加於德國,英國將保持中立。」

這最後的條件可能使我們偏離最初的目標。因此,在「被迫的」戰爭或被描述為「強加於」德國的戰爭中(例如由奧地利和俄國爭端引發的戰爭),我們援助法國的權利很可能會被剝奪。這無疑會被視為協約的終

結。此外，即便我們採取了這一步，新《德國海軍法》也不會被廢除，最多只是稍作修改。談判因此在初期階段便陷入了徹底的僵局。然而，我們將建立友好關係視為極其重要，並且我們如此渴望安撫德國並滿足其願望，以至於我們始終堅持努力達成對德國在殖民領域有利的協議。這些談判仍在進行中，幾乎達成了確實有利於德國的結局，此時戰爭爆發了。

1912年3月初，儘管新的《德國海軍法》尚未公布，但是仍需向下議院提交我們的支出預算。當然，任何暗示我們已知曉新《海軍法》內容的言論，若由我口中傳出，將會違反對德皇的承諾。因此，我不得不將我關於海軍問題的首次演講建立在假設的基礎上：假如德國艦隊沒有進一步擴充，這就是我們的準備。如果我們聽到的傳聞不幸成真，我將不得不向議會提出補充預算等等。

在這篇演講中，經內閣批准，我詳細闡述了未來5年內我們海軍建設的原則和主力艦隻應達到的火力標準。該標準如下：只要德國繼續執行現行計畫，我們將在「無畏」級戰艦的數量上超過其60%，並按照二比一的比例建造每一艘額外的軍艦。英聯邦自治領提供的艦隻將作為額外補充，不計入我們自主建造的數量。否則，自治領的努力不僅不會增加我們的海軍力量，反而可能抑制這種增長。根據這些指導方針，我制定了英國的6年造艦計畫，數量為4、3、4、3、4、3，以應付德國6年內每年建造2艘的計畫。這些數字已得到下議院的完全通過。我們無法確定德國是否會遵守向霍爾丹先生提出的削減其新《海軍法》規定的3艘額外軍艦中的1艘之承諾。無論如何，這最終成為一個未決問題，但它是霍爾丹先生此次使命帶來的具體成果。

在鐵必制的紀錄中這樣寫道：「他（霍爾丹）隨後提出延遲建造3艘軍艦的建議，詢問我們是否可以在12年內逐步建造它們……他所要求的只是我們願意象徵性地滿足英國的要求，更多是為了形式上的緣故……霍爾丹本人建議『為了使談判順利進行』，我們應放慢增加艦隻的速度，或者

至少應撤銷 3 艘軍艦中的 1 艘。他主動以書面形式概述了我之前心中決定的作為可能讓步的原則。因此，我犧牲了這艘軍艦。」

因此，我們「放棄」了 2 艘假想的軍艦，而原計畫每年增加 5、4、5、4、5、4 艘的方案，最終調整為 4、5、4、4、4 艘。馬來亞聯邦贈送的輝煌禮物——「馬來亞」號，使得第 1 年的建艦數量從 4 艘增加到 5 艘。

本月稍晚，我在向議會宣布這些決定時，公開而明確地提出了「海軍裁軍期」的建議，儘管對於英國和德國而言這些建議未見成效，但這個原則隨後被以英語為母語的國家所採納：

以 1913 年為例，我提出這個建議供大家考慮。當年，我憂慮德國將建造 3 艘主力艦，因此我們必須建造 5 艘。

假如我們兩國都同意將那一年定為海軍裁軍期，假設德國當年不建造新艦，他自身可以節省 600 到 700 萬英鎊。然而，這並非全部。在通常的情況下，我們在德國開始建造之前不會動工。德國不建造 3 艘軍艦，相對的，英國則自動減少不少於 5 艘潛在的超級「無畏」艦。這將是他們能做到的，超出我預期的一個輝煌的海軍協議行動。

至 4 月初，已可確定與德國實施海軍裁軍期限的整體安排已無法實現。德皇透過歐內斯特·高爾斯爵士向我傳達了一封禮貌的信件，表達了他深切的遺憾，並補充說，這種安排僅在盟國之間才有可能。

德國海軍的擴建產生了無可避免的後果。出於安全考量，英國艦隊必須集中於領海水域。我們不得不從地中海撤回戰艦。只有這樣才能在領海內組建一個配備完善的第 3 戰鬥艦中隊，並由訓練有素的官兵駐守。內閣決定我們必須在地中海保持強大的海軍力量。最終，一支由 4 艘戰鬥巡洋艦和 1 艘裝甲巡洋艦組成的中隊以馬爾他為基地，留駐在地中海。內閣進一步決定，到 1916 年，還應在地中海組建一支「無畏」級戰鬥艦中隊，其實力足以應付日益壯大的奧地利艦隊。這些決策經過深思熟慮，目的是重新獲得完全的行動自主。然而，從地中海撤回戰艦，即使只是幾年，也是

在海軍部

一件值得注意的大事。這將使我們在那些水域似乎要依賴法國艦隊。與此同時，法國也在重新部署他們的軍力。在德國軍事力量不斷增強的壓力下，英國將他的全部作戰艦隊調往北海，而法國則將他的所有大型軍艦駛入地中海。兩國海軍間相互依靠的意識迅速增強。

令人驚訝的是，馮·鐵必制海軍上將從未擔憂過他的政策究竟會引發何種結果。即便在戰後，他仍寫道：

此刻，我們的艦隊為積極的外交政策提供了一張王牌。為了評估這張王牌的影響，人們不得不記住，由於我們的行動，英國將其艦隊集中在北海，導致英國海軍在地中海和遠東水域的控制實際上已經終結。

德國從這個政策中獲得的唯一「王牌」是促使英國與法國更加緊密地團結。從法國和英國艦隊以這種新方式部署之時起，我們共同的海軍利益就變得至關重要。而法國在遭受德國攻擊時要求英國支援的道義上的權力——無論以前我們有過什麼過節——已被大大擴展了。事實上，我試圖阻止這種必要的召回，因為我擔心過於緊密地將我們與法國捆綁在一起，會剝奪我們的選擇自由，而我們阻止戰爭的能力可能要依賴這種自由。

1912年8月，內閣決定在法國海軍部與英國海軍部之間開展對話，類似於兩國參謀部自1906年起進行的商談。就在此時，我向首相和外交大臣遞交了一份紀要，盡可能明確地表達這一觀點，即我們應竭盡全力保護自己。

1912年8月23日

首相及愛德華·格雷爵士：

我急切地要捍衛的是，當關鍵時刻到來時，我們的選擇自由及對法國政策的預先影響力。如果法國能夠宣稱其海軍從大西洋海岸撤出並集中於地中海，是基於與我們共同制定的海軍部署，那麼我們的選擇自由將明顯減少。聲稱這是共同部署是不準確的。即使我們不存在，法國人也無法做

出比現狀更好的部署；他們的力量不足以單獨對抗德國，更無法同時在兩個戰場上堅持。因此，他們明智地將海軍集中於地中海，在那裏海軍可能更安全，占據優勢，並能確保與非洲的交通線。說我們依賴法國以維持我們在地中海的地位，也是不準確的……如果法國不存在，我們也不會做出不同的海軍部署。

根據我們的評估，可能會出現某些情況，例如我們將動用全部陸海軍力量支援法國，這對我們而言是合乎期望和正確的。然而，我們不尋求回報。如果德國進攻我們，而法國決定讓我們單獨作戰到底，我們不會因此指責法國人背信棄義。海軍和陸軍的新部署不應使我們陷入一種境地，即一旦戰爭爆發而我們拒絕參戰，我們將會被法國人指責為不守信用。

這是我的觀點，我確信在原則上我們是一致的。具體執行方式，我沒有特別要求；也不在乎通過何種文件公布。然而，若法國能夠宣稱：「按照英國海軍當局的建議和部署，我們撤除了北部海岸的防禦。我們無法及時回防。」那將賦予法國一個極具威脅性的手段來迫使我們進行干預。事實上，此刻無論寫下什麼都可能具有決定性的意義。每個了解情況的人都知道，我們只有聯盟的義務，卻沒有享受到聯盟的好處，最重要的是缺乏明確的權利和義務界定。

W. S. 邱吉爾

事實證明，這種困難確實存在。海軍的技術性談判只有在以下基礎上進行：即法國艦隊應集中於地中海，如果發生兩國均參與的戰爭，保衛法國西部和北部海岸的責任將由英國艦隊承擔。如我預見的那樣，法國人自然提出這一點：若英國不參加戰爭，他們的北部和西部海岸將完全處於無防衛狀態。但我們在承認這一困難的同時，堅定地拒絕讓法國海軍在任何政治意義上束縛我們。最終，雙方同意，如果出現戰爭威脅，兩國政府應事先共同商討，協調他們應採取的共同行動。法國人必須接受這個立場，明確地確認海軍商談不牽涉共同行動的任何義務。這是我們為我們自己

在海軍部

和他們能夠提出的最佳方案。只要時機來到,英國願意做什麼就不容懷疑了。

艦隊的編制和陸軍的架構截然不同。陸軍只需一小部分人員常年服役。這些士兵以營為單位進行編制,在和平時期負責訓練和國土防衛。當動員令發布時,所有受過訓練但平時過著平民生活的男子需應徵入伍;此時或在此之前陸軍即可投入戰鬥。

而海軍則始終保持戰備狀態。英國海軍所有最精良的艦艇均配備了滿編的全職士兵(稱為現役級)。因此,從質的角度來看,海軍的整體力量始終處於常備狀態並隨時可用。即使從數量上看,幾乎四分之三的艦艇無需召集後備兵員即可參戰。只有最陳舊和最過時的艦艇在戰時需要配置海軍後備人員,即那些已經退役並重返平民生活的人。這些過時艦艇只占總艦艇數量的一小部分,它們像歐洲陸軍一樣需要「動員」。

因此,動員兵力——這是強大陸軍的基石——在艦隊中卻顯得微不足道。每艘合格的戰艦時刻待命,一旦接到命令便立即開火作戰。

當我抵達海軍部時,英國領海水域艦隊的組織結構顯然處於一種習慣於軍事對稱的心理狀態,存在諸多不足。從中隊組成的等級來看,各中隊在準備程度和效率上並無顯著區別。在與法蘭西斯・布里奇曼爵士、路易斯親王以及新成立的戰時參謀部參謀長特魯布里奇將軍會談時,我為艦隊設計了一個新的對稱組織。

國內防務艦隻分為3個艦隊:第1、第2和第3艦隊,總計包括8個戰鬥中隊,每個中隊由8艘戰鬥艦及其隨從的巡洋艦中隊、小艦隊和輔助艦艇組成。第1艦隊由1艘旗艦和4個由「完全滿員」的戰鬥艦中隊構成,配置全部現役官兵,隨時待命。為組建這支艦隊,需將以前的「大西洋艦隊」調回國內港口,不再駐紮直布羅陀;此前駐地中海的戰鬥艦改以直布羅陀為基地,不再以馬爾他為基地。透過這樣的集中,組建了一支由「愛德華國王」級戰鬥艦組成的戰鬥力極強的艦隊,隨時在領海待命。第2艦

隊由2個戰鬥艦中隊組成，也全面配置現役官兵，但是約40％的官兵在炮兵、魚雷及其他學校學習。這支艦隊被稱為「作戰滿員」艦隊，因為它可隨時投入戰鬥；但是要發揮最大效率，需靠攏國內港口，從學校召回空缺的水手。這6個戰鬥艦中隊及其巡洋艦中隊中的每一艘新式艦和中齡艦，不允許有任何後備軍人，進而使整支海軍無需動員即可參戰。第3艦隊由最老的艦隻組成的2個戰鬥艦中隊和5個巡洋艦中隊組成。這些中隊只配置保養和維修人員，出海前需要召來後備軍人。為加速第3艦隊主要戰鬥艦中隊和某些巡洋艦的動員，現組建一支特殊的後備隊，稱為「立即預備隊」，預備隊官兵報酬較高，定期訓練，並有義務在總動員之前應召服役。

德國的遠洋艦隊正在擴充第3個中隊，使其常備力量從17艘增至25艘。作為回應，我們採取了前述措施以及其他專業性較強且不便詳述的措施，使常備艦隊的戰鬥艦從33艘增至49艘，並相應提升其他海軍力量。經過動員，德國的數字可升至38艘；英國的初始數字為57艘，最終隨組織完成將達到65艘。

若無法理解這個新組織的意義，讀者將難以明白大戰前夕艦隊編制與動員的各類問題。

1912年春季，我們在波特蘭舉行了一次海軍大會師。數十面海軍將軍的軍旗、許多海軍准將的長條旗以及150艘軍艦的三角旗共同飄揚。國王乘坐皇家大遊艇蒞臨，艇前飄揚著海軍部旗，中間是王旗，後桅上是象徵國籍的小旗，他在水手之中停留了4天。有一天，艦隊進行長距離巡航，遇到了濃霧，艦隻之間完全隔絕，整個艦隊在看不見前後左右的情況下一起行駛，依靠不可思議的尾笛聲保持編隊位置。令人難以置信的是，竟沒有1艘艦隻受到損傷。然後，濃霧突然散去，當能辨認遠處目標時，戰鬥艦排成的長線一艘艘地顯現出來。突然，巨大的火焰閃光出現，軍艦發射炮彈發出震耳欲聾的巨響，同時炮彈落海處激起高高的水柱。艦隊返

在海軍部

航——3個戰鬥艦中隊並駕齊驅，巡洋艦和小艦隊首尾相接地排列。航速提升至20節。每艘艦隻的船頭激起白色泡沫的條紋。陸地逐漸靠近。寬廣的海灣欣然接受這些迅速移動的巨大艦艇編隊。排成隊形的艦隻已經占滿海灣。與我一同站在「魔女」號艦橋上的外國軍官焦急不安地注視著。我們依舊快速行駛。5分多鐘後，艦隊的前衛將抵達岸邊。4分鐘、3分鐘。最後，到達了！瞧，訊號！一條光燦燦的旗幟從「海王星」號的升降索上降落。每艘軍艦的錨同時落下，錨鏈透過錨鏈孔發出響亮的嘟嘟聲，每一架螺旋槳在艦尾旋轉。在150碼內，每艘艦隻都固定下來。沿著直線看，這一行幾英哩，那一行幾英哩，艦隻排得像用尺量過一般。外國觀察員驚訝得直吸氣。

這是一個非凡的日子。從黎明到午夜，日復一日，人們的思緒全被一連串迷人且新奇的問題所吸引。整天感受到一股力量驅使人們去行動，去建立，去組織；海軍中最有才幹的軍官們已然整裝待發，他們忠誠而熱忱，擁有論據、指導和情報；每個人都感覺到一種巨大的危險擦肩而過；在這種危險再次來臨之前只有極短的喘息時間；下一次我們必須準備得更加充分。無論是星期六、星期日還是其他任何閒暇日子，我總是在樸茨茅斯、波特蘭或德文波特的艦隊上，或者在哈里奇的小艦隊裡度過。各級軍官們都在甲板上共進午餐或晚餐，不斷地討論海戰和海軍管理方面的問題。

海軍部的快艇「魔女」號如今幾乎成了我的辦公室和住所；它不僅是我工作的場所，也是我獨自居住和娛樂的空間。在戰前的3年裡，我在海上度過了8個月。我走訪了不列顛群島和地中海上的各個造船塢、造船廠和海軍設施，包括每一艘重要的艦隻。我親自檢查了每一個策略要點和每一項海軍部的財產。我必須了解每一件事物的外觀、位置以及它們之間的相互關係。最終，我能夠獲取我所需要的任何資訊，並徹底掌握了我們海軍事務的現狀。

我清晰地記得我第一次從樸茨茅斯航行到波特蘭艦隊停泊地的經歷。那是一個陰鬱的下午，天色已近黃昏。就在我首次看到艦隊從暮靄中顯現之際，一位朋友提醒我：「遠處那一字排開的、歷經風浪洗禮的軍艦是偉大陸軍從未見過的。」但是這些軍艦在它們的輝煌時期曾阻擋了拿破崙征服世界的腳步。在波特蘭港口，快艇四周停泊著眾多軍艦；港口因各種大小船隻的頻繁往來而顯得格外繁忙。到了夜幕降臨，海上和岸邊的無數電燈驟然閃亮交相輝映，艦隻和中隊透過燈光互相交流，每一根桅桿上的號誌都在閃爍。為這樣的事業服務，誰會不盡心盡力呢？當黑暗中似乎充滿了戰爭逼近的陰影時，誰會不盡心盡力呢？

　　思考這些艦船，它們本身如此巨大，但在海洋上卻顯得如此微不足道，極易在視野中消失。那時我們對它們充滿信任，儘管僅有 20 來艘。這些艦船是我們所擁有的一切。正如我們所設想的那樣，它們承載著大英帝國的力量、威嚴、統治權和國力。我們歷經數個世紀的漫長歷史，我們在全球各地建立的成就，我們忠誠、勤勞、積極的人民所有的生活與安全都依賴於它們。如果有一天，英國艦隊在遙遠的英國港口不得不開啟海水閥，讓它們沉入海面之下，幾分鐘之內 —— 最多半小時 —— 世界的整個前景將會改觀。大英帝國將如夢幻般瓦解；每一個孤立的社會團體將只能各自掙扎前行；英聯邦的核心凝聚力將會破碎；那些強大的省分，它們本身就是一個個帝國，將會失去控制，淪為其他國家的戰利品；歐洲在一陣突然的驚厥之後將落入條頓民族的鐵拳和統治之下，落入條頓制度全部規則的統治之下。只有依靠大西洋彼岸尚未武裝起來、尚無心理準備、也沒有這方面經驗的美國獨自維持人類的法律與自由了。

　　請妥善保護海軍將軍與艦長、勤勞耐苦的水手以及高大的海軍陸戰隊官兵；請悉心照料並忠實引導他們。

在海軍部

北海前線

在加入海軍部之前，我未曾完全領悟到麥克唐納先生和費雪勳爵在1909年將軍艦大炮口徑從12英吋提升至13.5英吋的重大突破對艦隊的卓越貢獻。大炮口徑增加1.5英吋使英國炮彈的重量從850磅躍升至1,400磅。皇家海軍在船臺上建造的艦艇中，有不少於12艘配備了這種極為出色的武器，這些武器在當時全球首屈一指，其發射的炮彈幾乎有一半比德國艦隊發射的最大炮彈重一倍。

我立即著手將艦隊大炮尺寸增大一號的計畫。我向位於賴蓋特的費雪勳爵提及此事，他馬上以極大的激情投入到這個倡議中。「新海軍計畫中的所有戰鬥艦和戰鬥巡洋艦必須裝備15英吋的大炮。完成這種大炮的裝備等於獲得海上的偉大勝利，從這個改進計畫退縮就是對帝國的不忠。使傑克・約翰遜能擊倒對手的是什麼？是一記重拳！使用堆滿艦上無用的玩具大炮的那些不幸士兵而今又在哪裡呢？」一旦被純技術問題挑起興致，這頭老獅子就會情緒激動、口若懸河，若非親眼所見，是無法想像他的模樣的。我決定做出巨大努力確保獲得這個值得追求的東西，但困難和風險是極大的，而以後回頭看這件事，人們知道只有事情成功了才能證明這樣做是對的。擴大大炮口徑即需要擴大軍艦，而擴大軍艦意味著增加成本。此外，重新設計事不宜遲，一旦迴轉炮塔準備好的時候，大炮必須立即就緒。當時還沒有像現代15英吋大炮那樣的東西。沒有人造過那樣的東西。向13.5英吋前進本身已經是跨了一大步。這種大炮的力量已經夠大，精確性已經夠高，使用壽命也更長。英國設計師能否在更大規模的需求上以更強的構造再次取得這種勝利？軍械委員會開始工作，他們迅速製出設計圖紙。在絕對機密的情況下與阿姆斯壯家族商議，由他們承擔制炮

任務。我與這些專家開了幾次頗令人擔憂的會議，對於他們的科學知識我當然完全不熟悉，我只是想知道，他們是哪種人以及他們對這個任務的真正想法。從結果來看，他們全都勝任這項工作。這一點不是彈道學專家也能覺察出來的。海軍軍械署長穆爾少將準備為完成這項工作而拿他的職業生涯做賭注。但畢竟沒有絕對的把握。我們對 13.5 英吋大炮很了解。但在 15 英吋的模型上可能會產生各式各樣新的壓力。如果我們只造出一座試驗炮，並徹底加以檢測，然後再訂製 5 艘軍艦的大炮，這樣相對來說沒有風險；但這麼做將讓我們失去整整一年的時間，在此期間 5 艘軍艦將裝著低一等級的武器開往戰線，而我們卻有能力給它們更好的。我們與幾個權威人士商量，他們認為還是損失一年時間較為謹慎。因為，要是大炮失靈，軍艦也會嚴重受損。我不記得還有什麼其他行政決策比這件事更使我焦急的。

我再次拜訪了費雪勳爵。他的態度堅定，甚至有些激動，這使我下定決心冒險一試。我們立即著手訂製大炮的所有裝配件。按照我們的計畫，必須在 4 個月內全力以赴完成 1 門大炮的製造，以便測試其射程和精確度，並根據實際射擊結果計算出射程表及編寫其他複雜的資料。從此刻起，我們無畏地投入到整個武器的製造中，每艘軍艦的各個細節，乃至數千個零件，都需要重新設計以適應大炮的安裝。設想一下，如果有一個零件失效，將會導致多麼可怕的災難！我們將難逃其咎。任何藉口都無法被接受。所有責任將完全歸咎於我——那個「魯莽的無經驗者」，他在上任不到一個月的時間內完全改變了前任的計畫，導致「徹底的失敗」，使「1 年的造艦工作付諸東流」。我能說些什麼呢？更何況，這個決策一旦開始執行，就不可能取消，長期的延誤——至少 14 或 15 個月——是難以避免的。然而，我不能表現出任何疑慮。我寫信給第一海務大臣說：「即使在和平時期，也必須冒險，現在的執行勇氣可能在未來為我們贏得戰爭的勝利。」

所有事情的結果都非常理想。英國的炮製技術證明了其精確性與可靠性，英國的製造工藝享譽全球，至今仍處於世界領先地位。第 1 門大炮在埃爾斯威克工場被稱為「遠端猛炮」，在官方檔案中則統一稱為「14 英吋實驗炮」。它被證明是一項非凡的成功。它能夠發射重達 1,920 磅的炮彈，射程達到 35,000 碼；在任何射程下都能保持驚人的精確度，且無論使用多頻繁都不會縮短其壽命。當然，我曾經過度焦慮，但是當一年後我第一次見到大炮射擊並得知一切正常時，我感覺自己彷彿從極度危險的境地中被解救出來。

1913 年，我在那些戰前常見的噩夢般的小說中，讀到一本關於大戰的故事。書中描繪了使戰敗的英國艦隊震驚的一幕：德國新戰艦竟然使用了駭人聽聞的 15 英吋大炮開火。當時，這令我感到一種真正的滿足，因為現在的事實恰恰相反。

這款大炮成為戰艦的核心武器，並且是我們當時設計中所有改動的主要原因。起初，我們計劃建造一艘配備 10 門 15 英吋大炮的戰艦，因此它至少需要 600 英呎長，並且擁有足夠的空間安裝引擎，以驅動戰艦達到 21 節的速度。此外，它還需要能夠裝載厚達 13 英吋的鋼板、炮座和指揮塔裝甲，這在英國海軍中是前所未有的。裝甲越少，航速越快；裝甲越多，航速越慢，基本情況如此。然而，一種新的概念開始浮現。8 門 15 英吋大炮的齊射可大致發射 16,000 磅的炮彈，而 10 門最新的 13.5 英吋大炮只能發射 14,000 磅的炮彈。因此，我們得出結論，8 門 15 英吋大炮的火力明顯超過 10 門 13.5 英吋大炮的火力。前者的優勢不僅於此。炮彈尺寸越大，其容納炸藥的量也越多，火力增強的比例並不完全按幾何級數增加，因為還有其他因素需要考慮。但是總體上，火力的增強是毋庸置疑的。另一方面，再看速度，21 節的速度已經很驚人。但是如果我們能取得更高的速度，假如我們能使戰艦在大炮和裝甲設定方面超越最重級別的戰鬥艦，同時達到目前只有輕裝甲 12 英吋大炮的戰鬥巡洋艦才能達到的速度，那

麼我們是否為海上戰爭引入了一個新的元素？

目前我們暫且不考慮物質方面。隨著討論的深入，我逐步建立了一套流程，所有程序同步展開，結果展示出巨大的可能性。像之前提到的軍艦，如果需要就可以建造。是否真的需要呢？它是急需建造的嗎？它的戰術價值足以證明增加費用和改變全部設計是合理的嗎？我們必須從戰術領域尋找答案。

在速度明顯占優勢的軍艦中隊可以將艦隊編排為向敵人靠攏的隊形，無論敵人如何部署，你都能在一定間隔內對敵方領艦進行雙倍射擊。你也可以包圍並阻截它，進而迫使其不斷轉向，逐步將其引入海灣，使其永無逃脫之機。

迄今為止，在所有戰役計畫中，這項任務都交給戰鬥巡洋艦。它們的速度必然會帶來策略的成功。然而，我們必須設想到它們也會遇到敵方的戰鬥巡洋艦，因此很可能會進行一對一的戰鬥，這與主要戰役無關。此外，我們的戰鬥巡洋艦，一群美麗的「貓」（這是人們對它們中隊不太尊敬的稱呼）相較於敵方最強大的戰鬥艦，裝甲相對薄弱，預計敵人會將這種戰鬥艦部署在艦隊前線。讓裝甲厚度僅有 7 到 9 英吋的戰鬥巡洋艦對抗裝甲厚度達 12 或 13 英吋的戰鬥艦，顯然是不公平的對決，尤其是考慮到戰鬥巡洋艦的火力較弱。

然而，若我們能夠使一支分艦隊的航速達到足以搶占戰術優勢的程度，並在火力和裝甲方面與任何戰鬥艦相媲美，那麼我們幾乎可以肯定會獲得難以估量且決定性的優勢。新任第一海務大臣法蘭西斯·布里奇曼及其從國內艦隊司令部調來的大多數主要軍官顯然也持這種看法。快速分隊是他們戰役計畫中的核心願望。但我們能否獲得這樣的艦隻？能否設計並建造出來？

在此階段，人們要求軍事學院在戰術圖上設計出具速度優勢的快速分隊所需的節數，以確保該分隊能夠與德國艦隊周旋，就如同 1914 年和

1915年時它所能做到的那樣。

答案是，若快速分隊的行駛速度達到25節或更高，它便能完成所有必要的任務。因此，我們在速度上需要提升4到5節。這該如何實現呢？每增加1節航速所需的馬力呈遞增趨勢。我們新造的軍艦行駛速度為21節。若要提升至25節到26節，需要50,000馬力。50,000馬力意味著需要更多的鍋爐，那麼該將它們放置在哪裡？是的，它們顯然只能放在原計畫建造第5座迴轉炮塔的位置。考慮到15英吋大炮增加的轟擊力，我們可以省去建造第5座迴轉炮塔的空間。

然而，這仍不足以解決問題。我們依然無法獲得讓艦艇航速達到25節所需的動力，除非採用石油燃料。

液體燃料帶來的優勢是無法估量的。首先是速度。在相同的艦艇上，石油提供的速度遠超過煤炭，並能顯著提升加速過程。它比使用相同重量的煤炭增加了40%的艦隊活動半徑。它使艦隊在海上補給燃料變得極為便利。如有必要，一支燃油驅動的艦隊在風平浪靜的情況下可以在海上從油輪加油，無需花費四分之一的能源頻繁進出港口加煤，節省了返港和出港旅途中的燃料。在為軍艦加煤的艱苦條件下，船上水手的精力會被耗盡。在戰時，加煤會奪去他們短暫的休息時間，讓每個人都感到極為不適。使用石油，只需幾條管子連接岸上或油輪，軍艦輸入燃料時幾乎不需要有人參與。照料和清潔燃油爐所需的工人數不到燃煤時的一半。燃油可以儲存在軍艦上空閒的地方，而這些地方無法儲存煤炭。隨著燃煤艦艇不斷消耗煤炭，需要投入越來越多的人力，必要時甚至要把炮塔上的士兵調來，從遠處不便的煤艙運煤到接近鍋爐的煤艙，或將煤炭送入鍋爐，這可能會在戰鬥的關鍵時刻削弱軍艦的戰鬥力。例如，「雄獅」號上有將近100名士兵不斷地在船艙間搬運煤炭，甚至看不到白天或爐火的亮光。使用燃油有可能使各種類型的軍艦以更小的艦身或更低的成本，獲得更大的火力和更快的速度。單是燃油一項就有可能實現某些類型軍艦的高速需求，而高速

對它們的戰術目的是至關重要的。所有這些優勢僅僅是透過在鍋爐底下用燃油取代燃煤而獲得的,如果任何時候能夠完全取消鍋爐,讓燃油在內燃機的汽缸中燃燒,各種優勢將成十倍地增加。

抵達海軍部時,我們已建造或正在建造全燃油驅逐艦56艘及全燃油潛艇74艘;幾乎所有艦船均採用一定比例的燃油向燃煤爐噴射。然而,我們對燃油的依賴程度並未使燃油供應成為海軍的重大問題。額外建造大量燃油艦艇,意味著我們的海軍優勢將依賴於石油儲備。可是在我們的島嶼上無法找到大量的石油。如果我們需要石油,必須在和平或戰爭時期經由海上從遙遠國度運來。另一方面,我們擁有大量世界上最優質的鍋爐煤,這些煤來自我們自己的礦場,牢牢掌握在我們手中。

將海軍的能源基礎從英國煤炭轉向外國石油,這本身就是一個令人憂慮的決定。如果實施這個決定,必然會引發一系列複雜的問題,而解決這些問題需要大量的初期投資。首先,英國必須建立龐大的石油儲備,足以應付數月的作戰需求而無需進口一船石油。為了儲存這些石油,必須在各主要海軍港口附近建造大型油罐設施。這些設施不會受到攻擊嗎?它們能得到有效保護嗎?它們能被隱藏或偽裝嗎?當時還沒有人知道「偽裝」這個詞。還必須建造一支運油船隊,將石油從遙遠的油田跨海運至不列顛群島,再用其他運油船隻將石油從海軍港口運往海上的艦隊。

由於我們自身的財政制度不允許舉債或獲取「一次性」經費,每一便士都必須逐年向議會爭取。這必然上升已經受到嚴重質疑的海軍預算。此外,還隱約存在難以確定的市場和壟斷問題。全球石油供應由外國控制的大型石油托拉斯(Trust)掌握,海軍不可避免地使用石油,實際上猶如「向無盡的困難宣戰」。大海波濤洶湧,風暴遮天蔽日,浪尖白沫連綿不絕,驚濤駭浪湧向我們的避風港。我們應迎風而上,還是滿足於固守原地?頂住風浪將帶來巨大的希望。如果我們克服困難,超越風險,就能提升海軍的整體實力和效率,達到更高的水準:更好的軍艦、更優秀的官

兵、更大的節約、更高昂的戰鬥力——一句話，冒險的獎賞就是優勢本身。領先對手一年就可能改變局勢。既然如此，那就前進吧！

1912年、1913年和1914年的三次計畫使皇家海軍的力量在其歷史上增長最快，但是同時經費支出也達到了最高峰。除了1913年戰鬥艦令人遺憾的例外——後來也得到了糾正——新建艦艇中沒有一艘是燃煤的。潛艇、驅逐艦、輕型巡洋艦、快速戰鬥艦，全都不可逆轉地採用了石油。當決定建造快速分艦隊時，決定命運的孤注一擲就已經開始。此時，與我們生死攸關的海軍最先進的軍艦首次使用石油，且只能使用石油。在此之後，自然而然地決定較小艦艇也使用石油。一旦吞下駱駝，小昆蟲自然非常容易吞下去。

現在，我要談論1913年和1914年期間，建造戰鬥艦快速分隊和使用石油這些決定帶給我的困難。我不能否認，我的同事有理由對那些無法預見，但是與他有關的龐大開支表示不滿。當時，每艘戰鬥艦的建造成本為225萬英鎊，而「伊麗莎白」級快速戰鬥艦每艘超過300萬英鎊。建立石油儲備以及相關的油罐和油輪需要超過1,000萬英鎊，顯然其中大部分是必須花費的。不止一次，我擔心國家財政會被壓垮。但是我得到了首相可靠的支持。財政大臣，儘管從他的職責來說應該是我最嚴厲的批評者，卻也是我最友好的同事，因此所有的困難都過去了。始終堅定面對這些困難的海軍部委員會得到了幸運之神的眷顧，賜予我們遠超過最大期望的獎賞。

一連串的因果關係帶領我們參加英國——波斯石油會議。首先，設立皇家石油供應委員會，邀請並說服費雪勳爵擔任主席。設立委員會的同時，我們由海軍部自行進行石油勘探。在法蘭西斯·霍普伍德爵士和弗雷德里克·布萊克爵士接受建議後，我立刻派遣斯萊德將軍率領一個專家委員會前往波斯灣實地考察油田。這幾位紳士同時擔任海軍部在皇家委員會的代表。他們應獲得主要的成功榮譽。在隨後的財政工作階段，英格蘭銀行行長，即後來的坎利夫勳爵，以及英國——波斯石油公司和皇家伯馬

石油公司的董事發揮了最大的作用。整個1912年和1913年我們的努力一直在進行。

如此，一個環節緊扣另一個環節。最初擴展大炮口徑的願望引導我們逐步邁向快速分隊的建立，而為了組建快速分隊，我們不得不使艦隊的主要動力來源依賴石油燃料。隨著普遍採用石油燃料，這又引發了對石油供應的需求，並要求建設龐大的石油儲備庫。這些專案帶來了巨大的費用支出，並引起相關人員對海軍預算的強烈反對。然而，這些環節絕對無法逆轉。我們只能勇往直前，最終我們成功完成了英國——波斯石油協定和合約，實現了最初200萬公款的投資（後來增加到500萬），這不僅確保了英國海軍獲得充分的石油供應，還使政府獲得了石油財產和利益的控制股份，僅此一項現值就達幾千萬英鎊，並保證海軍部石油購買的價格相當低廉，這種狀況至今依然存在。

可以說，這項投資所實現的和潛在的利益總和，不僅足以支付那一年建造各類艦艇的所有計畫和整個戰前的石油燃料設備，而且我們有理由期待，有一天我們將能夠宣稱，1912、1913和1914年下水的強大艦隊（這是同期任何強國中所能建造的最強大艦隊）是未花納稅人一分錢而加入英國海軍的。

這便是關於建造快速分隊5艘著名戰鬥艦的故事——「伊莉莎白女王」號、「沃斯派特」號、「伯勒姆」號、「爵士」號以及「馬來亞」號。這些艦艇均以石油為動力，最高航速可達25節，配備8門15英吋口徑大炮，並擁有13英吋厚的裝甲防護。直至今日，這些戰艦仍是艦隊中15個最重要的單位之一。接下來，我們將觀察它們在日德蘭半島的表現。

因為書的篇幅限制使我無法在此詳盡描述（儘管我希望如此）新型輕甲巡洋艦的設計，這種軍艦在和平與戰爭期間我們共為海軍建造了將近40艘。

海軍部的傳統作戰政策是在長期與法國的戰爭和對抗中逐步形成的。

其內容包括在戰爭爆發時立即封鎖敵方的海港和海軍基地，利用強大且靈活的小艦艇組成封鎖艦隊，輔以巡洋艦支持，並以占優勢的戰鬥艦隊作為後盾。200 年的經驗讓所有海軍策略家都認同這個基本原則：「我們的第一道防線是敵人的海港」。

當魚雷問世之時，法國人嘗試建造大量的魚雷艇，以期能挫敗著名的英國艦隊。數年後，海軍部透過建造魚雷驅逐艦來進行反擊。這些驅逐艦具備兩個條件：其一是船體夠大，能在各種天氣條件下留在海上，並能夠在足夠長的時間內穿越海峽作戰；其二是它們的火炮較大，足以擊沉或控制法國的魚雷艇。因此，儘管魚雷的出現，我們仍能保持一支力量較強的小艦隊在敵方海軍基地附近巡弋。同時，沿著英格蘭南海岸，在我們龐大的海軍設施附近，有一系列設有防魚雷工事的港口，這些港口能為我們還未出海的戰鬥艦及其他支援艦隻提供安全、嚴密和便利的駐地。

20 世紀初，英國潛在的敵人首次由法國轉為德國。我們的海軍策略前線從南海岸轉移至東海岸，從海峽轉移至北海。儘管敵人、前線和戰場有所變更，英國海軍策略的基本原則依然有效。我們防禦的第一線仍是敵方的海港。海軍部的政策依舊是以較強的小型艦隊嚴密封鎖那些港口，並適時用巡洋艦和最終用戰鬥艦隊加以支援。

我們不能指望在新戰線的安排上迅速達到與經過多代戰爭，在海峽中逐漸形成的安排相同的完善程度；尤其是當大戰開始時，我們的海軍基地仍處於轉型過程中。更嚴重的是，這種轉變對我們驅逐艦的效用產生了影響。不同於過去在跨越海峽 20 或 60 英哩處作戰並有近在身邊的安全港口支援，現在我們的驅逐艦需要跨越 240 英哩海面，在黑爾戈蘭灣作戰，而最近能夠支援它們的戰鬥艦隊基地也不過是泰晤士港或福斯港。儘管如此，海軍部依然堅持傳統的策略原則，他們的作戰計畫直到 1911 年仍然考慮在宣戰後立即嚴密封鎖敵人港口。我們建造驅逐艦時，注重其抗海上風浪的能力和強大的火力。而另一方面，德國人則堅持法國人的概念，即

將魚雷艇作為攻擊我們大型戰艦的主要手段。我們依賴驅逐艦的火力和抵抗海上風浪的特性，而他們則依賴魚雷和良好天氣條件下的高速度。然而，現在我們的驅逐艦必須在北海作戰，遠距離大大降低了它們的效率。在橫跨海峽時，它們可以分 2 班換防，現在則分 3 班橫跨北海。因此，在任何特定時間內可使用的戰鬥小艦隊只有總數的三分之一，而不是以前的二分之一。敵人在任何時候都能以全部力量進攻這三分之一。為了從國內基地出發執行我們原有的策略，我們小艦隊的數量至少需要有德國小艦隊的 3 倍，甚至可能是 4 倍。實際上，我們沒有這個優勢，也不可能具備這個優勢。

因此，從 1905 年與法國簽訂協議起，直至 1911 年的阿加迪爾危機期間，海軍部一直計劃占領一到兩個德國島嶼。其目的是在島上建立海外基地，以便在戰爭爆發後，我方的小型艦隊能夠在那裡補充補給並提供人員休息。隨著戰事的延續，該基地將發展成為我方海上力量的前沿要塞。透過這種方式，海軍部能夠執行其傳統的戰爭政策，即將敵人的小型艦隊和輕型艦艇逼回他們的港口，並對其實施嚴密封鎖。

德國人也察覺到了我們的這些計畫。他們大幅增強了黑爾戈蘭的防禦工事，並在如弗里西亞群島一樣，被視為可能成為我們目標的島嶼上逐一建造堡壘。與此同時，戰場上出現了一個新的且強大的因素——潛艇。潛艇不僅使得占領和維持海外基地變得更加困難——某些權威人士堅決認為這是不可能的，而且潛艇還對我們的巡洋艦和戰鬥艦構成了毀滅性的威脅。沒有這些艦艇的持續支持，我們的小型艦隊將很容易被敵人的巡洋艦擊潰。

這是 1911 年 10 月的局勢。在阿加迪爾危機之後，我接任了海軍大臣一職，開始組建新的海軍部委員會。由於當時我們在驅逐艦數量上沒有優勢，無法在敵方領海內制服敵人的驅逐艦，也缺乏重型艦隻來支援我們的小型艦隊，並且考慮到攻占已設防的敵方島嶼的困難和風險，我們立即著

手徹底修改作戰計畫。在徵得主要指揮官的全力支持後，我們用 1912 年海軍部作戰命令規定的遠距離封鎖政策取而代之。

遠距離封鎖政策的實施不是出於選擇，而是出於必要。這並不意味著海軍部否定了進攻性海軍策略的基本原則，而只是暫時放棄這些原則以應付無法解決的實際困難；海軍部的意圖是在宣戰之前和之後盡一切努力克服這些困難。我們準確地判斷到，封鎖北海進入大西洋的出口之後，德國與世界的商業聯繫將幾乎完全被切斷。我們預計，這種封鎖所帶來的經濟和財政壓力將致命地削弱德國的戰爭能力。我們期望這種壓力將迫使德國艦隊離開其防禦水域，而是在軍艦絕對數量上處於極大劣勢的公海上作戰。我們認為，我們能夠繼續保持完整的制海權，同時不會危及我們的海上交通，不會危及我們的陸軍調動，並消除不列顛群島受到敵人入侵的威脅。此時，人們有理由假設這些條件將無限期地持續下去，因為我們擁有不曾縮減的優勢，而敵人將面臨不斷增加的壓力。就海面上的所有艦隻而言，肯定在戰爭的頭 3 年中，這些預期將被事實所證實。

依據這些作戰指令，艦隊進行了策略性部署，將主力艦隊安排在斯卡珀灣，並在丹佛海峽周圍設定驅逐艦的包圍圈，老舊戰鬥艦則提供支援，同時布設一定的雷區加以保護，進而封鎖北海出口。這些結論經過了戰爭的考驗。此後歷屆海軍部委員會在重大部署上均未背離這些結論。英國海軍透過這種方式成功奪取並維持了對全球海洋的有效控制。

在所有威脅大英帝國的危機中，突襲艦隊的危險無出其右。如果艦隊或其主要部分在毫無防備的情況下遭受突襲，我們的海軍優勢將因此被摧毀，那麼我們就會遭遇失敗。除非萬能的征服者施展慈悲，否則無盡的災難將降臨於我們頭上。近年來，我們已經目睹，一些取得完全勝利的國家對已經被擊敗的敵人如何缺乏憐憫之心。若英國失去海軍的保護，他將迅速因飢餓而完全屈服於征服者的意志之下。他的帝國將被分裂；他的聯邦自治領、印度及大量非洲和島嶼屬地將被剝奪或轉讓給勝利者。在英國的

鄰近,將建立一個充滿敵意、全副武裝的愛爾蘭共和國;無助的英國人民將背負難以承受的賠款,這可能會摧毀他們的社會制度,即便他們實際上沒有淪為愛德華·格雷爵士尖銳話語中所說的「強國的附庸」。如今給予德國較不嚴酷的條件,若施用於英國,將足以一舉永遠摧毀這個帝國。海軍防禦確實是生死攸關。如果我們保持海軍防禦能力,我們就是安全的,比歐洲任何其他國家的命運都更為穩固;若海軍防禦失敗,我們將遭遇不可避免的徹底毀滅。

那麼,德國人策劃摧毀英國艦隊的程度究竟如何?根據他們的邪惡本性來看,有必要假設他們在考量戰爭問題。我們必須評估他們將以何種方式發動攻擊,當然,若德國無意開戰,這些推測僅是噩夢。然而,若他確有開戰的意圖和計畫,顯然不難從與法國或俄國的糾紛中找到藉口,製造無可避免的戰爭形勢,並在對他最有利的時機利用這種形勢。弗雷德里克和俾斯麥挑起的戰爭就展現了極不尋常的迅速與突然,這是普魯士國家對其敵人進行攻擊的一貫方式。歐洲大陸一直是一座火藥庫。僅僅一個火花便可引發巨大爆炸。我們見過 1870 年法國的遭遇。我們見過 1904 年對亞瑟港外俄國艦隊的災難。現在我們又了解 1914 年比利時的遭遇,同樣值得注意的是 1914 年 8 月 1 日德國向法國提出的要求:若法國希望在德國攻擊俄國時保持中立,他必須將凡爾登和圖勒的要塞交給德國駐軍作為擔保。

因此很明顯,「飛來橫禍」的危險絕非憑空想像。然而,人們難道不能合理地推測某些徵兆嗎?或許,大國之間的某些紛爭特別值得海軍部警覺。我們可能希望獲得有關敵方陸軍和海軍調動的情報。幾乎可以肯定,世界交易所會出現金融混亂,這表明緊張局勢在加劇。我們能因此指望在遭受任何攻擊之前得到一星期、3 天或至少 24 小時的通知嗎?

在歐洲,大國的龐大陸軍彼此對峙,他們擁有一種自動預防機制來應付突襲。在軍隊動員之前不會發生決定性的事件,而動員軍隊至少需要 2

星期。例如，法國的卓越防禦能力在沒有打一場大戰役的情況下無法被征服，在此期間，法蘭西民族的主要力量可以動員起來以承受壓力。然而，英國海軍並沒有這樣的保障。海軍不需要動員就能使用全部現代軍艦進行戰鬥。他們只需升高蒸汽並將炮彈運至大炮前即可作戰。除了這種無情的事實，魚雷的威脅也隨之而來。單就火炮而言，我們的主要危險是當艦隊在分散狀態時遭到打擊，艦隊的主力被摧毀而敵人卻沒有受到同等程度的損害。但無線電報大大減少了這種危險，無線電報能立即指示分散軍艦駛向共同會合點，在實現集中之前避免戰鬥。此外，火炮是雙方都能使用的武器。人們無法想像艦隊的主力會不採取適當的預防措施即進入對方射程之內。但魚雷本質上是突然襲擊甚至是背信棄義的武器；千真萬確的是，1 艘海面艦艇的魚雷需要 10 倍的力量才能對付 1 艘潛艇的魚雷。

　　顯然，存在著某種界限，一旦超越，便無法進行自我防衛。這不僅僅是特別警惕幾個星期的問題。英國海軍在和平時期必須維持正常的生活方式，包括巡航、演習、離隊和重新裝備等活動。我們的港口對全球商業開放，完全避免最壞的背信棄義行為實際上是不可能的。另一方面，即使是背信棄義的攻擊也不容易實現，因為這需要各職位大量人員的合作和啟動複雜的器械。帝國國防委員會經過認真討論後規定，海軍部不得斷定，如果德國人意識到勝負的區別，他們會在和平時期未經警告或藉口地攻擊我們的艦隊。我們必須盡最大努力遵守這一準則，我相信我們基本上做到了。當然，我們每天都在思考英國艦隊的狀況，並與德國艦隊進行比較。我常常出其不意地詢問工作人員：「如果今天與德國開戰會發生什麼？」我總能得到這樣的回答：我們在艦隊的任何部分開赴戰場之前有能力完成兵力的重大集中。在德國遠洋艦隊處於冬季重新裝備期間，我們的艦隊不會巡航到西班牙海岸。當我們進行大演習時，我們合理安排加煤與休假，以確保能夠應付可能到來的打擊。我確信，在我所描述的階段，直至宣戰之日，英國艦隊不會遭受德國海面艦隻的突然襲擊，也不會在分散狀態下遭

到打擊。在和平時期，敵人試圖用潛艇攻擊停泊在港口或在海上演習的英國海軍中隊，或者在演習區域布雷，都是難以完全預防的；但這些行為成功的可能性是很低的。此外，我不相信德國海軍部、政府或皇帝會採用如此卑鄙的手段。雖然我們要盡可能防止最壞的情況，但是我確信，爭端的起因將伴隨經濟危機和市場蕭條而來，隨後緊跟著宣戰，或者戰爭行為與宣戰同時發生，後者可能略早一些。事實上，實際發生的情況與我預期的並無差別。

在戰爭中，敵方的動向及未來的發展完全無法預測。然而，一旦你身處戰爭中，任務便變得明確且至高無上。無論你如何推測敵情或未來，你的行動都受限於實際情況的範圍內。你面前的選擇方案是有限的。同時，你生活在現實世界中，在那裡理論不斷被經驗所修正和限制。由此產生的事實累積在相當程度上決定了下一步的決策。

然而，假如整場戰爭過程從現實世界轉移到想像領域。首先，你必須確信在任何情況下戰爭必然會爆發；其次，當戰爭來臨時你的國家將參與其中；第三，你將以一個團結的民族進入戰爭，全體國民將迅速團結並充滿信心，並在不太遲的時候採取必要的措施 —— 如此一來，思索的過程實際上變得很有推測性。每個必須做出的假設，面對未來的迷霧又升起不同密度的新幔幕。在和平時期，愛思索的陸、海軍軍人的生活中充滿了這樣的經歷 —— 在每一種可想像的、引人入勝的事物中，在許多混雜的假設中，努力找出某一天將實際發生的事情，並在結束那一天之前找到實際必須要做的事情。而此時，那些權力較大和通常智力較高的人都把愛思索的人視為出謀劃策的惡棍，或者最好也只是把他看作玩弄危險玩具的大孩子。

在戰爭爆發前的那些日子裡，我們所能做的大部分事情是嘗試估計和預測當對德戰爭爆發時以及最初幾個星期內，英國將面臨什麼情況。想看得更遠則超出了人類的能力範圍。若試圖展望更遠的未來，只會使任務變

得複雜，以至於超過人的心理負荷。當思路分岔得太快時，有時會問，是否會爆發大規模海戰？那麼局勢將會如何？誰會在大規模陸戰中獲勝？沒有人能回答。顯然，首要的事情是做好準備，不要被敵人偷襲；要集中力量，不要分散挨打；要確保最強大的艦隊能夠及時到達最佳作戰位置，具備最佳戰鬥條件。如此，如果戰爭來臨，人們便能夠以堅定的信心等待結果。因此，防止突然襲擊至關重要，更重要的是防止力量分散，而最重要的是在進行海上決戰時增加可使用艦隊的力量。

然而，假設敵人不選擇海戰，又假設陸上戰役無法迅速決定勝負，並且假如戰爭持續的時間不是幾星期或幾個月而是幾年，那麼在當時判斷這些事情就容易得多。如果所有人都高度警覺，保持清醒和積極的態度，確保能夠採取必要的措施，並且有足夠的時間去執行這些措施，那麼下判斷就容易得多。任何階段都沒有第一階段那麼困難或危險。第二年的戰爭問題必須依靠第一年的戰爭經驗去解決。第三年的戰爭問題則必須以第二年所獲得的觀察和理解來應付，如此類推。

因此，我代表 1915 年 5 月底前我所主持的海軍部委員會，堅決否認對 1917 年和 1918 年事件的所有指責。這些年的教訓不會讓我變得愚蠢。不要對我說，若德國在戰爭前的 3 年內像他們在戰爭開始後的 3 年內那樣建造潛艇，英國早已垮臺；或者說，如果英國在 1914 年 8 月就擁有我們 1 年後才有的陸軍，那麼戰爭根本不會發生。每種情況都會引發另一種情況。英國能允許德國在和平時期建造龐大的潛艇，目的是擊沉我們沒有武裝的商船隊，以致餓死和摧毀這個島國嗎？德國會等到英國建立一支強大的義務制陸軍來幫助法國，然後再攻擊他嗎？

唯有在與當時環境關係明確的基礎上，方能對每一件大事做出判斷。

北 海 前 線

愛爾蘭和歐洲均勢

在 1913 年整整一年內，我面臨著石油供應需求日益增加的困難。如今，我們全面依賴石油作為艦艇的唯一動力來源，這包括了所有最新和最主要的艦隻。海軍部委員會和戰時參謀部對我們的油料儲備極為擔憂。第二海務大臣約翰‧傑利科爵士極力爭取大幅增加預期儲備規模。戰時參謀長不僅關心儲備的數量，還擔心使用如此易燃物質作為戰艦燃料可能帶來的風險。最終，由費雪勳爵領導的皇家委員會在海軍部的推動下，表示他們將爭取擁有相當於預期 4 年戰爭所需消耗量的儲備。這一消耗量是由海軍參謀部根據最寬鬆的標準估算出來的。建立石油儲備的費用無論如何都是極為龐大的。石油不僅需要在壟斷市場上購買，還必須建造大型儲油槽和購買土地。儘管這些油料儲備一旦建立，無論是民用還是軍用，都顯然與英格蘭銀行的黃金儲備類似，是國家資產，但是我們不被允許將其作為資本支出，必須全部列入當前的預算支出。與此同時，財政部和內閣中的同僚，包括對我，對於海軍費用之高越來越感到不滿。費用成為爭論的焦點，主要是由於我貿然推動燃油戰鬥艦的建造，並任意增加艦隻的大炮口徑、速度和裝甲。因此，我一方面面臨海軍不斷增加的要求以加強海事裝備，另一方面又面臨增加費用支出的堅決抗拒。我們的海軍單位夾在這些壓力之中左右為難。

因此，我全年都必須在兩條戰線上作戰：一方面是嚴格管控皇家委員會和我的海軍顧問們所提的，而我視為過度和浪費的要求；另一方面是不斷向財政部和內閣爭取所需的資金。我還得格外謹慎，避免在一條戰線上提出的論據被另一條戰線上的對手知曉。

由於物價上漲和海軍裝備日益複雜精密，所有財政開支隨之擴大。至

愛爾蘭和歐洲均勢

1913年底，次年預算支出需先呈交財政部，再交內閣，財政開支的困難因此達到了頂點。

我們與財政部的初步磋商未能達成共識，所有問題將於1913年11月底提交內閣。隨後便是將近5個月的經費爭取攻防。這段時期內，海軍預算支出成為內閣14次全體會議和延長會議的主要甚至是唯一議題。自始至終，我幾乎處於孤立無援的狀態。我堅決不放棄任何實質性的重要主張，特別是關於戰鬥艦的計畫，絕不背離已經規劃和宣布的海軍戰力標準，因為這是對德政策的基礎。內閣在1912年決定在地中海保持與奧地利相當的力量，其中4艘「無畏」級戰艦正在穩步建造。然而，由於有望獲得3艘加拿大「無畏」級戰艦，這個問題變得複雜。加拿大政府規定這3艘戰艦應占60%的比例對比之外新增的艦隻。我們曾正式宣布這些戰艦是英國海軍不可分割的一部分，基於這一承諾，羅伯特・博登爵士在加拿大捲入了激烈的黨派鬥爭。現在顯然，由於加拿大參議院的決定，這些「新增的」、「不可分割的」戰艦在次年無法下水，而我不得不要求1914-1915年計畫的戰鬥艦中至少有3艘應提前下水。內閣批准這一要求極為困難。到1913年12月中旬，我覺得必須辭職。海軍政策的基礎受到挑戰，部長級批評者爭論不休，他們對海軍部事務瞭如指掌，精通每個細節，有權獲取每個關鍵點的準確資訊。不過，由於首相保持中立，處理問題未導致洽談破裂。有幾次大家一致堅決反對，首相便中止討論以免做出與海軍部相反的決議。到1913年12月中旬，這樣的討論無法繼續，他決定延期討論，整個問題推遲到1914年1月中旬再議。

在這個供人反思的間隙，形勢發生了某種變化。當1914年1月中旬我從法國南部回到英國時，我的幾位重要同僚告訴我，他們認為海軍部的問題在重大實質上已有所改善。然而，爭議以強勁的勢頭再次展開。我們不斷從海軍部丟出檔案和論據，詳細論述每一個受到挑戰的新論點。

與此同時，政府內部的爭論引起了媒體的廣泛關注。早在1914年

1月3日，財政大臣在接受《每日記事報》記者採訪時，對軍備費用的浪費表示深切遺憾，並尖銳地提到倫道夫·邱吉爾勳爵（Lord Randolph Churchill）因經濟問題辭職。他還指出，當前的世界形勢與未來前景從未如此和平。自由黨和激進派的報紙開始大肆炒作經濟問題，並在下議院我們最有影響力的支持者中間發起了相當強大的反對海軍部的運動。然而，議會很快重新開會，愛爾蘭問題成為焦點。地方自治議案的熱烈支持者並不希望看到由於海軍部整個委員會的辭職而削弱政府的力量。我們已經在黨派鬥爭中承受了極大的壓力，以至於任何一個大臣的失誤都可能引發嚴重後果。沒有人希望我在默默中消失。海軍動盪的前景與愛爾蘭的緊張局勢令人擔憂。為了增強我和同僚的力量，我積極參與愛爾蘭問題的討論；在這種岌岌可危的形勢下，整個1914年2月分和部分3月分在雙方都不讓步的情況下過去了。

最終，由於首相不屈不撓的耐心和他堅定而沉默的支持，海軍支出預算基本上按原樣獲得通過。在這幾個月的紛爭中，我們僅削減了港口防禦用的3艘小型巡洋艦和12艘魚雷艇。提交給議會的預算數額為5,250萬英鎊。我們為取得這次勝利，不得不在未來問題上做出某些一般性的保證。我同意在適當的石油儲備條件下，承諾下一年預算支出將有相當程度的縮減。

然而，翌年到來時，並未有人強制要求我實踐這個諾言。

1914年春夏之際，歐洲顯得格外安寧。自從阿加迪爾危機後，德國對英國的政策顯得既恰當又體諒。在整個充滿紛爭的巴爾幹會議期間，英、德兩國的外交政策在協調中執行。儘管兩個外交部長期存在的不信任感尚未消失，但是已經有顯著改善。那些習慣於提出警告的人，至少開始感受到修正他們先前判斷的必要。代表德國外交政策的知名人物，似乎第一次成為可以對話且共同討論議題的對象。巴爾幹問題的和平解決為彼此間的信任提供了理由。在數個月內，我們討論了最敏感的問題，雖然曾經有某

愛爾蘭和歐洲均勢

些部分接近破裂，但最終沒有破裂。如果任何大國有意製造戰爭，肯定有大量機會可供利用。德國似乎願意與我們和平共處。儘管各國軍備持續加速增長，德國徵收了 5,000 萬的資本稅，令那些未將頭埋進沙堆的人們聽到警鐘長鳴，但同時，另一種清晰的樂觀情緒，在英國政府和下議院中蔓延。似乎有一種預期的前景，即雙方重要人物之間發展起來的個人善意和相互尊重在未來可能發揮有用的影響；有些人期望英、德能更廣泛地合作，拋棄對對方友好國家和聯盟的偏見，這樣有可能共同促使歐洲敵對的 2 個陣營和睦相處，為所有有嚴重不安感受的國家提供安全與公平的可靠保證。海軍對抗當時已不再是摩擦的原因。我們正堅定不移地連續第三年根據計畫和宣言執行一系列計畫。德國自 1912 年初開始未進一步增加其海軍造艦的計畫。就主力艦而言，可以肯定我們不會被他們趕上。

歐洲局勢異常平穩，國內黨派鬥爭卻愈演愈烈，形成鮮明對比。自由黨與保守黨之間的爭論，其激烈程度和相互仇恨，大多源於愛爾蘭問題。按照議會的立法程式，當地方自治法案即將通過成為法律時，北愛爾蘭的厄爾斯特新教徒各郡便公開準備武裝反抗，並得到了保守黨的全面支持與鼓勵。愛爾蘭民族主義的領袖──雷德蒙特、狄龍、德夫林等人──憂心忡忡地注視著愛爾蘭北部局勢的不斷惡化。然而，在他們背後，還有一群無法形容的激進帳子，他們的暴力行為和好鬥態度極其凶猛。每當愛爾蘭議會方面採取任何溫和的行動或姿態，都會激起這些人的強烈憤怒。面對這些困境，阿斯奎斯政府竭盡全力尋找解決之道。

自 1909 年開始討論地方自治法案以來，財政大臣和我一直主張在區域自治或類似程序的基礎上實行北愛爾蘭分治。這個過程中，我們遇到了令人困惑的論點，即這樣的讓步可能是解決問題的最終方法，但是直到現在仍未取得任何成果。如今，時機已經成熟，地方自治問題達到最高點，內閣成員普遍認同，若不能有效保障北愛爾蘭的分治，我們不能再採取進一步行動。因此，到 1914 年 3 月分時，我們告知愛爾蘭領導人，政府已

做出這樣的決定。他們強烈反對，聲稱隨時有能力驅逐政府，並將從自由黨內部獲得強而有力的支持。毫無疑問，愛爾蘭領導人擔心（甚至確信）法案的任何削弱會導致法案本身及他們被愛爾蘭人民拋棄。然而，面對無可爭議的事實，即政府不會在這個問題上因害怕失敗和垮臺而退縮，他們最終讓步了。他們提出了一個修正方案，保證北愛爾蘭的任何一個郡有權在聯合王國連續兩次大選後通過投票退出地方自治法案。這無疑是最有力的實際保護措施。修正方案維護了愛爾蘭統一的原則，但也明確表示，除非新教徒集中的北部在至少 5 年的時間裡見證都柏林議會的實際運作並自願同意，否則不可能達成統一。

　　這些建議在議會宣布後立刻遭到保守黨反對派傲慢的拒絕。然而，我們將這些建議納入法案文字中，迫使愛爾蘭黨投票支持這一舉措。現在我們覺得可以心安理得地前進了，可以通過法律對付所有向它挑戰的人。我個人的觀點一直是，我絕不脅迫厄爾斯特服從都柏林議會，但我會採取所有必要的措施阻止厄爾斯特妨礙愛爾蘭其餘地區實現他們嚮往的議會。我相信這個立場是健全而正確的，為了支持這個立場，我肯定準備以任何必要的手段維護英王和議會根據憲法賦予的權威。我於 1914 年 3 月 14 日在布拉德福德發表了表達這一意見的講話。

　　人們普遍期望英國的政治領袖們不要又再次於互相刺激、煽動和驅使下，陷入類似 1914 年不光彩的黨派偏見之中。黨派偏見本質上只是長期權力競逐的結果，這點在上一章已有間接提及。不參與這種權力競爭的人難以理解政界人士所承受的巨大壓力，也難以理解他們每一個動機（無論好壞或中性）都被引導到進一步爭取勝利的鬥爭中。群眾順從黨派偏見，追隨黨派鬥爭，彷彿這是爭取獎品的戰鬥。他們情緒激動，雙眼閃爍，如果他們認為支持的意見被阻礙，他們便會迅速爆發憤怒，對政敵表示不信任和輕視。錯誤觀念頻繁出現，誓言被要求須強制執行，盲目忠誠的追隨意見領袖，暴力行為被讚揚甚至配合，誠實被冷漠蔑視，提出妥協的建議

愛爾蘭和歐洲均勢

被高喊「背信棄義」，對追隨者保持忠誠的願望、己方正確的意識、對方行動粗暴不合理的觀念——所有這些行為與反應相互交織，達到了危險的極點。落後在群眾的後面意味著無用和低能，不忠實、不勇敢；而站在群眾前面，即使只是指揮和引導他們，往往也會激起暴力行動。在某個階段將爭吵限制在言詞和法律範圍內幾乎是不可能的。武力，這個最終的仲裁者和最後的清醒者，可能會突然登上舞臺。

北愛爾蘭人繼續進行準備工作。他們宣布了建立臨時政府的計畫。他們不斷招募和訓練軍隊，甚至非法運入武器。無需多言，相似的跡象也在民族主義者中出現了。成千上萬的志工被招募，並透過各種手段獲取武器。

隨著這些危險跡象的不斷增加，愛爾蘭北部的小型軍事據點，特別是那些擁有武器庫的據點，成為陸軍部特別關注的對象。駐貝爾法斯特軍隊的態度也是陸軍部最為關心的事項。愛爾蘭新教徒從未對皇家部隊施加傷害，可以確信軍隊與他們關係友好。然而，政府發現在整個東北厄爾斯特的權威已完全瓦解。在這種情況下，陸軍和海軍的提前防範措施變得至關重要。1914 年 3 月 14 日，當局決定派遣少量增援部隊保護卡里克弗格斯及其他一些地方的軍火庫，同時預料愛爾蘭大北方鐵路會拒絕運送軍隊，便做好了海上運送部隊的準備。當局還決定調動一支在阿羅薩灣巡航的戰鬥艦中隊和小型艦隊前往拉姆拉什，從那裡他們能迅速抵達貝爾法斯特。人們認為，以皇家海軍的受歡迎程度和影響力，即使陸軍失敗，仍有可能達成和平解決。除此之外，沒有任何其他行動得到授權。然而，陸軍司令官們看到自己面臨的局勢極有可能爆發內戰，他們在根本不可能的假設——愛爾蘭新教徒軍會激烈抵抗並向英軍開火的基礎上，開始研究一個更加嚴峻的計畫。

這些軍事行動雖然規模不大，卻可能帶來的後果在陸軍軍官中引發了強烈的擔憂。1914 年 3 月 20 日，愛爾蘭總司令與其他將領向在卡勒集會的軍官發出驚人的呼籲，要求他們在任何情況下都要履行憲法責任，但卻

遭到普遍的拒絕。

這些駭人聽聞的事件在議會中引發了極大的憤怒，動搖了國家的根基。保守黨人指責政府密謀屠殺忠於厄爾斯特的人們，聲稱屠殺之所以未遂，僅是因為陸軍的愛國主義。自由黨人則回應稱，反對黨公開參與叛亂的準備工作，試圖推翻憲法，並透過宣傳煽動軍官（而非軍隊）背叛國家。這場爭執在1914年4月、5月和6月間斷斷續續地持續著。我們閱讀紀錄時，不禁懷疑我們的議會制度是否堅韌得足以承受這場激情的衝擊而存續下去。德國間諜的報告以及德國政治家的意見表明，英國因派系鬥爭而陷入癱瘓，逐步走向內戰，不再被視為歐洲局勢中的重要因素，這難道不令人震驚嗎？他們如何能夠辨識或評估隱藏在風暴下未曾表達的內心世界呢？

在整個1914年5月和6月，黨派之爭仍以最激烈的形式展開，但在表面之下，兩大黨之間的和解談判也在持續進行。這些談判最終促使國王於1914年7月20日發出召喚令，召集保守黨、自由黨及愛爾蘭各黨領袖在白金漢宮舉行會議。

1914年6月底，英國海軍同時訪問喀琅施塔得和基爾。幾年來，英國與德國最精良的軍艦首次在基爾港並肩停泊，周圍環繞著各種班輪、遊艇和遊樂船隻。雙方達成一致，不得打探敏感的技術問題。期間，雙方舉行了多種比賽、盛宴和演講。這裡有陽光，軍官和士兵親如兄弟，在水上和岸上互相款待。他們臂挽臂地在熱情好客的城市裡漫步，共同在集體食堂和艦上餐廳用餐。他們為一位駕駛英制水上飛機遇難的德國軍官舉行的葬禮上脫帽致哀。

在這些歡慶的日子裡，1914年6月28日傳來法蘭茲·斐迪南大公（Archduke Franz）在塞拉耶佛遇刺的消息。皇帝接到這個消息時正在船上航行。人們明顯察覺到他激動地上岸，取消當晚其他行程，離開基爾。

和許多人一樣，我經常試圖回憶那年7月的日子給我留下的印象。這個處於災難邊緣的世界顯得格外絢麗多彩。由王公貴族統治的國家和帝國

愛爾蘭和歐洲均勢

雄偉地矗立在各個方向，長期的和平為這些國家累積了巨大的財富。一切都固定在看似安全的巨大懸臂梁上。兩大歐洲陣營彼此對峙，它們全副武裝，閃閃發光、叮噹作響，但是目光卻帶著平靜的凝視。一種禮貌、謹慎且和解的外交手腕將雙方連繫在一起。電報中的一句話、大使的一番話、議會中模糊的言辭，似乎足以調整這個龐大結構的日常交往中的平衡。每一句話都需要深思熟慮，甚至竊竊私語也不能忽視，一個點頭可以表示一個意思。這個以平衡聯合和同等軍備為基礎建立的、對更複雜和棘手的暴力行為進行檢查和反檢查的非凡體系，究竟能否使我們獲得世界安全與普遍和平？這樣聯合的、結夥的、緊密關聯的歐洲，它會結合成一個共同而光榮的機體，並獲得和享受連做夢也想不到的由大自然與科學共同賦予的豐厚禮物嗎？日落時分的舊世界看上去歌舞昇平。

然而，人們察覺到一種詭異的趨勢。一些國家在物質豐盈中依然不滿足，執著於國內或國際間的傾軋。隨著宗教影響力的衰退，民族主義情緒不恰當地高漲，其猛烈但隱蔽的火焰在幾乎每個國家的表面下燃燒，幾乎讓人們認為世界甘願受苦。可以肯定地說，渴望冒險的人們無處不在。各方的軍事準備、預防措施和反預防措施已經達到了頂峰。法國有他的三年制兵役法；俄國有他不斷擴展的策略性鐵路。古老的哈布斯堡帝國最近受到塞拉耶佛炸彈的嚴重打擊，成為過度高漲的民族主義壓力和極度腐敗的犧牲品。義大利與土耳其對峙，土耳其與希臘對抗，希臘、塞爾維亞和羅馬尼亞反對保加利亞。英國因黨派傾軋而分裂，看來幾乎可以不把他放在眼裡。美國在 3,000 英哩以外。德國用 5,000 萬資本稅擴充了武器裝備，他的陸軍擴充已經完成，基爾運河就在那個月裡向「無畏」級戰鬥艦開放，很久以來他目不轉睛地凝視著國際舞臺，如今他的凝視突然變成了滿眼怒火。

1913 年秋天，當我反覆思考下一年度的預算及海軍部政策時，我向第一海務大臣遞交了一份備忘錄，建議為節省開支，取消 1914-1915 年的大

演習，改為動員第 3 艦隊。隨後，動員全部皇家艦隊的後備力量和所有後備軍官，在第 3 艦隊的軍艦上進行為期一週或 10 天的訓練，模擬戰時的整套作戰方案，以全面測試動員系統。接著，在當年晚些時候，再讓整個皇家海軍志願後備隊在第 1 艦隊軍艦上進行一週的動員訓練，作為正規訓練的補充。

路易斯親王批准採取必要措施，並於 1914 年 3 月 18 日向議會提交計畫。在執行這些命令時未曾與歐洲局勢連繫起來。試驗性動員於 1914 年 7 月 15 日啟動。雖然並無法律規定強制後備隊人員應召報到，但普遍反應熱烈，有多達 2 萬名後備人員來到海軍徵兵站。就這樣，我們的全面動員在海軍史上首次接受實際測試和徹底檢查。海軍部專門派出軍官在每一個海港檢視動員過程，以便報告動員制度中的每一個缺陷、短處或故障並加以修正。路易斯親王與我在查塔姆親自視察動員過程。全體後備人員都扛著他們的個人用具來到指定的軍艦上。第 3 艦隊全部軍艦裝足煤，開動蒸汽機駛向斯皮特黑德海峽集中。1914 年 7 月 17 日和 18 日在這裡舉行了海軍的盛大檢閱。這是世界史上無可比擬的海軍最大集合。國王本人親自出席檢閱每一等級的軍艦。1914 年 7 月 19 日早晨，整個艦隊出海進行種種不同的演習。艦隊中每艘軍艦的甲板上都彩旗飛揚，軍樂齊奏，擠滿了水手和海軍陸戰隊的士兵，它們足足花了 6 個多小時以每小時 15 節的速度駛過國王乘坐的「皇家遊艇」號，同時頭上的海軍水上飛機和陸上飛機不斷盤旋。然而，此時在國王及其他在場大臣們心裡最緊迫考慮的也許不是眼前英國莊麗雄偉艦隊縱列行進的壯觀景色，也不是歐洲大陸咄咄逼人的、甚至令人窒息的政治氛圍，而是威脅著要將不列顛民族分裂為兩個敵對陣營的、瘋狂的、骯髒的、悲劇性的愛爾蘭紛爭。

軍艦一艘接一艘逐漸在天邊隱沒。它們即將展開一次遠洋航行，比任何人所知的都要更加遙遠。

愛爾蘭和歐洲均勢

危機

1914年7月24日-7月30日

　　星期五下午，內閣會議長時間反覆討論愛爾蘭問題。白金漢宮的會談破裂。分歧與對抗依舊如往常般劇烈與無望，但在如此命運攸關的議題上，雙方觀點的差距卻意外地微小。爭論主要集中在弗馬納區和蒂龍郡的邊界問題上。愛爾蘭各黨派在非理性的鬥爭中，能夠驅使他們的支持者拚命向前。在解決這些簡陋教區問題上，大不列顛的政治前途此刻被打亂了。北部不願意同意這一點，南部不願意同意那一點。雙方領導人希望局勢穩定下來，但雙方帶領他們的追隨者走到他們激進的極限。雙方似乎都不願退讓一英吋。與此同時，解決愛爾蘭問題必須與立刻中止英國黨爭並行。雙方迫切呼籲其領導人實行的團結與合作方案，即勞合·喬治先生於1910年提出的方案，有必要立即公諸於世。另一方面，如果調停不成功，則意味著我們必然會陷入完全類似內戰的衝突深淵，任何人均無力迴天，因此內閣以各種方式尋找解決僵局的出路，艱難地徘徊在弗馬納區和蒂龍郡泥濘的小道上。人們原以為4月分在卡勒平原和貝爾法斯特的事件會劇烈震撼英國興論，形成足以使愛爾蘭各黨派安定的團結局面。顯然，團結局面沒有實現。顯然雙方還要把衝突進一步持續下去，在各自退讓之前會產生難以估計的惡劣後果。自從拜占庭帝國藍黨與綠黨紛爭以來，黨派之間的傾軋很少達到今天這樣荒謬的地步。看來即將發生無以復加的劇烈變動。

　　內閣的辯論最終未能達成共識，當即將散會時，大家聽到愛德華·格

危機

雷先生以平靜莊重的聲音宣讀了一份剛從外交部送來的文件。這是一份奧地利給塞爾維亞的照會。他讀了幾分鐘後，我才從剛結束的那場令人厭煩和困惑的辯論中回過神來。我們都非常疲憊，但隨著他的話語逐字逐句傳來，我腦海中形成了一個性質完全不同的印象。這份照會顯然是一份最後通牒，而且是現代世界前所未見的最後通牒。隨著朗讀的繼續，人們聽得出來，這樣的照會絕對不可能被世界上任何國家接受，或者說，即便是在極度委屈的情況下接受也不可能滿足侵略者的要求。弗馬納區與蒂龍郡教區逐漸在愛爾蘭的迷霧和動盪中消失，一種奇特的訊號，迅速在歐洲地圖上擴展開來。

我始終對戰爭如何影響各類人群的議題充滿濃厚興趣。當那初次的震撼瞬間侵襲他們心頭，當他們首次感受到這不可抗拒的災難正向他們逼近時，他們身處何地，又在從事何事。即便是最細微的細節，我也不嫌繁瑣。我堅信，只要這些記述是真實且不誇張的，它們對後世就具有一定的價值，並能留下持久的意義。因此，我將簡明而準確地記錄我當時的經歷。

大約在 6 點時，我重返海軍部，對於多年來協助我工作的朋友們當前確實存在真實的危險，戰爭或許一觸即發。

我對當前局勢感到震驚，簡明扼要地寫下了我心中想到的一系列工作要點。如果局勢沒有好轉，這些要點就必須逐一執行。我的朋友在接下來的幾天裡將這些要點放在身邊作為核對清單，在每項得到解決時逐一勾銷。

1. 第 1 與第 2 艦隊。休假與部署。
2. 第 3 艦隊，裝滿燃煤與補給物資。
3. 地中海部署。
4. 中國的部署。
5. 海外巡航艦的隱蔽偽裝。
4. 商船用於自衛的武器。

5. 巡弋小艦隊。進行部署 35 號巨型海岸炮。

6. 馬上儲存燃油。

7. 舊戰艦航向亨伯灣。小艦隊航向亨伯灣。

8. 緊急狀態期間的軍艦及為外國建造的艦艇。

9. 加強海岸警衛。

10. 油庫的防空炮。

11. 飛機已整裝待發。飛艇與水上飛機編整。

12. 監控德國的間諜。

13. 軍械庫及其他脆弱部門的防護。

14. 愛爾蘭的軍艦。

15. 潛艇的部署。

次日（星期六）清晨，我與第一海務大臣商討當前局勢。然而，就目前而言，我們尚無具體行動可採取。但是在過去的 3 年中，我們從未像現在這樣做好了充足的準備。

試驗性動員現已完成，除直屬後備隊外，所有後備人員已領取酬勞金並返回家中。第 1 艦隊和第 2 艦隊已全面整備，駐紮於波特蘭港，計劃停留至星期一早上 7 點。屆時，第 1 艦隊將按中隊分散進行各種演習，而第 2 艦隊的艦隻將返回各自的國內軍港，安排多餘的水手退伍。因此，在星期一早上之前，海軍部可以透過無線電發送命令到「鐵公爵」號旗艦，以確保主要艦隻保持集中狀態。如果未接到命令，它們將開始分散。然而，在分散後的 24 小時內，如有必要，可以在 24 小時內重新集結；但若 48 小時內（即星期三早上）仍未接到命令，第 2 艦隊的艦隻將開始讓多餘的士兵在樸茨茅斯、普利茅斯和查塔姆上岸，各類炮兵和魚雷學校將恢復教學。如果在命令到達前再過 48 小時（即星期五早上），部分艦隻將駛入船塢進行重新裝備、修理或暫時擱置。如此，我們在這個星期六早上，至少有 4 天時間讓艦隊待命。

危機

　　昨晚（星期五），晚餐時我遇見了巴林先生。他剛從德國抵達這裡。我們坐在相鄰的桌子，我向他詢問對局勢的看法。聽了他最初的幾句話，我便意識到他此行的目的並不輕鬆。他提到局勢非常嚴峻：「我記得俾斯麥在去世前一年曾告訴我，歐洲大戰有一天會因巴爾幹的愚蠢行為而爆發。」他的這句話可能不幸地成為現實。這一切都取決於沙皇的行動。如果奧地利對塞爾維亞進行懲罰，沙皇會怎麼做？幾年前這裡本來沒有危險，因為沙皇擔心自己的皇位，但現在他感覺到自己的皇位比以前穩固，此外，任何針對塞爾維亞的行動都會讓俄國人感到不安。接著他說：「如果俄國對奧地利開戰，我們必然會出兵；如果我們出兵，法國必然會參戰，那麼英國會怎麼做？」我無法多說什麼，只能表示如果英國不採取任何行動將是個巨大的錯誤，我又說英國會在事態發展到一個階段時做出判斷，然後採取行動。他以非常誠懇的語氣回答說：「假設我們必須與俄國和法國開戰，假設我們擊敗法國但不奪取他在歐洲的任何東西，不占領一寸土地，只要求一些殖民地作為補償。這會改變英國的態度嗎？假設我們事先保證這一點，如何？」我依然堅持我的立場，即英國會在事態發生後再作判斷，並認為無論發生什麼事情，我們都不應置身事外。

　　我選擇了一個恰當的時機將這次對話報告給愛德華·格雷爵士，並在下週初向內閣彙報。巴林先生先前向我提出德國不謀求法國領土但希望以殖民地作為補償的建議，隨後在星期三，他又從柏林正式發來電報重申這一建議，但是立刻被拒絕。我毫不懷疑，巴林先生直接接受了德皇的指示，負責探明英國的立場。

　　巴林先生詳細記錄了他在這關鍵時刻訪問英國的印象。他寫道：「即使一個能力平庸的德國外交官也能輕易理解英國和法國，他們曾努力確保和平並阻止俄國發動戰爭。」編輯他回憶錄的編者在注釋中提到：「在倫敦的人們確實嚴肅地關心奧地利的照會，英國內閣希望保持和平的程度，這可以從他們分別時，邱吉爾幾乎熱淚盈眶地對巴林所說的話中看出，當時

他說：『我親愛的朋友，不要讓我們走向戰爭。』」

我打算和家人在克羅默度過週日，決定不改變原定計畫。我在電報局安排了一位特別報務員，以確保晝夜不停的值班。星期六下午，消息傳來，塞爾維亞已經接受了最後通牒。上床時，我有一種感覺，認為局勢或許會平靜下來。正如本文所述，我們以前經歷過許多次的驚恐。烏雲多次升起、密布、嚇人、不斷變化，但是又多次消散。看來，要完全擺脫戰爭的危險，我們還有很長的路要走。塞爾維亞接受了最後通牒，奧地利會提出進一步的要求嗎？如果戰爭爆發，它能被局限在歐洲的東部嗎？例如，法國和德國會置身事外，讓俄國和奧地利自行解決他們的爭端嗎？再進一步就是我們自己的事情了。顯然，召開一次會議的機會尚未失去，愛德華‧格雷爵士有充足的時間採取和解措施，就像去年解決巴爾幹糾紛時那樣有效。不過，無論情況如何，英國海軍正處於前所未有的良好狀態，擁有前所未有的巨大力量。或許不需要召喚它，但如果需要，現在正是最佳時機。在這些反覆思考中，我找到了安慰，平靜地入睡，沒有任何召喚打擾那個夜晚的寧靜。

次日清晨9時，我致電給第一海務大臣。他告知我，奧地利對塞爾維亞接受最後通牒感到不滿，但除此之外並無其他新情況。我要求他在正午再次來電。我則躺在沙灘上與孩子們嬉戲，潮水退去後形成的小溪流向大海，我們築壩阻攔這些溪流。天氣極佳，北海的水面在陽光下閃閃發光，直至遙遠的地平線。在那條海天相接的地平線之外有什麼呢？沿著東海岸，從克羅默蒂到多佛爾，我們的小型艦隊——驅逐艦和潛艇——分布在不同的海港中。在英吉利海峽，波特蘭軍港的防魚雷堤後，大量的英國海軍艦艇靜靜地待命。在我們東北方的遙遠海域，德國遠洋艦隊的中隊在挪威海岸外巡弋。

到12點，我再次與第一海務大臣通話。他向我傳達了幾則來自不同國家首都的消息，雖然沒有重大新聞，但每條消息都加劇了局勢的緊張。我詢

危機

問他是否所有後備人員都已經派遣完畢，他回覆說已經全部派出。我決定返回倫敦，並告知他我將在9點鐘與他會面，同時他應該採取任何必要的措施。

海軍部的路易斯親王正在等我。形勢顯然越來越糟。星期日的報紙號外顯示，幾乎所有歐洲國家的首都都充滿了緊張和激動。第一海務大臣告訴我，他根據我們的電話談話，已通知艦隊不要分散。4個月後，在我接受他的辭呈時，我在信中提到了這一點。我非常高興能在那個悲痛而艱難的時刻公開證明，我們大規模海軍動員的第一號命令是由他那忠誠的手簽署的。

接著，我前往拜訪愛德華‧格雷爵士，他租用了我位於埃克爾斯頓廣場33號的房子。除了外交部的威廉‧蒂勒爾爵士外，無其他人在場。我告知他我們正在集結艦隊。從他的言談中，我了解到他對局勢的嚴重性有深刻的認知。他表示，在真正的危機來臨之前，我們有大量的工作需要完成，但是他對這次事件的開端並不滿意。我問他，如果我們公開宣布正在集結艦隊，這會對局勢有所幫助還是適得其反。他和威廉‧蒂勒爾堅決主張我們應儘早宣布此消息，認為這樣做可能會對同盟國發揮警醒作用，並使歐洲穩定下來。我回到海軍部，召集第一海務大臣，草擬應付局勢的公告。

次日清晨，各大報紙紛紛發布了以下公告：

英國海軍的措施

給第1艦隊與第2艦隊的命令

不准演習調動

今日凌晨，我們收到海軍大臣的以下宣告：

波特蘭的第1艦隊目前不得因演習而分散，命令已下達。第2艦隊的所有艦隻以接近滿員的編制駐守在國內各港口。

週一起，內閣召開了首次討論歐洲局勢的會議，隨後每天一次或兩次繼續進行。期望關於此期間內閣意見動態的詳細報導能早日或遲早彙編成冊，公諸於世。當然，任何人都可以呼籲維護和平，或倡導參與一場正義且必要的戰爭，他們完全不必對自己提出的這些真誠建議感到羞愧。同時，他們所能做的，也僅限於在不違背憲法精神的前提下，用最通用的語言評論發生的事件。

　　內閣保持了極大的冷靜。至少四分之三的內閣成員已經決定，除非英國本身受到攻擊（這種情況不太可能），否則不會讓英國捲入歐洲的爭端。持這種想法的人通常相信：首先，奧地利和塞爾維亞不會開戰；其次，即使開戰，俄國也不會干預；第三，即使俄國干預，德國也不會參與；第四，他們希望即使德國攻擊俄國，法國和德國也能互相保持中立，不會開戰。他們不認為，如果德國攻擊法國，德國會經過比利時，或者即使德國這樣做了，比利時會殊死抵抗。然而，務必記住，本週的所有進展表明，比利時不僅從未向保證的列強尋求援助，還明顯表現出希望不受干擾。因此，這裡的 6、7 種立場中，沒有一種是無懈可擊的，也沒有一種能夠提供最終證據，唯一能夠提供證據的就是事件本身的發展。直到 1914 年 8 月 3 日星期一，比利時國王直接呼籲法國和英國的援助，才使得絕大多數部長團結起來，並使愛德華·格雷爵士能夠在當天下午在下議院發表演講。

　　在這些事態發展中我的觀點十分明確。首先，事實表明外交局勢並未領先於海軍形勢；在德國知曉我們是否參戰之前（甚至可能在我們自己做出決定之前），我們的主力艦隊應當進入戰備狀態。其次，還需強調的是，如果德國進攻法國，必定會通過比利時進行攻擊。所有準備工作均為此目的，德國不可能採取其他策略或路徑。我對此深信不疑。

　　每天 11 點後，內閣會議開始，往往持續很長時間。來自歐洲各國首都的電報如潮水般湧來。愛德華·格雷爵士全身心投入艱鉅的雙重任務：

危機

　　(1) 阻止戰爭

　　(2) 若戰爭無法避免，則不遺棄法國

　　我以崇敬之情注視他在外交部的活動及在會議中的冷靜態度。這2項任務不斷相互影響。他必須讓德國明白，我們絕不會袖手旁觀，同時又不能讓法國和俄國覺得我們已經站在他們一邊。他需要內閣的全力支持。我們在內閣共事多年，早期我曾閱讀他在外交部擬定的電報，自認已學會理解他討論和辯論的方法，也許我可以描述這些方法而不冒犯他。

　　在經過深思熟慮和深入研究之後，這位外交大臣習慣於在重要辯論中選擇1、2個要點，以其全部智慧與毅力進行辯護。這些要點成為他的重點防禦區域。無論外國的戰鬥如何波動，只要這些要點在夜幕降臨時仍在他掌握之中，他的鬥爭便取得了勝利。所有其他論點可能已經耗盡，但這些關鍵要點依然存在。經過他反覆篩選的這些要點被證明是無法推翻的。它們特別適合防禦。明智和公正的人們自然接受它們。愛國的輝格黨人、英國紳士、公立學校學生的思想情感全都聯合成為一道防線，起來保衛它們。如果這些要點能被保持住，整個防線就能保持住，儘管其中包含許多有爭議的論據。

　　危機初現端倪時，他緊握住歐洲會議的方案，為此他竭盡所能。他的設想是，讓各大國在英國同意的任何一國首都召開會議，以爭取和平，必要時以戰爭威脅破壞和平者。如果會議得以召開，戰爭根本不會爆發。只要同盟國接受召開會議的原則，緊張局勢便能立即緩和。只要柏林和維也納有和平意圖，擺脫日益逼近的恐怖陷阱並非難事。然而，在外交溝通和策略的背後，在徒勞無功的建議與相反建議之間，於沙皇與德皇的煽動干預下，隱藏著明確軍事目標的暗流。隨著倒楣的國家臨近懸崖，罪惡的戰爭機器已經啟動，甚至已經不再受外力控制。

　　外交大臣的第2個核心要點是英吉利海峽。無論局勢如何變化，一旦戰爭爆發，我們絕不能允許德國艦隊進入海峽攻擊法國港口。英國對此絕

不容忍。每位參與決策者從討論伊始便達成一致立場。此外，在某種程度上，我們也負有對法國的道義責任。這裡並沒有任何交易。所有相關安排（如前文所述）均已特別宣告，除了在受到威脅時共同商議，雙方並不承擔進一步義務。然而，事實是整個法國艦隊留在地中海，僅有少數巡洋艦和小型艦隊保衛法國北部和大西洋沿岸。與此同時，儘管並非完全依賴這次部署，我們將所有主力戰艦集中在國內，只有部分巡洋艦和戰鬥巡洋艦留在地中海以保護英國利益。法國人根據自己的責任感做出決定，不受英國影響，而他們的行動卻使我們得以加強國內防禦。不論我們如何否認義務，但在關鍵時刻，我們能「光榮」地袖手旁觀，讓無防衛的法國海岸在我們主力艦隊眼皮底下遭受德國「無畏」級軍艦的蹂躪和炮轟嗎？

然而，我認為，在討論的初期，德國人會在這一點上讓步，以換取我們不參加戰爭，無論如何他們會確保頭幾場陸上戰役中沒有我們參與；這一點可以肯定。我過去和現在始終堅信，為了我們自身的安全與獨立，我們不能容許德國的侵略行為導致法國被征服。從一開始，我就一直專注於我們對比利時的道義責任，並堅信德國人必定會通過比利時入侵法國。在這個階段，我認為比利時並不強大，難以抵抗。我認為比利時將會提出正式抗議，隨後投降。基奇納勳爵在星期二（1914 年 7 月 28 日）與我共進午餐時也同意這一觀點。在列日和那慕爾郊外可能會有零星的抵抗，但這個不幸的國家終將在壓倒性強權面前屈服。或許，他們之間甚至會達成祕密協議，允許德國人自由通過比利時。否則，德國為何會做這麼多準備 —— 沿著比利時邊境建造巨大的軍營、鋪設許多英哩的專用鐵路線和錯綜複雜的鐵路網路？在比利時的態度這個重大問題上，一絲不苟的德國人會出錯嗎？

我們無法預見在星期天和星期一以及接下來的那個星期裡，比利時會發生哪些令人驚奇的事件。我深知比利時這個國家，我們在剛果和其他問題上一直存在許多分歧。我在已故比利時國王利奧波德身上看不到阿爾貝

危機

特國王所領導的英雄國家的影子。不論比利時發生什麼，更為重要的是法國正處於生死存亡的危急關頭。根據我的判斷，法國的陸軍肯定不如那些即將攻擊他們的軍隊。法國的毀滅將使我們不得不單獨面對耀武揚威的德國。此時的法國在逆境中學會了維護和平，謹慎行事，追求徹底的民主政治。過去他已被奪走2個富饒的省分，現在將要遭受壓倒性暴力的最後毀滅性打擊。只有英國能夠恢復平衡，保衛世界的公正。不論其他國家如何失利，我們必須出現在那裡，必須及時趕到那裡。一週後，每一個英國人的心都為小小的比利時而燃燒。為了拯救比利時，勞動者們紛紛離開農舍趕往徵兵站，他們雖然沒有學過打仗，但血管裡流淌著不屈的民族精神。然而此時，人們想到的不是比利時，而是法蘭西。然而，不列顛國家有義不容辭的光榮責任來解救比利時，並使之擺脫各種條約的約束，正如英國政府一貫申明的那樣。在此基礎上，我個人與其他人一起，表明了立場。

現如今，我想探討另一個問題：假如愛德華·格雷爵士在更早的階段採取更果斷的行動，是否能夠預防戰爭的爆發。我們首先必須明確，這個「早期」究竟是指何時？假設是在阿加迪爾危機之後，或者在1912年新版《德國海軍法》頒布之時，外交大臣冷靜地提議與法國和俄羅斯結成正式同盟，並在同盟成立後，為了執行軍事條約而強制組建一支適合我們國家責任並能在國際事務中發揮作用的軍隊；假如我們以一個統一的民族來執行這個行動；誰能斷言這將阻止還是加速戰爭的爆發？而且，聯合採取這個行動的可能性又有多大？當時的內閣絕不會同意這樣的舉措，我甚至懷疑是否有四位內閣大臣會支持它。假如內閣意見一致，下議院也不會接受他們的引導。因此，外交大臣將不得不提出辭職。

他所倡導的政策將面臨譴責或強烈反對；隨之而來的是徹底否決所有這些非正式的準備工作和含糊不清的討論，而這些討論正是建立三國同盟防禦能力的基礎。因此，假如愛德華·格雷爵士在1912年採取這樣的行動，結果只會導致英國癱瘓，孤立法國，增強德國的優勢和實力。

假設在奧地利向塞爾維亞發出最後通牒後，外交大臣向內閣建議：若德國攻擊法國或侵犯比利時領土，英國應向德國宣戰。內閣是否會同意此種處理方式？我認為不會同意。若愛德華·格雷爵士在週一表態稱，若德國進攻法國或比利時，英國將宣戰，是否還有時間阻止災難？這個問題顯然值得討論。但根據我們對當時柏林局勢的了解，即使當時的德國政府也被其先前的行動所束縛。英國精心策劃的公告擺在他們面前，宣稱艦隊正在集結。這至少是一個嚴厲而無聲的警告。在這種印象下，德皇一回到柏林，就在同一個星期一及接下來的幾天內，竭力勸奧地利恢復理智，以防止戰爭。然而，他無法控制已經發生的事情，也無法抵抗各種思想的影響。不論情況如何，我確信，如果愛德華·格雷爵士真的發出上述最後通牒，內閣必將分裂；並且我認為，到星期三或最遲星期四，下議院必定會駁斥他的行動。沒有什麼比德國的行為更能將不列顛民族推向戰爭。若英國在德國的行動之前發出最後通牒，那必然導致內部分裂，這比我們所持的謹慎態度更為不利，因為這種態度可以讓我們國家團結一致地投入戰爭。星期三或星期四以後為時已晚。等到我們可以發出堅定的警告時，時機已然錯過。

實事求是地說，我們與法國的協約以及從 1906 年開始的雙方陸海軍商談，使我們陷入了一種只有同盟義務卻沒有同盟好處的境地。一個公開的聯盟如果能在較早的時候和平締結，它會在德國人心中產生抑制作用，或至少能改變他們在軍事上的如意算盤。而現在我們在道義上有責任支援法國──雖然這樣做對我們自身也有利，但事實上，就談判的內容而言，我們對法國的幫助似乎不很確定，以致它對德國人所造成的影響沒有它原來設想的大。此外，反過來說，如果法國處於侵略位置，我們又沒有同盟者的明確權力去影響他以和解的態度處理問題；如果由於法國的侵略心態使戰爭爆發而我們置身事外，我們將被指責為遺棄盟國。倘若法國被打敗，無論如何我們都將遭受極為嚴重的危險。

危機

然而，最終事實證明法國的節制態度並非必要。為了公平對待法國，我們需要明確指出，法國政府在這一嚴峻時刻的表現是無可指摘的。他毫不遲疑地接受了所有可能帶來和平的提議，刻意避免任何形式的挑釁行為。甚至不顧自身安全，將防禦部隊撤退到邊界遠處。面對不斷集結的德軍，法國在最後一刻才進行動員。直到德國直接要求他廢除與俄國的條約並放棄俄國，法國才接受挑戰；即使答應了德國的要求，如今我們知道，法國仍會面對進一步的最後通牒，要求他允許德軍占領圖勒和凡爾登要塞，以保證中立。法國從未有機會逃脫這場磨難。即使他願意屈服和忍辱，也無法避免災難。德國人早已決定，無論戰爭因何而起，他們的首要目標都是打敗並占領法國。德國軍事領導層迫切渴望開戰，並對戰爭結果充滿信心。法國只能徒勞地乞求憐憫。

他並未祈求。

愈是深入思考當前局勢，我愈篤信我們所選擇的道路是唯一對我們及任何英國內閣而言切實可行的；我堅信，這條道路比起其他選擇所面對的阻力要小。

在聆聽了週一的內閣討論並細讀電報後，我於當晚向所有總司令發出如下絕密警告：

> 1914 年 7 月 27 日
>
> 這雖非警報電報，但歐洲的政治局勢使三國協約與三國同盟爆發戰爭的可能性並非不存在。基於此觀點，請準備關注潛在的敵對軍艦，並審慎考量你們指揮下皇家海軍艦艇的部署。這些措施完全是預防性的。無需向無關人員透露。務必確保絕對保密。

星期二（1914 年 7 月 28 日）早晨，我向第一海務大臣遞交了下述備忘錄，他當天在頁邊批註作為回覆：

1914 年 7 月 28 日

1. 掃雷艦似乎應在某個合適的地點祕密集結，以便在戰鬥艦移動時提供護航。

隨艦隊一同北進。

2. 請提供您建議的存煤地點和取煤措施的簡要說明。

已經執行。

3. 我揣測「火鴨」號與「獵狗」號目前應該會編入各自的分艦隊。

是的。

4. 應考慮停泊在愛爾蘭海岸的所有軍艦能隨時動員，一旦接到警報電報，應立即駛往其戰鬥位置，不得稍有耽擱。

外交部批准後立即執行。

指令已經下達。

5. 應祕密動員「勝利」號，使其做好準備，帶領可用的驅逐艦封鎖德國在中國的旗艦。德國重型巡洋艦在中國海域的位置不會妨礙此任務的執行。請審查並報告此次動員可能帶來的不利條件，以便我們討論在當前情況下是否值得進行此行動。前往中國的艦隊必須在警報電報發出和採取大行動之前集中。沒有「勝利」號，我們的優勢有限，而從其他戰鬥位置調遣增援會非常緩慢。

應立即在香港集結。

6. 你應該考慮「格本」號在波拉的位置是否能證明派遣「紐西蘭」號前往地中海艦隊的決定是正確的。

會議決定「無法證明」。

7. 昨天，我與首相磋商後，親自與帝國總參謀長共同安排，要求對軍火庫與貯油槽進行更嚴密的保衛，以防止破壞和空襲。這些措施現已實施。請參閱所附帝國參謀長的來信和我的回信。你應指示作戰司司長從陸軍部獲取已完成事項的詳細資訊，如有任何疏漏，須做必要說明。

親自與帝國參謀部的軍官共同解決。

8. 請求空戰司司長報告昨日在泰晤士河口灣附近集中飛機的準確位置，並進一步解釋正在採取哪些措施促使空軍與負責防空炮火的陸軍部門達成統一共識。這一點極其重要，以避免事故發生。

已完成。登記簿

W. S. 邱吉爾

海軍部於星期三（1914 年 7 月 29 日）正式發布了「警報電報」。當天，我從內閣獲得授權執行「預防時期」條例。奧特利、漢基以及帝國國防委員會幾乎所有成員的工作現在都面臨考驗。結果顯示，他們在各個方面的工作都非常徹底和全面，緊急措施在全國範圍內引起了公眾的驚訝。海軍軍港變得空蕩蕩，橋梁上有警衛，汽輪接受登船檢查，沿海岸的守衛者嚴陣以待。

我們的戰爭安排涵蓋了對正在建造的艦隻的詳細規劃。1912 年我們採取了措施，使這個方案至今仍然有效。其核心原則是在戰爭開始的前 3 個月內集中所有資源完成原計畫在前 6 個月內完成的艦隻，推遲建設那些完成日期較遠的艦隻。這一措施確保了我們在戰爭初期幾個月內擁有最大可能的優勢，為我們爭取時間了解戰爭的性質及其發展方式。在這一方案中，包括了英國為外國建造的所有艦隻，其中有為土耳其建造的 2 艘戰鬥艦、為智利建造的 3 艘小艦隊指揮艦、為希臘建造的 4 艘驅逐艦和為巴西建造的 3 艘小型重炮艦。還有其他重要的艦隻，包括 1 艘智利戰鬥艦、1 艘巴西戰鬥艦及 1 艘荷蘭巡洋艦，這些艦隻的完工時間較晚。土耳其的戰鬥艦對我們至關重要。我們只有 7 艘「無畏」級戰艦的優勢，因此無法失去這 2 艘優秀的戰艦，更不能讓它們落入敵方手中，以對付我們。如果我們將它們交付給土耳其，它們將與「格本」號一起組成一支敵對力量，英國需要不少於 5 艘「無畏」級戰鬥艦或戰鬥巡洋艦來監視它們。這樣，英國的艦隻數量不僅不增加 2 艘，反而減少了 3 艘。土耳其戰鬥艦中的 1 艘

（「雷沙迪埃」號）在危機開始時由阿姆斯壯船廠在泰恩河上建造，實際上已經完工。500多名土耳其水手已經到達，準備接收，他們居住在泰恩河上的汽輪中。如果他們登上軍艦，不顧造船廠的工人，升起土耳其國旗，這將帶來巨大的危險，必將造成極為複雜的外交局面。我決定不冒這一風險，1914年7月31日我下達書面命令，派遣足夠的陸軍衛隊登上這艘軍艦，在任何情況下都不允許土耳其人上艦。這個行動的深遠意義將在下章中詳述。

閱讀德國官方歷史，了解他們對我們備戰工作的認知水準，這將非常有趣。

1914年7月28日傍晚6時20分，柏林接獲來自德國海軍武官的以下電報：

英國海軍部未公布軍艦調動消息。第2艦隊人員全數在位。海軍基地內的學校關閉；已經開始召回休假的人員。根據未經證實的報導，第1艦隊仍駐紮在波特蘭，一支潛艇小艦隊已離開樸茨茅斯。推測海軍部正在祕密準備動員。

當日稍晚，他再度發來如下電報：

已有電報報告，英國艦隊正為所有可能發生的事情做準備。概括而言，它們的部署如下：第1艦隊在波特蘭集結。原本前往直布羅陀進行重新裝備的戰鬥艦「柏勒羅豐」號已被召回。第2艦隊的軍艦均在基地，並且全員到崗。海岸旁的學校未重新開放。第2和第3艦隊的軍艦已加足煤炭，備足軍火與補給，全部在其基地。由於剛完成後備人員的訓練，第3艦隊能比平時更迅速地配置人員，這些人員有一定經驗，48小時內即可配齊，這正是《泰晤士報》所報導的。驅逐艦和巡航小艦隊以及潛艇，有些已在戰鬥位置，有些正在前往戰鬥位置的途中。休假已被取消，請假的軍官和水手也已召回。

在海軍基地和船塢，人們忙碌奔走；同時採取了特別的預防措施，所

危 機

有船塢、軍火庫、油庫等處均有衛兵守衛。船塢中船隻修理速度加快,大量工作在夜間進行。

據報紙報導,地中海中隊已經離開亞歷山大港,傳聞它將駐紮在馬爾他。

所有艦艇及編隊均已接獲指令,隨時待命出航。

表面上維持絕對的冷靜,是為了避免有關艦隊的驚人消息引發擔憂。

艦艇的調動通常由海軍每日發布,自昨日始已停止發布……

上述準備工作由海軍部獨立完成。無論命令來自何處,結果都是相同的。

由此可見,德國海軍武官的電報表明他獲取資訊的能力極強。如我在上一章提到的,3年前我擔任內務大臣時簽署了一項授權令,允許開拆某些人士的信件。這項授權揭示了遍布各大軍港的正規間諜網路,而這些間諜大多是接受德國資助的英國人。如果我們逮捕他們,其他未被發現的人可能會取而代之。因此,我們認為更好的策略是辨識他們後讓其自由活動。透過這種方式,我們可以透過他們的日常通訊──這些通訊由我們謹慎地監控──了解他們在過去3年中向柏林的資助者報告了什麼,同時完全掌握何時將這些人繩之以法。在此之前,我們也不介意讓德國政府知道我們海軍採取了特別的防範措施。實際上,除了細節之外,讓德國人知道我們對形勢的重視程度是符合我們利益的。但現在是時候結束這一切了。我們不再允許這些人傳遞資訊,幾天後,根據我給內務大臣的通知,所有這些為了每月幾個英鎊出賣祖國的叛徒們都被投入監獄。德國人要立即組織新的間諜來取代他們是極其困難的。

還有一件至關重要的事情需要詳細描述。早在1914年7月28日星期二,我認為艦隊應該進入戰鬥位置。它必須立即祕密地進入戰鬥位置;它必須向北航行,因為德國的海軍或陸軍當局會全力避免與我們發生衝突。如果艦隊如此早出發,就不必經過愛爾蘭海峽向北航行。可以通過多佛爾

海峽和北海，這樣英格蘭島一天也不會缺乏掩護。而且這條路線既可以節省燃料又可以節省時間。

因此在星期二上午 10 時許，我將這個意見告訴了第一海務大臣和參謀長，他們表示非常贊同。我們決定讓艦隊在 1914 年 7 月 29 日早晨離開波特蘭，計算好出發時間，讓艦隊在夜間、黑暗中通過多佛爾海峽，這樣它可以在不暴露燈光的情況下高速穿越這些水域，並以最大的警覺性駛向斯卡帕灣。將此事告知內閣令我擔憂，因為會被誤解為可能破壞和平機會的挑釁行為。在英國領海內將艦隊從一個港口調動到另一個港口並不尋常，因此我只告訴了首相，並立刻得到了他的批准。命令隨即發給了喬治‧卡拉漢爵士，他得知消息後感到有點出乎意料，隨後，艦隊由他的副司令率領出發，他本人則由陸路經過倫敦前往，以便我們有機會與他面談。

海軍部致國內艦隊總司令

1914 年 7 月 28 日下午 5 時發布

明天是星期三，第 1 艦隊將從波特蘭出發前往斯卡帕灣。除了海軍將官與指揮官外，目的地對所有人保密。正如在海軍部平時對你們要求的那樣，由海軍中將指揮第 2 中隊。離開波特蘭的航線是先向南航行，然後轉向後駛向多佛爾海峽。各中隊將在夜間熄滅燈光穿越海峽，北上途中需從沙洲的外側通過。「阿加曼農」號將留在波特蘭，第 2 艦隊將在那裡集合。

如今，我們不妨設想這支龐大艦隊率領其附屬的小艦隊和巡洋艦，一個中隊接著一個中隊，緩緩駛離波特蘭軍港。數十座宏偉的鋼鐵堡壘穿越霧靄籠罩的閃光海面，蜿蜒前行，如同巨人垂頭沉思。隨著夜幕降臨，我們還可以想像，這條長達 18 英哩的戰艦隊伍在漆黑一片中高速穿越狹窄的海峽，駛向北方無垠的大海，肩負起保衛祖國自由與榮譽的神聖使命。

危機

儘管德國海軍部似乎並未知悉英國艦隊的動向，否則他們可能會有足夠時間設下潛艇或水雷的陷阱，但當 30 日星期四早晨在每日參謀例會上，旗艦報告整支艦隊已抵達北海中央區域時，我們仍禁不住鬆了一口氣，並心照不宣地交換了滿意的眼神。

德國大使立即向英國外交部表達了對這次艦隊調動的不滿。（根據德國官方海軍史記載，他在 30 日晚間向德國政府報告了此事）。愛德華·格雷爵士當時這樣回答他：

艦隊的調動完全不具備進攻意圖，這支艦隊不會靠近德國水域。

德國軍事史學者補充道：「然而，這支艦隊的策略集中，隨著它轉移到蘇格蘭港口，實際上已經完成。」這句話是準確的。我們現在處於一個無論發生什麼都能掌控局勢的發展階段，很難看出對手如何能夠從我們手中奪走這一優勢。德方在宣戰前或宣戰時進行魚雷突襲的噩夢，無論如何已經永遠過去了。我們至少提前 10 天就能得知消息。倘若戰爭爆發，沒有人會知道英國艦隊的確切位置。它存在於廣袤荒涼的海洋某處，在我們群島的北方，時而巡航，時而遊弋，隱藏在濃霧和風暴中。然而，如果有必要，我們可以從海軍部大樓與它們通話。國王的軍艦現在正在海上。

海軍的動員

1914年7月31日—8月4日

　　內閣完全贊同愛德華‧格雷爵士所發出的每一份電報及其處理危機的方法。然而，如果外交大臣的努力失敗，歐洲大陸戰爭爆發，仍有許多人堅決拒絕英國以武力干預。因此，當這可怕的一週即將結束，戰爭不可避免時，這個長期統治國家的政治機構的分裂似乎可能快速到來。這一週我在官方的圈子裡度過，見到的幾乎全是內閣同僚和海軍部同事，他們通過皇家騎兵衛隊往來於海軍部大樓與唐寧街之間。每天收到的電報顯示歐洲局勢日益惡化，內閣會議在日趨緊張中結束。我啟動了使海軍組織逐步進入全面備戰狀態的各種不同方案。務必時刻記住，如果能保住和平，我們就不得不向由自由黨控制的下議院為這些惹起虛驚的耗資巨大的行動逐一進行辯解。一旦下議院認為形勢並不危險，那就必然進而認定英國參與歐洲大陸戰爭本來就是犯罪性質的瘋狂。但經常把內閣的主要討論導入純技術管道，實際上是辦不到的。因此對我來說，有為當時必須要做的許多事情承擔奇怪的招人反感的責任。我還必須考慮政府機構的分裂。根據國會議員的報告與信件來判斷，下議院的態度似乎最難捉摸。

　　週四晚間，我經由史密斯先生的安排與幾位北愛爾蘭統一黨領導人會晤時，我向史密斯先生提及歐洲形勢日益嚴峻，且各國軍備競賽愈演愈烈。我告訴他，內閣尚未做出最終決定；同時我也收到幾封來自有影響力的統一黨人士的信件，信中強烈抗議我們被拖入歐洲大陸的戰爭。我詢問史密斯及其同僚在這一至關重要的問題上的立場。他立即回應，表示自己

海軍的動員

毫無保留地支持法國與比利時。經過與聚集在沃格雷夫的愛德華‧古爾丁爵士家中的博納‧勞先生及愛德華‧卡森爵士等人商議後，他們向我遞交了一份書面保證。翌日星期六，我將這份書面保證呈交給阿斯奎斯先生。

在內閣會議上，我提出立即召集艦隊預備役官兵，以完成海軍的準備工作。我的依據是德國海軍正在動員，我們也必須跟進。對於海軍動員的問題，消息靈通的內閣成員經過尖銳辯論後認為，這一措施對國家安全並無必要，因為動員僅影響艦隊中的一些老舊軍艦，而我們的海軍主力已經做好全面作戰準備，艦隊已經進入戰鬥位置。我回應說，這些情況確實屬實，但我們需要第3艦隊的軍艦，特別是較老的巡洋艦，以執行作戰計畫中的任務。然而，我未能成功說服他們。

星期六的晚上，我獨自在海軍部用餐。每隔一段時間，海外的電報就會被放進一個紅色的盒子裡送來，盒子上印有在警戒時期專用的「小組委員會」標誌。電報的頻率相當高。閱讀了將近1小時的電文後，留在我腦海中的印象是，和平仍有可能。奧地利同意召開會議，沙皇和德皇之間傳遞著友好的個人呼籲。根據我按順序閱讀這些電報所得到的印象，在最後一刻，愛德華‧格雷爵士可能成功地挽救了局勢。到目前為止，大國之間尚未開火。我不知道陸軍和艦隊能否在沒有戰鬥的情況下保持動員狀態，然後再復員。

當另一份來自外交部的電報送達時，我幾乎無法預料到隨之而來的巨大變化。我展開電報，讀到「德國向俄國宣戰」。除此之外，電報沒有其他內容。我穿過皇家騎兵衛隊閱兵場，從花園邊門進入唐寧街10號。在首相的起居室裡，我找到了他；與他在一起的還有愛德華‧格雷爵士、霍爾丹勛爵和克魯勛爵，可能還有其他大臣。我說，儘管這與內閣的決定相悖，我計劃在次日早晨立即動員艦隊，並願意在第2天上午向內閣承擔全部個人責任。首相因受制於內閣而未發一言，但他的神態清楚表明他完全同意。當我與愛德華‧格雷爵士一起走下唐寧街的臺階時，他對我說：「你

知道我剛剛做了一件非常重要的事情，我告訴坎邦我們不會允許德國艦隊進入海峽。」我回到海軍部，立即發出動員命令。雖然我們沒有合法權力徵召海軍預備役官兵，因為內閣決議未向國王提交公告，但我們確信艦隊士兵會毫不猶豫地服從召集令。這一行動在星期日上午獲得內閣批准，數小時後王室宣言發出公告。

　　面臨另一個艱難的抉擇。喬治·卡拉漢爵士的國內艦隊指揮任期已經延長一年，將於1914年10月1日到期，屆時由約翰·傑利科接任。而且，我們的安排規定，若有戰事，約翰·傑利科爵士應擔任副司令。第一海務大臣與我以及喬治·卡拉漢爵士（在他1914年7月30日北上經過倫敦時）召開了一次會議。會議結果是，我們決定若爆發戰爭，必須立刻任命約翰·傑利科爵士為總司令。因為我們擔憂喬治·卡拉漢爵士的健康和體力無法承受即將面臨的極度緊張任務；在歐洲戰爭爆發的情況下，無法考慮個人問題。約翰·傑利科離開倫敦，攜帶密封命令前往艦隊，並被指示在開啟密封時接管指揮權。1914年8月2日晚，我們認為戰爭不可避免，便發電報給2位海軍將軍，通知他們海軍部的決定。對喬治·卡拉漢來說，在如此關鍵時刻交卸指揮權無疑是沉重打擊，他的抗議得到幾乎所有在他領導下工作的主要將領和約翰·傑利科本人的支持。在此緊要關頭更換艦隊指揮也是一件嚴重的事情。然而，我們依然堅持我們認為正確的決定，並毫不耽擱。約翰·傑利科爵士於1914年8月3日晚接手指揮權，剛完成交接儀式，他便幾乎立刻收到海軍部命令，命令艦隊於4日白天出海。

　　星期日內閣幾乎整天開會，午餐時分，似乎原本占多數的人已經妥協。目睹如此多位才幹卓越的同僚露出悲哀和恐懼的神色，實在令人痛心。然而，人們又能做些什麼呢？在午餐休息期間，我遇見了在這種非常時刻表現出堅定精神的貝爾福先生，得知統一黨領袖態度有所緩和，並正式以書面形式向首相保證他們無條件的支持。

　　我返回了海軍部。我們向艦隊司令部發送了電報：

海軍的動員

今日 1914 年 8 月 2 日 2 時 20 分，向法國與德國大使遞交了以下照會。英國政府將不再允許德國軍艦通過英吉利海峽或北海，以進行針對法國海岸和法國船舶的攻擊。

做好應付突襲的準備。

事態的發展持續加劇地影響著輿論。在內閣於星期日早上召開會議時，我們得知德國軍隊已侵入盧森堡大公國。當天晚上，德國向比利時發出最後通牒。次日，比利時國王發出呼籲，要求負有擔保責任的大國維護比利時中立地位條約的神聖性。這一舉動成為決定性因素。到星期一，阿斯奎斯先生的多數同僚認定戰爭已不可避免。星期一早上的討論在一種不同的氣氛中恢復，似乎可以肯定將有許多人提出辭職。

星期一上午，內閣會議臨近散會前，愛德華・格雷爵士就當天下午在議會報告中的重點內容及宣布事項，獲得了絕大多數人的同意。會議正式批准了艦隊的動員和陸軍的緊急動員。然而，對於向德國提交最後通牒和對德宣戰的問題，會議並未做出決議，派軍隊去法國的議題更是未曾討論。這些最重要的決策從未在任何一次內閣會議上通過，而是在形勢所迫下，由首相憑藉其權限推動的。我們前往下議院聆聽外交大臣的報告。我不知道我們的同僚中誰會提出辭呈，也不清楚戰時政府的構成將會是怎樣。議會的表現是驚愕中帶有堅決，沒有人會誤解它的意圖。愛德華・格雷盡量以溫和的語調做報告，為了避免將來受到譴責，他告知議會，德國人願意遵從英國的要求，不派艦隊進入英吉利海峽。他低沉地展開演講，沉著地闡述了進入戰爭的嚴肅話題。當他講完坐下時，已獲得議會壓倒性多數的支持。他和我都不願在議院久留。一到外面，我問他：「現在該怎麼辦？」他說：「現在我們要發給他們最後通牒，要求 24 小時內停止入侵比利時。」

幾位大臣依然懷抱希望，認為德國會接受英國的最後通牒，停止其陸軍對比利時的猛烈進攻。這猶如試圖阻擋山崩或使已經下水滑行中的大船

停下。同時，德國已經與俄國和法國開戰，毫無疑問，他會在 24 小時內與英國交戰。

在內閣緊張討論的全過程中，人們心中還有另一個更為重要的爭論必須在這些討論結束後展開。必須說服議會、整個國家和自治領我們的行為是正義的，論據是令人信服的，回應是有其必性的，我對此從不懷疑。然而，似乎有一個巨大的政治任務等待著我們，我在內心中彷彿不僅看到了擁擠的下議院，而且看到全國上下人民到處召開令人擔憂的集會，要求全面而迅速地證明以人民的名義採取的「惹火燒身」的行動是正當的。然而，這樣的擔心很快消失了。當會議室的大門開啟，大臣們來到戶外時，不列顛民族早已滿懷古老的勇武之氣沸騰了起來。整個帝國已迅速拿起了武器。

人們見面時交換情緒高漲的神色，

他們邁著比平時更大的步伐，

朋友們趕快祝賀他們的朋友，

在他們經過時宿敵也要敬個禮。

與此同時，地中海正在上演一場充滿戲劇性的事件，最終將導致災難性的結局。

倘若戰爭爆發，最為關鍵的是法國與德國陸軍的交戰將帶來極大的震撼效應。據悉，法國人計劃將從北非調來的精銳部隊全部部署在戰線上，每一名士兵都至關重要。我們還了解到，他們打算在法國艦隊的一般保護下（無單獨護航艦隊或護航體系），以最快速度通過運輸船隊將北非軍隊運過地中海。法國參謀部認為，無論發生何種情況，大部分軍隊都能成功越海。法國艦隊部署在長長的運輸船隊與奧地利艦隊之間，為安全提供了強而有力的保障。然而，地中海上有一艘軍艦，其速度遠遠超法國海軍的任何 1 艘艦艇，這就是「格本」號。在地中海能夠在速度上與「格本」號匹敵的重型艦隻僅有 3 艘英國戰鬥巡洋艦。由於「格本」號可以在 300 或 400

海軍的動員

英哩的戰線上任意選擇作戰點，它將輕易避開法國戰鬥艦中隊，忽視或超越法國巡洋艦，突入運輸船隊，一艘艘擊沉這些滿載官兵的船隻。這時我突然想到，這艘被派往地中海的軍艦可能正是為了執行這一任務。為此，作為進一步的預防措施，早在1914年7月28日我就建議第一海務大臣增派戰鬥巡洋艦「紐西蘭」號以增強我們的中隊。幾天後，正值緊要關頭，法軍總司令德·拉佩雷爾海軍上將決定對運送軍隊實施護航；1914年8月4日，他又謹慎地推遲載運軍隊，直到能夠部署足夠的護航力量。然而，這一計畫的改變並未通知我們海軍部。

1914年7月30日，我命人取來先前發給地中海指揮部的作戰命令，並與第一海務大臣共同對其進行全面研究。這些命令發布於1913年8月，必須考慮到各種政治可能性，包括：英國單獨與德國作戰，或與德國及奧地利作戰，或與德國、奧地利及義大利作戰；也可能是英國與法國結盟，對抗上述一個、兩個或全部對手。根據不同情況，採取的策略也會有所不同。簡言之，如果英國必須獨自面對整個三國同盟，我們將暫時放棄地中海，將力量集中於直布羅陀。在其他情況下，我們的集中地將是馬爾他。如果法國是我們的盟國，我們的艦隊將與法國艦隊聯合，對敵國展開決戰。現在看來，有必要向地中海艦隊總司令發出更具體的消息和指示。

海軍部致地中海艦隊總司令

1914年7月30日

倘若戰爭爆發且英國與法國參戰，現階段似乎義大利會保持中立，而希臘可能成為盟國。西班牙將與我們友好，甚至有可能結盟。然而，義大利的態度尚難以確定，特別重要的是，在未弄清義大利立場之前，你的中隊不應急於與奧地利的軍艦交鋒。你的首要任務是掩護法國艦隊運送其非洲部隊，如有可能，應與單獨的德國快速軍艦，尤其是「格本」號交戰，

因為此艦可能對部隊運送構成威脅。我們將用電報通知你何時可以與法國將軍商議。除非與法國艦隊聯合，否則不要與對方的優勢軍力決戰。你中隊的速度足以讓你選擇戰機。戰爭初期必須珍惜你的力量，我們希望以後能增援地中海。

對於這些指示，第一海務大臣與我意見完全一致，它們為總司令在指揮海戰方面提供了總體指導；它們警告他不要在孤立無援的情況下與奧地利艦隊交戰，尤其是在我們的戰鬥巡洋艦和巡洋艦將面對奧地利的「無畏」級戰鬥艦的情況下。這些指示告訴總司令協助法軍運送他們的非洲軍隊，並具體說明如何幫助法軍，即以掩護的方式，並在可能的情況下與單獨的德國快速軍艦，特別是「格本」號作戰。只要英語能夠作為傳達思想的工具，我們所使用的語言已經充分表達了我們的意圖。

阿奇博德‧伯克利‧米爾恩爵士（Archibald Berkeley Milne）在1914年7月31日回覆我們，表示他將集結部隊，準備支持法國艦隊，保護兵員運輸。他還明智地放棄了我們在東地中海的貿易，讓當地自行處理。完成這些部署後，他請求我們允許他與法國將領磋商。這個請求直到1914年8月2日才獲批准，那天下午7點6分，我向全球各地區的艦隊總司令發出了如下電報：

局勢極其嚴峻。準備應付突如其來的襲擊。假如英國決定成為法國對抗德國的盟友，你們可以與當地的法國高級軍官聯繫以協同作戰。

當天稍早，我與第一海務大臣以姓名首字母簽署並發送給伯克利‧米爾恩爵士如下電報：

需要派遣2艘戰鬥巡洋艦跟蹤「格本」號。在亞得里亞海入口部署巡洋艦和驅逐艦進行防守。你則留在馬爾他附近。雖然義大利可能會保持中立，但你不能完全依賴這一點。

1914年8月3日上午12點50分，我親自起草了一份電報發給伯克利‧米爾恩爵士，強調「格本」號的重要性超過其他任何目標：

海軍的動員

持續把守亞得里亞海的入口,但「格本」號才是你的首要目標。緊盯她,追蹤她到任何地方,並在宣戰時做好行動準備。宣戰不僅有可能,而且已迫在眉睫。

1914年8月4日黎明時分,我們欣喜地收到了地中海總司令發給海軍部的以下消息:

「無畏」號與「不倦」號一直尾隨「格本」號及「布雷斯勞」號至北緯37°44 東經7°56』。

我們回覆如下:

極好。密切關注她。戰爭迫在眉睫。(立即執行這一點)

需強行攔截「格本」號,防止其妨礙法國的運兵行動。(此點需儘早確認)。

隨後,我向首相和愛德華·格雷爵士匯報了地中海的局勢,並表達了希望提供更多指示的意願。他們均表示同意,但首相認為應將這些情況向內閣報告,並尋求內閣的批准。內閣會議隨即召開。因此,在趕往內閣之前,我發出了以下電報:

若「格本」號襲擊法國運輸船,你須立即展開攻擊,但需先向其發出公平的警告。

然而,內閣依舊堅持原有立場,即在最後通牒期限屆滿前我們不應發動戰爭行動。英國的道義完整性絕不能在這個莊嚴時刻因擊沉一艘軍艦而受損。

當然,「格本」號並未對法國運輸船隊發起攻擊。事實上,儘管我們當時並不知情,她已偏離法國運輸船隊的航線,駛往別處,「無畏」號與「不屈」號當時目睹了她的離去。然而,即使她發動攻擊,英國內閣的決議也將阻止我們的戰鬥巡洋艦進行干預。該決議顯然帶有更為嚴厲且不可違背的否決意味,即使她未攻擊法國運輸船隊,即便她處於我們的火力範圍內,也不准向她開火。我無法違背這一決議。全世界都應當了解此事,

但我幾乎未曾想到，這種可敬的克制精神將要求我們和全世界付出多大代價。

鑑於內閣的此項決議，第一海務大臣遵循我的指令，透過海軍部發出了以下電報：

海軍部致全體軍艦

1914年8月4日下午2點5分

英國向德國發出的最後通牒將於1914年8月4日格林威治標準時間午夜12點到期。在此之前，不得採取任何軍事行動。到達時限，海軍部將發送對德宣戰的電報。

致地中海「無畏」號和「不倦」號的特別附言：

取消對「無畏」號和「不倦」號的授權，即若「格本」號攻擊法國運輸船隊，可向其開火。

幾乎就在同一時間，我收到了第一海務大臣寄來的備忘錄：

1914年8月4日

海軍大臣，

鑑於義大利宣布中立，建議向地中海總司令發電，通知並囑咐他嚴格遵守此事，不准軍艦駛近義大利海岸6英哩內。

鑑於此關鍵時刻，若因小意外引發與義大利的糾紛將釀成何等災難，我批准第一海務大臣的預防措施，並以書面形式答覆：

1914年8月4日

依照你的建議執行。外交部應將此事告知義大利政府。

W. S. 邱吉爾

隨後，海軍部於下午12點55分向地中海總司令發出如下電報：

義大利政府已經宣布中立，你必須嚴格尊重其中立地位，不得允許陛

海軍的動員

下政府的任何艦艇進入義大利海岸 6 英哩範圍內。

因此，正如後來的事實所顯示的那樣，這無疑使得捕捉「格本」號的任務變得更為複雜；但並未複雜到無法執行的地步。

下午，我會將以下備忘錄提交給參謀長和第一海務大臣：

1914 年 8 月 4 日

我揣測貴方已將我們的意向告知法國海軍部，並與法國艦隊建立了各方面的緊密合作。如果尚未完成，應立即執行。

W. S. 邱吉爾

根據我的備忘錄，參謀長向所有海軍基地發出以下電報：「你們可以與駐地的法國軍官展開最密切的合作。」

在這個漫長的夏日午後，3 艘大型軍艦（有追趕的，有被追趕的）在緊張而壓抑的平靜中於地中海海域破浪前行。「格本」號隨時可能遭到距離 1 萬碼內 16 門 12 英吋大炮的轟擊，射出的炮彈總重量可達其自身金屬重量的 3 倍。海軍部內，我們正焦急地等待消息。

大約 5 點鐘，路易斯親王提到天黑前還有時間擊沉「格本」號。面對內閣的決議，我必須保持沉默。除非涉及英國的生死存亡，否則任何事情都不足以踐踏內閣的權威。我們希望次日擊沉她。她能逃到哪裡去呢？看來地中海沿岸的波拉是她唯一的藏身之處。根據國際法，她若去其他任何地方都會被扣留。土耳其人嚴密地保守他們的祕密。隨著夜幕降臨地中海，「格本」號加速到 24 節，這是我們 2 艘戰鬥巡洋艦所能達到的最大速度。然而她進一步加速。我們早已知道她能在極短時間內達到特別高的速度，甚至高達 26 節或 27 節。憑藉這一點，她擺脫了不受歡迎的夥伴，逐漸消失在加深的夜色中。

我們會在適當的時候再討論她的事宜。

海軍部致全體軍艦

傍晚5時50分,我發送給所有艦艇的電報:開戰訊號將在午夜發送,授權你們對德國展開行動。然而,鑑於我們已發出最後通牒,敵方可能在任何時刻發動攻擊。請務必做好充分準備。

如今,歷經了前十天的緊張與震動,我們海軍部的人感受到一種奇異的平靜和間歇。所有決議均已執行。致德國的最後通牒已發出,毫無疑問將會被拒絕。戰爭將於午夜正式宣告開始。在我們可預見的範圍內,我們的一切準備工作都已到位。動員是徹底的,每艘軍艦均已就位;每位士兵皆在職位上。全球各地的每一位英國艦長和將軍都全神戒備,等待訊號的到來。接下來會發生什麼呢?似乎下一步行動取決於敵人。他會做什麼?他是否儲備了某種意想不到的致命武器?某種經過長期策劃和完善準備的可怕武器,隨時可能在我們頭上爆炸?我們在外國海域的軍艦已經記錄下它們附近德國對手的特徵了嗎?倘若如此,到了明天早晨,在遠洋必定會發生多次巡洋艦的戰鬥。電報從中國海岸各處的不同海軍基地源源不斷地傳來,報告軍艦的移動和見到敵艦的謠傳。就在理智的呼聲即將被炮火淹沒之際,電報紛紛從歐洲各使館傳來。在海軍部的作戰室,我坐著等待消息,人們能聽到時鐘的滴答作響。從議會街傳來人群模糊不清的說話聲,但那聲音聽起來很遙遠,世界顯得異常寂靜。生存鬥爭的喧囂過去了,隨之而來的是廢墟與死亡般的沉默。我們將在地獄中醒來。

我感受到一種奇特的情緒,就如同在等待選舉結果的揭曉。競選的喧囂似乎已經平息,選票正在統計,不久之後結果將會公布。你只能等待,但等待的結果究竟會如何呢!儘管我因職務上的特殊責任,在戰爭準備方面必須保持高度警覺並走在前列,但正如這些文字所述,我敢斷言,在戰爭爆發前的這些年裡,身處從屬職位的我,從未故意或樂意地損害和平解決的機會,並且在有機會時盡力維護英、德之間的良好關係。感謝上帝,

海軍的動員

我能在這個時刻感受到，我們國家並未有意挑起這場戰爭。即使在應付這次危機時我們犯了一些錯，儘管我不清楚具體錯在何處，但在內心深處我們可以坦然地說，我們並非故意如此。德國似乎一意孤行，決定走向自我毀滅。如果這是他一直以來的意圖，如果這就是過去 5 年之中時時威脅我們的危險，如果這是在戰爭最終爆發前懸在我們頭頂的陰影，那麼現在發生不是更好嗎？如今德國已經堅定地站在錯誤的一方，而我們也已經做好了準備，不會遭到突然襲擊，現在法國、俄國和英國已經聯合在同一戰線上。

第一海務大臣和參謀長陪同法國海軍將領抵達海軍部，雙方急切地就海峽和地中海艦隊的合作細節展開磋商。他們皆為傑出的軍人，態度異常嚴肅。與這些法國軍官的接觸令人深感這場危機確實攸關法國的生死存亡。他們討論了馬爾他為法國艦隊提供基地的事宜──為了這座馬爾他，我們與拿破崙進行了多年的戰爭，它實際上也是 1803 年戰火重燃的導火線。「馬爾他是戰爭的根源！」聖赫勒拿島上的拿破崙做夢也想不到，在法國最需要的時候，法國竟能獲得地中海這個巨大基地供其使用，而當時拿破崙憑藉其策略直覺認定該基地至關重要。我對法國將領說：「就像使用土倫那樣使用馬爾他。」

時光分秒流逝。

如今，經過數世紀，古老的英國再次站在反抗最強大君主統治的前線。在捍衛歐洲自由和公眾權利的過程中，她必須再次踏上艱難而危險的征途，在星辰的指引下，穿越未知的水域，駛向未探之岸。那「歷經風暴的船隻」將再次成為歐洲大陸暴君征服世界的障礙。

現在是晚上 11 點──德國時間午夜──此時正是最後通牒規定的屆滿期限。海軍部的窗戶在溫暖的夜空中完全敞開。納爾遜曾經在這個屋子裡接受過命令，如今同樣的屋子裡聚集了一些將領、艦長和一群職員，他們手握鉛筆等待著。從王宮方向沿著林蔭路傳來了許多人合唱「上帝保

佑吾王」的聲音。在這深沉的聲浪之上,突然響起大本鐘的鐘聲。隨著第一聲鐘響的嗡嗡聲消失,一陣人群行動的沙沙聲掠過屋子。象徵著對德作戰開始的戰爭電報發往全世界懸掛白色英國皇家海軍旗的軍艦和機構。

我步行穿過皇家騎兵衛隊閱兵場,前往內閣辦公室,向聚集在那裡的首相和大臣們彙報命令已經傳達。

海軍的動員

戰爭：陸軍渡海

1914年8月4日－22日

英國以前所未有的最強大軍事帝國姿態投入戰爭，從策略角度來看，這一舉動無疑是氣勢磅礡的。龐大的艦隊消失在島國一端的薄霧中，而人數稀少的陸軍則匆忙從島國的另一端離開祖國。這兩種景象在外人看來，似乎英國完全放棄了本土的防禦，將無保護的海岸暴露於敵方的突襲之下。然而，根據真正的策略原理，這2項行動不僅確保了我們自己的安全，還拯救了我們的協約盟國。龐大艦隊抵達戰鬥位置，由此無可辯駁地證明我們獲得了海洋的控制權。正規軍也在關鍵時刻到達法軍戰線側翼最重要的位置。如果我們所有的行動都能達到這種水準，今天我們將在這個世界上生活得更加輕鬆。

有關參戰引起的分歧，因為不僅限於內閣內的強烈輿論歧異而愈加嚴重，這股逆流主張：如果我們參戰，應由海軍單獨參戰。一些擁有龐大勢力和影響的人物——他們在這場鬥爭中始終不懈地努力，做出了實質性的貢獻——此時卻堅決反對派遣哪怕是一個士兵在歐洲大陸登陸。如果不是萬事準備就緒，如果不是計畫業已完善，如果這個計畫不是唯一的計畫，如果不是所有軍事部署艱苦地圍繞這個計畫安排妥當，誰敢說此時不會出現致命的猶豫不決呢？

1914年8月5日下午，首相在唐寧街召開了一次戰時特別會議。我無法回憶起曾有過類似的集會。與會者包括與戰時政策密切相關的大臣、海軍與陸軍的首腦以及所有高級軍事指揮官，此外還有基奇納勳爵和羅伯茨勳爵。會議目的在於對以下的問題做出決策：我們應該如何展開剛開始的

戰爭：陸軍渡海

戰爭？代表陸軍部發言的人已經做好了心理準備，並且保持團結一致。根據被公認為霍爾丹計畫的方案，英國應立即派遣全部陸軍赴往法國。這位大臣前後在陸軍部 8 年的任期內所做的一切，都為這一方案的制定奠定了基礎，並為之付出了巨大的犧牲。方案的核心是在動員令下達後的 12 到 14 天內，將 4 到 6 個師的步兵及必要的騎兵部署在法軍戰線的左翼，同時由他組建的 14 個本土師守衛本島。霍爾丹在陸軍元帥尼科爾森和約翰‧弗倫奇（John French）的協助下，集中了一切人力和有限資源。這一方案雖然簡單，卻切實可行。其制定過程經過了堅持不懈的探索和勤勞而細緻的研究。方案充分反映了志願制在戰時的效果，以最有效和大膽的方式應用於關鍵目標。動員計畫、鐵路網路圖、時刻表、基地和倉庫的組織及供應安排等方面的細緻規定，確保了方案的徹底和協調執行。一個為這一重要時刻傾注了畢生精力的指揮官，現在終於發揮效益了。剩下的任務就是實施這一決策並發出行動訊號。

此刻，我代表海軍部提交報告，闡明我們在各方面的動員工作已經完成，所有軍艦均已就位。我們將放棄在帝國國防委員會討論中一直提出的保留 2 個正規師在英國以防敵人入侵的要求。對於海軍部而言，不僅是 4 個師，即便是全部 6 個師也可以立即出發；我們可以提供運輸船隻，他們離開後我們能保衛這個島國的安全。皇家海軍已經承擔了這項艱鉅的任務。

接著討論轉向了應該將這些陸軍部署到哪裡。羅伯茨勳爵詢問，是否有可能將英國陸軍安置在與比利時陸軍相連的地區，以便於攻擊德軍的側翼和後方。從海軍部的角度來看，我們無法保證在多佛爾海峽的敵方一側進行如此大規模部隊的海上運輸，只能確保已經到達戰鬥位置的英、法聯合小艦隊警戒線內側的海上交通。此外，陸軍部也沒有為這種緊急情況制定計畫。現有計畫集中於與法軍的整體合作，無論合作在哪裡進行。就是這些，沒有其他。

另一個討論的議題是英國遠征軍應該集中在哪個距離範圍內。一些高層人士提到英軍的動員比法軍晚了 3 天，建議將英軍集中在亞眠周圍，以便在首場戰役後進行突擊。然而，會議接近尾聲時，約翰·弗倫奇爵士和支持出兵的人也表達了他們的看法。會議的程序讓我們意識到，我們必須以法國參謀部認為最有效的方式來協助法國。

宣戰後第二次參加內閣會議時，我發現自己有了新的夥伴。在過去的 7 年裡，莫利勳爵一直坐在首相旁邊，而我則坐在莫利勳爵的旁邊。多次從這位經驗豐富的鄰座那裡，我獲得了他用鉛筆寫下的智慧短句，這些短句充滿了機智幽默，他卓越的魅力和殷勤好意為我們辛勞的工作增添了光彩。有一個星期天，他談到了決心，他說：「如果必須要下決心，我並不是那種有決心的人。我只會妨礙那些像你這樣必須承擔艱鉅任務的人。」現在他已經去世了。在他的座位上坐著基奇納勳爵。坐在我左邊的是另一個新人——新任農業大臣盧卡斯。我從南非戰爭以來就認識他，那時他失去了一條腿。每個認識他的人都會喜歡他。他開朗、樂觀、易感動的性格，詼諧而帶有諷刺但絕不失禮的語調，令人愉快的風度和不由自主的微笑，使他的朋友們願意接近他，而我也是其中之一。在內閣中，他算是年輕的，但他是周圍寶貴精神財富和快樂的傳遞者，他似乎已經迷住了其他人。

這兩人後來死於敵手，年輕的大臣在高空搏鬥時犧牲，年長的陸軍元帥則溺斃於冰凍的海洋。我無法預料，若有人向圍坐在會議桌旁的 20 位政治家透露，這個看似平凡的英國內閣中將有十分之一的人會在剛剛宣布的戰爭中喪生，他們會作何感想。我估計，他們會因為能在某種程度上分擔同胞、朋友和兒子的危險，而感到驕傲和寬慰。

在 1914 年 8 月 5 日的戰時會議上，基奇納勳爵尚未被任命為戰時國務大臣，但我知道這個任命即將宣布。首相身兼戰時國務大臣一職，根本無法處理陸軍部與海軍部之間繁重的部際事務，他要求兩位大臣商議解

戰爭：陸軍渡海

決。因此，首相邀請基奇納勳爵擔任陸軍部大臣。這位陸軍元帥無論如何都不願意接任這一職位，但他別無選擇，只能接受。

我與基奇納勳爵的關係並不深厚。我們初次見面是在恩圖曼戰場上。那時，我作為 21 輕騎兵旅的中尉，被派回司令部向總司令口頭彙報德爾維希軍隊的推進情況。基奇納勳爵因為我年輕，對我承擔這項任務表示嚴肅的不贊同，並曾試圖阻止我前往蘇丹戰場。當他得知我成功抵達蘇丹時感到非常憤怒。這是他在初次見到我之前便不喜歡我的原因，他的非難曾是我青年時代的一個倉皇失措的經歷。至於我，我詳細記錄了他的性格以及他指揮的幾次戰役，為此寫了厚厚的 2 卷書，完全秉持公正、批判的精神表達。我第二次見到他已經是 12 年以後，那是 1910 年，有人為我們正式介紹，我們就陸軍演習問題進行了簡短的交談。1912 年在馬爾他會議上我對他有了更多了解，此後我們經常見面，討論帝國國防的議題。在這些交往中，我發現他比我早年對他的印象和他人對他的描述要更容易接近。在戰爭開始前的一週內，我們曾 2、3 次共進午餐和晚餐，討論了我們能夠預見的所有可能性。當他被任命為戰時國務大臣時，我感到很高興，在戰爭初期的那些日子裡，我們以密切而友好的關係一起工作。他不斷就其工作的政治方面與我磋商，並在軍事問題上對我日益信任。海軍部與陸軍部的事務非常緊密地交織在一起，以致戰爭初期的整整 10 個月中我們幾乎每天進行雙人磋商。我無法忘記，當 1915 年 5 月我離開海軍部時，前來做禮貌性拜訪的第一個同事（是一個例外）和唯一的一個人，就是這位工作負擔沉重的巨人。

眾所周知，英國動員起來的陸軍由 6 個正規步兵師和 1 個騎兵師組成，這些部隊構成了組織良好的遠征軍。此外，還有第 7 和第 8 兩個步兵師，這些師必須從整個帝國的警衛部隊中徵集，或者由留在國內的遠征軍剩餘部隊來組成。我們還決定從印度調動 2 個師，其中一半是英國人，另一半是土著士兵。毫無疑問的，這些部隊都經過了嚴格訓練。在這些訓練

有素的軍隊後面，還有 14 個本土師和 13 個騎兵旅，他們將負責不列顛群島的防衛。這些部隊雖然訓練不多，配備的火炮也有限，但是由有遠見和有知識的人士組成，他們不會等到危險來臨時才把國家的事業當作自己的目標。有人認為，在 6 個月或更短的時間內，這樣的軍隊就能發揮作用。

如今，基奇納勳爵首次在內閣與我們合作後，以軍人的語言闡述了一系列振奮人心且有預防性的道理：人人都期望這場戰爭能迅速結束；然而，戰爭是不可預測的，我們必須做好長期抗戰的準備。這樣的戰爭不可能僅在海上或僅依靠海軍就能結束。它必須透過歐洲大陸上的幾場決戰來終結。在這些決戰中，英國必需根據他的重要性和力量比例承擔責任。我們必須準備投入數百萬陸軍並堅持作戰若干年。我們沒有其他途徑來承擔我們對協約國或世界的責任。

內閣會議默許了這些言論；我認為，如果基奇納勳爵繼續堅持改為全國徵兵制的必要性，他的提議也會得到支持。然而，他僅滿足於提出招募志願人員，首先組建 6 個新的正規師。這種方法遠不如以本土軍基層幹部官兵為基礎的志願部隊有效，這種部隊在後續階段可以成倍增長。然而，這位新的戰時國務大臣對英國本土軍制度缺乏了解和信心。甚至，這種部隊的名稱對他來說就是一個障礙。在 1870 年的戰爭中，他曾參與盧瓦爾戰役（可能是勒芒戰役），在這場戰役中，法國本土部隊失守了他們負責守衛的關鍵陣地，導致了整個部隊的失敗。他多次向我提起這件事，我知道這在他心中留下了難以磨滅的印象。我徒勞地向他解釋，法國和英國本土軍在性質上完全不同 —— 法國的本土軍由即將退役的老兵組成；而英國的軍士則是精明且熱情的青年志願役。既然他們都是本土軍，在他看來最終沒有區別。

這件事一開始就使他本已艱鉅的任務更加困難。他親自組建基幹官兵，成立「基奇納軍」6 個師中的第 1 個師，接著是 12 個師中的第 1 個師，最後是 24 個師中的第 1 個師。此時，應募者如潮水般湧來，達到 10 萬人

戰爭：陸軍渡海

之多。完成這支臨時拼湊部隊的巨大壯舉，無疑是當時的奇蹟之一。

反對強制徵兵的觀點無疑有其說服力，這一觀點因兩件事而進一步得到強化：一是志願役的數量極為龐大，二是武器與裝備的嚴重短缺。除了正規軍的少量儲備外，確實沒有多餘的武器與裝備。我們的軍隊規模很小，因此生產戰爭物資的工廠也相應較小。沒有步槍，沒有大炮；有限的炮彈和子彈供應迅速告罄。即使採取最好的措施，要開闢新的供應來源，甚至是中等規模的供應來源，肯定需要數月的時間。人們現在才知道，製造一支步槍比製造 1 門大炮需要更長時間，而步槍卻成了最急需的武器。我們只能將木棍發給聚集在招募站的熱情人群。我搜遍艦隊和海軍部倉庫，湊集了 3 萬支步槍，這意味著戰場上可以多出 3 萬個士兵。軍艦上只有海軍陸戰隊擁有步槍，水手在最後一刻必須像舊時那樣依賴他們的短彎刀。

在基奇納勳爵組建首批 6 個新陸軍師並有大量應募者湧入之前，我將皇家海軍師交給他，他欣然接受。戰前，我們預見到海軍在動員時將有數以千計的人聚集於徵兵站，而我們的戰艦無法容納他們。因此，1913 年，我向帝國國防委員會建議組建 3 個旅，一個由海軍陸戰隊組成，另外兩個由皇家海軍志願預備役人員和皇家艦隊預備役人員組成。我們計劃在戰爭初期用這些旅來支持國內防衛，因此可以輕鬆地從現有的人力資源中組建基層幹部隊伍。海軍陸戰旅實際上已經存在，很明顯的在新軍籌建之前這 3 個旅就已經做好作戰準備。海軍志願人員急切地希望能上船服役，此刻他們以深深的妒忌和無限的忠誠接受了這個新任務。對於他們之中的大多數人來說，這將是一個改變命運的決定。在這群勇士中，戰後倖存者少有未受傷的。由於他們的英勇行為，將在歷史上永垂不朽，即使在這熙熙攘攘的時代也為人們所銘記。

德國大使的離任以及 8 天後奧地利大使的回國安排都由我負責。因此，在 1914 年 8 月 5 日早上，我派遣我的海軍祕書胡德上將穿上制服前

往德國大使館，希望了解我們如何能夠使利希諾夫斯基親王感到滿意和方便。儘管法國和英國大使離開柏林時遭受了德國暴民的侮辱甚至攻擊，我們依然以極其謹慎的態度行事，確保對我們負責的對象保持應有的禮節。利希諾夫斯基親王記錄了他所受到的禮遇，我們的行為似乎在他心中留下了深刻的印象。

致奧地利大使門斯多夫伯爵，我撰寫了以下通知：

1914 年 8 月 13 日

海軍祕書胡德奉命持此函前來，目的在協助你進行舒適便捷的海上旅行。如你此時需要任何幫助，請務必通知我。

儘管令人恐懼的局勢將我們兩國的悠久友誼擱置一旁，但多年個人交往所產生的敬重與關懷不會從你的英國朋友心中消逝。

奧地利大使詢問是否可以派遣船隻直接送他到的里雅斯特，並請求將這項便利也提供給一些住在倫敦、現在必須離開英國的奧地利平民。隨後，我安排了多達 200 人登上了大使的船隻。我確信，採取這些措施是符合英國尊嚴所需要的規範。

根據國王特許狀和議會的指令所設立的海軍部，海軍大臣對國王和議會負責海軍部的所有事務。因此，海軍大臣將技術和專業管理的職責委託給傑出的水手。然而，這並不減輕他在理論上或實際上的責任；他對所有發生的事情負有責任；每件災難他都難辭其咎。勝利的榮耀應歸於取得勝利的司令官；失敗或處理不當的責任也必須由海軍部承擔，國民的譴責自然落在海軍大臣身上。

那麼，那些因為政治或議會緣由被任命、缺乏專業權威知識的文官大臣究竟如何履行其職責呢？顯然，這取決於海軍大臣和第一海務大臣的性格、脾氣和能力。他們必須合作應付迅速、連續、複雜的重大問題。如果他們無法達成全心全意的一致意見，那麼國王必須在首相的建議下另外挑選兩人。我對自己的職責是這樣理解的：我要對所有工作的成功與否負全

戰爭：陸軍渡海

部責任。在這種精神指導下，我對每一件已展開或已經提出的工作進行密切而全面的監督。此外，我要求在整個海軍領域中施行無限制的建議和倡議權，所有命令只需取得第一海務大臣的同意。凡是我所做的，無論對錯，我希望人們在這個基礎上判斷我的功過。實際上，困難比想像中要少。經過長時間無休止的危機和緊張，這部機器執行得相當平穩。

戰爭爆發時，德國海軍大臣馮·鐵必制身為海軍上將，卻發現自己在策略和戰術上對艦隊的控制完全被切斷，處境極為艱難，甚至聲稱「他不懂海軍的作戰計畫」。他只能從事相對單純的行政工作，並因此失去了與大本營皇帝的聯繫。最初由胡戈·馮·波爾（Hugo von Pohl）領導的海軍參謀部在皇帝身邊安排自己的代表，能夠接收到符合皇帝意願的最高層指示。因此，馮·鐵必制海軍上將的處境非常不理想。海軍參謀部盡一切可能阻止他接觸皇帝，並勸皇帝拒絕他企圖接近最高決策圈的努力。皇帝在國事重壓下隨時向參謀部下達指令，口授未經仔細考慮的命令，這些命令隨後作為不可抗拒的權威被執行。馮·鐵必制海軍上將認為，德國艦隊在戰爭初期幾個月的癱瘓狀態是由於這些情況所致。據他所說，這種情況使德國失去了在最有利條件下進行最重要戰役的機會，實際上是在未進行任何戰鬥的情況下，將制海權拱手讓給英國，進而使英國軍隊得以源源不斷地運往歐洲大陸。如果說我們解決海戰難題的方法不完善，我們的敵人也是如此。

我們清楚，國內水域的海軍優勢差距在此時比戰時任何時刻都要小。1914年8月1日，北方戰區集結的主力艦隊包括24艘「無畏」級或更高級別的戰艦。此外，戰鬥巡洋艦「無敵」號停泊在昆斯敦，守衛大西洋海岸；2艘「納爾遜勳爵」級巡洋艦隸屬海峽艦隊，另有3艘戰鬥巡洋艦駐紮在地中海。而德國則動員了16艘同級別的軍艦。我們不能完全確定，儘管我們認為他們可能還準備了另外2艘甚至3艘軍艦，但實際上這不太可能；這些就是他們的最大力量。幸運的是，每艘英國軍艦都已整裝待發，而且

沒有一艘在維修中。當前可以立即投入戰鬥的軍艦數量，為我們 24 艘對敵方確定的 16 艘或可能的 19 艘。然而，這些數字並未涵蓋英國艦隊的全部物資力量，更未將英國軍艦的火力計算入內。英國艦隊除了「無畏」級戰艦外，還有 8 艘「愛德華國王」級軍艦，這 8 艘顯然優於剩下的德國軍艦。即使不提這方面的優勢以及由此而激發的民眾信心，事實上，僅憑我們多出 5 艘至 8 艘「無畏」級戰艦這一點，我們就占據了明顯的數量優勢。考慮到龐大艦隊可能發生的意外不幸事件和機械故障的百分比，我們與敵人其實沒有太大差距。我們因未準備而遭受突襲引發的災難是不無可能的。對於只看表面現象的觀察者來說，他從多佛爾或波特蘭懸崖上俯瞰由 6、7 艘軍艦組成的戰鬥中隊，這些軍艦在遠處崖底看起來像微小的模型，他顯然會對依賴它們的不列顛世界的基礎感到憂慮不安。如果英國海上官兵的智慧與勇氣不像我們所相信的那樣，如果建造這些龐大軍艦的工藝不夠可靠和精湛，如果我們水上官兵的航海技能和炮術低下，如果意外發生可怕的怪事或失誤，雙方的戰鬥力量可能會旗鼓相當。

　　人們對英國海軍的期望之高是顯而易見的。如果德國海軍打算發動一場大規模戰鬥，那麼戰爭初期是最佳時機。顯然，德國海軍部了解我們所擁有的艦艇，並且知道我們已經將艦隊動員、集中並在海上巡航。即使他們意識到一個不尋常的事實，即我們所有的「無畏」級戰艦都已準備就緒，沒有 1 艘出現故障，在德國人看來，它們將以 27 對 16 的優勢對抗德國艦隊 —— 這是一個巨大的差距。從整體艦隊來看，這一差距更為顯著，但與 6 個月後、12 個月後或更晚時他們將面對的差距相比，這仍是微不足道的。透過觀察 2 支對立艦隊即將獲得的增援力量，可以看出，除了完成我們自己的艦隻外，我們還可以徵用在船塢中為外國建造的戰鬥艦。因此，3 個月內我們將有 7 艘新戰艦，6 個月內將有 12 艘新戰艦加入主力艦隊。相比之下，對方在 3 個月內只能期望得到 3 艘，6 個月內得到 5 艘。因此，3 個月後的對比為 34 對 19，6 個月後為 39 對 21；這還不包括地中

戰爭：陸軍渡海

海的3艘戰鬥巡洋艦和太平洋的「澳洲」號戰鬥巡洋艦。如果有必要，我們顯然可以將這艘艦調回英國。

如今正是德國最有利的時機，也是他們能夠找到的最佳機會。這不就是策略時刻嗎？德國人難道不認為運送英國陸軍到法國是海軍部最為關注的事務嗎？在這個關鍵時刻的一次勝利，即便只是區域性的勝利，也要比其他任何時候的勝利更具成效，這難道不顯而易見嗎？42艘德國商用巡洋艦只需片刻即能出動，在大海上發動攻擊，而我們之後需要一艘一艘地將它們擊沉。尤其重要的是，干擾和延遲英國為大力增強陸上兵力而進行的陸軍運輸，這難道不是真正的效果嗎？德國參謀部信奉短期戰爭，他們將所有賭注押在增強陸上力量的最大努力上。德國艦隊為何不參戰，為什麼不在最關鍵時刻發揮其應有的作用呢？它還能有什麼其他用途呢？

因此，我們在海上搜尋戰機，渴望並尋求作戰。兩國海軍即將接近並準備在海上決戰的消息，將會使我們的艦隊感到真正的滿意以及海軍部的冷靜接受。我們無法將主力艦隊派往布滿水雷和潛艇的黑爾戈蘭灣區域。但若敵方在任何情況下提供戰機，只要條件不使我們明顯處於劣勢，我們將立即接受。

事實上，海軍部的信心是基於相對力量的計算，這種計算的可靠性是德國參謀部無法質疑的。甚至作為作戰鼓吹者的馮・鐵必制也在他的書中寫道：「反對立即發生戰鬥的原因是，當戰爭爆發時整個英國艦隊由於試驗性動員已完成作戰準備，然而我們只有現役的幾個中隊做好準備。」德國官方海軍史指出：「英國……由於採取試驗性動員和隨後的各種措施獲得重大的軍事優勢，儘管英國也由此必然引起紛擾與不安……但這種優勢是德國不能抵消或趕上的。」德國參謀部認為，即使這是檢驗力量的最佳機會，但它也是極其危險且幾乎沒有成功希望的機會，所以不值得一試；因此他們的艦隊一直隱藏在港口裡過著不光彩的日子；這樣無疑使英國為了海上任務而繼續和大量地消耗資源，德國則取得間接但實實在在的好

處，且不會對整個戰爭過程產生決定性的影響。

因此我們靜候，但什麼也未曾發生。沒有立即出現重大事件，亦無激烈戰鬥。英國主力艦隊依舊駐守海上，而德國艦隊則龜縮在港口不敢出擊。巡洋艦沒有任何行動。在哈里奇海岸外，一艘德國布雷艦被英國「安菲翁」號驅逐艦小艦隊追擊並擊沉，「安菲翁」號在返航途中觸雷爆炸。此外，無論在廣闊和狹窄海域上的大炮依舊沉寂。然而，在這段沉寂的時期，自始至終英國海軍毫無挑戰地統治著全球海域。所有在外海的德國巡洋艦已消失於茫茫大海中；德國商船自英國顯然參戰的那一刻起便逃往中立國港口。8艘以商船為目標的德國驅逐艦中有7艘甚至未發一炮便隱匿不見。自1914年8月4日晚上起，德國在波羅的海以外的海上貿易已不復存在。另一方面，經過幾天的猶豫，英國的大批商船在政府保險匯率不超過6%的激勵下開始出海，甚至在歐洲大陸主要陸軍交戰之前，英國的海上交通便以最大規模恢復。到1914年8月底，保險匯率已降至3%，此時海軍部宣布，被視為海上貿易威脅的42條德國班輪中，有11條被解除武裝並拘留於美國港口，由英國巡洋艦在領海外監視；6條在其他中立國港口避難，或被拆除設備，或受到監視；14條在德國港口內，為封鎖線所圍困；6條成為英軍戰利品；僅有5條下落不明，其命運將在後文述及。

當時有一些悲觀的預言，這些預言曾引發了諸多爭議和討論，例如，我們的商船將在各大洋上遭受到德國艦艇的攻擊；為了保護商業，所以需要增加幾十艘英國巡洋艦；英國商船一旦進入安全港口便不願再冒險出海。然而，這些預言無一成為現實。這種情況可以解釋為警報已經解除。戰前幾年裡，我們心中主要擔憂的三大海軍危險：第一，艦隊遭遇突然襲擊的危險；第二，海上水雷的威脅；第三，海上貿易的癱瘓——就像船隻疾駛過後的巨浪，已漸行漸遠。

自從上次英國海軍承擔重大緊急任務以來，已經過了一個多世紀。如果再過一百年，海軍在面對類似情境時也能表現出同樣的準備程度，那麼

戰爭：陸軍渡海

我們就沒有理由責備後代，正如他們也沒有理由責怪我們。

此刻應重新審視地中海的情勢。

在夜色的掩護下，德國司令官威廉・蘇雄海軍上將（Wilhelm Souchon）成功甩開了緊隨其後的巡洋艦，急速駛向墨西拿。1914 年 8 月 5 日清晨，他率領「格本」號與「布雷斯勞」號抵達目的地。我們現在得知，當時他已經收到了德國海軍部於前一天凌晨 1 點 35 分從瑙恩發來的電報。該電報傳達了至關重要的情報，告知德國與土耳其已締結同盟，並指示他立即前往君士坦丁堡。對於這一同盟條約，我們此前一無所知。我們收到的所有情報都與實際情況相去甚遠，直到很久之後才了解土耳其的立場。

一抵達墨西拿港，「格本」號與「布雷斯勞」號隨即開始從德國運煤船補充煤炭。這一過程耗費了當天整日以及次日（6 日）的大半天時間。「格本」號在重新啟動前，整整過去了 36 小時。與此同時，駐守在墨西拿海峽南部出口，我們的輕型巡洋艦「格洛斯特」號於 1914 年 8 月 5 日下午 3 點 35 分向伯克利・米爾恩爵士報告稱，他所接收到的無線電訊號顯示，「格本」號一定在墨西拿。

英國總司令已於 1914 年 8 月 4 日午夜後搭乘他的旗艦「不屈」號離開馬爾他海峽，至 1914 年 8 月 5 日上午約 11 時，他已在西西里與非洲海岸之間的潘泰萊里亞島外海，集結了他的 3 艘戰鬥巡洋艦和 2 艘輕型巡洋艦。根據他的著作所述，他於 4 日便已知悉德國郵輪「將軍」號停留在墨西拿，聽從「格本」號的指揮。因此，他確信在 5 日全天，「格本」號、「布雷斯勞」號及「將軍」號均駐留於墨西拿。他的推測是正確的。

伯克利・米爾恩的戰鬥巡洋艦「不屈」號需要補充煤炭。他決定將其派往比塞大。這一決定至關重要。鑑於他認為「格本」號在墨西拿，並且他計劃親自率領 2 艘戰鬥巡洋艦在北航道上巡邏，一些專家認為，第 3 艘巡洋艦在馬爾他加煤是更為明智的預防措施。馬爾他的設備既可靠又充足，並且從那裡出發，很容易在墨西拿南邊出口附近與駐守亞得里亞海口

的特魯布里奇海軍少將會合，這也是少將所期望的。若派遣「無畏」號前往馬爾他補充煤炭，那麼將有 2 艘戰鬥巡洋艦駐守北方出口，一艘駐守南方出口。然而，總司令決定將 3 艘戰鬥巡洋艦集合在一起，由他親自指揮，在西西里西端、撒丁島和比塞大之間巡航。如此一來，南方出口將完全對「格本」號開放；若她駛向亞得里亞海，特魯布里奇少將可能將面臨一場嚴峻的戰鬥。

　　1914 年 8 月 5 日下午 5 時，伯克利・米爾恩爵士收到「格洛斯特」號在 3 點 35 分發來的訊號，報告「格本」號在墨西拿。這進一步證實了他的判斷。當時他位於西西里以西約 100 英哩。然而，他繼續率領 2 艘軍艦在西西里與撒丁島之間巡航，直到 1914 年 8 月 6 日晚他才命令「不屈」號前往附近與他會合。他之所以採取這項行動，是因為他認為，將 3 艘巡洋艦集中在這一位置，是執行海軍部 1914 年 7 月 30 日有關協助法軍運送其非洲陸軍任務的最穩妥方式。毫無疑問，這是一種執行該命令的方法，這位海軍上將在其著作中也闡述了他採取這一策略的理由。他指出，如果他想攔截「格本」號，由於後者速度較快，他必須在遠處時刻警惕其接近。他辯稱，透過將全部兵力布置在「格本」號和法國運輸船隊之間，一旦「格本」號試圖攻擊運輸船隊，這將是捕捉她的最佳機會。1914 年 8 月 4 日晚些時候，他將這些有目的的部署報告給海軍部，海軍部對報告的唯一評論是：「應保持對亞得里亞海的監視，雙重目的是防止奧地利軍艦出來和德國軍艦進入。」1914 年 8 月 4 日迅速找到「格本」號（儘管在公海上）給了海軍部這樣的印象，即現場的這位海軍上將已掌控局勢，不需要進一步指示。

　　然而，伯克利・米爾恩爵士未能與法國海軍上將取得聯繫，儘管他多次透過無線電嘗試，並派遣「都柏林」號前往比塞大傳遞信件，但都無濟於事。他對法國艦隊或運輸船隊的下落一無所知。更糟糕的是，他沒有將這一情況告知海軍部。海軍部在 1914 年 8 月 4 日向所有軍艦發出允許與法

戰爭：陸軍渡海

方立即展開商談的電報後，便理所當然地認為地中海的雙方總司令已經在協調行動。因此，他們沒有向法國人索取情報，法國海軍部也沒有主動提供相關資訊。向巴黎的詢問結果表明，法國當局已經改變了計畫，海上已沒有運輸船隊。各方在這件事情上都犯了某種程度的錯誤。

與此同時，英國駐羅馬的大使只要電報線路空閒，便設法向海軍部報告「格本」號在墨西拿的消息。然而，這條消息直到 1914 年 8 月 5 日下午 6 點才抵達倫敦。海軍部雖稍有延遲，但還是將消息未經評論地轉給伯克利·米爾恩爵士，儘管他已經從其他管道得知此事。批評海軍部在得知「格本」號在墨西拿時沒有立即命令英艦跟蹤她進入海峽是合理的。這一點我並不知情，因為第一海務大臣和參謀長沒有告知我，而我本人也未參與關於嚴格尊重義大利中立地位電報的建議和起草，所以我對此事並未特別關注。如果有人將此事告知我，我會立即同意。這絕非小事，此事的結果完全值得冒使義大利人惱火的風險。事實上，海軍部未徵詢伯克利·米爾恩爵士的意見便已允許軍艦通過海峽追趕「格本」號。等到得知她未受阻攔地向南逃走時，已為時過晚。

依照來自德國的指令，蘇雄海軍上將指揮的「格本」號與「布雷斯勞」號終於加滿了煤，他決定在 1914 年 8 月 6 日下午 5 時駛離墨西拿港。他預料一旦離開義大利領海，肯定會遇上 1、2 艘英國戰鬥巡洋艦。事實上，他深知英國總司令早已掌握了他的行蹤，這個推斷並非毫無根據。不幸的是，正如上述所言，英國的 3 艘戰鬥巡洋艦都在忙於其他事務。因此，當德國海軍上將繞過義大利南端向東航行時，那唯一 3 個在力量與速度方面令他畏懼的對手早已遠遠落在後方。

此外，還有駐守亞得里亞海的英國裝甲巡洋艦中隊。該中隊由 4 艘裝備精良的戰艦組成，即「防禦」號、「勇士」號、「愛丁堡公爵」號和「黑王子」號。中隊由特魯布里奇少將指揮，他麾下還包括 8 艘驅逐艦，來自馬爾他的輕型巡洋艦「都柏林」號以及另外 2 艘驅逐艦也將加入該中隊。關

於這位軍官的行動情況，有必要進一步說明。

根據大多數人的假設，「格本」號將駛往波拉，而特魯布里奇將軍已準備好攔截她。直到他從「格洛斯特」號得知「格本」號轉向南方，朝東南方向行駛，這使他需要做出新的決策。他沒有從伯克利‧米爾恩爵士那裡得到離開戰鬥位置的命令。他一直希望得到一艘戰鬥巡洋艦。然而，特魯布里奇將軍決定自主行動。1914年8月6日午夜後8分鐘（即8月7日零點8分），他命令其所屬的4艘巡洋艦和8艘驅逐艦全速向南行駛，目的是攔截「格本」號。他還向剛從馬爾他駛來並與他會合的「都柏林」號（艦長約翰‧凱利）發出訊號，請他在前方攔截「格本」號。他將這一決定報告總司令。因此，到1914年8月6日午夜和7日凌晨，共有16艘英國軍艦向「格本」號和「布雷斯勞」號撲去，而他們的位置很可能可以在天亮後短時間內攔截到敵人。但到了早上3點50分，經過進一步的深思熟慮，並且由於沒有從伯克利‧米爾恩爵士那裡得到命令或回答，特魯布里奇將軍開始相信，他難以在黎明時黯淡的光線下與「格本」號作戰，而在明亮的日光下和廣闊的海面上作戰，他的4艘軍艦將一艘接著一艘地被「格本」號擊沉，因為敵艦在任何時候都將會保持在英艦9.2英吋大炮射程——16,000碼——之外。有些海軍軍官認為，這種想法過於極端。其實，「格本」號要想在如此長的航程中依次擊沉英國全部4艘裝甲巡洋艦，她有限的彈藥必須運用得非常巧妙。此外，若「格本」號和「布雷斯勞」號與英國艦艇交火，實在難以置信參與戰鬥的16艘英國巡洋艦和驅逐艦中，竟無一艘能靠近他們，用火炮或魚雷進行攻擊。所有驅逐艦完全有能力接近敵艦，並且能夠找到機會進行攻擊。若德國方面能同時應付如此眾多的對手，那將是令人驚嘆的壯舉。然而，這位英國將軍得出的結論是，「格本」號是「一個強大對手」，根據他從總司令那裡得到的指示，他不能與這個敵人交戰。正因為這個結論，事後，他遭到了英國海軍軍事法庭的審判。

他於是決定不再阻截「格本」號，命令巡洋艦與驅逐艦掉頭，約在上午

戰爭：陸軍渡海

10點進入贊特島海港，準備重新承擔亞得里亞海的防衛任務。「都柏林」號及其他2艘驅逐艦請求進行白天攻擊卻被拒絕，他們試圖在天亮前截住「格本」號，但在黑暗中無法找到目標。

因此，到1914年8月7日清晨6點，地中海航速最快的軍艦「格本」號正毫無阻礙地駛向達達尼爾海峽。相較於以往任何一艘軍艦，它給東方和中東各民族帶來了更大的屠殺、不幸和破壞。

也因此，所有可以抵達或在有效距離內的英國戰艦均未能發揮任何作用，除了2艘輕型巡洋艦「都柏林」號和「格洛斯特」號，這2艘巡洋艦恰巧由兩兄弟指揮。如前所述，「都柏林」號（艦長約翰·凱利）竭盡全力橫亙在敵人的航道上，晝夜不停地與敵人交戰；而「格洛斯特」號（艦長霍華德·凱利）則不顧極度危險，以最頑強的精神緊緊跟蹤「格本」號，直到那天下午晚些時候在總司令的直接命令下才停止追擊。

在「格本」號逃脫的整個過程中，厄運的影子似乎顯現出來，這種厄運在後期將更大程度地破壞進攻達達尼爾海峽的計畫。種種可怕的「如果」不斷增多。如果我在1914年7月27日首次想到派遣「紐西蘭」號前往地中海的念頭得以實現；如果1914年8月4日下午我們能夠對「格本」號開火；如果我們對義大利的中立地位關注較少；如果伯克利·米爾恩爵士派遣「無畏」號前往馬爾他加煤而不是比塞大；如果海軍部在1914年8月5日晚間知道「格本」號的位置時直接向伯克利·米爾恩下達命令；如果特魯布里奇少將在1914年8月7日午夜不改變他的想法；如果「都柏林」號及其他2艘驅逐艦在1914年8月6日深夜至7日凌晨截住敵人，那麼「格本」號的故事將會就此終結。然而，事實證明，日後「格本」號還有一次逃脫滅亡的機會。儘管這個機會尚遠，但命運卻時時刻刻準備著破壞它。

1914年8月8日凌晨1點，伯克利·米爾恩爵士命令在馬爾他集結並補給完煤的3艘戰鬥巡洋艦以中等速度向東航行，追蹤「格本」號。與此同時，一個平時謹慎且無可指責的海軍部職員因命運的驅使，發出了向奧

地利宣戰的電報。未經授權的對奧作戰密碼電報被隨意發出。幾小時後，這一錯誤得以糾正，但當伯克利·米爾恩爵士於 1914 年 8 月 8 日下午 2 時在西西里與希臘之間的半途收到第一份電報時，他已經開始執行原始命令：若與奧地利開戰，他應首先在馬爾他附近集結艦隊。為了忠實執行這些指示，他命令艦隊掉頭，放棄對「格本」號的追蹤。等重新承擔追蹤任務的命令到達時，前後已經白白浪費了 24 小時。然而，「格本」號也停了下來。蘇雄海軍上將在希臘群島附近猶豫不決，試圖確定土耳其是否允許他進入達達尼爾海峽。他在德努薩浪費了 36 個小時，並多次使用容易被截獲的無線電報，直到 1914 年 8 月 10 日晚才進入達達尼爾海峽，災難隨之不可避免地降臨在土耳其人和東方人頭上。

從 1914 年 8 月 9 日至 22 日，英軍跨越海峽。這段時間我們憂心如焚。我們面臨各種最可怕的可能性。我們的海岸可能遭受軍事攻擊，以阻止我們的軍隊渡海或迫使已渡過的軍隊撤回；或者敵方海軍襲擊海峽中斷我們的運兵路線；或者集中潛艇攻擊那些滿載我方士兵的艦船。隨時可能爆發大規模海戰，獨立進行或與上述攻擊同時發生。這是一段心理高度緊張的時期。

掩護陸軍渡海的海軍部署在官方戰爭史和其他軍事文獻中有詳細記載。多佛爾海峽以北的航道由巡洋艦中隊和從哈里奇與泰晤士啟航的小艦隊巡邏。多佛爾海峽由多佛爾警戒區的英法聯合驅逐艦小艦隊以及凱斯海軍准將指揮的潛艇小艦隊嚴密防守。在這些防線之後，是 1914 年 8 月 7 日成立的海峽艦隊，由第 5、第 7 和第 8 戰鬥艦中隊的 19 艘戰鬥艦組成，現已全面動員。根據駐波特蘭的伯尼海軍上將命令，這支艦隊已經集結完畢，巡邏在海峽的西端，距離由艦隊指揮官自行決定。海峽的西部入口由其他巡洋艦中隊防守。

在渡海的最初幾天，渡過海峽的軍隊數量有限，但自 1914 年 8 月 12 日至 17 日，大批陸軍開始渡海。緊張情緒達到了巔峰。在此之前，我們

戰爭：陸軍渡海

的主力艦隊一直留在北方戰鬥位置，甚至允許向北巡航至奧克尼群島。然而，1914 年 8 月 12 日，傑利科海軍上將接到命令返航北海，艦隊南巡至有效的臨近位置。

在運兵最頻繁的三天（1914 年 8 月 15、16 和 17 日）中，黑爾戈蘭灣被潛艇和驅逐艦嚴密封鎖，並在霍恩礁和多格灘之間得到了整個主力艦隊的支援。我們在這三天內向德國海軍提供了公海作戰的機會，當時誘使他們作戰的執行計畫達到了最高潮。然而，除了在近海偶爾出現的潛艇外，沒有跡象顯示敵方海軍力量的存在。

一切進展順利，無一艘船隻沉沒，無一人溺水身亡，所有安排均以最平穩和精確的方式執行。陸軍的集結比約翰‧弗倫奇爵士原先承諾朗勒扎克將軍的日期提前了 3 天完成。整個龐大行動保持著極佳的保密性，直到 1914 年 8 月 21 日晚間，英國騎兵巡邏隊與德軍接觸前的數小時，比利時境內的德國第一軍司令亞歷山大‧馮‧克魯克將軍（Alexander von Kluck）仍然收到最高指揮部發來的以下情報：

英軍在布洛涅登陸以及他們從里爾向前推進的消息必須予以重視。目前據信英軍尚未展開大規模登陸行動。

三日之後，整個英國陸軍發動了蒙斯之戰。

入侵法國

自1914年8月1日起,歐洲各國的陸軍紛紛動員。數百萬士兵沿著公路和鐵路移動,穿越萊茵河上的各座橋梁;從俄羅斯帝國的最遠省分搭乘火車,從法國南部和北非向北推進,大批軍隊在調動或行軍。陸地上充滿了不安,然而海上卻異常平靜,但瀰漫著一種暴風雨前的漫長而令人窒息的停滯感。戰士們以高度警惕和絕對保密的姿態進入他們的崗位;除了列日和貝爾格勒——在首先遭到攻擊的小國家內——的大炮轟鳴聲和地圖上未標明的邊界線上急行軍的嘈雜聲外,在這場善惡大決戰的最初兩週中,一種奇怪的沉悶氣氛籠罩著整個歐洲。

這不僅是初次,更是極為重大的戰爭危機。從1914年8月18日至9月中旬,7個參戰國的精銳部隊在公開戰爭中互相炮擊,彈藥充足。他們勇敢作戰,卻因經歷了一代人的和平而缺乏實戰經驗。在這個恐怖的月分中,參戰部隊和死傷人數超過了整場戰爭的任何一年。事實上,有兩個危機——一個在西方,一個在東方,無論規模還是劇烈程度,每個危機都超過了後來的任何一次危機,並且兩者相互影響。

戰爭的爆發,使德國面臨著早已預見並深入研究的兩線作戰局面。為應付這一局勢,德國制定了施利芬計畫。該計畫主要針對法國,將超過八分之七的陸軍部署在西線。從40個德國軍團中,僅留不到5個軍團保衛德國東部省分,以抵禦俄羅斯帝國的進攻。施利芬計畫將全部賭注押在通過比利時迂迴進軍並入侵法國,以擊潰法國陸軍。為了全力實施這一作戰方式,馮‧施利芬將軍決定在其他各方面冒一切風險並作出一切犧牲。他規劃讓奧地利人首當其衝,承受俄國陸軍從東邊的攻擊,讓東普魯士遭受俄國軍隊的蹂躪,甚至不惜讓俄軍到達維斯圖拉河。施利芬還準備讓阿爾

入侵法國

薩斯和洛林被法軍成功入侵。進攻和踐踏比利時，即使因此迫使英國宣戰，對他來說只是其主要策略思想的必然結果。在他看來，沒有任何力量能抵抗德軍從北方進入法國的心臟，並在後續的 6 週內擊潰法軍，隨後占領巴黎並最終徹底擊敗法國。在他看來，在這 6 週內任何其他地方都不能發生可能阻止這個最高目標實現的事情，戰爭便可在勝利中結束。

至今，尚無一人能斷言施利芬計畫存在錯誤。然而，施利芬逝世後，他在德國參謀部的繼任者們忠實且堅定地執行其計畫，但出於謹慎而做了一些調整。這些調整卻帶來了致命的後果。施利芬的姪子毛奇將駐守德國東部邊界的軍隊數量增加了 20%，而派往入侵法國北部的軍隊則減少了 20%。面對俄國入侵東普魯士的威脅，他進一步削減了對法國的進攻力量。因此，也正因施利芬計畫未能全力執行，才導致了失敗，並使我們得以存活至今。

我們知道，威爾遜將軍在 1911 年 8 月的英國內閣會議上曾多麼精確地預測到德國的施利芬計畫，他幾乎準確地推測出德國用於大迂迴運動的師數。霞飛將軍擔任總司令後，法國軍事思想得以重新確立，在他的指揮下，法國總參謀部制定了新的計畫，並對其嚴守祕密，稱之為「第 17 計畫」。

「第 17 計畫」規定由法國的 4 個集團軍沿梅斯河兩岸向東和向北發動總攻，而將最後留下的集團軍置於它們後方作為後備。制定此計畫者堅信法國右翼能深入阿爾薩斯和洛林，頑固地不相信法國左翼會被德軍通過比利時從默茲河以西迂迴包抄。最初幾場戰事證實了這些想法的錯誤。戰爭初期便清楚地顯示，英國總參謀部自 1911 年起堅守的觀點是正確的，即德軍可能通過比利時，沿默茲河兩側進行大規模迂迴行動。德國人除非為了極度重要的軍事行動，否則不會冒險首先將比利時推向敵對面，繼而是英國。此外，德國長期準備的證據顯而易見：軍營、鐵路及支線。在約翰·弗倫奇爵士和亨利·威爾遜爵士領導下，英國參謀部對此進行了詳盡研究，最終越來越多精確報告顯示，德軍右側有龐大的軍隊調動，正進入

比利時沿默茲河兩岸前進。1914年8月第一個星期結束前，法國左路軍（第5集團軍）司令朗勒扎克將軍發出警告：若他執行命令向東北進攻，左翼及後方將受到威脅。到第2個星期結束，德軍右翼的軍隊越來越多，法國高級司令部不得不採取遲緩且不充分的措施應付。然而，1914年8月13日一個步兵集團軍和一個騎兵師攻入阿爾薩斯後，霞飛將軍開始以右翼兩個集團軍攻入洛林，中央集團軍隨後幾天展開進攻。直到1914年8月18日晚，朗勒扎克將軍及其左路軍（第5集團軍）仍按命令向東北推進。3天後，這支軍隊轉攻為守，抵禦從北方和西北方的進攻，被迫徹底左轉。

正如米歇爾將軍和亨利·威爾遜爵士3年前的預見，德軍通過比利時展開大規模的迂迴行動。他們幾乎立即投入了34個軍團參戰，其中大約13個軍團為預備役編制。在總共200萬進攻法國和比利時的德軍中，現役士兵僅有70萬，其餘130萬為預備役軍人。而負責抵禦德軍進攻的霞飛將軍，僅能召集130萬軍隊，其中現役士兵同樣為70萬，但後備軍人僅有60萬。此外，還有120萬法國預備役軍人迅速響應國家號召，他們擠滿了徵兵站，但缺乏裝備、武器、幹部和軍官。結果是戰爭爆發時，德軍在人數上以3比2的比例超過法軍。由於德軍在左翼節省兵力，他們希望在右翼以壓倒性的兵力優勢實施迂迴行動。雙方在沙勒羅瓦的兵力對比為3比1。

在戰術層面，霞飛將軍和他的「青年土耳其黨人」（在法國，人們這樣稱呼他們）一直在犯一個極其嚴重的錯。法國步兵穿著藍褲子和紅上衣上戰場，在平地上非常顯眼。他們的炮兵軍官穿著黑色與金色的制服，目標更加明顯。他們的騎兵以荒唐可笑的盔甲為榮。進攻的教條主義上升到宗教狂熱的高度，這激勵了所有士兵，但現代步槍和機關槍的性能卻不能約束士兵的行動。為此，他們將接受一個意想不到的殘酷教訓。

戰鬥始於1914年8月20日，當時法軍右翼的兩支集團軍推進至梅斯以南。他們遭遇了前方德軍精心構築的防禦工事，而從要塞出發的巴伐利亞軍通過輻射狀的公路和鐵路對其左翼發起猛烈攻擊。向北進軍阿爾隆的

入侵法國

法國第 3 集團軍在 1914 年 8 月 22 日的晨霧中猝不及防地遭遇德軍，有 4、5 個師在營地附近失去了師長。沿戰線各處一旦發現德軍就發出衝鋒訊號。「法蘭西萬歲！」、「拼刺刀！」、「向前衝！」勇敢的軍隊在團級軍官的帶領下（軍官犧牲的比例更高）伴隨著雄壯的戰鬥怒吼向前衝鋒，法蘭西民族以這種精神著稱。有時這種毫無勝算的猛攻伴隨著雄壯的馬賽曲，迴盪在距離德軍陣地 600 到 800 碼的地方。儘管是德國人入侵，發起更多進攻的卻是法國人。身穿紅藍色制服的屍體散落在留有莊稼殘株的田野上。衝突在整個戰線全面展開，普遍存在反衝鋒。在邊界上的重大戰役，其規模和戰況之慘烈，英國人難以想像。超過 30 萬法國官兵傷亡或被俘。

這些災難預示著左翼或北翼的法軍和英軍即將面臨更大的危險。法國第 5 集團軍耗費巨大精力才在桑布林河一帶完成部署，而英軍則透過強行軍剛剛抵達蒙斯附近，就遭遇了通過比利時進行迂迴的德軍的猛烈攻擊。朗勒扎克將軍和約翰·弗倫奇爵士正準備發動猛烈進攻，法軍司令部相信可以將德軍右翼的迂迴行動擊退。英軍指揮部則帶著一定保留的信心接受了這個指示。朗勒扎克深知霞飛的態度已經完全脫離實際，並以傲慢和不信任的心態看待即將到來的災難。然而，朗勒扎克也完全無法預見德軍迂迴行動的強度和氣勢。左翼的兩個集團軍由於朗勒扎克和約翰·弗倫奇爵士各自及時撤退——英軍依靠弗倫奇爵士獨創的戰術和受過專門訓練的英國步兵頑強抵抗和強大的步槍火力，才得以逃脫這場災難。有人指出，朗勒扎克將軍在性格上，當然還有他對左側英軍的忠誠上存在許多缺陷。不過，他正確地掌握了當時的形勢和緊迫的時間，果斷地決定撤退，因此贏得了法國的感激。遺憾的是，他忘記將撤退的決定告知協約國夥伴英國。

關於他們的總計畫，法國人自然採取了最嚴格的保密措施。他們國家的生存正處於危急關頭。英國內閣和陸軍部對此事一無所知。我不確定基奇納勳爵在多久之後才有人專門告訴他。我認為他從法軍司令部獲得的祕

密資訊，不可能讓他全面了解整個前線的情況。即便他知曉一切，他從未有任何言辭表露這一點。當然，他了解所有我們自己軍隊的情況，並且對敵我雙方軍力有大量的相關資訊。

　　1914 年 8 月 23 日夜晚，我與基奇納勛爵進行了交談。我們了解已經發生了一場重大戰役，我們的士兵整天都在作戰；但他並未收到最新的消息。他顯得有些悲觀。我們拿出了作戰地圖。在比利時默茲河以西，聚集了大量的德國師團，從大體上可以看出他們正在對英法軍隊左翼實施包圍。在那慕爾樞紐前方，同樣展開了大規模的迂迴運動，但似乎未能牢固連線。他心中有一個在法國發動反擊的宏大計畫 —— 在伸長、緊繃、合圍的手臂上方的肩膀上狠狠一擊，這看來將使包圍圈裂開或致命地陷入癱瘓。他說：「德國人在進行一場巨大的冒險。沒有人能阻止一支訓練有素的軍隊，除非法國人能在這裡切斷它。」他從那慕爾畫了一個朝向西北的有力箭頭：「可能輕而易舉就能讓德國人遭受一場規模更大的色當戰役般的慘敗。」我對奧斯特里茨戰事的第一階段持樂觀態度，因為奧地利人曾經把他們的左翼延伸並擴展到特爾尼茨和索科爾尼茨村莊，當年拿破崙曾在那裡潛伏，準備進攻普拉岑高地。然而，法國還有一位拿破崙嗎？他曾在 99 年前經過沙勒羅瓦行軍。還有另一位嗎？德國人會像奧斯特里茨的奧地利人和俄國人一樣嗎？無論如何，我們懷著憂慮但充滿希望的心情入睡。

　　次日清晨 7 點，我正坐在海軍部公寓的床上擺弄我的相機，臥室的門突然開啟，基奇納勛爵出現在門口。那時他還未穿上軍裝，我記得他戴著一頂禮帽，他用手摘下帽子，手中還握著一張紙片。在門口停住，他還沒開口說話，我就預感到事情不妙。儘管他態度平靜，但他的臉色與往常不同。我下意識地注意到他的面部扭曲、蒼白，彷彿被拳頭擊中過。他的雙眼比平時轉動得更快，聲音也有些沙啞。「壞消息。」他鎮定地說，將紙片放在我的床上。我讀了電報，那是約翰・弗倫奇爵士發來的。

　　我的部隊大致在蒙斯以東的一條戰線上與敵人激戰了一整天，敵人在

入侵法國

天黑後再度發起進攻，但我們頑強地守住了陣地。剛剛收到法國第 5 集團軍指揮官發來的電報，告知他們的部隊已向後撤退，那慕爾已經陷落，他正開始在莫伯日到羅克魯瓦一帶建立防線。因此，我已下令撤退到瓦朗謝訥 —— 隆格維爾 —— 莫伯日一線，並正在建立防線。如果敵人緊追不捨，這將是一場艱難的戰鬥。我牢記你關於必要時撤退的方法和方向的正確指示。

我認為當前最需要關注的是勒阿弗爾的防禦設施。

在我讀到「那慕爾」三個字之前，我對電報並不太在意。那慕爾失守了！在短短一天內，那慕爾被占領，儘管有一個旅的法軍與比利時守軍共同防衛。顯然，我們需要面對新的現實和新的評估標準。如果堅固的堡壘會像晨霧一樣在陽光下消散，那麼許多評判事物的標準必須重新審視。人們的思想基礎動搖了。至於策略位置，很明顯，包圍的手臂不會在肩膀處斷開，而是會收縮、包圍、碾碎敵人。包圍圈會在哪裡停止？哪個沒有防禦的海峽港口？敦克爾克？加來？布洛涅？約翰・弗倫奇爵士說：「在勒阿夫爾設防。」以前的決戰、樂觀的進軍和期望中的反擊，已轉變為「在勒阿夫爾設防」。「如果敵人緊追不捨，軍隊將很難撤退」—— 這種轉變令人不安。當時我們之間的交談大部分早已忘記，但基奇納在我房門外走道上內心不安的那個怪異形象使我終生難忘。這就像是逃亡中的老約翰・布林！

稍後在 10 點鐘，我將會見海軍將領，他們對海峽旁的這些港口深感憂慮。他們從未像陸軍部那樣認為法國陸軍占有優勢。他們認為，這次決定性的失敗證實了他們的擔憂。有人建議，無論如何我們應弄清三面環海的科唐坦半島的周邊情況，並將其作為儲藏武器的合適地點。今後的英國陸軍可以從那裡拯救法國。勒阿夫爾必須設防！我們已經在依靠瑟堡和聖納澤爾了。

現在談談那些撤退的日子。我們看到右翼的法軍堅守自己的陣地，而

所有中央和左翼的法軍則盡可能迅速地向南撤退至巴黎，同時我們自己的5個師好幾天來，幾乎處於毀滅的邊緣。在海軍部，我們接到指示，將整個陸軍基地從勒阿弗爾轉移到聖納澤爾；我們必須應付這個複雜局面。撤退的程序日復一日地持續。一股看似不可抗拒的力量迫使勇敢的法國陸軍節節敗退。為什麼無法停止？他們真的無法逆轉局勢嗎？如果法國無法自救，那麼誰也無法拯救他。

我個人希望入侵的浪潮會減弱其猛烈的勢頭。3年前的備忘錄中，我曾提及，除非法軍在邊境遭遇突如其來的戰爭並被擊潰，否則約在第40天左右將有決戰的機會。為了鼓勵同僚，我複印了這份備忘錄，並於1914年9月2日分發給所有內閣成員，表明我從不相信邊境戰鬥能決定勝負。我始終預期在戰爭爆發約20天後，法軍將被迫撤退，但即便如此，勝利的希望依然很大。我無法準確衡量取得勝利所需的軍事力量，只能進行最粗略的估算。

在這關鍵時刻，俄國的壓力開始顯現出明確的效果。沙皇及俄羅斯民族因其在戰爭初期所展現的崇高熱情與忠誠，應當獲得榮譽。依照俄國一貫緩慢的軍事處理方式，在完成全面動員之前，他們應該會讓軍隊從邊境撤退。但俄國人此次並未如此行事，他們不僅提前動員，還對奧地利軍展開猛烈攻勢，甚至進入德國，儘管俄軍在東普魯士的幾場重大戰役中迅速敗北。然而，他們的進攻結果產生了決定性影響。德國司令部的核心受到衝擊。1914年8月25日，德軍右翼的兩個軍團和一個騎兵師從法國撤出。到1914年8月31日，基奇納勳爵得以向約翰・弗倫奇爵士發電報：「據昨日消息報告，已有32列火車載運德軍從西部戰場撤出以迎擊俄軍。」

東邊發生了什麼呢？俄國人集結了2支北方軍隊侵入東普魯士，一支由保羅・馮・倫寧坎普（Paul von Rennenkampf）指揮，從維爾納沿著波羅的海海岸前進；另一支由亞歷山大・薩姆索諾夫（Alexander Samsonov）指揮，從華沙向北推進。德國將東普魯士的防禦任務交給了馬克西米利安・

入侵法國

馮‧普里特維茨將軍（Maximilian von Prittwitz）。他手下大約有 5 個半軍團的兵力，必須應付 2 支實力相當的俄軍兩面夾擊。普里特維茨向前推進，試圖在東部邊境附近阻擋倫寧坎普，於 1914 年 8 月 20 日發動了貢賓嫩戰役。當天的戰鬥未分勝負，儘管德軍在能力上明顯占優。晚上，普里特維茨接到華沙方面俄軍進軍的情報，這支軍隊威脅到他的撤退路線，他急忙停止貢賓嫩戰役，致電德軍在盧森堡大本營的毛奇，告知他面對占壓倒性多數的俄軍，他必須退到維斯圖拉河，而且由於河水過淺，他甚至不能保證守住這條防線。他驚慌的舉止突顯了消息的嚴重性。毛奇結束通話後，立即決定罷免他的職務。他發電報給名叫埃里希‧魯登道夫（Erich Ludendorff）的少將，後者是一名高級參謀官，在攻占列日的戰役中表現出色；他還發電報給保羅‧馮‧興登堡將軍（Paul von Hindenburg），是聲譽顯赫的退役司令官，要求他們在東普魯士保衛德國的家園。毛奇進一步敦促奧地利軍總司令康拉德‧馮‧赫岑多夫（Franz Conrad von Hötzendorf），為了緩解東普魯士的危急形勢，加緊奧地利軍的進攻。此時赫岑多夫懷著重重憂慮，沒有全力迎擊俄軍入侵的浪潮，一週後他在倫貝格的 200 英哩戰線上被擊敗。魯登道夫和興登堡迅速趕往東普魯士，在那裡他們發現由於普里特維茨的傑出參謀官霍夫曼將軍的正確決策，局勢已大致恢復。他們到達後設法調整一些條件，這些條件在 5 天後導致了坦能堡戰役的可怕結果。

　　1914 年 8 月 25 日晚，德國高級司令部收到了勝利的確切保證。從西部廣大戰線各處傳來的都是捷報。法軍的各處進攻均告失敗或撤退。此時，毛奇認為他可以著手處理東線的局勢了，自從 5 天前收到普里特維茨關於貢賓嫩的驚慌電話報告以來，東線的局勢一直令他憂心忡忡。毛奇認為法國戰事大局已定，決戰必將以德軍的迅速勝利告終，於是便將目光轉向東方。德國因俄軍入侵東普魯士舉國譁然。德皇因「我們可愛的馬祖里湖」被踐踏而震怒。現在是派遣部隊增援東方的時候了。作戰局局長塔

彭受命制定計畫，從西線調運 6 個軍團到東邊，分別從右翼、中央和左翼各抽調 2 個軍團。然而，允諾的增援力量最好不要超過實際可提供的兵力。在這 6 個軍團中，有 4 個此刻正在激烈作戰或追擊敵人。看來立刻可以抽調的只有 2 個軍團。這 2 個軍團正處於迂迴運動中的德軍右翼。在作戰計畫的詳細設計中，這 2 個軍團原本是用於圍攻那慕爾的，他們此時已經穿過比利時邊界，聚集在比洛先遣部隊的後方。現在不再需要圍攻那慕爾了，它幾乎在第一批重型榴彈炮齊射聲中就已經陷落。它目前在德軍手中，準備圍攻的 2 個軍團似乎沒有任務了。於是將它們交給在馬林堡的魯登道夫，其餘的以後再調遣。

因此，塔彭開始處理軍隊調動的審查手續。魯登道夫在坦能堡之戰前夕被難以預料的事務所困擾，此刻卻立即獲得了德國最優秀軍團中的兩個，包含一個正規的警衛師。這樣的增援對任何一位將軍都是無比誘人的。對於像魯登道夫這樣有個性的人來說，這更是一種特別的誘惑。然而，令人驚訝的是，他的高智商和遠見為他提供了足夠的保護，使他能夠抵擋這種誘惑。儘管他在東普魯士得到了他所渴望的一切，包括（不可忽略的）他自己的權力和地位，但他仍能以訓練有素的眼光看待總體形勢。他表示，他當然希望能擁有這兩個軍團，但它們無法及時抵達參與東線作戰，因此在即將爆發的戰事中無法發揮作用，無論如何，西線的形勢絕不能因為他的原因而受到影響。魯登道夫在個人經歷上有其他一些值得注意的故事，但它們已經褪色甚至消失；而這個事蹟將是歷久不衰的。決策由毛奇做出，這兩個軍團的位置正好在德軍右翼閃擊的鞭梢上，位置恰到好處，可以非常容易地隨大軍進軍，一邊前進一邊填補它們之間可能出現的任何缺口。它們現在以德軍極高的效率登上火車，趕赴 700 英哩外的維斯圖拉河。

在接下來的 7 天裡，局勢繼續向對德國有利的方向發展。德軍在法國境內緊追撤退的法軍和英軍，以人類所能達到的最快速度推進；與此同

時，東線傳來了坦能堡大捷這樣振奮人心的消息。德皇處於德國參謀部描繪的「高呼萬歲」的狀態。他不僅相信勝利在望，而且堅信能夠迅速結束戰爭，因此催促各地區司令官督促軍隊加快推進。然而，毛奇的態度似乎有所轉變。朗勒扎克的軍隊在吉斯出乎意料地頑強抵抗，巴伐利亞軍在攻打南錫前沿的法國堡壘時遭遇重創，克魯克發現與他交戰的英軍異常堅韌，儘管他們先於德軍撤退，但在蒙斯、勒卡托、雷里約和維萊科特雷的戰鬥中不僅造成德軍重大傷亡，還讓德國總參謀部對敵軍的實力產生了可怕的印象——所有這些因素使得離開鐵路線終點站越來越遠的德軍在普遍的歡欣中混雜了一些逐漸增強的憂慮。焦慮的德國總參謀部首腦開始質問：「這些敵軍真的被打敗了嗎？」「戰事真的結束了嗎？」「俘虜在哪裡？」「繳獲的槍炮在哪裡？」「被擊潰的部隊在哪裡？」事實上，隨著8月分血腥的最後幾分鐘過去，德國最憂心忡忡的人正是那些最了解實情的人。

　　與此同時，霞飛的情況如何呢？我們沒有看到「青年土耳其黨人」在他們的計畫完全失敗後內心的反應紀錄。這些人圍繞在霞飛身邊，將他與主要指揮官隔離開來，使他不知道他們的計畫徹底失敗。然而，我們確實知道，霞飛像喬治二世在代廷根戰役時那樣，保持了冷靜、超然和堅定的態度，稍作休息，沒有恐懼也不發表意見。顯然，他必須採取行動以阻止德軍右翼形成包圍態勢。因此，在1914年8月25日，當邊境戰事的結果已明朗時，大本營發布了「第2號指令」，指出：「業已證明執行既定攻勢的策略是不可能的，進一步的戰事應以這樣的方式安排；即在我們的左翼，集結第4、第5集團軍、英軍和從東線調來的新兵力，以便恢復進攻。而其他軍隊的當前任務是遏制敵人的進一步進逼。」為實現這個目標，一個新的法軍第6集團軍在亞眠周圍建立，由能力卓越的米歇爾·約瑟夫·莫努里將軍（Michel-Joseph Maunoury）統率（他不久後被一顆子彈打瞎了眼睛）。組成這個集團軍的部隊透過火車迅速從東部堡壘線運來，包括迪巴伊軍、卡斯泰爾諾軍，以及薩拉伊軍。這些軍隊首次揭示了在戰

壕中使用現代化武器的威力。

現在我們來探討政治對軍事領域的干預現象。迄今為止，霞飛及其核心圈子擁有如同國王或皇帝般的無限決策權。然而，邊境的失利卻讓文官的權力受到嚴重打擊。就在 1914 年 8 月 25 日當天，原本是軍人但轉入政界的陸軍部長梅西米派遣一名軍官前往霞飛司令部，並帶去如下命令：「如果我軍無法取得勝利，或者被迫撤退，應命令至少由 3 個現役軍團組成的部隊進駐巴黎設有工事的兵營，以保衛巴黎的安全。」梅西米在戰爭中，無論作為議員還是軍人，都充分顯示了他的勇敢與決心；但這次他背後有更高層的人物。事實上，此舉的目的是在暗示，在新任命的巴黎衛戍司令和被賦予「可能接替霞飛將軍的繼任人」使命的加列尼將軍身上，找到了法國救星的影子。

「青年土耳其黨人」對於這種干預深惡痛絕。我們可以推測，他們已經注意到這位潛在的繼任者加列尼出現在首都重要部隊的司令職位上，這對霞飛將軍並非毫無影響。然而，這個命令必須得到執行。即將被新部長取代的梅西米在短短幾小時內揮舞著憲法權威，這種傳統可以追溯到 1793 年恐怖時期的雅各賓公安委員會。因此，霞飛和他的參謀部必須找到所需的軍隊。可是，到哪裡去找呢？東部堡壘線已經沒有多餘的人手可供調動。從北部撤退的軍隊同樣沒有多餘的兵力。那麼，我們只能依賴在左翼集結的莫努里的部隊了，這是一支混合的部隊 —— 有些是被打散的正規軍，有些是初戰失利受創的後備師！如果我們必須在巴黎保留一支軍隊，如果政府堅持這樣做，那麼只有這些人能夠承擔責任，這些人就是軍隊！然而，就在莫努里的軍隊開始在亞眠四周集結時，立即有命令要求其全體撤退。然而，形勢發展的盲目力量注定要它開向巴黎，在那裡成為加列尼的利劍。

入侵法國

馬恩河戰役

德軍逐漸向南推進，巴黎如同一座巨大的防波堤，隱約地出現在他們的前方。這座敵人的首都不僅是法國的心臟，同時也是世界上最堅固的堡壘。它是錯綜複雜鐵路網路的中心，能讓大量軍隊從各個方向通過人行小道無限量地進入。任何人若不全面圍攻，皆無法奢望占領巴黎。此時，德國的大炮仍部署在安特衛普前線。要向巴黎兩側推進，德軍尚未集結足夠的兵力；要進入巴黎，德軍此刻也缺乏相應的大炮。那麼他們該怎麼辦呢？他們必須在巴黎和凡爾登之間進軍 —— 攻占凡爾登會產生同樣的效果 —— 並保護他們的兩翼，防止從這兩座堡壘城市發起的反攻，繼續向前推進以擊潰法國的野戰軍。這無疑也是經典的策略傳統！毛奇 —— 並非現今的毛奇，而是已逝世 25 年的大毛奇 —— 不是曾宣稱過「方向：巴黎！目標：敵人的野戰軍！」嗎？

1914 年 8 月 31 日正午，法軍指揮官勒皮克率領他的中隊外出偵察，從古爾奈附近的阿龍德發來報告稱，敵軍克魯克第 1 軍的長隊正向東南方向轉進貢比涅，而非繼續向巴黎出發。這個消息次日得到了英國和法國飛行員的證實。到了 1914 年 9 月 2 日夜幕降臨時，已經抵達巴黎北邊附近的莫努里將軍的第 6 軍報告稱，桑利斯 —— 巴黎一線的西側沒有德軍。正是基於這些 1914 年 9 月 3 日又被英軍飛行員證實的消息，加列尼採取了行動。

人類的思維顯然未曾構想過如此設計，人類的手也未曾在棋盤上擺出如此棋局。然而，幾件獨立且無關聯的事件卻巧妙地拼湊在了一起。首先，有加列尼這樣一個負責之人。他被固定在堡壘中，無法親臨戰場，因此必須將重大戰役引至他身邊。其次，他掌握了一支軍隊 —— 莫努里

軍。賦予加列尼這支軍隊的初衷是保衛巴黎；但現在他需要將其用於另一個目的，即在戰場上進行決定性的調動。雖然將這支軍隊交給他本是違背霞飛的意願，但事實證明，這將成為霞飛獲救的關鍵。第三，機會來了：克魯克沒有直線前進，而是熱切地追逐英軍和法軍，他認為英軍已潰不成軍，法軍士氣低落。當他經過巴黎直撲掌握莫努里軍的加列尼時，他的整個右翼和後方暴露無遺。顯然，如果沒有其他兩個因素中的任何一個，這些因素都會失去意義。這些因素相互依存；它們都在此時此地出現，現在一應俱全。

　　加列尼剎那間領悟了當下的形勢。他驚呼道：「我不敢相信這個消息，它太好了，簡直不像是真的。」但這確實是真實的。每小時都有新的證實消息傳來。他欣喜若狂。到 1914 年 9 月 3 日，他立即下令莫努里軍在 48 小時內部署到巴黎的東北方，使得軍隊能夠在 1914 年 9 月 5 日對克魯克及其率領的德軍挺進線發起攻擊。然而，這樣的部署遠遠不夠。急速拼湊的莫努里軍，在如此規模的戰局下能發揮什麼作用？加列尼必須保護英軍；他還需要推動霞飛協同作戰。1914 年 9 月 3 日晚上 8 點半，他書面請求霞飛批准他已命令莫努里軍執行的行動，並竭力主張巴黎和凡爾登之間的全部法軍在他發動攻擊時同時發動總攻。

　　霞飛和他的司令部那天抵達了奧布河畔的巴爾。這支包含精密參謀機構的多個單位已經移動了 2 天，現在終於在一個新的中心安頓下來。我們不能假設霞飛和他的助手終日無所事事。對有經驗的觀察家來說，事實顯而易見，如果流動部隊能夠堅守凡爾登和巴黎的堡壘群，德軍大批入侵部隊推進時將在這兩座城市之間形成一個寬廣的新月形地帶，這為法軍的總攻創造了機會。霞飛和他的參謀部在某個時刻和某個地點注意到了這一點，至少在原則上與加列尼達成了一致。從撤退開始，霞飛就曾說過：「當我的兩翼處於有利的包抄位置時，我將發動進攻。」但在何地、何時以及如何才能達到這一條件，這是一個令人困惑的問題。然而，在這些至關重

要的問題上，可以確信的是，他不僅沒有制定決議或方案，甚至還發出了與這個計畫不符的重要命令。

加列尼的信使於 1914 年 9 月 3 日晚間抵達奧布河畔的巴爾。次日整個上午，儘管莫努里軍隊已經開始進入預定陣地，加列尼仍焦急地等待回音。1914 年 9 月 4 日下午，他乘車前往默倫，請求約翰·弗倫奇爵士派遣英軍協助。值得注意的是，霞飛曾在馬達加斯加時期是加列尼的下屬，而加列尼則是霞飛的正式繼任者。他不僅關心巴黎周邊的局勢，還為整個法國的命運操心，其舉止表現出作戰天才的自信。然而，弗倫奇正在外地指揮部隊，他的參謀長默里接待了這位巴黎軍事總監。兩人的談話冗長而空洞。

一個法國將軍向英軍指揮部建議進行一場至關重要的新戰役，這個提議顯得不合時宜。1914 年 9 月 2 日，約翰·弗倫奇爵士致信霞飛，提議如果法軍改變方向，在馬恩河發起大規模戰役，英軍將全力參戰，以徹底檢驗雙方的實力；霞飛回信稱：「我不認為在此時（目前）動用全部軍力在馬恩河進行決戰是可行的。」這位統率疲憊且人數不多的軍隊、承受巨大苦難的英國將軍，不禁打了個寒戰。他迅速回想起自蒙斯戰役以來的一切，頓時得出了一個並非不可原諒的結論：法國人已失去信心，不再認為他們有能力重新發動攻勢——至少在近期內是如此。到目前為止，他的盟軍所能做的只有拒戰、戰敗和撤退。從他們那裡得到的消息顯示，他們的所有計畫似乎都以失敗告終。

他知道法國政府正準備從巴黎遷往波爾多。他看到在霞飛的第二道命令中提到的撤退最終止步線遠遠在他當前位置的後方。在弗倫奇的建議被拒絕後的幾天裡，弗倫奇無法擺脫這樣的念頭，即法軍的抵抗可能會全面崩潰。事實上，事情顯而易見，從德軍不屑於進攻巴黎這個事實可以看出，他們的目標是擊潰法軍。如果他身處德軍司令部，他會知道在這個關鍵時刻，毛奇充滿信心地期望將法國大軍逼向瑞士，或者如果魯普雷希特

馬恩河戰役

（Rupprecht）能突破南錫和圖勒之間的防線，就能將法軍趕到他們自己的東部堡壘線後，進而迅速迫使他們全面投降。如果他被允許得知法軍司令部的祕密，他會知道霞飛曾建議宣布巴黎為不設防城市，將其拱手讓給第一支到來的德軍；霞飛還命令薩拉伊將軍放棄凡爾登，只是由於梅西米的干預和薩拉伊的頑強堅持才避免了這兩大災難成為現實。人們真的不能責備阿奇博爾德·默里爵士，我們知道，因為他的上司不在，他出於懷疑而未執行巴黎軍事總監未經授權的方案。不管怎樣，他臨時允許英國軍隊向南移動，並轉向一條更靠後的防線。

同時，1914年9月4日早晨，霞飛在奧布河畔的巴爾收到了加列尼3日晚間發出的信件。他整個上午都在思索這件事，直到中午才透過電報同意加列尼按照建議使用莫努里軍，但附加了明確條件，即只能攻擊馬恩河以南的敵軍，不能攻擊馬恩河以北的敵軍。稍後，他又發電報給當時指揮法國第5集團軍的路易·弗朗謝·德斯佩雷（Louis Franchet d'Espèrey），詢問他何時能準備完畢參加總攻。弗朗謝於1914年9月4日下午4時回覆，表示他能在1914年9月6日早上發動攻擊。霞飛在5、6點之間收到了這個回答。但接下來的3個小時裡，他什麼也沒做。未做決定；未發命令。

加列尼在接近8點時從默倫回到巴黎。他已離開總部5個小時，這段期間霞飛回覆了他的信件。總司令明確表示，莫努里軍只能在馬恩河以南發動攻擊，這讓他心神不寧。此外，他還聽到其他不愉快的消息。亨利·威爾遜（默里的助手）發來電報，告知英軍繼續撤退；隨後，他又收到駐英軍司令部的法國聯繫官于蓋上校的電報，得知約翰·弗倫奇爵士對他的建議回應道：「鑒於形勢不斷變化，最好在決定進一步行動前再對形勢進行研究。」

當前時間是9點鐘，顯然沒有什麼特別事件發生。所有部隊在天亮前將持續撤退。據他所知，他僅僅獲準使用莫努里的軍隊進行孤立的側翼攻

擊。加列尼走到電話旁，撥通了霞飛的號碼。總司令接起電話，兩人開始交談。由於法軍總司令通過正式管道頒布命令，霞飛的地位遠高於加列尼；但此刻幾乎是私下交流，加列尼與他這位舊屬至少能以平等身分對話；而霞飛出於道義，克服了嫉妒心和上下級的禮節觀念，感受到這位勇敢同志強烈而明確的指導作用。他同意加列尼可以在 5 日對馬恩河以北的敵人發動攻擊。隨後，他回到他的重要軍官小圈子，下令於 6 日進行決戰。不幸的是，他的猶豫和先前的拖延引發了其他情況。從上述時間可以看出，這些至關重要的命令從計劃到翻譯成電碼，再到達時重新翻譯成文字，需要花費多長時間。命令發出時已接近午夜，速度事實上還不如由軍官乘車遞送文件來得快。最近的費迪南·福煦（Ferdinand Foch）在午夜 1 點半收到了他的命令。弗朗謝和約翰·弗倫奇爵士直到 3 點以後才得知這項重要決定，接到命令時他們的部隊已經開始了第 2 天的向南行軍。

然而，現在骰子已經擲下。那天的著名命令已經下達：從凡爾登到巴黎，令人振奮的百萬大軍調轉方向，將一百萬把刺刀和一千門大炮對準入侵的敵軍。馬恩河戰役揭開序幕。

整體而言，人們無疑會認為馬恩河戰役是史上規模空前的戰役。在那裡交戰的主要軍隊數量遠遠超過以往任何戰爭。說馬恩河戰役決定了世界大戰的命運也是恰如其分的。6 次其他重大危機在各民族的苦難道路上留下了荒涼的痕跡；我們完全可以說，這些危機中的任何一次都可能在某種程度上改變馬恩河戰役的結果。協約國軍隊可能在其他場合被擊敗，德國可能從世界大戰中實現勝利的和平。如果法軍在 1917 年被擊潰，英國海軍未能遏制潛艇戰，美國未參戰，今天和明天的學者將閱讀截然不同的歷史書籍和地圖。但在馬恩河戰役之後，德國再也沒有獲得徹底勝利的機會。他們所引以為傲的軍國主義的所有要求，永遠無法得到完全實現。對科學力量的掌控再也不能成為德國永久的優勢。

在隨後可怕的幾年之中，世界和交戰大國間發生了深刻的變化。各民

馬恩河戰役

族仍在拚命戰鬥，但在不同的環境和較低的水準上進行戰鬥。屠殺和炮轟在增加，但軍隊的士氣和軍事衝擊力絕不如往昔。到 1915 年底，英國是一個勇於作戰的強大國家，整個英國全力整頓力量。到 1916 年底，德國深刻地意識到了自己的弱點。1917 年，美國被拖入戰爭。形勢顯而易見，即使法國完全被征服，英國和美國從長遠來看也能夠打敗德國。德軍若在馬恩河戰役獲勝，本來可能在 6 個星期內結束戰爭，德國皇帝和他的 20 個小國之君及其封建貴族本可能為他們創立世世代代不可磨滅的傳說。

我們必須銘記，1914 年 9 月 3 日，德皇威廉二世與德國參謀部堅信，他們在東線已經取得了勝利，並有充分理由相信在一週內，他們將俘虜或擊敗西線所有對手。根據廣泛的報導，1914 年 9 月 10 日那天毛奇向他的主子報告了不利的事實：「德國在這場戰爭中輸了。」形勢顯然發生了重大改變。某些巨大而神祕的力量完全釋放了出來，還有那個讓後世困惑，讓那些在大災難中倖存下來的人感到驚奇的問題正是──什麼原因？

在當時，無人因為任何緣由而感到焦慮。每個人面對每個小時、每週的新危險，他們只在乎結果。德軍停止了對法國的入侵。「山崩似的火與鋼」不僅停滯，且快速後撤。對德軍不可戰勝的擔憂煙消雲散。如今，全世界有足夠時間投入戰爭，即使是最愛好和平、最沒有準備的國家也有時間將自己轉變為軍火庫和兵營。當然，這已經足夠了。所有人都因戰爭而彎腰低頭；協約國中受過教育的人們毫不懷疑最終的結局，在德國受過教育者之中也很少有人對此存疑。我們無需再擔心法軍在其他軍隊面前全盤投降的念頭。從最壞的情況來看，也會有會談、談判、討價還價、互相妥協和爭論不休之後的和平。

自戰爭爆發以來，種種艱難的研究便已展開。大量的出版品──不論是官方、民間還是反官方的──接踵而至。這些刊物彙集了無數事實。雖然引用了大量事實，但少數極為重要的事實卻被隱瞞了。在這些爭論某個或某些問題的討論中，多種辯解理論得到了熱烈的支持；為了代價

而不斷抱怨的世界，則對於法國人在馬恩河戰役中擊敗德國人這個可靠的事件感到滿足。

法國官方歷史在 1914 年 9 月 5 日午夜前的事件上，採取了謹慎的敘述。根據其描述（對加列尼有明顯偏見），馬恩河戰役在 1914 年 9 月 6 日才開始，法國軍事史家對於事情的具體情況保持沉默。從 1914 年 9 月 5 日起到 1915 年的 1 月，這段時間在他們的著作中幾乎被忽略。顯然，學術派別之間的意見分歧、對事實和評價的激烈爭論、以及對傑出人物的尊重，使得編年史學家在這段最為關鍵的時期選擇了沉默，等待時機成熟再進行書寫。

根據法國人的敘述，他們認為那次戰役的範圍從巴黎延伸至凡爾登。而德國人的記述則與他們的策略計畫一致，認為戰役從巴黎右側繞過凡爾登，延續到孚日山脈。德國人聲稱他們的 7 個集團軍全部參與了馬恩河戰役；協約國方面則有法軍的 5 個集團軍和 1 個英國集團軍參戰。我們需要仔細考慮雙方的觀點：13 或 14 個集團軍的戰鬥，每個軍的規模相當於一個大城市的成年男性人口，每小時都在驚人地消耗糧食、物資、軍火、財富和生命。同時，我們也必須記住，法軍和英軍在本土作戰，他們的補給可以由當地提供；而德軍在快速推進中，遠離了他們後方的基地和鐵路終點站。法軍擁有完善的交通線，能夠靈活調動資源；而德軍則尚未修復急行軍中損壞的道路和橋梁。法軍在內線作戰，而德軍則需要繞過設防的凡爾登轉角。馬恩河戰役就是在這種形勢下展開的。

與以往任何戰役相比，這次的戰鬥不像一個典型的戰役。相對而言，傷亡人數很少。軍隊沒有立下公認的偉大戰功，也沒有引起與此重大戰事相應的轟動。沿著 200 多英哩的戰線，疲憊的、受戰爭折磨的軍隊進行鬆弛而絕望的戰鬥；然後在一瞬間，一方突然意識到自己的力量不如對方，並且在這場戰事中失敗了。但引起這種難以抑制的心理反應的具體原因是什麼呢？我只能嘗試著向大家提供還不完全明確的整個鏈條中的幾個環節。

馬恩河戰役

　　主流的觀點將馬恩河戰役描繪為法國對德國的大反攻，彷彿一隻美洲豹撲向入侵者的咽喉，充滿了激情與喜悅的猛攻。然而，這些觀點與事實真相相去甚遠。撤退到凡爾登與巴黎之間的法軍需要相當的時間來調整方向。這些龐大而沉重的隊伍需要數小時甚至數天才能有效地改變行進方向。當法軍終於轉身開始前進時，他們遇到了追擊他們的德軍。法軍極其鎮定地立刻停下來向德軍開火，德軍在他們的槍彈前紛紛倒下。這是一場逆向的邊界戰鬥。當德國入侵者停下來用機槍和大炮向法軍開火時，法軍不再是在馬賽曲聲中瘋狂往前衝，形勢發生了逆轉。德軍第一次感受到了法國炮兵的可怕威力。如果法軍在邊境上就這樣做；如果他們一開始就使用現代化武器對付敵人的血肉之軀，今天的世界圖景將會有多麼大的不同！

　　當1914年9月4日晚上霞飛結束與加列尼的談話時，馬恩河戰役的勝利事實上已經穩操勝券。儘管此前法軍屢戰屢敗，蒙受極為慘重的損失並一天天後撤，但他們仍然是巨大、未被擊垮的高能力戰鬥部隊。雖然英軍快速撤退並損失了15,000名官兵，但戰士們知道他們與數量多一倍的敵人作戰，並且造成了德軍重大傷亡。特遣部隊和增援力量已經到達。他們正處於邁向勝利的轉捩點，肯定比以往任何時候更有力量。雖然德軍在西線有78個師，英法聯軍只有55個師，但這種優勢遠遠不足以達到他們預期的最高目標。根據施里芬計畫，對「勝利包票」的規定是用97個師專門對付法國，而且在這些師當中有71個師執行通過比利時的迂迴攻勢。然而，毛奇在西線上使用的軍隊少了19個師，在龐大迂迴的攻勢上少了16個師。他還從這些師部中抽調了2個軍團（4個師）去東線。他也認為阻止英國遠征軍繼續橫渡海峽的運輸不值得。根據德國海軍史的記載：「參謀部首腦親自回答說，海軍不應進行這樣的戰爭，否則將與我們的利益相牴觸。如果西線的陸軍在與法軍和比利時軍作戰的同時應付16萬英軍，這甚至對我們有利。」由此可見，在霞飛做出決戰的決策時，力量的天秤已經大大傾向協約國。

與法國官方記載相反，德方的紀錄顯示戰役始於 1914 年 9 月 5 日，當時莫努里軍在烏爾克河與敵軍交鋒。讓我們加快描述那裡的情況。

馮‧克魯克的部隊向南推進，當他們掠過巴黎邊緣時，艾菲爾鐵塔映入眼簾。他的 5 個軍團當中有 1 個軍團負責側翼護衛。晴朗的天空下，約在下午 1 點，這支側翼部隊突然遭遇了從巴黎疾行而來的法軍。為了測試對方的實力，德軍發起了攻擊。戰鬥瞬間爆發，並迅速蔓延。法軍的力量似乎不斷增強，德國的側翼護衛被擊潰。德軍在付出重大傷亡後撤退了 7 英哩。來自巴黎的攻勢愈發猛烈且持久，並且有源源不斷的增援部隊。夜幕降臨，被擊敗的德國指揮官希望次日清晨情勢能好轉，所以沒有向克魯克報告。然而，一名德國飛行員觀察到了地面的戰鬥和意想不到的前線位置，並向陸軍司令部報告。直到當天午夜，克魯克才得知他所依賴的防線已被擊破。這時他才想起毛奇的命令，即在主要進軍過程中要將法軍驅趕至瑞士，克魯克和比洛的大軍應構築起防護能力強的側翼，以防止來自巴黎的攻擊。但他不僅未能保護德軍的行軍路線，反而讓側翼出現了一個大缺口。4 小時後天將破曉！

因此，克魯克毫不遲疑地召回了作為其主力的 2 個軍團，指示他們再次渡過馬恩河，在剛被擊敗的側翼衛隊北部進行防禦。由於 1914 年 9 月 6 日莫努里的攻擊壓力持續存在，他立即命令最後一支部隊——左翼的 2 個軍團——在 48 小時內行軍 60 英哩。不論發生什麼情況，他下定決心不讓北部遭受敵軍包抄，也不讓他的交通線被切斷。克魯克原本快速向南推進，試圖找到被擊敗的英軍殘部，但現在他突然完全轉向，使全軍面向西方，阻止莫努里軍繼續從巴黎發起進攻。然而，這些措施需要時間，直到 1914 年 9 月 9 日上午克魯克才進入新的陣地，準備以優勢兵力攻擊莫努里，並將其趕回巴黎的城防工事。與此同時，戰事仍在繼續進行。

與克魯克相鄰的部隊是比洛的軍團。比洛還記得他下令組織側翼衛隊，以防止來自巴黎的反攻。此外，克魯克軍團的撤退使他的右翼完全暴

露。因此，比洛的行動如同在樞軸上旋轉：他的右臂縮回，左臂前伸，從1914年9月6日到9日，他構築了面向巴黎的防線，幾乎與之前的陣地成直角。任何檢視示意圖的人都能看出，不論是克魯克還是比洛，他們的左翼現在暴露無遺，容易受到來自南方的協約國軍隊攻擊。英軍和法國第5集團軍（由弗朗謝·德斯佩雷指揮）在1914年9月5日早晨已經轉身前進。這僅僅是個開始，克魯克和比洛不僅暴露了左翼，使其易受強大部隊的攻擊，他們之間還出現了一個30多英哩寬的可怕缺口，除了騎兵外沒有其他部隊來填補！實際上，騎兵數量眾多，有2個騎兵軍——由克魯克指派的馬維茨軍和由比洛指派的里希特霍芬軍——但卻沒有共同的指揮官！這個可怕的缺口僅僅是用一層薄薄的騎兵覆蓋！我們可以想像，設在盧森堡的德軍高級司令部在地圖上看到這個嚴重且不可避免的缺口時的震驚。「如果我們能從主要戰線後方調動2個軍，這裡就是他們最需要的地方，現在就是他們最需要的時刻。」「我們怎麼使用去圍攻那慕爾的那2個軍？」「噢！是的，我們派他們去維斯圖拉！我們就是這樣做的！他們需要走多遠的路程呢？」「他們現在從700英哩外的80節火車下來。」德皇很可能驚叫：「毛奇，毛奇，還我軍團！」

倘若發現現代軍隊的龐大機體在其隊伍中出現寬廣的豁口，卻無後備部隊填補，他們不能像幾個連或營那樣彼此側身靠攏，只能通過前進或後退來縮小豁口，那麼該如何應付呢？回答這一問題需檢視漫長戰線其他部分的情況。

當德國入侵部隊開始從極左翼包抄時，魯普雷希特親王發現自己無法突破圖勒與埃皮納勒之間的防線。法國堡壘的重型武器、嚴密的防禦陣地和頑強的迪巴伊軍與卡斯泰爾諾軍隊造成了進攻部隊大量傷亡，最終阻止了他和他的巴伐利亞軍。從梅斯出發時，他攜帶著巨型大炮，運輸這些大炮花費了許多時間。現在其他地區也需要這些大炮，因此魯普雷希特於1914年9月8日向上級報告，他無法攻破特魯埃沙爾姆，實際上已經陷入

僵局。在凡爾登東北，薩拉伊面對德國皇太子的部隊。這座堡壘的炮火也對敵方造成了重大打擊。繞過凡爾登邊緣進軍的皇太子部隊遭受了不少損失，被迫停滯不前。

接下來談談符騰堡公爵和亞歷山大·馮·法肯豪森將軍（Alexander von Falkenhausen）的部隊。前者遭遇費迪南·德·朗格勒（Fernand de Langle）部隊的抵抗，後者在聖貢沼澤周圍遇到了福煦將軍部隊的頑強抵抗。

在整個中央地區，戰鬥呈現出混亂和模糊的局面，至少可以說是勝負未決。在比洛軍的左翼（此時比洛軍中還有近半數的豪森軍），黎明時分德軍對福煦軍發起了大規模的白刃戰。德軍聲稱這次進攻取得了成功。一個福煦軍團的前哨基地和突出部隊確實被迫撤退；然而，法國野戰炮的主要陣地依然完好無損，繼續進行其毀滅性的轟擊。每個人都記得福煦斷斷續續的話：「我的側翼被迂迴；我的中心後退；我要攻擊！」

三支德軍嘗試直接衝擊法軍陣地均告失敗。法軍盡量避免進攻，僅滿足於殺傷敵人，儘管這難以說是一個有益的決定。總體而言，德國皇太子、符騰堡公爵和馮·豪森將軍的部隊在1914年9月8日於薩拉伊、德·朗格勒和福煦前方完全陷入停滯。法、德兩軍戰線的中心緊密相連，形成了完全的均勢。我們見證了壕溝戰帶來的艱苦。

然而，此時那個缺口的情況如何？我們絕不能忽視這個缺口。它仍然敞開著，寬達30英哩，位於德軍右翼的兩個軍團之間。現在，堅定地踏入這個缺口的是英軍和法國第5集團軍（弗朗謝部）的右翼。在前進過程中，5個英國師以他們自己的5個騎兵旅和1個法軍騎兵師為先鋒。他們繼續大步向前推進。德國飛機看到5條長達15英哩的黑色毛毛蟲正在吞噬白色的大路。飛機報告稱「大量英軍前進」。有什麼能阻止他們的方法嗎？現在只有1個騎兵軍，其他軍隊已被比洛調走，只剩下6個步兵營和在後方遠處的一支受重創的步兵師。這點軍力不可能阻止或有效拖延12萬職業軍隊的進軍。而且還需要跨過3條河流或溪澗，清理4座草木叢生

的山脊。然而，任何事情都不能阻擋這個箭矢插入這個缺口。每前進一步，每前進 1 英哩，比洛和克魯克的戰略壓力就越大。迄今為止，沒有發生什麼重大事件。德國騎兵和步兵被裝備步槍的英國騎兵趕回，這些騎兵有迅速集結的刺刀和大炮支援。儘管如此，在整整 4 天中，英軍損失了近 2,000 人。這次進軍的作用不是戰術性的，而是策略性的。

英軍進入這個缺口並非源自於某位指揮官的卓越才智，而是一系列混亂的事件使得他們自然而然地進入了這一位置。當他們向前推進時，缺口正位於他們的前方，而在整個戰線中，這裡是阻力最小的路徑。他們順著缺口鑽入、衝入，而缺口正好通向德軍右翼的策略要害。這完全是天意和盲目的命運使然，儘管這支英國軍隊精力不算充沛，但仍然執行了決定性的重要行動。英軍繼續前進，自蒙斯出發以來一直被鞭策和呼喊追逐的恐怖陰影所驅使，對實際情況一無所知。比洛發現他的右翼受到法國第 5 集團軍的壓迫而後退，同時他與右側克魯克的聯繫因英軍的推進不斷被切斷。克魯克剛剛部署好有利陣地準備與莫努里交戰，卻發現自己的左翼和左翼後方暴露在敵人面前，處於極度危險之中。

所有這些事態的發展首先呈現在比洛和克魯克指揮部的地圖上，地圖上記錄著關於補給、安全，甚至至少讓 2 支軍隊三分之一人員脫險的數百條詳細消息。他們內心的憂慮程度，透過一項項事宜不自覺地顯現出來，反映了最高權力中心的恐慌。

現在我們必須轉而談談在盧森堡的皇帝指揮部。時間是 1914 年 9 月 8 日早晨。集合在那裡的權貴要人由於沒有接到已令他們習慣的每小時一次的勝利消息而感到驚恐。相反卻傳來了魯普雷希特被迫停滯不前的報告。接著送來截獲的霞飛 5 日的作戰命令。全部法軍已發起攻擊！皇太子說他被壓制住了。他報告說：「我們只能實現極其微小的前進，我們受大炮轟擊傷亡慘重。步兵簡直被炮火包裹住了。沒有辦法向前推進。我們能做什麼呢？」符騰堡公爵和豪森也以同樣語調報告同樣的遭遇，不同的是另外

他們還受到刺刀的攻擊。至於比洛和克魯克，人們只要看地圖就知道了，不需閱讀他們所寫的戰術報告，因為飛機和其他方面的報告證實了他們承受到策略上的痛苦。在這裡寬敞的房間內召開著高級會議，會議在命令聲、敬禮和足跟馬刺咔嚓聲的氣氛中進行，這裡遠離炮轟，遠離戰線的絕望、骯髒和混亂，這裡完全匯集和記錄了入侵法國的龐大德軍所承受壓力的種種結果，就像是股票市場崩潰時期華爾街的股市行情顯示器：價值每分鐘都在變動。最高權力單位蜷縮在新的位置上。1914 年 9 月 3 日隱約出現的勝利希望被 1914 年 9 月 8 日的失敗報告所取代。這是以鮮血為代價而不是紙上空談的事蹟。

德軍中級軍銜參謀官馬克斯·鮑爾上校（Max Bauer），曾立下赫赫戰功，向我們描述了那裡的景象：

絕望的恐慌情緒籠罩了整個軍隊，更確切地說，籠罩了大部分領導人。最高指揮部陷入了最糟糕的局面。毛奇完全崩潰了。他坐著，臉色蒼白地盯著地圖，木然無感，儼然成了一個灰心喪氣的人。馮·施泰因將軍（毛奇的副手）堅定地表示：「我們絕不能失去思考的能力。」但他並未履行職責。他自己也缺乏信心，言語中露出他的擔憂：「我們無法預見局勢將如何發展。」塔彭（作戰部長，上文曾提到他）依然如常地冷靜，他認為失敗根本不是他的錯；現在也不至於完全失敗，因為他尚未失去思考能力。但他依然無所作為。我們這些較年輕的人無法獲得重要資訊。

鮑爾確實是這麼說的！

如今，每一件事情都需要毛奇來做決定。毛奇是誰？他是這個偉大名字的影子；他是老陸軍元帥的姪子，曾擔任他的副官。他是一個普通人，確切地說，他是一個侍臣，一個在和平時期的寧靜日子裡為皇帝效勞於宮廷的人。這種人不會與君王發生衝突，他懂得如何克制自己的個性，他就是這樣的人，一個好脾氣、無害的、值得尊敬的普通人。這個命運多舛的人猝然遭遇了迎面而來的嚴酷、無情的浪潮，在這種猛烈的撞擊下，即便

是歷史上最偉大的人物也可能退縮！

　　他決定如何行事幾乎毫無疑問。一份簡單的電報發給所有軍隊並要求通知每個師：「如果你們不能前進，就築壘堅守，不可讓出一寸占領土地。」這樣似乎可以穩定局勢。然而，此時只有英軍根據波耳戰爭經驗了解現代武器在防禦中的威力。法軍在這次戰爭中才首次體驗到這令人鼓舞的經歷。對方沒有一個軍人知道，事實上，200英哩前線中的30英哩豁口只是為進入它的進攻者設下的陷阱。幾乎在瞬間，它變成了不是勝利而是危險的突出部，成為交叉火力和從兩翼反擊的巨大目標，成為進一步進攻的最壞地點。

　　德國參謀部的軍官們組成了緊密的小團體和兄弟會，使得德國士兵與其長官的關係類似於17和18世紀耶穌會會員與羅馬天主教會教士及紅衣主教之間的關係。他們有自己的語言和特殊的從屬關係，並以他們的知識和組織所帶來的高超才智來使用人力和物力。在1914年9月8日午夜左右，毛奇向情報局局長亨奇上校透露了他的觀點或心態。這兩人現在都已經去世，沒有人留下他們對話的紀錄。我們只知道談話後發生的事情。亨奇上校登上他那輛長長的灰色汽車，沿著整條戰線行駛，在每個軍隊司令部稍作停留，最後在天黑時分到達比洛的司令部。他見到了這個軍團的參謀官兄弟，並與他進行了長時間的深入交談。他們一致認為，如果英軍大批渡過馬恩河並深入比洛與克魯克之間的豁口，比洛應與右翼和中央的其他德軍一致撤退至埃納河。亨奇抽出很短的時間與老比洛進行了一次個人談話，據我們所知，這次談話相當悲觀。當晚，他在比洛司令部過夜，翌日早上7點起床，而比洛直到9點才被叫醒，之後他再次與總參謀部的軍官們談話。顯而易見，他們正在考慮昨天收到的情報，英軍的先頭部隊無疑正在渡過馬恩河。因此昨晚確定的形勢已成為現實。比洛適時進入他的司令部辦公室，根據他自己的意願，透過他的參謀官指揮，下令第2集團軍撤退。

亨奇得知第2集團軍的動態後，繼續趕路。在抵達克魯克司令部之前，他遇到了一些麻煩。他必須穿越一個危險的豁口，他的汽車被大量撤退的德國騎兵堵塞。他還遭到了英國飛機的襲擊，陷入了他所描述的「恐慌」事件中。直到正午過後，他才抵達克魯克司令部，並再次只與參謀官交涉。他根本沒見到克魯克。他告訴克魯克的參謀長馮·屈爾，英軍長驅直入那個豁口，比洛的軍隊即將後撤。但據亨奇說，大約2小時前，屈爾已下達了撤退命令。現今仍健在並撰寫了一本厚重著作的屈爾承認，撤退命令是由他的下屬透過電話傳達的，但這位下屬誤解了他的意圖。他聲稱是亨奇給了他明確的命令，要克魯克的軍隊退向埃納河，試圖將全部責任推給亨奇。

1917年，魯登道夫下令對這個著名事件進行調查，結果證明亨奇上校沒有責任。後來弄清楚，毛奇給他的任務簡單來說是弄清楚德軍撤退是否必要，若有必要，則由其負責協調5支德國軍隊的後退行動。為此以最高指揮部名義給予他完全權力。但僅僅是口頭上給予他完全權力！屈爾與亨奇之間的鬥爭由屈爾與在墳墓中的對手繼續下去。屈爾宣稱撤退的命令是明確的。然而值得注意的是，他沒有請求以書面方式得到這個至關重要的命令，而且他沒有將此事告訴克魯克，等到克魯克知道此事已有幾個小時過去了。

無論情勢如何，亨奇作為戰爭失敗的焦點，當時在德軍戰線上來回穿梭。在出差過程中，他收集了一些壞消息，回到總部後便發布了致命的命令。他利用賦予的權力，連續下令德國第1、第2、第3、第4和第5集團軍撤退到埃納河一線或與該線相當的地段。他只有在一個地方遇到了反對。受多次嘲弄的德國皇太子親自接待了毛奇的使者。面對撤退命令，他要求書面公文，否則拒絕執行。亨奇的所有命令都是口頭的，並且全都傳達給參謀官。這次他直接面對第一位司令官。於是他說「他將從盧森堡收到正式命令」。這命令於次日透過電報發出。

馬恩河戰役

馬恩河戰役就此告終。在撤退開始之前，唯有英軍成功渡過馬恩河。實際上，我們可以說，從凡爾登到巴黎的整條戰線上，法軍在馬恩河戰役中完全沒有前進。福煦左翼和弗朗謝右翼的一些法軍甚至實際上在後退。在協約國軍中，唯一持續推進的部隊是英軍。他們在 1914 年 9 月 5 日至 8 日期間，4 天內向北推進了超過 4 英哩。為避免讓讀者認為這一說法帶有民族自豪感，我必須重申，首先，當英軍轉向時，他知道在與敵人接觸之前，比其他部隊有更遠的路要走；其次，當遇到敵人時，他發現基本上只有一支騎兵隊阻擋了至關重要的缺口。事實是，他探索著進入德軍的核心地帶。

因此，一系列不可預見且無法掌控的事件在戰爭初期就決定了陸地戰事的走向，接下來的 4 年只是毫無理性的屠殺。我們無法確知馮·毛奇將軍是否曾對皇帝說過「陛下，我們打輸了戰爭。」然而，我們確知毛奇對政治事件的預見能力超越了對軍事事件的判斷能力，他在 1914 年 9 月 9 日晚致信妻子時寫道：「事情進展不順。巴黎東部的戰況對我們不利，我們將不得不為我們造成的破壞付出代價。」

海戰

　　現在，我必須描述我們所經歷的最為光輝的時刻，這段時間我們享受到了最大程度的幸運。我堅持在黑爾戈蘭灣對德國軍隊進行一次小規模攻擊的提議，這促成了我與海軍准將蒂里特和凱斯的會談；前者指揮著被稱為「哈里奇打擊力量」的輕型巡洋艦和驅逐艦，後者是駐紮在哈里奇的潛艇部隊的指揮官。1914年8月23日，凱斯准將親自致電海軍部找我，他建議：「在黎明前從靠近敵人海岸的近海發動一次精心策劃的進攻。」隔日，我在辦公室主持了一次會議，出席者包括凱斯准將、蒂里特准將、第一海務大臣和參謀長。

　　兩位准將當前擬定的計畫既簡潔又大膽。自戰爭初期，我們的潛艇便悄然在黑爾戈蘭灣巡邏。他們在3週內收集到了關於敵人部署的精確情報。他們了解到敵人通常會組織1支由2艘巡洋艦護衛的驅逐艦隊，每晚在黑爾戈蘭灣以北巡邏，天亮後不久由另1支規模較小的艦隊接替。他們建議我們派出2支最佳驅逐艦小艦隊和2艘輕型巡洋艦，從哈里奇夜間出發，在黎明前抵達黑爾戈蘭灣北部靠近敘爾特島的某個點。從那裡開始，他們沿海岸從左側巡邏，若遇到外出的敵人小艦隊便立即發動攻擊，將其驅趕回去，然後排成橫列長線，向西返航，迎擊回程的德國小艦隊，若有機會則將其擊沉。參與此次行動的還有2個分隊的6艘英國潛艇，以便攻擊出海的德國重型艦隻。此外，停泊在亨伯河的戰鬥巡洋艦「無敵」號和「紐西蘭」號也將作為此次行動的支援力量。

　　總之，這些計畫是由幾位軍官建議並經第一海務大臣批准的。作戰行動訂於1914年8月28日展開。當約翰・傑利科爵士得知這些計畫時，他立即提議派遣3艘戰鬥巡洋艦和6艘輕型巡洋艦以增強支援力量。他還指

海戰

派戴維・貝蒂爵士親自指揮。結果，取得的成功遠超海軍部的預期，並對隨後的整個海戰產生了深遠的影響。

1914年8月28日黎明，蒂里特將軍的小艦隊在「曙光女神」號與「無懼」號的帶領下抵達了它們的攻擊位置。希爾將軍一聲令下，衝入黑爾戈蘭灣，便突然向敵人發起進攻。隨著靠近陸地，霧氣愈加濃重。黑爾戈蘭灣的炮臺開始轟擊，但毫無效果。德國的戰鬥艦和戰鬥巡洋艦由於潮水退去，在下午1點前無法越過外亞德沙洲。只有那些正在巡航或靠近易北河或埃姆斯河的德國輕型巡洋艦能夠支援他們的小艦隊。接下來，小艦隊與輕型巡洋艦之間發生了混亂、分散且持久的戰鬥，一直持續到下午4點。在整個交戰過程中，英國輕型艦艇在敵人最隱祕且防範嚴密的海域中橫衝直撞。

然而，實際情況與計畫大相逕庭。這主要歸因於海軍部參謀工作的失誤，未能及時將貝蒂將軍率領戰鬥巡洋艦和輕型巡洋艦參戰的情報通知凱斯和蒂里特准將，貝蒂將軍也對英國潛艇活動區域一無所知。由此引發了一系列令人尷尬的事件，極易導致災難性的錯誤。儘管如此，幸運之神依舊眷顧我們，初次襲擊和果斷進攻讓我們安然渡過難關。德國輕型巡洋艦迅速支援他們的小艦隊，並在試圖切斷我們艦隊的希望驅動下向英國戰鬥巡洋艦發起衝鋒。貝蒂將軍不僅無視水雷和潛艇的威脅，甚至不顧遇敵的風險，以非凡的勇氣率領他的艦隊深入海灣。2艘德國巡洋艦（「阿里阿德內」號和「科隆」號）被英艦「雄獅」號和「皇家公主」號的猛烈炮火摧毀，第3艘巡洋艦（「美因茲」號）則被英國輕型巡洋艦和驅逐艦擊沉。其他3艘巡洋艦（「婦女頌」號、「施特拉斯堡」號和「斯德丁」號）艱難地逃回基地，但人員傷亡慘重。1艘德國驅逐艦被擊沉，其餘驅逐艦在混亂和迷霧中逃脫，但幾艘已受重創。

捷報當天傳至海軍部，但我們一度非常憂慮「曙光女神」號。她的輸煤管被炮彈擊斷，航速降至每小時7至8節，然而她依然安然無恙地返回

了泰晤士河。

沒有任何一艘英國戰艦被擊沉或嚴重受損；我們陣亡的人數不超過 35 人，受傷的人數約為 40 人，儘管德國海軍上尉托倫斯寫道：「英國戰艦竭盡全力在海上搜救倖存者。」224 名德國士兵 —— 其中許多人重傷 —— 在極度危險的情況下被驅逐艦「獵狗」號上的凱斯准將救起並帶回英國。這次戰鬥中，超過 1,000 名德國人，包括小艦隊司令和驅逐艦准將喪生。馮‧鐵必制海軍上將的兒子成了戰俘。然而，比這些顯而易見的戰果更為重要的是，它對敵人士氣的影響。德國人並不知曉我們參謀工作中的缺陷以及我們所承擔的風險。他們所見的是英軍在進攻中毫不猶豫地大膽使用輕型艦艇和大型艦隻，並且能夠毫髮無損地撤退。他們的感受就如同德國驅逐艦衝入索倫特海峽，他們的戰鬥巡洋艦向英國海軍航空基地猛衝時我們會感受到的那種震撼。這場戰鬥的結果意義深遠，從此英國海軍的威望重重打擊了德國的海上野心。在德皇心中留下了決定性的印象。希爾因此說：「對戰鬥艦隊施加的限制一直存在。」馮‧鐵必制更加明確地表示：「……1914 年 8 月 28 日那一天，不論從其事後影響還是伴隨的後果來看，對我們海軍工作都是災難性的……皇帝不願意承受這樣的損失……皇帝頒布命令……在接見波爾後（在這種場合下我通常不被召見）限制了北海艦隊總司令的主動行為；要避免軍艦的損失，艦隊出動和任何較大的行動必須事先得到陛下批准。」如此等等。馮‧鐵必制抗議這種「箝制政策」並表示「……從那天以後，皇帝和我之間突然出現了隔閡，這種隔閡越來越大。」

事實上，德國海軍被束縛住了。從 1914 年 8 月到 10 月，除了少數潛艇和布雷艇進行一些祕密行動外，海軍的所有活動都停止了。與此同時，我們的力量無論是在海上進攻還是在港口防禦方面都在穩定而迅速地增長。

這次海軍戰鬥的消息傳到了正處於勝利前最黑暗時刻的法軍和英軍耳中，並在各處撤退中的軍隊中引發了回響。

海戰

　　1914 年 8 月的一個早晨，英國內閣中呈現出一幅奇特的景象：受人敬重的自由黨政治家們坐下來，刻意策劃，討論如何奪取全球各地德國殖民地的計畫！一個月前，許多在場者還因恐懼和厭惡而不願考慮此類提議！我們的海上交通主要依賴迅速消除這些德國巡洋艦的基地或避難所；此外，由於比利時大部分地區已被德國陸軍蹂躪，大家覺得我們必須為他的最終解救取得抵押品。於是我們取出地圖和鉛筆，搜遍整個世界，原則上批准成立 6 個獨立的遠征隊，並將計畫送交參謀部研究和執行。一位雄心勃勃且經驗豐富的指揮官在戰爭爆發時已經入侵德國殖民地多哥蘭。現在我們提議與法軍聯合進攻喀麥隆 —— 一個更為重大的任務。博瑟將軍已宣布他打算入侵德屬西南非洲。紐西蘭和澳洲政府希望立即奪取太平洋上的薩摩亞群島及德國其他屬地。一支英、印遠征軍已獲授權攻擊德屬東非。這最後一項遠征行動的軍事準備工作遠未完成，結果歸於失敗。在海洋上依舊有德國巡洋艦四處遊弋的時候，向各地派出遠征軍的運輸任務成為海軍部的又一項責任。

　　1914 年 9 月中旬以後，我們進入了最為緊張的工作階段，一幅覆蓋作戰室整面牆的巨幅世界地圖，展現出異常的局勢。多達 20 項分散且複雜艱鉅的任務，全都依賴海上力量，並在全球各地同時展開。除了前述的遠征，從帝國各地為法國提供護送軍隊，以及在某些情況下從國內護送本土防衛義勇軍替代正規軍，這些龐大的任務也重重地壓在我們肩上。這個任務很快還會更加繁重。

　　為皇家海軍組織 3 個海軍旅及其他師屬軍隊相對簡單；然而，早在初期我就意識到組建炮兵隊超出了我的能力。確實，我們可以在美國訂購一百門野戰炮，但訓練和配備炮兵不能也不應與軍隊的主要準備工作分開進行。我的軍事參謀官奧利萬特少校在這方面提出了一個非常高明的建議，很快地也產生了深遠的影響。他建議我請求基奇納勳爵從印度調運 12 個英國炮兵連，建立一個皇家海軍炮隊，並將本土炮兵連調往印度作為交

換。當天下午，我將此事向基奇納勳爵提出。他對此建議顯得極為吃驚。他問道：「內閣會怎麼說？如果印度政府不同意，內閣會強迫他們嗎？內閣會嗎？在這件事情上我會支持他嗎？」等等。當晚，我必須外出，前往北方訪問停泊在蘇格蘭西海岸尤灣的艦隊。48 小時後，我回來拜訪基奇納勳爵，詢問事情進展如何。他滿臉笑容地告訴我：「我不僅要調來 12 個炮兵連，而是 31 個炮兵連；不僅僅是炮兵連，還有若干個營。我將調來 39 個營，並送去 3 個本土師作為替代。你必須立刻準備好運輸工具。」我們對這種有利於前線戰鬥的發展表示由衷的滿足。我說現在可以指望皇家海軍師有 12 個炮兵連了。他說：「我打算把他們全歸我自己。」他搓著雙手，顯得非常高興。因此，海軍師再次處於被冷落的地位，只能像步兵那樣。

這一最新進展顯著提升了我們的運輸任務，現在讀者需要評估印度洋與太平洋的局勢。

當戰爭爆發時，德國在海外基地擁有以下幾艘巡洋艦：「沙恩霍斯特」號、「格奈澤瑙」號、「埃姆登」號、「紐倫堡」號、「萊比錫」號（駐中國）、「柯尼希山」號（駐東非及印度洋）、「德勒斯登」號及「卡爾斯魯厄」號（駐西印度群島）。這些軍艦皆具高速航行能力並配備現代化裝備，每艘在被擊毀前都曾對我們造成重大損害。此外，還有幾艘炮艦：「兀鷹」號、「行星」號、「彗星」號、「努薩」號和「公豬」號，無一可被忽視。我們估計德國將派遣多達 40 艘快速武裝商船出海襲擊我們的商船，但我們的防範措施成功地阻止了他們全部的船隻離港，僅有 5 艘例外。在這 5 艘中，最大的「威廉大帝」號於 1914 年 8 月 26 日被英國「高空飛行者」號（艦長布勒）擊沉；「特拉法爾加角」號於 1914 年 9 月 14 日被英國武裝商船巡洋艦「卡爾馬尼亞」號（艦長諾埃爾‧格蘭特）擊沉，這 2 艘無裝甲船在被擊沉前經歷了激烈的戰鬥；其餘 3 艘則在幾個月後於中立國港口避難時被扣留。我們為防止敵方巡洋艦和武裝商船攻擊我們海上貿易的安排，自一開始便取得了巨大的成功，在本單元所描述的幾個月內，敵方所有艦船不是被擊沉

海戰

就是被扣留在港口中，完全失去行動能力。

然而，有人指出我們在外國海域上需要更快速的巡洋艦，特別是必須擁有比任何一艘德國巡洋艦都更快的軍艦，並將其作為我們的目標，這是一個合理的建議。在西印度群島的「卡爾斯魯厄」號在戰爭爆發時為我們提供了獵取該艦隻的機會，而在印度洋上的「柯尼希山」號則在幾天前被我們發現。然而，在宣戰之前，我們的軍艦速度不足，無法與前者交戰，也無法與後者保持近距離接觸。正如我們將看到的，幾乎每一艘這種德國巡洋艦在被我們制服前都對我們的海上力量造成了損害，不僅是商船，還有戰艦。「沙恩霍斯特」號和「格奈澤瑙」號擊沉了我們的「蒙茅斯」號和「好望」號；「柯尼希山」號突然襲擊並摧毀了「佩格瑟斯」號；「埃姆登」號擊沉了俄國巡洋艦「澤姆丘格」號和法國驅逐艦「火槍」號。它們確實很好地完成了任務。

在戰爭爆發之際，海軍部制定的主要方針是與整個德國海軍進行一場決定性的戰役，同時盡可能加強領海的警戒。為了實現這一目標，將對外國基地的需求減少到最低限度，只能應付國外各個戰場上的個別艦隻。由於艦隊在快速輕型巡洋艦方面較為薄弱，我的主要任務是建造更多這類軍艦。然而，像「曙光女神」號那樣的軍艦尚未有一艘被派往艦隊。因此，我們不願意讓每1艘輕型巡洋艦離開國內水域，但又覺得缺乏這種海上騎兵，艦隊在戰術上是不完整的。優先處理緊急事務和集中力量於決定性戰役中對付敵人主力的原則是壓倒一切的，因此重要但較不緊急的需求只能被推遲滿足。現在必須關注世界其他地區的麻煩事態。情況非常嚴峻。

這類麻煩事在任何地方都未曾像在印度洋那樣頻繁出現。自1914年7月31日「柯尼希山」號被發現並迅速撤離後，這片海域成為所有軍事部署和商業活動的焦點。當戰爭爆發時，另1艘德國快速巡洋艦「埃姆登」號駐紮在中國基地，並於1914年9月中旬現身印度洋海面。它野心勃勃且膽大妄為，開始對我們的商船造成許多嚴重損失。這些事件引起了巨大影響。

到 1914 年 8 月底，我們已從帝國所有駐軍要塞和防地集結了第 7 師的主力。1914 年 9 月分時，2 個英國和印度師連同外加的騎兵，總計近 5 萬人已經橫渡印度洋。最重要的是，將本土軍的炮兵連和步兵營交換在印度的全部英國步兵和炮兵的計畫，以及組建第 27、第 28 和第 29 師正規軍的計畫。同時，還需護送紐西蘭分遣隊到澳洲，與那裡的 2.5 萬名澳洲軍一起待命運往歐洲。與此同時，還需護送約 2.5 萬名加拿大軍先頭部隊橫渡大西洋。當然，這一切都是在防衛北海的主要任務之外，還有不斷運送特遣隊、增援部隊和補給物資穿越海峽的額外任務。此時，敵人的艦隊完好無損，我們可以想像它們在等待攻擊的時機；而敵人的巡洋艦則繼續在海上捕捉目標。為了加強我們的巡航力量，我們已武裝 24 艘班輪並編入現役，作為輔助巡洋艦，並對 54 艘商船配置防禦性武器，另外還有 40 艘合適的船隻正在準備中。為了減輕印度洋上的緊張局勢，並釋放輕型巡洋艦去執行追逐和消滅敵人的任務，我建議使用我們老舊的戰鬥艦（「老人星」級）作為海運的護航艦。1914 年 9 月分，我發布命令，整個印度洋上的護航制度應建立在每 2 週 1 班的基礎上，並利用 3 艘舊戰鬥艦來替代「達特茅斯」號、「查塔姆」號和「黑王子」號的任務。

　　除了使用這些舊戰鬥艦護航外，我們還在 1914 年 8 月底派遣另外 3 艘舊戰鬥艦出海用做我們巡洋艦的集合點，以防德國重型巡洋艦衝出封鎖線，就這樣我們派「光榮」號去哈利法克斯，「阿爾比恩」號去直布羅陀和「老人星」號去維德角基地。我們的海軍史有許多良好例子說明使用護衛艦能給予巡洋艦更多安全和防禦優勢——事實上是讓戰鬥艦成為浮動堡壘，較快的艦隻圍繞它能做機動靈活的動作，而且能在它的掩護下撤退。這些護衛艦還在各海洋基地上保護運煤船和供應船，沒有它們，我們所有的巡洋艦系統就會出毛病。隨著戰爭發展，讀者將看到進一步運用這個系統的情況。

　　太平洋的局勢頗為嚴峻。我們在那裡的海軍編隊包括「彌諾陶洛斯」

海戰

號、「漢普郡」號以及輕型巡洋艦「雅茅斯」號。這支艦隊恐怕無法與德國的「沙恩霍斯特」號和「格奈澤瑙」號 2 艘強力巡洋艦抗衡。然而，我們在 1913 年制定了一項節約計畫，根據該計畫，從智利購買了為其建造的 2 艘戰鬥艦中的一艘「凱旋」號，以避免在日俄戰爭爆發時落入俄國人之手，並動員揚子江（長江）上的炮艦水手擔任該艦的官兵，使其作為母艦使用。一旦「凱旋」號正式服役，除了速度之外，我們對敵人的優勢將是壓倒性的，如此一來，我們可以專注於國內的重要事務，而不必擔心是否需要增援中國基地。早在 1914 年 7 月 28 日，我建議第一海務大臣謹慎動員「凱旋」號，並將對中國中隊的注意力集中在這條軍艦上，這一建議也被及時採納。從那裡向南 5,000 英哩是澳洲中隊，由戰鬥巡洋艦「澳洲」號和 2 艘性能優異的現代輕型巡洋艦「雪梨」號和「墨爾本」號組成。單憑「澳洲」號就能夠擊敗「沙恩霍斯特」號和「格奈澤瑙」號，雖然這 2 艘軍艦的其中一艘有可能通過不同航線躲過被擊毀的命運。因此，在決定命運的訊號出現之前，對太平洋局勢的最後一次審視並沒有讓我們感到緊迫的憂慮。

當戰爭爆發之時，法國的遠東裝甲巡洋艦「蒙卡爾姆」號與「迪普萊」號，以及俄羅斯的輕型巡洋艦「阿斯科爾德」號和「澤姆丘格」號均由英國指揮，這無疑增強了我們的戰略優勢。數日之後，發生了一件至關重要的事件。日本對德國的態度驟然轉變成為一種嚴峻的威脅。英日同盟條約中並無任何條款賦予我們要求日本支持的權利。然而，戰爭爆發尚不足一週，形勢已然顯現，日本民族並未忘記中日戰爭結束時被迫撤離亞瑟港的經歷與影響。如今，他們堅決表示要徹底清除德國在遠東的所有勢力與利益。1914 年 8 月 15 日，日本向德國發出最後通牒，要求德國在 7 天內無條件交出海軍基地青島。日本人使用了 19 年前德國驅逐他們離開亞瑟港時的措辭來表達這一要求。作為回應，德皇命令其臣民堅決抵抗到底。德國官兵如同在其他任何地方一樣，即便發現自己孤立無援，面對敵人的壓倒性力量，仍然堅定地服從德皇的命令。

日本的參戰讓我們能利用中國中隊增強我們在其他戰場的優勢。我們命令「紐高爾斯」號橫渡太平洋，在那裡我們的 2 艘小型舊軍艦（「阿爾及利亞人」號和「剪嘴鷗」號）正被德國輕型巡洋艦「萊比錫」號追擊，處於危急之中。我們派遣「勝利」號及一小支分遣隊參與日本對德國青島要塞的攻勢。整體安排由英日海軍部共同制定，而整個北太平洋地區的責任，除加拿大海岸外均由日本承擔。

　　即便沒有日本的軍艦或日本人所擁有的巨大備援，協約國的優勢力量仍然是壓倒性的。然而，雙方之間的較量並非如表面上看起來那般不對等。事實上，這更像是一場古老的狐狸與鵝的比賽。2 艘強大的德國巡洋艦「沙恩霍斯特」號和「格奈澤瑙」號，加上 2 艘輕型巡洋艦，構成了一個快速而可怕的現代巡洋艦中隊。而我們的戰鬥巡洋艦「澳洲」號不僅能追上它們，還能夠單獨打敗它們。「彌諾陶洛斯」號和「漢普郡」號勉強能追上它們，並且在我們看來，與它們作戰有獲勝的可能性，但這將是一場艱苦的戰鬥。如果將「凱旋」號與「彌諾陶洛斯」號和「漢普郡」號編隊合作，在戰鬥中幾乎沒有風險，但要逼迫敵人作戰卻幾乎是不可能的。在輕型巡洋艦中，「雅茅斯」號、「墨爾本」號、「雪梨」號和日本的「日前」號既能追上又能擊毀「埃姆登」號或「紐倫堡」號。我們較舊的輕型巡洋艦「狐狸」號和「邂逅」號能與「埃姆登」號或「紐倫堡」號作戰，在自身被擊毀前有機會擊毀或至少嚴重擊傷它們，但這 2 艘軍艦速度較慢，無法追上它們。我們其餘巡洋艦隻能與較強軍艦聯合對敵作戰。利用我們的海軍力量，在 2 艘法國巡洋艦和 2 艘俄國輕型巡洋艦以及日本軍艦的援助（下文將描述援助程度）下，海軍部必須保護太平洋上全部軍隊調動、護航任務和海上貿易。即：

　　——由紐西蘭護送至澳洲。

　　——從澳洲護送至歐洲。

　　——護送英國遠東戍衛部隊至歐洲。

海 戰

——護送印度軍隊接替英國遠東駐防部隊。

——將遠征軍運送至薩摩亞。

——運送遠征軍前往新幾內亞。

所有這一切還不包括保護繼續進行的一般貿易不受干擾的任務。因此，太平洋德國海軍司令馮‧施佩上將就不乏攻擊的目標。他可以一下子躲藏一下子出擊。太平洋的浩瀚無垠和它星羅棋布的島嶼為他提供了許多躲藏之處。一旦他消失了，誰能說出他將在哪裡重新出現？另一方面，他的行動有相當大的阻力，他這個中隊的存活期限無疑也存在很大變數。隨著青島被封鎖，他與這個地區唯一基地的聯繫被切斷了。他沒有辦法使他的艦隻進入船塢，沒有辦法因戰鬥或行駛的需求進行應有的修理。現代軍艦的磨損是相當厲害的，軍艦離開碼頭時間越長困難就越大。為找尋目標做長時間的全速或高速行駛將很快耗盡軍艦的使用壽命。這種軍艦是花瓶裡的花，很好看但必然會死，如果不經常換水會很快枯死。此外，加煤過程是非常困難和危險的事情。海軍部的廣大組織在每一個港口最密切地注視每一噸煤和每一條的運煤船。買煤和運煤船的行動是洩漏內情的線索，很可能會招來追捕者。德國軍艦本身的安全和擾亂我們的能力同樣依賴其飄浮不定的行蹤。但行蹤不定在任何時候都有可能被運煤船的行動或者被截獲的無線電報所暴露。但沒有無線電報怎能使運煤船駛往會合地點？在太平洋只存在 5 個德國無線電臺，分別在雅浦、阿庇亞、諾魯、拉包爾和安佳島，戰爭爆發後 2 個月內全被我們搗毀。此後還存在的只有德國軍艦上的無線電臺。使用艦上電臺發出任何一點訊號至太空，都是十分危險的。這就是馮‧施佩將軍所處的形勢。

海軍部所面臨的問題極其微妙且複雜。我們的所有行動始終籠罩於潛在重大危險的陰影之下。你可以制定一些令人恐懼的計畫，這些計畫顯示馮‧施佩可能會在幾乎任何地方帶領他整個中隊出現。另一方面，我們無法強大到能夠每天在各處守候他。因此，我們要麼在權衡風險後冒險行

動，要麼將我們的行動和業務縮減到最低限度。絕對安全有點像絕對癱瘓，而且停滯或災難引起的抗議聲音同樣激烈。經過仔細考慮，我們決定冒險推進我們的事業。畢竟，海洋對我們和對馮・施佩來說都是無邊無際的。海軍部作戰室裡的世界地圖有 20 英呎寬、30 英呎長。這是海員使用的地圖，其中心是地球上最大的海洋：太平洋，他廣闊的區域占據了 300 平方英呎。在這幅地圖上，一個普通的別針頭那麼小的一點，代表在晴天從一條船的桅桿上能看到的全景。船隻彼此錯過的可能性確實非常大。

如前所述，英國海軍的中國中隊在香港動員和集中，澳洲海軍則在雪梨集結。當英國對德國宣戰時，馮・施佩將軍正駐紮在加羅林群島的波納佩島。從香港和雪梨到波納佩島的距離均約為 2,750 英哩。雖然日本尚未參戰，但這位德國將軍不敢嘗試返回青島，因為這可能導致與英國海軍的中國中隊直接交戰。他只敢航行至拉德羅內斯群島（德屬），在那裡等候「埃姆登」號從青島護送補給船前來，並於 1914 年 8 月 12 日與其會合。他指派「埃姆登」號進入印度洋襲擊商船，自己則向東航行至馬紹爾群島。1914 年 8 月 22 日，他派遣「紐倫堡」號前往檀香山收集情報和發送電報，並切斷加拿大與紐西蘭之間的電纜，約定於 1914 年 9 月 8 日在聖誕島再次會合。此時，他位於太平洋的中心位置。

除了有一份報告稱他於 1914 年 8 月 9 日在加羅林群島進行加煤外，海軍部對這些活動一無所知。此後他在我們眼前完全失蹤。我們一點也不知道確切的消息。可是海軍參謀部、經海軍上將亨利・傑克森爵士（他對此事一直在進行特殊而深入的研究）認可的研究結果認為，他將去馬紹爾群島，之後最大的可能是去南美洲西海岸，或者繞過合恩角返回歐洲。這個說法及支持它的複雜精細的推理證明是正確的。這大體上是我們最主要的假設，雖然我們絕不能依賴這個判斷並一直等待出現不愉快的襲擊事件。就是因為這個緣故，我們應該研究太平洋上的軍事行動。

早在 1914 年 8 月 2 日，紐西蘭政府，作為帝國的先鋒，確信戰爭已

海戰

經不可避免,數次提議增強軍事力量以打擊敵人。因此,戰時參謀部作戰司建議占領薩摩亞並摧毀那裡的敵人無線電臺;第一海務大臣和參謀長向我推薦此項措施並認為其可行。至1914年8月8日,紐西蘭發來電報稱,如海軍能提供護航,攻擊薩摩亞的特遣隊可於1914年8月11日出發。參謀部同意此意見,認為澳洲中隊足以應付「格奈澤瑙」號和「沙恩霍斯特」號,當天我表示同意。商定的安排為,遠征隊將在努美阿或在前往該地途中與戰鬥巡洋艦「澳洲」號及法國巡洋艦「蒙卡爾姆」號會合。

澳洲派遣的另一支遠征隊也由聯邦政府統籌,目標是進攻德屬新幾內亞。「沙恩霍斯特」號和「格奈澤瑙」號的失蹤為這些海域的所有行動增添了一層危險的神祕感。然而,大家認為輕型巡洋艦「墨爾本」號、「雪梨」號護衛聯邦的新幾內亞遠征隊向北航行,沿著巴里爾礁的內側航線行駛,在駛向外海之前,「澳洲」號和「蒙卡爾姆」號已經加入護航隊伍,因為這2艘軍艦早已完成了為紐西蘭遠征軍護航至薩摩亞的任務。我們認為至關重要的是,這些遠征軍一旦在德國殖民地登陸後,必須具備自給自足的能力,因為港口內不應留下品質欠佳的戰艦來支援他們。除了難以抽調,這類戰艦也容易成為德國2艘大型巡洋艦的獵物。

1914年8月30日占領薩摩亞,1914年9月10日摧毀諾魯的無線電臺。1914年9月9日,澳洲遠征軍登上戰鬥巡洋艦「澳洲」號,兩天後順利抵達拉包爾。

現在我們必須為澳洲軍隊前往歐洲提供護航。他們預定於1914年9月27日從雪梨出發前往阿得雷德港,並在那裡與紐西蘭遠征軍及其護航隊,以及澳洲艦隊(包括「澳洲」號、「雪梨」號和「墨爾本」號)會合。這支艦隊在完成對新幾內亞遠征軍的護航任務後將立即前來。此前,我們在為澳洲軍隊提供護航的最初建議中,負責這一任務的是「澳洲」號、「雪梨」號和「墨爾本」號,以及紐西蘭的小巡洋艦。在沒有全部聯邦艦隊的情況下,為了保護聯邦軍的安全,我們安排了由「彌諾陶洛斯」號加上日

本「伊吹」號和「日前」號前往南部的新不列顛群島。

1914 年 9 月中旬，紐西蘭遠征隊理應啟程前往阿得雷德。然而，「澳洲」號及其僚艦仍滯留在新幾內亞，部分原因是德軍的抵抗導致了延誤。紐西蘭對其遠征軍前往澳洲的前景感到高度焦慮，因為除了 2 艘 P 級巡洋艦之外，沒有更好的護航艦隊。他們指出了「沙恩霍斯特」號和「格奈澤瑙」號的威脅，根據 1914 年 9 月 14 日的報告，這 2 艘艦船已經離開薩摩亞。海軍部的觀點是，這 2 艘德艦不太可能知道紐西蘭遠征軍的計畫，更不可能知道其啟航日期；如果他們要在紐西蘭海域發動攻擊，他們必須從赤道以北的加煤基地遠端航行過來，而且實際上必須由他們的運煤船伴隨，大大降低了他們的速度並限制了他們的活動。在這種情況下，海軍部預測紐西蘭護航隊在航行的初期階段不會面臨太大危險，因此決定在這個階段不提供額外保護，並認為應承擔這一風險。對於這一決定，紐西蘭政府於 1914 年 9 月 21 日表示接受，並決定紐西蘭護航隊應於 1914 年 9 月 25 日啟航。與此同時，德艦「埃姆登」號在孟加拉灣的英勇事蹟自然引發了紐西蘭和澳洲公眾的恐慌；在堅持原有立場的前提下，我們決定設法消除這種恐懼。

1914 年 9 月 24 日的消息傳來，新幾內亞遠征軍成功克服了所有障礙，因此我們決定對計畫進行如下調整：「彌諾陶洛斯」號和「伊吹」號將前往威靈頓護送紐西蘭軍隊至阿得雷德，而「澳洲」號和「蒙卡爾姆」號則從新幾內亞護送輔助艦隻及較弱的軍艦至巴里爾礁內側後，前往馬紹爾群島搜尋「沙恩霍斯特」號和「格奈澤瑙」號，因為他們似乎可能駛向那裡。這個決定改變了澳洲軍護航艦隊的構成。他們橫渡太平洋和印度洋的護衛任務在相當程度上被託付給懸掛日本戰旗的軍艦。這一歷史事實應是太平洋上作戰的友好協約國家間良好意願的另一個證明。

與此同時，「埃姆登」號在孟加拉灣的劫掠與破壞仍在繼續。1914 年 9 月 22 日，她出現在馬德拉斯的外海，炮擊了緬甸公司的油輪。在被炮臺

海戰

逼退之前，有幾發炮彈擊中了馬德拉斯城內。這個事件，加上此前加爾各答——可倫坡商業航線的干擾以及孟加拉灣內幾乎每天有商船被擊沉，造成了廣泛的恐慌。1914年10月1日，我向第一海務大臣提交了一份備忘錄，特別建議在印度洋大規模集中力量對付「埃姆登」號。此次集結的力量包括「漢普郡」號、「雅茅斯」號、「雪梨」號、「墨爾本」號、「日前」號（日本）、「澤姆立格」號和「阿斯科爾德」號（俄國）、「普賽克」號、「皮拉姆斯」號及「夜鶯」號，共計10艘，大約在1個月內就能見效。

1914年10月15日，我再次表達了：

「雪梨」號應先護送澳洲軍隊，然後再尋找「埃姆登」號。

從下文中可以看出，此舉直擊要害。

尚需完成的任務是將加拿大陸軍跨越大西洋運送至戰區。多達25,000名受過良好教育並部分接受專業訓練的志願軍在聖勞倫斯登上了31艘受護運的輪船。船隊還包括2艘船，1艘載有紐芬蘭遠征軍，另1艘載有從百慕達來的英軍1營。海軍少將威姆斯率領一個輕型巡洋艦中隊承擔實際護航任務，但船隊的主要保護由遠處更強大的力量提供保障。我們艦隊的所有巡洋艦中隊在挪威和蘇格蘭海岸之間排列成2行，以防德國快速戰艦的突然襲擊，而大艦隊本身則留在海上支持船隊北上。由海軍少將霍恩比指揮的北美中隊監視出沒在紐約港附近的德國武裝商船。2艘老舊的戰鬥艦「光榮」號和「威嚴」號在遠離常規航道的會合點迎接護航船隊，霍恩比少將在「蘭卡斯特」號上親自陪伴他們通過航程的第一階段。最後，從大艦隊派遣「皇家公主」號在大西洋中途迎接護航船隊，防止德國戰鬥巡洋艦可能悄然穿越約翰‧傑利科爵士巡航的廣大區域。「皇家公主」號的行動對外保密，甚至加拿大政府也未獲知此消息，儘管他們對軍隊運輸自然會有擔憂。

護航艦隊於1914年10月3日啟航，10天後順利抵達英吉利海峽入口。計畫是讓加拿大軍隊在樸茨茅斯登陸，當地已為他們做好一切準備。

然而，就在預定抵達當天，樸茨茅斯防衛小艦隊報告稱，1艘德國潛艇出現在瑟堡外海，並且在懷特島外海也發現另1艘潛艇。此時，我們堅持無論有何軍事困難，也要將整個護航隊駛入普利茅斯。1914年10月14日，這支龐大艦隊裝載首批軍隊，向東橫渡大西洋，停泊在普利茅斯海灣。

此次重大事件後，帝國軍隊的初步部署已經完成。其內容包括將相當於5個師的部隊從印度運送到歐洲，再從英國調遣3個師的本土軍隊替換他們；從英國各駐軍要塞和堡壘調集第7師和第8師，並從本國和印度派遣相應的替代人員；將大約2個師的部隊從加拿大運送到英國；最後——儘管是在1914年12月分才完成——將約2個師從澳洲和紐西蘭運送到埃及。這種集中部署的結果是，立即可用的正規軍增加了5個英國正規師（第7、8、27、28、29師）及2個由英國和印度提供的增援力量，以支持戰爭初期的6個正規師——到1914年11月底，我們在法國的軍隊增加到大約13個師，這些部隊訓練有素並且具有豐富的服役經驗。此外，4個加拿大和澳洲師在英國和埃及完成了訓練，普遍認為他們的準備已經相當充分，超過了留在英國的10個本土師和基奇納勳爵正在徵募的24個師的新軍。儘管所有敵方巡洋艦仍未被控制，但整個海上運輸過程未發生任何事故，未損失一艘艦艇或一條生命。

在1914年9月的第三個星期，霞飛元帥發電報給基奇納勳爵，詢問是否能派遣1個旅的海軍陸戰隊前往敦克爾克，增援當地駐軍，讓敵人誤以為該地區不僅有法軍，還有英軍。基奇納勳爵徵詢我的意見，問海軍部是否願意協助此事。我回覆，如果他能派一些本土軍騎兵保護部隊駐地，我同意派遣1個旅。他答應派出1個團，因此，我被牽扯進了一系列繁瑣且需要親自處理的事務中，這些事務消耗了我的時間和精力，並有可能——儘管我聲稱不會——影響我對整體形勢的判斷。我組建了一個小團隊來處理此事，其中奧利萬特上校是推動工作的核心人物。根據他的建議，我們從倫敦街頭徵集了50輛公共汽車，使海軍陸戰隊能夠更加靈活

機動。我們迅速讓英國分遣隊在伊普爾、里爾、圖爾奈和杜埃顯眼地出現。儘管參與這些小規模行動的人員在阿斯頓將軍的領導下，後來在帕里斯將軍接替時冒了許多風險，但海軍陸戰隊和本土軍都未遭遇不幸事故。他們在總體計畫中發揮了作用，沒有遭受損失。1個月後，當約翰·弗倫奇爵士的先頭部隊抵達該地區時，我懷著真正的寬慰心情將這個分遣隊移交給總司令，解除了一個雖次要但仍令人煩惱的憂慮。

此章以幸運與成就開篇，但注定會以不幸收尾。最初的戰事命令是根據適合戰爭爆發的情勢設計的。它們將棋子按我們認為最佳的方式布置在棋盤上，然後透過經驗進行調整。依照這些安排，第3艦隊的第7巡洋艦中隊由「酒神女司祭」級的老巡洋艦組成（包括「酒神女司祭」號、「歐亞盧斯」號〔旗艦〕、「克雷西」號、「阿布基爾」號和「霍格」號），他們以諾爾為基地，以確保裝甲艦能夠隨時暢通無阻地通過北海南部通道和海峽東端入口，並從哈里奇支援在該區域活動的第1和第3小艦隊。這些小艦隊的任務是確保北緯54度線以南區域沒有敵方的魚雷艇和布雷艇。巡洋艦隊則負責支援小艦隊執行任務，並與他們密切監視敵方戰艦和運輸船隻，以便能在第一時間報告他們的動向。

於是，這項極為必要的巡航每日持續進行，未曾發生任何意外。如今，我們已經處於戰爭狀態達6週之久。在戰時，任何重複的行為都充滿危險。如果你不反覆進行同一件事，那麼你可以在許多情況下安然無恙。

艦隊及其中隊的日常事務並不在我的職責範圍內，我的任務僅限於總體監督。我透過觀察和收集各種有用的線索，從多種資訊管道獲取情報。1914年9月17日，在視察大艦隊時，一位軍官使用的詞語立即引起了我的注意。他提到「活誘餌中隊」，我詢問了其含義，並得知它指的是在平靜海面上巡航的那些老舊巡洋艦。基於此，我對該區域的整體情況進行了評估，並與蒂里特和凱斯准將進行了討論。第2天早上，我向第一海務大臣寄出了如下備忘錄：

1914 年 9 月 18 日

第一海務大臣，

用於狹窄海域活動的海軍部隊應具備小規模戰鬥的能力，無需動用大規模艦隊。為達此目的，這支海軍部隊應得到駐紮在希爾內斯的第 2 艦隊 2 至 3 艘戰鬥巡洋艦或戰鬥艦的有效支援。那裡是我們擁有受到飛機和驅逐艦最有效巡邏保護的錨地。這些軍艦可以停泊在水柵後面，隨時準備出海進行攻擊。戰鬥巡洋艦更為理想。

「酒神女司祭」級戰艦不得再沿此路線巡航，無論在何種情形下，這類戰艦都不應冒此險。狹窄海域緊鄰敵方，應由少數性能優越的現代軍艦守護。

「酒神女司祭」級戰艦應駛向海峽西邊入口，抽調貝瑟爾的戰鬥艦和後續威姆斯的巡洋艦執行護航及其他任務。

最早的 4 艘「曙光女神」級戰艦應編入狹窄海域的小型艦隊。

我認為沒有充足的理由將目前熟悉工作的這些小艦隊與北方的小艦隊調換防區。

由於「M」艇已交付使用，他們應組成獨立的小艦隊，前往北方支援大艦隊作戰。

「艾爾弗雷德國王」號應完成指定任務，進行全面維修。

路易斯親王立刻表示贊同，並向參謀長下達了重新部署軍力的命令。對此我感到非常滿意，確信這些命令會在最短時間內執行，我心中的石頭也終於落地。然而，就在命令即將執行之際，一場災禍突然而至。

在等待新制度實施期間，海軍部戰時參謀部繼續沿用舊制度。秋分時節的惡劣天氣使得指揮「酒神女司祭」級軍艦中隊的將軍下令驅逐艦小艦隊返港。這位將軍建議僅由巡洋艦在多格區域繼續巡航。海軍部戰時參謀部原則上默許了這些安排，但在 1914 年 9 月 19 日指示他注意第 14 號淺灘：

多格淺灘巡航無須繼續。惡劣氣候下驅逐艦無法出海。請部署巡洋艦

海 戰

監視第 14 號淺灘。

這份關於日常工作的電報當然沒有經過我的審閱。但在戰時參謀部慎重考慮後，才會發出去。在波濤洶湧的險峻海面上，狂風是這些狹窄海域的特色，這種環境對潛艇極為不利，它只能在極端困難和不完善條件下進行偵察。人們認為驅逐艦被迫入港的惡劣氣候也是防止敵方潛艇襲擊的重要屏障。

因此，海軍部及其將領決定讓巡洋艦在沒有小艦隊護衛的情況下繼續留在海上。若天氣好轉，計劃派遣蒂里特准將的 1 支小艦隊於 1914 年 9 月 20 日早晨前往與巡洋艦會合。然而，1914 年 9 月 20 日海上依舊波濤洶湧，由「無懼」號率領的小艦隊不得不返航哈里奇。於是，1914 年 9 月 19 日、20 日和 21 日，3 艘巡洋艦「阿布基爾」號、「克雷西」號和「霍格」號在狹窄海域內單獨巡航，沒有小艦隊的保護。「歐亞盧斯」號旗艦於 1914 年 9 月 20 日必須返港補充燃煤。乘坐此艦的將軍囑咐下屬格外小心，並將中隊指揮權交給高級艦長。此時，他們並沒有比平時更大的風險遭遇攻擊。相反，德國艦艇北上的謠言促使整個大艦隊出海南下，徹底搜尋弗蘭伯勒角與霍恩礁之間的海域。巡洋艦接到的命令與 1914 年 9 月 20 日開始的海軍陸戰隊從多佛爾到敦克爾克的行動無關。這幾艘巡洋艦只是執行其常規任務，這種任務因頻繁重複已變得相當危險，且無論如何他們並不適合執行這種任務。

1914 年 9 月 21 日，天氣轉為平靜，蒂里特准將率領 8 艘驅逐艦再度啟程前往第 14 號淺灘。在 1914 年 9 月 22 日破曉時，他們已經行駛了相當長的距離。隨著海浪逐漸消退，潛艇的威脅再次浮現。然而，3 艘巡洋艦並未如期迎接驅逐艦，而是以不到 10 節的速度緩慢向北航行，彷彿重複著往常的行徑。同時，1 艘日益大膽的德國潛艇悄悄沿荷蘭海岸南下。上午 6 點 30 分，天剛亮不久，「阿布基爾」號便遭到魚雷襲擊。僅 25 分鐘，這艘老舊軍艦便傾覆沉沒。艦上的小艇在爆炸中被摧毀，數百名水手

在海中掙扎或緊緊抓住沉船。她的 2 艘僚艦出於純樸的騎士精神，立即趕來救援，停在沉船幾百碼處，放下所有小艇救助倖存者。就在此時，這 2 艘僚艦也被同 1 艘潛艇擊沉，先是「霍格」號，接著是「克雷西」號。

這 3 艘軍艦上的 2,000 多人中，只有 800 人獲救，1,400 多人遇難。這些軍艦本身並無太大價值，屬於第 3 艦隊中最老的巡洋艦，對於敵我力量的整體差距影響不大。然而，這些軍艦幾乎全由後備官兵配置，大部分人是有家室的男子；艦上還有年輕的奧斯本軍事院校學生，為安全起見，他們被安置在這些認為不會參與大戰役的軍艦上。這次慘重的生命損失，雖然比起陸軍的損失仍顯得小，但卻是海軍在戰爭中首次遭受的重大損失。這次事件極大地刺激和鼓舞了德國潛艇的冒險精神。造成這場災難的指揮官韋迪根海軍上尉被視為民族英雄，備受歡呼。儘管他親手奪走了 1,400 條生命，這在歷史上是個特殊的插曲，但事實證明，他並未活得足夠長久以享受他那令人憂鬱的名聲。強烈的批評風暴席捲海軍部，自然，批評的矛頭指向了我。「這就是一位文官大臣干預海軍作戰，推翻有經驗海軍將領判斷導致災難的一個例子。」一本惡毒的小冊子的作者如是說。努力在倫敦的權貴圈子中廣泛傳播他的著作，毫不猶豫地以最直接的方式提出這一指責，這一指責在整個英國新聞界以各種暗示性的言辭屢次重提。然而，我無法進行任何解釋或回應。

我呼籲海軍部對這次悲劇事件進行最嚴厲的調查。由此成立的調查法庭已開始運作。法庭發現，巡洋艦當日位置的責任可歸因於海軍部戰時參謀部在 1914 年 9 月 19 日發出的電報（上述已提及）。第一海務大臣認為這是下屬法庭對海軍部的批評；但在我看來，這一批評是公正的，且應當產生效果。然而，這樣的結論還遠未達到全面徹底的程度。人們期望的是，指揮巡洋艦中隊的高級軍官應自行判斷任務的危險性，尤其是在任務不斷重複時更應如此。當他們服從命令時，應明確地向海軍部報告當前令人不滿的狀況，而不是一天天、一週週地繼續下去，直到上級干預或悲劇事件

發生。人們還期望在中隊的戰術行為中遵循常規的預防措施。此外，儘管「霍格」號和「克雷西」號試圖救援下沉的「阿布基爾」號的行為出於慷慨的人道精神，但他們採取了最不明智且更可能增加生命損失的行動。他們本應立即向相反方向駛去，並在最早的機會出現時放下救生艇。

　　2個月後，我將這些問題遞交給海軍部的費雪勳爵。他簡明地回應：「大部分涉及軍官領取半薪；他們還是留在那裡好；採取進一步行動無益於事。」

安特衛普與海峽各港口

德國人希望透過一次決定性的大戰役擊敗法國陸軍，進而在一鼓作氣中結束戰爭。然而，當這一目標注定無法實現時，先前被他們理所當然地忽視的所有次要和附帶目標便變得極為重要。隨著激情的消退，具體的事物重新獲得了其價值。「軍隊」和「國家」之間的鬥爭未能決出勝負，「地方」因此恢復了其重要性，地理因素而非心理因素開始成為戰線的主要目標。如今，巴黎無法攻克，海峽港口——敦克爾克、加萊和布洛涅——仍然未設防，最終安特衛普，就像潮水退去時露出的被浸溼的岩石，重新顯現出了其在軍事上的價值。

戰爭現已進入第二階段。法軍將德軍從馬恩河逼退至埃納河後，察覺無法以正面進攻進一步驅逐敵人，遂開始擴展左翼，企圖從側翼包圍敵軍。爭奪最早抵達海洋的競賽展開。法軍開始將部隊從右翼調往左翼。卡斯泰爾諾的部隊從南錫急速推進，投入皮卡第戰役，試圖繞過德軍右翼，結果卻過於深入，超出法軍的左翼。福煦的部隊一個軍團接一個軍團，乘坐汽車或火車抵達阿圖瓦的戰線；但這支部隊的左側仍面臨馮‧馬維茨大量德軍騎兵師的威脅，形成了襲擊與反襲擊的局面。雙方軍隊在交戰時投入了所有人員和火炮，炮擊不斷向北和向西推進，逐漸向海洋靠近。

兩軍在何處相遇並抵達海濱？在海岸線的哪一部分？哪一方能夠繞過對方的側翼？是敦克爾克的北部還是南部？還是在格拉沃利納、加來或布洛涅的北部或南部？還是更向南，甚至到達阿布維爾？這些都取決於不斷變化的戰鬥局勢。然而，作為最高目標，作為協約國安全且堅不可摧的側翼，安特衛普必須奮力抵抗。安特衛普的重要性等同於其他所有港口，並為它們提供保護。

安特衛普與海峽各港口

安特衛普不僅是比利時唯一的堡壘，也是協約國戰線西端的真正左翼。它保衛著一連串的海峽港口。它威脅德軍在法國的兩翼和後方。它是英國陸軍可以在任何時候出現在對方敏感且必不可少的交通線的出入口。安特衛普未被占領時，德軍想前進到海岸，攻擊奧斯坦德、敦克爾克、加來和布洛涅看來是不可能的。

德軍最高司令部在馬恩河戰役失利後開始整頓和改革軍隊，從此占領安特衛普便成為他們最重要的目標。正如我們現在所知，1914年9月9日下午，有人催促德皇下令攻占該城市。1914年9月28日前，協約國對此一無所知。比利時軍和德軍一直沿堡壘線對峙，沒有發生重大的包圍戰或攻城戰。但到了1914年9月28日，德軍突然向安特衛普外圍開火，使用17英吋榴彈炮發射了超過1噸重的炮彈。

比利時政府幾乎立刻發出合理的警報訊號。英國情報機構報告表明，德軍高度重視對安特衛普的圍攻行動，他們的行動並非僅僅為了使比利時軍隊分心或保護交通線的假動作。從布魯塞爾傳來的情報顯示，德皇已經下令占領該城市，這次行動可能會犧牲數千條生命，但命令必須執行。還報告說，大批德國後備部隊正在列日附近集結。從所有這些報告看來，很明顯，從敦克爾克出動的英國小隊部的海軍陸戰隊、公共汽車隊、裝甲車、飛機等等已經起不了什麼作用。他們已不再需要對付德國烏蘭的巡邏隊或突襲部隊了。大批敵軍正逼近海岸地區，我們靠虛張聲勢的辦法一直占有里爾和圖爾奈已不能再維持下去。

比利時野戰軍約有8萬多士兵，另加大約7萬名要塞部隊。比利時陸軍的4個師負責防衛安特衛普防禦工事周圍的南部，第5師作為後備，有一個較弱的師駐守在特爾蒙德。一支約有3,600人的騎兵師駐紮在特爾蒙德西南，保護安特衛普與海岸之間的交通線。根特由一些志願兵防守。

1914年10月1日晚，弗雷德里克·維利爾斯爵士報告，德軍已經攻破並摧毀了安特衛普的兩座主要堡壘，同時還占領了堡壘間的比利時軍塹

壕，但比利時軍隊仍堅守在內特河兩岸。基奇納勳爵此時表現出強烈的支持先遣隊和解救安特衛普的意願，並為此目的準備動用尚在英國的正規軍，只要法軍最終能協力合作。他已派遣炮兵和參謀軍官前往被圍困的城市。1914年10月2日天剛黑不久，他促使愛德華‧格雷爵士致電法國政府，力勸他們積極干預。他指出，法國承諾派遣的本土師力量不足，而安特衛普的形勢非常危急；如果法國願意派出軍隊，英國也將採取同樣的行動。他還說：「如果霞飛將軍能在2、3天內在法國打一場決定性的勝仗，其結果可以解救安特衛普；否則，除非他現在就派遣若干正規軍，否則就得考慮安特衛普的淪陷。」

直到此時我一直沒有以任何方式捲入此事。基奇納勳爵收到或發出的所有電報我幾乎能即刻讀到，並始終注視局勢的發展。我熱切地贊成他為解救安特衛普所做的努力，我也完全分擔了他的憂慮。我每天都能見到他。但我沒有個人的責任，跟我也沒有直接關係。此時我的印象是安特衛普形勢糟糕，但沒有即刻的危險，那個地方肯定能再堅守2週；同時透過基奇納勳爵的努力和影響，使法國發起重大戰役，將使該地得到解救。就是在這種情況下，我提出在1914年10月2-3日間離開海軍部約18個鐘頭。

應霞飛將軍之邀，我計劃於1914年10月3日訪問敦克爾克，處理海軍陸戰隊及其他分遣部隊的相關事務。1914年10月2日晚11點左右，我在距離倫敦約20英哩的地方，正在前往多佛爾的途中，突然，我所乘坐的專車毫無緣由地停下並返回維多利亞車站。抵達後，有人告知我要立刻前往基奇納勳爵位於卡爾頓花園的住所。接近午夜時分，我到達那裡，發現基奇納勳爵、愛德華‧格雷爵士、第一海務大臣以及外交部的威廉‧蒂勒爾爵士皆在場。他們向我展示了一份由英國駐比利時公使法蘭西斯‧維利爾斯於1914年10月2日晚8點20分從安特衛普發出，並於晚10點抵達倫敦的電報。

比利時政府決定明天前往奧斯坦德，此行乃依據國王出席的最高戰時

安特衛普與海峽各港口

委員會一致建議而展開。國王將與野戰軍一同撤退，先遣部隊將率先出發，明天起向根特方向出發以保護海岸線，他們希望最終能與協約國軍隊協同作戰。

據傳這座城市能堅守5、6天，但在朝廷與政府撤離的情況下，抵抗還能持續如此長時間似乎極不可能。

我深知，當我的同事們震驚地得知這個消息後，他們討論了整整半個小時。局勢如此迅速地惡化，完全出乎所有人的意料。安特衛普這個龐大的要塞和城市，擁有三道堡壘線和凶險的海水保護，並且有整個比利時野戰軍的防衛（其人數絕對不少於附近所有的德軍），竟在48小時內瓦解，這在當時我們所有人看來不僅令人恐懼，還難以置信。當法國和英國正為解救該市進行準備，當相當數量的新生力量無疑地可以有效地在海峽兩岸集結，甚至在霞飛將軍能夠答應基奇納勳爵的電報請求之前，竟然發生了這樣的事情，的確令人難以忍受。我們在困惑和痛苦中互相對視。在最後幾個小時內究竟發生了什麼，使比利時人如此絕望？我們在那天下午收到達拉斯上校發來的最後一份電報還說：「昨夜形勢未變，德軍沒有向前推進。報導的德軍大屠殺激起了比利時人的鬥志，他們打算在聖凱薩琳堡附近發起反擊。」而現在晚上10時的電報卻宣告要立刻撤離和即將發生的淪陷！

在多年之後，那些回顧這一恐怖時期最初震撼的人，通常會以事後諸葛的眼光和累積的經驗，對當時的決定和行動進行深刻的評判。人們常常找到強而有力的理由來避免採取行動，尤其是避免親自行動。然而，對於午夜在基奇納家中會面的幾位大臣而言，顯然有責任在拯救安特衛普的措施可能就在眼前時，確定是否有充分的理由放棄安特衛普。我堅決主張我們應當戰鬥到底，不輕易讓步；我們決定聯合向維利爾斯發出如下電報：

1914年10月3日中午12時45分

安特衛普的戰略地位讓我們有充分理由採取進一步行動，直至決定在法國展開重大戰役。我們正試圖從主力部隊中抽調一部分兵力以支援你

們，如果可行，我們將從這裡派出更多的增援。同時，一個旅的海軍陸戰隊將於明天抵達你們那裡以支援防禦。我們強烈敦促你們能進一步奮戰，堅守城市。即使僅僅數天也可能改變局勢。我們希望政府能夠留下，野戰軍能夠繼續作戰。

另一方面，我們每個人都意識到，在對當地局勢缺乏全面了解的情況下，力勸比利時政府堅持抵抗，這種違背他們深思熟慮判斷的主張是危險的——即使援軍部隊不成問題，在給定的日期和明確保證之前，我們還有大量事務需要安排與決定。我們面臨艱難的選擇：要麼在極短時間內基於不完善的資訊做出具有深遠影響的決定，要麼相反，順從地讓安特衛普落入敵人手中。

在這種環境下，顯而易見的決策是，了解整體局勢的某位決策者應迅速前往安特衛普，查明情況並確定應採取的行動。由於我已決定次日清晨前往敦克爾克，這項任務便交給我；基奇納勳爵明確表示希望我去；第一海務大臣同意在我外出期間由他單獨負責部務。此時已是凌晨1點半。我立刻前往維多利亞車站，登上在那裡等候我的專車，再次啟程前往多佛爾。在離開基奇納勳爵的幾分鐘前，他收到了對他1914年10月2日電報的回電。法國外交部長承諾將毫不延遲地派遣2個配備炮兵和騎兵的本土師前往奧斯坦德以援助安特衛普。此外，法軍將在主戰場上推進。獲得這一消息後，基奇納勳爵專注於英國援軍的集結和組織工作。

同時，愛德華·格雷爵士於1914年10月3日上午1點15分發電報給比利時政府，通知邱吉爾將於3日早上抵達，請求他們將最終決定的執行推遲至那時。收到這封電報的比利時戰時委員會於3日黎明時分召開會議，暫緩執行撤離安特衛普的命令。

我直到下午3點後才抵達安特衛普，隨即拜訪了比利時首相。布羅克維爾先生是一位精力充沛、思維敏捷且言辭清晰的人。在關鍵時刻，他受命掌舵比利時，下定決心不向無理侵略屈服。他詳細向我闡明當時的形

勢。德·吉斯將軍（要塞司令官）也補充了他的看法。外圍堡壘一個接一個被攻破，德國的巨型榴彈炮只需5或6枚炮彈便能摧毀堡壘的基礎，炸死即使在最深掩體中的守軍，並且炸裂守方的大炮。現在內線堡壘正遭受同樣的攻擊，無法阻止堡壘以大約一天一個的速度被摧毀。軍隊精疲力竭，士氣低落，這主要是因為他們為協約國冒如此大風險，而協約國卻沒有提供絲毫援助，長期以來全靠他們獨自支撐。各種物資——槍炮、彈藥、探照燈、電話、掘戰壕工具——極度短缺，城市的供水也被切斷。城市中出現了許多德國同情者的謠言。前線隨時可能在巨型大炮的轟擊下被攻破，而炮轟此時仍在進行。但這僅是危險的一部分。比利時民族的生存和榮譽不取決於安特衛普，而是依賴於軍隊。失去安特衛普是災難性的，如果再失去軍隊，那將是致命的。由於中立，斯爾德河已被封鎖，唯一的撤退路線是與荷蘭邊界和海岸線平行的一條危險的側翼通道。2個比利時步兵師和一個騎兵師正努力將德軍從這唯一的撤退路線上趕走。然而壓力在增加，登德爾河一線也不再安全可靠。如果根特在比利時軍隊平安撤退前陷落，那麼前途將只有毀滅。

在這種情況下，他們決定首先撤退到斯爾德河左岸據稱有戰壕的營地，即向右側撤退；其次，沿同一方向經過根特向協約國軍的左翼靠攏。這些命令因接到英國政府的電報而暫停執行。

因此，我詳細介紹了基奇納勳爵的計畫，列出了可用來支援比利時軍隊的英、法聯軍的具體數字。我強調，他們應堅守這座城市，盡可能延緩德軍的推進，摒棄撤退的念頭。我指出，臨海側翼的戰事尚未塵埃落定，但我們的主力部隊正逐日逼近比利時。我詢問，如果援軍確實到達，是否會影響他們的決定。他們回應這是一個新情況，如果這種支援能更早到達，局勢可能會完全不同。即使在當前情形下，如果比利時軍隊的撤退路線能在根特附近得到協約國軍隊的保護，他們也願意繼續抵抗。於是，在他們的同意下，我起草了一份給基奇納勳爵的電報：

安特衛普，1914 年 10 月 3 日晚 6：53（晚 9：45 接收）

經雙方確認，我與首相布羅克維爾先生達成如下安排：比利時政府現正進行一切準備，至少抵抗 10 天，並竭盡全力採取任何相關措施。我們需在 3 天內明確表示是否能夠為援助他們發動大規模陸上戰爭以及可能的實施時間。如果我們在 3 天內無法提供令人滿意的大量支持保證，他們有完全的自由（如他們認為適當）放棄防衛。在此情況下，若他們願意撤走野戰軍，我們（雖無法發動大規模戰爭）將派遣掩護部隊至根特或撤退路線上的其他地方，協助他們撤退。如此，他們在全力保衛安特衛普時所損失的一切物資，我們將在協助他們撤出時盡可能補償。

此外，我們還透過多種較小的方式協助他們進行區域性防禦，例如提供槍炮、派遣海軍陸戰隊和海軍旅等。

我提出的條件都是切合實際的，以避免承擔我們無法承受的責任；同時避免倉促承諾我們能派出什麼部隊參加大戰。正如你在第 7 號電報（給達拉斯上校）中指出的，你能做得更好，並在 3 天內給予確定的答覆，但最重要的是比利時政府和軍隊應立即振作起來，投身於保衛祖國的事業。

眼下敵軍進攻的壓力巨大，不徹底的應付措施無濟於事。然而，首相告知我，他們有信心堅守 3 天，較有把握堅守 6 天，並將竭力爭取 10 天。

若採用此種安排，將有充裕的時間從容解決問題。

2 千名海軍陸戰隊員將於今晚抵達。

我會待在這裡直到明天。

我將這封電報唸給比利時首相聽，他表示我們的看法完全一致，但需獲得目前正在召開的大臣會議的正式批准。

如若你確認這些建議切實可行，請向海軍下達以下命令：立即派遣 2 個海軍旅（剔除剛入伍的新兵）經由敦克爾克前往安特衛普，攜帶 5 天口糧和 2 百萬發子彈，但無需攜帶帳篷或大量輜重。

他們什麼時候能到？

安特衛普與海峽各港口

　　當天下午和次日早晨，我在等待倫敦的回覆期間，外出巡視前線。被繁茂樹葉遮蔽的鄉村地勢完全平坦；天空中隱約可見新月形的德國繫留氣球；炮火持續不斷；沒有任何步兵進攻的跡象；防守部隊顯得疲憊且沮喪。要明確了解實際發生的戰爭情況，實屬不易。然而，我們終於抵達真正的大水氾濫區域，敵軍就在外緣駐紮。由於水深達 1 英呎，雙方在此地均無法挖掘戰壕。比利時哨兵蹲伏在灌木叢後。此時沒有步槍射擊，但許多炮彈在頭頂飛過，落向比利時防線。

　　儘管德軍在安特衛普的炮火無法與後來在西線目睹的大規模炮轟相比，但其猛烈程度毋庸置疑。比利時軍的戰壕既寬且淺，對於疲憊且常常缺乏經驗的部隊來說，保護作用甚微。我們沿著石鋪大路從大水邊緣往回走時，目睹了大路兩側的恐怖景象：幾顆巨大的炮彈在掩蔽工事內或其附近爆炸，濃煙滾滾，援軍正以緊密的隊形爬入工事。每個突出的建築物——莊園、大廈或風車房——都不斷遭到轟擊；榴霰彈在道路旁爆炸，半英哩外被樹林環繞的建築物看起來有白色斑點。建造標準的防潮堤或合格且排水良好的塹壕或射擊掩體至少需要 2 到 3 天時間。在此之前，主要依賴圍欄和房屋，而無效的戰壕僅僅成為炮彈的目標。

　　在尚未知曉的重大戰役到來之前，安特衛普戰事提供了這樣的範例：攻擊部隊通常不採用傳統包圍戰術，而是首先進行排炮轟擊，接著整齊隊形通過永久性堡壘線。一座接一座的堡壘被 2、3 門大型榴彈炮摧毀；一條接一條的淺戰壕被野戰炮彈掃蕩。數量不多、訓練粗糙、資質低劣的德國步兵，小心翼翼地跟隨在這些鋼鐵足跡之後，成群結隊地、搖搖晃晃地向前進入「歐洲第二堅固的堡壘」。

　　隨著德軍的炮火逐漸逼近這座城市，炮彈每天都落在新的地區。從被摧毀的家園逃出來的鄉民沿著道路緩慢而可憐地移動，人群中夾雜著掉隊的士兵和傷員。安特衛普本身卻保持著一種奇異的平靜，陽光下的街道上到處是懷著憂鬱心情聆聽遠處炮轟聲的人們。這座富裕且富有文化的古

城，其尖塔和柱廊、沿著斯爾德河的高大寬廣的倉庫、配備各種現代設施的豪華飯店、以及普遍的富足與文明生活氛圍，給人一種與即將發生的事實截然相反的寧靜安全感。這是一座處於昏睡狀態的城市。

直至 1914 年 10 月 4 日上午海軍陸戰隊才抵達，並立即進入前線。當晚我前去探望他們時，他們已在利爾郊區與德軍交戰。在這裡我首次目睹德軍士兵逐步推進或迅速穿過街道。海軍陸戰隊從陽臺上用機槍掃射。步槍的閃光和機關槍口有節奏地射出的火光串，在猛烈爆炸聲和子彈呼嘯聲中照亮了戰場。

經過 20 分鐘的車程，我們回到了歐洲最頂級的飯店之一，這裡溫暖明亮，餐桌擺設精緻，服務員依舊熱情周到，一切如常！

1914 年 10 月 4 日上午，在收到英國政府的答覆後，我立即將其轉交給布羅克維爾先生。

基奇納勳爵致海軍大臣

為了拯救安特衛普，我已經計劃了以下遠征部隊的部署：

英軍

第 7 師由卡珀將軍指揮，有 18,000 人和 63 門炮。騎兵師由賓將軍指揮，有 4,000 人和 12 門炮，於 1914 年 10 月 6 日和 7 日抵達澤布呂赫。海軍分遣隊由阿斯頓將軍指揮，已有 8,000 人到達，另外海軍和陸軍的重炮及分遣隊已派出，隨後將通知總部參謀部。

法軍

本土部隊共計 15,000 人，配備適當的火炮及 2 個中隊，由魯瓦將軍統領，於 1914 年 10 月 6 日至 9 日抵達奧斯坦德。燧發槍海軍陸戰隊旅有 8,000 人，由海軍少將羅納克指揮。

總計 53,000 人。人數大致準確。

上午 10 時 30 分，路易斯親王亦發來一電：

海軍旅於下午 4 時在多佛爾登船前往敦克爾克，預計在晚間 7 至 8 時之間抵達，所攜帶的補給和軍火如你電報中所述。

目前，問題已進入了純粹行動的階段。安特衛普能否抵擋敵人的攻擊，直到法國和英國的援軍抵達？其次，如果能堅持住，那麼駐守在安特衛普和根特的 9 或 10 個協約國師是否能夠遏制德軍，直到每日從南部推進的主戰場部隊的左翼與他們會合？在這種情況下，西部的協約國軍隊戰線可能會逐步經過安特衛普、根特和里爾，而這一切可能在幾天內甚至幾小時內展開。

從參戰軍隊人數的角度來看，協約國軍隊的勝算似乎更大。紙面資料表明，協約國軍隊的數量幾乎是敵軍的 2 倍。然而，比利時軍隊已經很久沒有收到援助和慰問。他們所依賴的堡壘每日遭受摧毀，敵軍的高性能大炮持續猛烈轟擊。他們對後撤路線的憂慮，以及戰爭開始以來所經歷的殘酷損失和打擊，徹底摧毀了他們的信心，耗盡了他們的力量。

當前的首要任務是堅守安特衛普的防線，抵擋南部戰線持續不斷的敵軍炮火。在河流後的陣地可以建立堅固的防禦工事。比起伊塞爾防線，它在多方面潛在地更為堅固。2 週後，同一支比利時軍隊，儘管遭受了進一步的損失和打擊，仍然在伊塞爾防線進行了最頑強、最光榮的抵抗。然而，面對顯然無法抵禦的炮擊所帶來的沮喪和孤獨感，仍讓人不寒而慄。

然而，同時援助迅速增加，海軍陸戰隊已經抵達前線。鐵甲列車載有海軍火炮和英國水手，於 1914 年 10 月 4 日早晨投入戰鬥。當晚，2 個海軍旅抵達敦克爾克，計劃於 1914 年 10 月 5 日晚間進入安特衛普。應比利時參謀部的特別要求，他們分散至比利時各師之間，以便給予比利時士兵鼓勵並保證援軍馬上到達。

英軍第 7 師和第 3 騎兵師遵循路易斯親王的指示，冒著敵方潛艇的威

脅,勇敢地橫渡海面,並於 1914 年 10 月 6 日清晨在奧斯坦德和澤布呂赫登陸。法軍則在勒阿夫爾登船,由羅納克將軍率領的 8,000 名燧發槍水手隨行。已經搭乘火車前往敦克爾克,只要安特衛普能夠堅守⋯⋯

　　與此同時,也必須牢記,約翰・弗倫奇爵士悄悄地從埃納河調動一支英軍,繞過法軍戰線後方抵達聖奧梅爾,企圖襲擊里爾,以打擊德軍右翼。每天都有大量德軍被阻擋在安特衛普之前,這有助於掩護弗倫奇的軍隊下火車和部署,增加其成功的機會。然而,形勢對比利時軍隊也變得愈發嚴峻,如果德軍在重大戰役中獲勝,比利時軍隊可能會與協約國軍隊隔絕。

　　這種令人恐懼的局勢引發了人們的擔憂與不安,一方面是因為比利時領導人的態度,另一方面則是德軍的實際進攻威脅到安特衛普防線和筋疲力盡的守軍。然而,比利時軍隊固有的堅定與冷靜延長了抵抗的 5 天,儘管安特衛普防線在有效援助到達前被突破,但比利時野戰軍成功撤離,這是一項值得被記錄的成就。

　　在這些緊張而不幸的日子中,國王與王后的態度顯得崇高。作為一名嚴肅且沉著的軍人,國王主持著國務會議,激勵軍隊和指揮官,在王國的廢墟中保持不屈的尊嚴,這種印象將永遠銘刻在我的記憶中。

　　與此同時,基奇納勳爵與路易斯親王仍在倫敦發布所需的指令。

　　目前,我感到自己突然被深深地捲入了一場可能還會持續一段時間的、極為恐怖和極端嚴峻的當地危險局面。此外,我還必須為這個城市遭受炮轟以及將皇家海軍師部那幾個缺乏經驗、部分武裝和訓練不充分的營級部隊捲入戰鬥負直接責任。我感到有責任要將事情負責到底。另一方面,讓海軍部沒有一個大臣是不合適的。於是,我於 1914 年 10 月 4 日致電首相,提出讓我負正式的軍事責任,率領在安特衛普的英軍,並正式提出辭去海軍部大臣的職務。這個意見未被接受。後來我得知,基奇納勳爵書面提出意見,認為我應該辭職,但相反的意見占多數。我當然沒有理由對他們這樣做感到遺憾。政府通知我準備派亨利・羅林森爵士來這個城

市，在他到達前，我應盡最大努力把事情辦好。

1914 年 10 月 5 日是一個持續戰鬥的日子，局勢每小時都在變化。當天晚上，我前往設在利埃爾路上的帕里斯將軍司令部，目的是請他指揮即將到達的另外 2 個海軍旅。這條路上的炮火爆炸愈加頻繁。當我下車時，一顆榴霰彈在頭頂上爆炸，有個人被擊倒在我腳下。與將軍圍桌討論時，整座村舍因附近炮彈爆炸而不停震動，爆炸的閃光照亮了窗戶格子。在這樣的環境中，帕里斯將軍從海軍部代表手中接過了皇家海軍師的指揮權。他注定要率領這個師建立無數榮譽，直到 3 年後在戰壕中不幸受傷。這是大戰中一位皇家海軍陸戰隊軍官所承擔的最重要指揮權。

1914 年 10 月 5 日的戰鬥結果顯著增強了我們的信心。1 支英軍營隊和 9 個比利時軍營的反擊成功將敵軍擊退。失去的陣地重新奪回，內特河防線幾乎完全重建。午夜時分，我在比利時軍司令部看到吉斯將軍接到來自各方面的好消息電話。然而，敵軍仍然在過河處穩住了陣腳，顯然他們將在當夜架橋。因此，吉斯將軍決定在夜色掩護下發起進一步反擊，力圖將敵軍徹底趕回河對岸。

在凌晨 2 點之前，我已經上床休息。過去 4 天裡，我在會議、前線和其他不確定但責任重大的環境中，持續以極短的間隔進行活動、思考和工作。可以確信的是，局勢有所改善。內特河防線實際上未受損，正面前線亦未被突破。雖然海軍旅比我預期的晚一天，但明早即可抵達。部隊正在陸路和海道上加快前進。如今，各個不同的個人和機構都朝著同一個方向，為同一個目標而努力。法國與英國、海軍部與陸軍部、比利時政府與比軍司令部皆心往一處。羅林森將於明日到達，我的任務也將告一段落。但明天會發生什麼？此刻我極度疲憊，深沉地睡了幾個小時。

戰鬥持續整夜，但在 9 點鐘前無法獲得明確的報告。在比利時軍司令部，他們告訴我，昨晚比利時軍隊的進攻受挫，德軍反攻猛烈，比利時軍隊極度疲憊，內特河沿線的情況不明。帕里斯將軍和海軍陸戰隊也參與了

激戰。海軍旅已經到達，並下火車，現在正向戰線上指定的陣地出發。然而，戰線位置在哪裡？將這些受過部分訓練且裝備薄弱的部隊投入戰壕是一回事，但讓他們參與機動作戰則是完全不同的挑戰。他們帶著步槍和大量彈藥堅守在戰壕裡，熱情而堅定，很難將他們趕出去，但他們不擅長機動作戰。在我看來，他們應該稍作等待，直到我們弄清楚前線的情況再行動。帕里斯將軍與他的旅正與敵人短兵相接，無法完全接管整個部隊的指揮權。因此，我認為有必要由來我發出命令。我乘車前往比利時司令部，告訴吉斯將軍這些新到的部隊必須有固定的作戰陣地，如果只是零星地機動作戰將是浪費。我建議他們留在比原來指定的位置後方 4 英哩的地方，作為正在後退的比利時軍的後援和重新集結線。他認為這個辦法聰明合理，於是同意了，我親自去檢視，確保這個命令完全執行。

人們離開城門時，傷兵和逃難者的撤退行動讓道路變得異常擁擠，這對戰鬥極為不利。敵人的野戰炮彈頻繁落在大道和村莊上，而那些地方昨天還在射程之外。我們完全不清楚逃難者逃離的終點和追趕者的出發點在哪裡。無論如何，大約在正午時分，3 個旅的海軍陸戰隊與比利時後備軍集結在一起，雄糾糾地行進在孔蒂什至弗雷姆德一線的安特衛普至利埃爾的大道上。在這種情形下，我們等待下一步的發展，預期會遭到立即的攻擊。稍感安慰的是，德軍沒有干擾 3 個比利時師的撤退。他們在積蓄力量，調集並再次使用他們作為主要依靠的無情大炮。由於沒有出現德國步兵也沒有開始密集炮擊，海軍各旅依次向前推進，在離敵人停止前進處較近的地方建立陣地。我留在利埃爾大道的戰線上。大約下午 5 點，亨利‧羅林森爵士在這裡與我會合。

如同預期，將軍對局勢持堅決立場，毫不願意在安特衛普前線和交通線問題上讓步。事實上，我發現這位軍官（我已認識他多年）天生具有一種直覺的反抗心理，拒絕屈從敵人意志，這在軍人中是極為寶貴的品格。這種精神也可見於前英國駐比利時武官布里奇上校身上，他是從約翰‧弗

安特衛普與海峽各港口

倫奇爵士那裡來到這裡的。7點鐘,在由國王主持的王宮戰時會議上,我們重申英國政府準備且有能力如期全面履行2天前的承諾。但比利時領導人堅信,即使內特河一線的安特衛普前線得以恢復,其交通線也已極為危險,因此他們必須毫不遲疑地恢復3天前中斷的軍隊撤退至斯爾德河左岸的行動。他們認為,在那裡可以與英、法援軍會合,並確保自身安全撤退至根特,他們已於1914年9月4日派遣一個旅增援根特。我們無需與他們爭論,事實證明他們是對的。羅林森將軍與我當晚一起離開城市,經過一段充滿焦慮的車程(途中聽到許多謠言),我在奧斯坦德登上「關注」號返回英國。

比利時野戰軍撤離後,安特衛普的防禦責任落在了比利時第2師和英國3個海軍旅的肩上。他們必須堅守陣地,抵抗相當於超過5個完整德軍師的敵人,包括第5後備師、第6後備師、第4混成海軍陸戰師、第26師、第37師和第1巴伐利亞戰時後備旅。

1914年10月7日午夜,德軍推進炮隊,開始轟擊安特衛普城及其內線堡壘。堡壘在炮火中倒塌,大量平民連夜逃離,在四周大火的映照下越過斯爾德河橋,奔向開闊的鄉村,再沿大道前往根特或進入荷蘭。敵軍攻勢持續逼近,眾人認為該城的防禦難以支撐到1914年10月8日晚。比利時師和英國海軍旅當晚撤出安特衛普,平安渡過斯爾德河,開始通過公路和鐵路撤向根特和奧斯坦德。2個英國海軍飛行員在一次回馬槍的行動中,經過長途飛行後,一架齊柏林飛艇在杜塞爾多夫的庫棚內被其炸毀,科隆火車站也遭到轟炸。德軍巡邏隊採取多項預防措施後,在1914年10月9日傍晚進入安特衛普,1914年10月10日勇敢的市長退到一個倖存的堡壘中之後,停止了抵抗。

該市的抵抗持續了5天。那麼,這是否為法軍和英軍爭取了時間,以便將其左翼部署在要塞上,並阻止德軍沿安特衛普——根特——里爾一線前往沿海地區?這不僅取決於當地的戰鬥,還取決於一系列象徵著向海

濱賽跑的側翼延伸戰役的結果。如果法軍在佩羅訥附近取得決定性勝利，或英軍在阿爾芒蒂耶爾及鄰近里爾地區取得決定性勝利，情形本可能大不相同。法國高層權威人士總結道，從法軍戰線中央和右翼向左翼進行一次更迅速、更大膽的部隊轉移——「瞄準前方 60 公里而不是 25 公里」，以及在馬恩河戰役勝利後立即對德國進行更有力的側翼包抄，並在埃納河俘虜敵軍，本來有很大的可能性足以阻止敵人到達海濱，甚至可能將他們趕出占領的法國大部分地區。然而，事實上法軍和英軍未能成功包抄敵人的側翼。阿爾貝戰役、拉巴塞戰役和阿爾芒蒂耶爾戰役均未產生決定性結果；未能到達佩羅訥和里爾，戰線只是向西北延伸。守住安特衛普本應是主力軍勝利的最有價值獎賞。抵抗時間越長，他們失敗的影響越小。在安特衛普的任何結果都取決於向南進軍的勝利，但這一勝利未能實現。不過，現在可以看出，我們的努力取得了顯著的成果。

安特衛普的陷落使得包圍部隊得以解放。1914 年 10 月，1 支德國海軍陸戰隊進駐該市。其餘的德軍各師已經向南和向西推進，試圖攔截比利時軍隊。然而，他們將面臨一場突如其來的襲擊。

1914 年 10 月 9 日晚，德軍越過登德爾河，在梅勒和梅雷爾貝克與法國燧發槍海軍陸戰隊交鋒。1914 年 10 月 10 日，他們發現自己面對著數量不明的英國正規軍，後者的巡邏隊從根特出發，探索道路並向德軍發起迎擊。第 7 師和第 3 騎兵師依據 1914 年 10 月 4 日的英比協議第 4 條，登上了戰場。英軍、法軍和比利時軍隊從根特出發，威脅到了德軍的重要左翼，而德軍正試圖切斷協約國軍隊向北至荷蘭邊界的行動。

面對不確定的敵軍人數和海上登陸的各種可能性，德軍暫停前進，集中兵力。他們得知英軍主力已撤離埃納河，但具體位置不明。英軍主力將在哪兒重新集結？這些自信地擋在德軍前進道路上的英國正規軍究竟是哪些部隊？1914 年 10 月 12 日，德軍自認為已強大到可以向根特進軍時，比利時野戰軍已全部安全通過危險地帶，僅一個中隊被德軍截住。在這複

安特衛普與海峽各港口

雜的戰鬥中獲勝的德軍反而顯得徒勞無功。

在 1914 年 10 月 9 — 10 日夜裡，只有力量較弱的德軍部隊冒險越過洛克倫，試圖干擾安特衛普守軍的撤退。比利時第 2 師和英國 3 個海軍旅中的 2 個順利渡過了難關。然而，負責為後續旅安排鐵路和其他設施的命令被誤解，導致大約 2 個半營極度疲憊的士兵因命令傳達錯誤而迷路數小時，最終被引導越過荷蘭邊界。在當時複雜的情況下，只有了解他們困境的人才有資格做出評判。

在英國政府決定援助安特衛普時，他們正確地估算在比利時北部的全部德軍野戰部隊約為 4 至 5 個師。然而，在該市投降前以及英軍仍在根特時，德軍一支巨大且出乎意料的力量開始顯現。從安特衛普陷落之時起，這支德軍便成為對抗協約國軍左翼的主力，其目標是加來。除了已完成任務的攻城部隊和威脅安特衛普交通線的部隊外，德國在比利時新組建並集中的部隊不少於 4 個新軍團（第 22、23、26 和 27 軍團），它們已經可以投入戰鬥。從 1914 年 10 月 10 日到 10 月 21 日，與這支強大軍隊對峙的只有疲憊的比利時軍隊、燧發槍海軍陸戰隊以及英國第 3 騎兵師和第 7 師。德軍小心翼翼地推進，可能是因為他們不確定英軍的位置和意圖，同時也擔心英軍可能從濱海側翼對德軍右翼發動進攻。但無論如何，事實依舊是，由於這個原因，我們贏得了伊塞爾和永遠光榮的伊普爾的勝利。

只需簡單的檢查日期，我們便能明瞭協約國逃避帶來的巨大風險。安特衛普在比利時野戰軍最後一個師撤離該城的 24 小時後陷落。如果比利時軍隊在 1914 年 10 月 3 日或 4 日撤離，該市將在 4 日或 5 日被放棄。這樣就不會有在根特的英軍第 4 軍。若燧發槍海軍陸戰隊不掩護比利時軍撤退。假設比利時軍未獲援助亦能安全撤離，這樣的行軍將使他們與追擊的德軍同時於 1914 年 10 月 10 日抵達伊塞爾，屆時伊塞爾的局勢將完全不同。約翰·弗倫奇爵士的部隊無法在阿爾芒蒂耶爾以北與敵交戰至 1914 年 10 月 15 日。他在聖奧梅爾下火車等事宜也無法在 1914 年 10 月 19 日

前完成。道格拉斯‧黑格爵士與其第一軍團亦無法於 1914 年 10 月 21 日前到達伊普爾以北戰線。若圍城德軍於 1914 年 10 月 5 日完成任務並迅速前進，隨大量增援部隊跟隨，則無任何力量可拯救敦克爾克，甚至加來與布洛涅也可能失守。敦克爾克的失陷是必然的，加來和布洛涅也有陷落之虞。事實上，這需要 10 天時間，而我們贏得了這 10 天。

接下來，我們必須毫不停歇地應付德軍對海峽各港口發動的猛烈攻勢。從安特衛普圍攻中撤出的 6 個德軍師，以及英國和法國參謀部無論如何也無法預見的神祕新編 8 個師，正如雙排槳般波濤洶湧地向南推進。比利時軍隊憂鬱地成群撤退，沿著海岸線向伊塞爾方向移動。羅林森將軍指揮第 7 師和第 3 騎兵師巧妙地擺脫了強大的德軍（當時尚不知其規模如此龐大），在每個地點都堅守到最後一刻但不與敵軍進行大規模戰鬥。他於 1914 年 10 月 15 日抵達伊塞爾附近。與此同時，約翰‧弗倫奇爵士的部隊在聖奧梅爾下車，他滿懷信心地認為自己正在繞過德軍右翼，穿過阿爾芒蒂耶爾向里爾出發。他向即將迎接風暴的羅林森發布緊急命令，要求其協同前進占領梅嫩。為了解救安特衛普，法軍和法國增援軍的先頭部隊竭力填補羅林森軍隊和比利時軍隊之間的空隙。堤壩被開啟，大量洪水開始湧現。在這種情況下，從拉巴塞鄰近地區直到伊塞爾河口的濱海地區，形成了一條薄弱但連續、新的協約國戰線。這條戰線雖然組織不嚴密，但在與敵軍的實際戰鬥中逐漸發展壯大和鞏固起來，並將在此打響西線的第三大戰役。

這些情勢的發展在諸多方面牽涉到海軍部。羅林森的軍隊在強大敵軍面前所處的地位極其危險，一度我們準備動用船隻將他們撤回。我們努力從被毀的比利時境內盡可能搶救一切。皇家海軍師必須召回以便能重新裝備、重新組織和恢復中斷的訓練。海軍部派遣的交通工具——飛機、鐵甲列車、裝甲車、運輸汽車等——在前幾週曾用來掩飾重要海岸地區的無防禦狀態，這些工具現在可以全部交由英軍支配。

1914 年 10 月 16 日，霞飛將軍向基奇納勳爵發出如下電報：

目前，戰爭已經蔓延至奧斯坦德和前進中的敦克爾克防線之間的北海海岸，2 支協約國海軍的參與對於支援我們的左翼和使用遠端火炮轟擊德軍右翼至關重要。海軍指揮官此時應透過敦克爾克長官與福煦將軍協同作戰。

我們立刻接受了這項任務。

第一海務大臣致約翰・弗倫奇爵士

1914 年 10 月 17 日

由於天氣不佳，炮艦的抵達被延後，預計在 1914 年 10 月 18 日凌晨開始定位。此外，8 艘驅逐艦將於 1914 年 10 月 17 日下午 4 至 5 時抵達側翼，2 艘偵察巡洋艦將在一小時後到達。已指示它們與駐紐波特碼頭的布里奇上校聯繫。

明天，我們將派遣 2 艘裝備有 8 門 12 英吋大炮的戰艦前往敦克爾克近岸錨地，以保護堡壘及其海岸通道。

我們立刻開始支援協約國軍左翼的行動。我將這一需要頂尖軍官的任務交給了之前擔任我海軍祕書的胡德將軍。他目前在多佛爾司令部任職，因此我任命奧利弗將軍接替他的職務。1914 年 10 月 18 日，3 艘前巴西炮艦——更名為「亨伯河」號、「默西河」號和「塞文河」號——在 4 艘驅逐艦的護航下抵達敦克爾克，開啟了在比利時海岸的一系列海戰。

找到大量不同級別艦隻以保護陸軍側翼並不困難。除了 3 艘炮艦外，從多佛爾調來的多艘驅逐艦已隨時可以使用。還有許多舊式的戰鬥艦，這些軍艦在一定潮位時能泊在合適位置進行轟擊。此外，還有偵察級軍艦，現成可用的有 7 艘，最近全都重新架設了性能極好的 4 英吋炮。但海軍部

的彈藥儲備單純以海戰需求為基礎，海戰是難得發生的，而且也不是所有軍艦都能在海戰中存活下來。一星期接一星期炮擊比利時海岸的德軍陣地，也許要連續幾個月，這使得對我們彈藥貯存的需求有了完全不同的性質。我們不得不主要根據軍艦發射彈藥的等級來選擇軍艦，即選擇那些能夠用完舊彈藥的軍艦以及價值極小、以致我們不吝惜用盡它們全部彈藥的軍艦。隨著 1914 年 10 月分行將結束，我們搜盡了各個碼頭，徵集所有裝有任何種類大炮的每一條小軍艦，甚至最小但也有安裝炮臺的輔助艦，40 年艦齡的 250 噸炮艇也都被部隊徵用，我們利用各種方法使炮轟繼續保持了下去。

顯然，這場戰鬥必將持續下去，儘管潛艇不斷發動攻擊。此外，我們還必須準備應付德國巡洋艦和驅逐艦的突然襲擊。我們信任由蒂里特海軍准將指揮的「哈里奇打擊力量」，它能夠在德艦進攻時保護我們，或在敵艦返程時對其進行懲罰。1914 年 10 月 17 日，德國人既想傷害對方又怕遭受打擊，在左右為難中，他們打破所有軍事教科書上的戒律，從埃姆斯派出 4 艘小驅逐艦的微薄力量沿荷蘭海岸南下，它們幾乎立刻就被蒂里特准將擊潰，參戰的英艦有輕型巡洋艦「大膽」號和驅逐艦「長矛」號、「倫諾克斯」號、「軍團」號和「忠誠」號。

自 10 月中旬起，德國人開始見到大海。首先被占領的是澤布呂赫，接著是奧斯坦德，隨後是 1 英哩接 1 英哩的沙丘和高爾夫球場，以及海岸上的美麗別墅，全都被戰爭的陰影所吞噬。在首次與新的力量對峙時，這個陸地怪物犯下了幾次魯莽的錯誤。顯然，由於輕視了軍艦炮火的威力，德國人竟然在露天海灘上部署大炮，向我們的偵察艦和驅逐艦開火。這種嘗試僅僅進行了一次便告終止。一位瑞典作家斯文·黑丁博士此時正好在德國陸軍中，他極力吹捧他們，諂媚地在他深信是世界征服力量的面前點頭哈腰。他描寫了奧斯坦德最好的飯店餐廳中的情景，房間裡擠滿了剛剛抵達的入侵軍隊的飢餓軍官，他們全都坐下來享受美餐。

安特衛普與海峽各港口

「1艘驅逐艦剛剛脫離艦隊，沿著海岸線行駛，盡可能貼近岸邊，全速駛向奧斯坦德。不久之後，另1艘驅逐艦也現身，緊隨其後。這些傢伙究竟打算幹什麼呢？聽到他們大聲交談——這簡直是無禮至極，還敢這樣靠近我們。顯然，他們是在進行偵察，但如此傲慢無禮！他們肯定知道我們占據著奧斯坦德！啊！他們懷疑內港有潛艇和驅逐艦，想從外部探查一些情況！……真是令人震驚的傲慢。2門小型德國炮迅速抬起炮管。『他們要開炮嗎？』我問。『哦，是的，他們準備開炮。』……第一發炮彈射了出去……德國炮彈立刻爆炸，2艘驅逐艦掉頭向港口開炮。它們的大炮似乎正對著我們發出閃光……」

結果來得猝不及防。這家曾被譽為「歐洲最優雅場所之一」的餐廳，如今已成為冒著濃煙的廢墟，滿目瘡痍，死傷遍地。

德國陸軍與英國海軍便是以這種方式首次展開對抗。

伊塞爾河沿岸的戰鬥同時打響。重新閱讀這些日子來往的簡短卻重要的電報，我再次感受到戰事的延續。精疲力竭的比利時軍隊拚命守住祖國僅存的幾英哩土地，保護在菲爾訥槍林彈雨中的無畏國王與王后；法軍急急趕來，但兵力有限；英勇的海軍陸戰隊員手持燧發槍英勇犧牲，僅有不到五分之一倖存；我們的小型軍艦沿海岸航行，水下有潛艇攻擊，岸上每天有重型炮彈轟擊；大水緩慢上升，仁慈地在模糊的比利時戰線與殘酷敵人之間，每小時一英吋地升高；我們的軍隊在兵力懸殊的情況下作戰，持續了10天、20天、30天，從伊普爾到阿爾芒蒂耶爾沒有任何增援，沒有一個士兵或一支滑膛槍。每天晚上，布里奇斯上校從菲爾訥的比利時軍司令部與我通話，每晚我們都覺得，那可能是他最後一次從那裡打來的電話。直到1914年10月底，人們才開始覺得法軍和比利時軍已穩固掌控了伊塞爾戰線，這讓約翰·弗倫奇爵士得以寫下「德軍絕不能再向西推進」這一結論。但之後又發生了連續3個星期極為痛苦的激戰，最終伊普爾的結果才顯示出對英軍有利。

我認為，有理由將安特衛普的防禦視為這場爭奪海峽各港口的宏大戰役中至關重要且不可分割的一部分。如果我們沒有在關鍵時刻盡力延長對這座城市的防衛，那麼後續的事態發展將會完全不同，幾乎不可能向好的方向轉變。沒有在安特衛普爭取到的時間，沒有英法聯軍的及時救援，協約國軍隊向濱海地區的推進力本已不足，必定會顯著減弱。然而，與德國右翼軍的激烈戰鬥依然會發生，結果或許相同，但地點會有所不同。當雙方在戰壕中僵持 4 年多，界線會劃在哪裡？在最理想的情況下，我們能夠確保的防線可能是格拉夫蘭—聖奧梅爾—艾爾一線。敦克爾克及其優良港口將成為潛艇襲擾我們海峽交通線的另一個巢穴；加來則會遭受持續的炮擊。這些複雜的情況 ── 我們難以預見的災難 ── 必將嚴重影響協約國軍在法國的未來命運。

如果果真如此 ── 歷史必然會證明這一點 ── 負責拯救安特衛普的人們完全沒有理由為他們的努力感到羞愧。戰爭中的所有軍事行動都充滿了危險和不可預見的情況。聲稱基奇納勳爵或任何其他人能夠預見到 1914 年 10 月 4 日決定所帶來的所有後果是毫無根據的。實際發生的事實與希望和預期大相逕庭。然而，在大戰中，很少有以如此有限的軍力和微小的損失取得如此重大成果的情況，如同那些給予這個幾乎孤立無援事業的恩典；現代史上沒有過如此靈活、迅速和令人驚訝的水陸兩棲作戰的例子，這種力量值得關注，雖然英國擁有這種力量，但他卻時常忽視它。

安特衛普與海峽各港口

費雪勛爵

　　上一章所描繪的所有焦慮與不安，在我們全心投入艦隊的任務時顯得微不足道。確實，與比利時海岸上的軍號聲及士兵行軍的雜亂聲相比，我們首要任務的緊張壓力有時甚至讓人感到寬慰。萬事取決於艦隊，同樣在 1914 年 10 月與 11 月間，艦隊對其生存基礎感到不安。那些強大的艦隻停泊在那裡，從司爐工到司令官，每個人都準備隨時殉職；個人的恐懼無從立足。然而，從頂層觀察，人們感受到一種新的、令人心悸的感覺。大艦隊感到焦慮。她在海洋之外找不到休息之地。試想，她是至高無上的，是我們生存的最後支柱，是無人敢挑戰的最精良機器，威力遍及全球——可是現在她對自己失去了信心。一種想法已經讓人相信：「德國潛艇正尾隨我們的軍艦進入海港。」

　　在南海岸，幾乎無人會對此事感興趣。你可以走到波特蘭的防波堤內部，將出入口嚴密封閉。在東海岸，雖然沒有那種完全封閉的港口，但人們堅信斯卡帕灣由於潮流保護，不會遭受潛艇攻擊。敵方驅逐艦若冒險在白晝穿越北海的極高風險，無疑能襲擊斯卡帕灣。然而，我們始終認為，沒有人能駕駛潛艇在水下穿越那錯綜複雜的漩渦航道。突然間，大艦隊在斯卡帕灣內開始頻繁發現潛艇蹤跡，警報接連響起。1914 年 10 月 17 日，局勢達到高潮。炮火轟鳴，驅逐艦在海面疾馳，整個龐大艦隊匆忙且憤怒地駛向大海。

　　斯卡帕灣從未見過任何一艘德國潛艇。在整個大戰期間，沒有一艘德國潛艇讓這條水道陷入恐慌。1914 年 11 月底，一艘潛艇在入口外被擊毀，當時的環境對敵人仍然是個謎。1918 年 11 月，戰爭剛剛結束，德國艦隊已不再效忠德皇，一名試圖挽救自己榮譽的軍官駕駛的德國潛艇進行了最

後的拚死努力，但最終還是被摧毀。因此，沒有一艘敵方潛艇能夠進入大艦隊的基地。我們曾擔心潛艇可能會攻擊停泊在軍港內、上面有人員休息的軍艦。1914 年冬天的情況確實極為嚴峻，潛艇足以摧毀軍港內的所有艦隊，因為每支艦隊都希望在自己的港口內有安全感。

直到 1914 年 9 月底，還沒有人認真考慮過戰時敵方潛艇闖入我方港口攻擊停泊軍艦的可能性。要實現這一點，潛艇必須克服重重困難。首先，它需要在淺水和錯綜複雜的航道中前行，經過河口灣或小港灣，並且只能依靠潛望鏡偶爾觀察前方；其次，在這樣前進時還要躲避負責守衛和監視廣闊港灣入口的巡邏艦隻；第三，還要勇敢地穿越未知的和無法預知的各種水雷和障礙物，這些防禦設施在水道中可能越來越多。人們普遍認為這些防禦設施確實有效。根據事後的回顧，我們可以理解這一假設是正確的。至今沒有文字記錄表明有任何德國潛艇成功進入過英國的戰時港口。同樣，英國潛艇在冒險精神上並不遜於德國潛艇。自戰爭之初，我們的潛艇便在黑爾戈蘭灣活動，但沒有任何英國潛艇軍官實際嘗試進入德國的戰時港口或駛入易北河、亞德河、威悉河或埃姆斯河的河口。最接近此種雄心壯志的是英國潛艇無數次穿越達達尼爾海峽，這是 1914 年 12 月底開始由霍爾布魯克指揮官完成的英勇壯舉。為完成這一壯舉，潛艇只能從距離達達尼爾海峽口幾英哩的地方出發，沿著 2 英哩多寬的深航道潛行，連續多次在水下航行，進入馬爾馬拉海。這在難度上無法與進入英國戰時港口或河口相比，但也只有在潛艇作戰能力大幅提升後才能實現。

在 1914 年 8、9 月分，海軍部進行了最為緊張的努力，以加強我們對蘇格蘭和東海岸基地的防護，例如配備大炮、設定警戒艦、布置障礙物、準備水柵和放置魚雷網。然而，這些防禦措施的設計主要是為了防範敵方驅逐艦對停泊艦隊或中隊的正規攻擊，而非針對潛艇。此外，這些措施的目的也在防止敵巡洋艦在艦隊短期離港時對基地的襲擊。直到 9 月中旬或月底，隨著對戰時潛艇威力的了解和證據不斷增加，人們才逐漸形成一種

概念，即德國潛艇確實可能進入我們的北方戰時港灣——例如福斯灣、克羅默蒂灣和斯卡帕灣。一旦這種想法扎根，它便成為一個重要的先入之見。顯然，預防魚雷艇橫衝直撞的措施不足以阻止那些可能在水柵下潛行並躲避防禦炮火的潛艇。

潛艇的威脅在戰爭初期並未成真。6個月後，情勢改變。潛艇指揮官的野心和技術顯著提升，各種未曾預料的可能性接踵而至。然而，潛艇此時必須克服各種障礙。當人們終於意識到潛艇的實用性時，它的實際價值已經蕩然無存。

然而，到1914年10月，潛艇的威脅顯得極為現實。隨處可見的臨時水柵和障礙物尚未完工或僅部分安裝，而潛艇的危險已深植於艦隊和海軍部人員的心中。此時無計可施，只能等待水柵和障礙物的建成，同時讓艦隊盡量遠離危險的航線。唯有在海洋上，艦隊才感到真正的安全。在那裡，航行於廣闊海域的大艦隊才得以重拾活力；然而，此方法使軍官、士兵和機器承受巨大的壓力和疲勞，並消耗大量燃料。

1914年9月30日，約翰·傑利科爵士致函於我，討論總艦隊的位置。他強調，德國在外海潛艇方面領先於我們。我們一直預計現代海戰的初期階段會是小型艦艇之戰，這樣大型軍艦可以完全避開北海，直到小型艦艇的威脅減少，這些都是經常討論的議題。他認為，放棄大型軍艦的優勢位置，讓它們在潛艇出沒的海域冒險，無異於自殺。他的看法是，潛艇的活動範圍極為有限，無法損害我們的海上貿易（在這個時期這個說法是正確的），也不能幫助他們的軍艦進入對方港灣。所以他建議在遠北的海域使用戰鬥艦隊，分散布置以攔截商船。我們沒有足夠的巡洋艦來布置雙重警戒線，而這在白晝短、夜晚長的時期是阻止所有船舶的真正必要條件。他指出，在夜間通過警戒線非常容易，因為警戒線的大概位置能很快得知，不會有太多變化。但在沒有潛艇危險的海域進行戰鬥艦隊的防衛，會讓人們的心情穩定得多。因此，有必要放棄戰鬥艦向南運動的計畫。他建議我

們自己的潛艇以及法國潛艇應部署在德國潛艇可能經過的航線上。他強調為拖網漁船安裝無線電裝置的重要性。他希望我將此信讓第一海務大臣過目，並想知道我們是否同意他的觀點，是否會批准採取措施，建立拖網漁船巡航以及他利用大艦隊有效地封閉北海北端入口的方法。他在信末催促加速斯卡帕灣的潛艇防衛工作。

我從安特衛普回來當天，寫信告知他，我完全贊同：

為了盡量確保艦隊的休整與安全，並維持艦隊航行與戰鬥的最高性能，你正確地建議只能偶爾使用比斯卡帕灣和尤灣更遠的錨地，但這一意見應正式提交。你無需擔憂因撤退而失去逼迫德國戰鬥艦隊作戰的機會。如果上述幾點能夠實現，將符合幾個明確的戰術目標。例如，掩護進攻部隊登陸，打通北方封鎖線以便讓老舊戰鬥巡洋艦進入貿易航道，或者僅僅為了進行一場大型海戰以取得決定性的海上優勢。在前兩個目標中，你將有時間在敵人行動完成之前轉向迎擊或攔截他們；在第三種情況下，他們的意圖與你的相同……

關於錨地問題，只需提出你的意見，我們將盡力配備防潛艇網、燈光和火炮，配置在你希望使用的地方，這些設施應有所變化，絕對安全更應依賴於大艦隊活動的不確定性，而非任何固定地點的消極防禦。我們不能為維持5、6個半防禦狀態的錨地浪費資源，只要有可能，我們必須組織動態防禦，如警戒艦、拖網漁船、巡邏艇、掃雷艦、拖曳驅逐艦和海上飛機，當艦隊在海上時，這些防禦措施能夠靈活運用，並為艦隊準備新的休息地。

使用部分戰鬥艦隊或偶爾動用整個戰鬥艦隊來隨時加強北部封鎖是你必須考量的事項。因此，你的大部分時間必須投入海上巡邏，而巡邏應盡量做到實用。這裡再提一下，任何固定不變的行動位置都將是危險的，過一段時間後，即使你在遙遠的北方海域，也會吸引潛艇攻擊的風險。

這些總體結論在接下來的幾個月裡成為我們政策的指引。然而，隨

著 1914 年 10 月的逐漸流逝，我們的焦慮也在加劇。緊張局勢不斷更新。1914 年 10 月 17 日，約翰‧傑利科爵士發來電報，稱據報告，一艘德國潛艇於昨日下午 5 時進入斯卡帕灣。儘管他認為該報告可能不準確，但他立即命令整個艦隊出海。他緊急呼籲設定潛艇障礙設施，因為他「目前沒有一個安全的基地，軍艦補給煤炭的唯一辦法是不斷地更換錨地，這極大地擾亂了供應的組織。」1914 年 10 月 18 日，他表示，在潛艇防禦設施安裝之前，斯卡帕灣無法使用。1914 年 10 月 19 日，他詢問海軍部，他是否應該冒潛艇威脅的風險留在斯卡帕灣，還是將艦隊轉移到蘇格蘭或愛爾蘭西海岸「距離彭特蘭河口灣 300 多英哩」的遠處基地。他還說：「雖然不能絕對確定潛艇已經進入斯卡帕灣，但第 4 驅逐艦小艦隊指揮官確信皇家海軍艦艇『敏捷』號在海灣內遭到射擊，我的看法是，在海水漲潮時，潛艇進入海灣並不難。」

同一時刻，戴維‧貝蒂爵士發來了另一則極其嚴重的警報。他在信中寫道：

一種不祥的預感逐漸籠罩整個艦隊，似乎某個地方出現了問題。水雷和潛艇的威脅日益加劇，而我們尚未找到有效的對策。我們正逐步被逼出北海，從我們自己的領地被驅逐出去。這種情況怎麼會發生？根據顯而易見的事實，戰爭爆發 2 個半月以來，我們已經失去了那些具備一定安全程度的基地，無法進行加煤、補給、維修和修理。這意味著困難重重……唯一的補救辦法是選定並加固一個基地，使其不受潛艇的攻擊；如同我曾經指出的，我堅信這點是可行的……

鑑於你對我的透澈了解，你應該明白我不會毫無理由地大吼大叫。艦隊依然完好無損。我們極不情願地離開基地，後果可想而知。我們對現狀非常不滿。然而，士氣高昂，信心更是倍增。若非我深知你能迅速掌握事實細節並運用想像力得出結論，我絕不會這樣寫信。

不管怎樣，與此同時，海軍部尤其是第一和第四海務大臣從 1914 年 9

費雪勛爵

月末開始便一直在辛勤地設計和擬訂所需的防護結構。最終，經過不懈的努力，第一種設施已接近完工，到 1914 年 10 月 20 日路易斯親王已能向總司令發出這樣的電報：

斯卡帕灣的防禦裝置預計在 1914 年 10 月 24 日從海軍船塢撤出。

依據海軍部的授權，總司令於 10 月底率領艦隊撤退至愛爾蘭北海岸進行數日的休息和炮擊訓練。不幸的是，當艦隊抵達斯威利灣外海時，恰巧遇到一艘在該海域活動的德國布雷艦。那艘布雷艦既未預料到會遭遇攻擊艦隊，也沒想到英國戰艦會出現在那片水域。它的目標是利物浦的貿易航線，但一次瞄準烏鴉的射擊卻意外擊落了一隻鷹。

1914 年 10 月 27 日，路易斯親王急忙走進我的房間，帶來了一個嚴重的消息。他說，「闖將」號在斯威利灣以北被水雷或魚雷擊中，可能正在下沉。當天午後，總司令發來電報，極力主張盡一切努力不讓這一事件曝光；當晚，他在報告「闖將」號沉沒時再次強調，希望對此次損失保密。我知道這件事非常棘手，但我承諾會向內閣報告此事。同時，我在 1914 年 10 月 28 日凌晨 12 點半發電報給總司令：

我相信你絕不會因「闖將」號事件而氣餒。我們非常幸運，在經歷了 3 個月的戰爭後，沒有損失 1 艘主力艦。我原以為此時我們會損失 3 到 10 艘，但由於你持久的警惕和技能，我們才能如此順利。陸軍在整個戰線上也堅守著，但已有至少 14,000 人死傷。很快我們會使海港的狀況令你滿意。別忘了提出你所需要的一切。

以軍事標準衡量，「闖將」號的損失是我們遭遇的首次重大挫折。她是極為重要的艦隻之一，當時像她這樣優秀的軍艦不超過 6、7 艘。此艦成為友方和敵方策略分析的核心。當我在內閣會議上提議對損失保密時，意見分歧顯著。有人認為，一旦公眾發現我們掩蓋損失，會削弱對政府的信任，而且消息遲早會洩漏，德國人可能已經知曉。對此，我回應道，沒有理由不讓德國人自行收集情報，當他們得知「闖將」號沉沒時，他們會

發布消息，那時我們可以輕鬆向公眾解釋保密的原因。我引用了日本人在1904年成功隱瞞戰鬥艦「屋島」號在亞瑟港沉沒的事實。若約翰‧弗倫奇爵士損失一個軍團，他會竭盡全力隱瞞，避免敵人知曉，為什麼海軍沒有同樣的自由呢？基奇納勳爵強力支持我，我們的意見最終被內閣採納。

海軍部要求媒體不要報導此事。幾家報紙勉強服從。數百人已經知曉，包括經過這艘正在沉沒的軍艦的「奧林匹克」號班輪的乘客；在英國的德國間諜幾天內肯定會將消息傳回德國。不管怎樣，關於沉艦的詳細報導和真實照片次日將由郵班發往美國，消息隨後會透過電報迅速傳到德國。我們的態度始終如一，密切關注德國報紙，尋找他們知曉此事的任何跡象。同時，一些報紙認為這是個聰明的策略，寫文章和短訊頻繁提到「闖將」一詞，並嚴厲指責我。我認為有必要發表祕密呼籲，在報業委員會的忠誠幫助下取得了一些成效。結果，德國海軍部得知「闖將」號沉沒時已經過去了5個星期。即使那時，他們仍然不確定自己不是謠言的受害者。

賴因哈德‧舍爾海軍上將（Reinhard Scheer）表示：

英國人成功地將這艘大型戰鬥艦的損失保密了相當長的時間，這次損失象徵著我們使兩國海軍力量均等的努力取得了一次重大的成功……英國人的行為在各方面都受到有利於他們軍事目的的考慮所驅使……在「闖將」號事件中，我們只能讚許英國人不向敵人暴露弱點的態度，因為有關對方力量的精確情報在決策時有決定性的影響。

我無法記起在其他任何時期，戰爭的重擔比1914年10月和11月更加沉重。1914年8月分，人們預料會發生大規模海戰和首次陸上大戰役；然而，我們的行動方針是明確的，只是行動的時機尚未決定。整個1914年9月分，我們受馬恩河勝利的鼓舞。但在1914年10月和11月，艱難的局面再次降臨。與陸地上那個可怕且似乎有不竭力量的怪物搏鬥讓我們感到彷彿已被擊敗；在海洋和港灣中，關於艦隊可能遭受潛艇攻擊的一連

串令人不安的憂慮壓迫著我的心。世界各地隨時可能發生某種災難或其他事故的可能性無時無刻不在存在。沒有一天不需要冒各種風險。

　　我個人的聲望已經在某種程度上受到了損害。3艘巡洋艦的損失被任意地歸咎於我的干預。我被指責為粗暴地否決海務大臣們的建議，並隨意派遣艦艇中隊走向毀滅。安特衛普的陷落成為猛烈指責的焦點。人們幾乎認為是我的干預導致了該市的失守。使用這些未經專業訓練的人充當海軍旅戰士受到了普遍譴責。海軍旅的3個營在荷蘭被扣留，被說成完全是由於我不可原諒的無知造成的巨大災難。關於「洞中挖出老鼠」這樣一句不愉快的話——儘管想法正確，事實也沒有錯——是我在利物浦一次情緒不佳的演講中隨口說出的，卻被緊緊抓住，成為眾矢之的。這些是報紙上與我名字相關的唯一話題。事實上，我在海軍部的工作是公眾所不了解的。議會對我的攻擊從未給我為自己辯護的機會。儘管多年來我已經習慣了被羞辱，但我仍然感受到敵意和怨恨的洪流向我湧來。人們開始意識到這股洪流很可能帶來實際的後果。幸運的是，沒有太多時間讓人們過多地考慮這些指責。

　　海軍部在要求公眾信任的氛圍中進入了戰爭。試驗性的動員與歐洲危機在時間上的重合，被廣泛認為是經過精心策劃的。隨後，一個接一個的悲觀預測被曲解，說我們將不知不覺地遭受敵人的攻擊，德國商船改裝的驅逐艦將在海洋中四處搜尋，說我們的航運、貿易和糧食供應將受到威脅，但這些都被證明是毫無依據的，並得到了公眾廣泛而寬慰的確認。我們安全地將陸軍運往法國，並在黑爾戈灣的成功海戰被公認為是傑出的成就，得到了喝采。然而，最初幾次不幸事件的出現，使得喜歡發表意見的圈子裡充滿了不同的聲音。3艘巡洋艦的損失成為戰爭失利時能夠壟斷輿論聲音的那些人態度轉變的轉捩點。隨著進行一場大規模海戰希望的破滅，抱怨的聲音開始出現：「海軍在幹什麼？」時間一週接著一週過去，英國海軍的龐大機器似乎看不見也聽不到，人們產生失望的感覺或許在所難

免。普遍的意見認為，我們本應該一開始就進攻和摧毀德國艦隊，指出源源不斷的軍隊和供應運往法國，或幾乎毫無阻礙地繼續進行英國全世界貿易是徒勞無益的。聽了敵人的宣傳後，再要解釋並使人們相信護運增援部隊和遠征隊從帝國各地穿越每一個大洋的行動是錯綜複雜的，或要闡明使人相信不可能找到德國艦隊進行戰鬥的理由是辦不到的。我們小小的陸軍拚命戰鬥，在英國人眼裡他們扮演與法國陸軍同樣重要的角色，與此同時我們強大的海軍──世界上最強大的──顯然就處於一種惰性狀態，只有閒或發生災難時才有所變動。

有效的預防措施和預防性可以避開危險，但往往不被人們記住。因此，在戰爭初期，海軍部就受到了不公平的評價。對於我這個能夠辨識危險、提前應付並戰勝危險的人來說，對於我這個對過去心懷感激、對未來充滿信心的人來說，這些不滿只是由於缺乏理解和耐心，在當時普遍緊張的壓力下出現的情況是可以理解的。然而，這種不滿難以令人平靜並且難以處理。問題無法公開討論或在議會中辯論。沒有人願意提出正式指控；也沒有人能夠在不損害國家利益的情況下全面回應。我們必須默默忍受所有這些批評。隨著時間的推移，海上一定會出現一些損失；每當發生這樣的事件時，人們很容易斷言有人犯了大錯誤。在大多數情況下，情況確實如此。成千上萬的軍艦在海上巡邏，每天有眾多的真實或潛在的危險威脅著它們，意外事故和錯誤是不可避免的。不論發生多少次，都不能推諉說是命運的事故。幾十艘軍艦無時不在冒著無法預見的風險，海上指揮官無時不會遇到新奇的困難，他們之中幾乎沒有人在戰爭中受過這種考驗。我們偶爾犯了錯誤甚至造成損失令人驚訝嗎？「又一次海難，500人淹死。海軍部在做什麼？」儘管陸軍在巨大戰役的混亂中一直潰退，成千上萬人常常不必要地和錯誤地被派去送死，同時英國在海上的每次軍事行動和貿易運輸一直沒有遇到大的阻礙。

這種吹毛求疵的基調在路易斯親王身上得到了新的發展。在我們成功

動員並最早進入戰爭時，沒有人對他的出身有任何評論。然而，如今在俱樂部和街頭巷尾的閒言碎語中，開始出現一連串署名和匿名的信件，以不同方式且常常使用激烈言辭抗議一位具有日耳曼血統的人擔任第一海務大臣的重要職位。這種做法雖然殘酷，但也屬正常。我以焦急和苦惱的心情目睹了這種廣泛疑慮的迅速增長。從他偶爾的話語中，我也推斷出第一海務大臣所處的這種氣氛變得非常明顯。於是他逐漸被置於易遭怨尤的境地：他必須承擔日常的巨大責任和風險，但又缺乏絕對必要的公眾信任的支持，在這種狀況下，意想不到的事故隨時可能發生。因此，當接近10月底路易斯親王請求解除他的職務時，我並不感到驚訝。他以無怨的有尊嚴態度做出這一犧牲，以自我謙讓作為他對英國和皇家海軍的偉大和忠誠服務的回報，無愧為一位水手和親王。現在我必須找到他的繼任者，我的內心已經轉向一個人，僅有的一個人。

　　費雪勳爵時不時會來海軍部，我仔細觀察他，以判斷他的身體狀況和精神敏銳度。看來這兩方面都沒有問題。有一次，當他猛烈抨擊他認為是阻礙的某人時，他憤怒得發抖，似乎身體裡的每根神經和血管都要爆裂。然而，他莊嚴地承受了這種緊張狀態，離開時讓我留下了深刻的印象：他是一臺在他那個年齡層上仍具有燃燒和搏鬥精神的可怕機器。我從來不害怕與他共事，我認為我很了解他，我們一直保持著平等的關係和憲法規定的上級權威，因此我們能一起面對任何困難。於是我在談話中告訴他親王辭職的事，但並未作出任何承諾。不久，我察覺到他強烈地渴望掌權，強烈地受到發表意見和執行使命的那種感覺的鼓舞，於是我決定不再拖延，立即採取行動。我去找首相，向他陳述各種論點，據此得出結論，認為費雪應該回到海軍部，他是唯一適合與我共事的人選。我還提名亞瑟·威爾遜爵士作為他的主要助手。我完全知道費雪的任命會在許多部門引起強烈、自然和合理的反對意見，但我已形成堅定信念，決定除非能公正處理此事，否則我將不再留在海軍部。因此，無論結果如何，我都盡到了自己

的責任。

重召費雪勛爵回海軍部的決定至關重要。儘管對此存在爭議，但他被視為納爾遜之後最傑出的英國海軍軍官。他的思想獨創性和性格自發性使他無須遵循常規。他的天賦深厚且真實，尤其擅長處理大量軍務。他體格魁梧，不畏繁重任務。

然而，他已經 74 歲了。猶如在與時間進行鬥爭的宏大城堡中，那高聳的主塔依然巍然不動，彷彿永遠存在，但周圍的建築物和城牆早已坍塌。這座城堡的專橫主人僅僅居住在特定的房間和走廊中，與這些住處有著終生的親密關係。若他與他的同行亞瑟・威爾遜爵士晚生 10 年，英國海軍在大戰爆發時無論在海軍部還是海上都不可能達到最高的完善境界。戰爭造就了新人物——貝蒂、凱斯、蒂里特——他們尚未獲得在最危急形勢下被海軍接受的權威。費雪和威爾遜比他們的同代人活得更久，凌駕於後一代海軍將領之上。這兩位偉大的老人、飽經風霜的老水手，他們半個多世紀來英勇面對戰爭和海風，當我還在搖籃中時，他們已經是在海上漂浮的艦長，現在海戰的專業指導權交付給他們了。

但毫無疑問，我對這 2 位艦隊司令的了解頗深，在過去 3 年中，我有很多機會親身接觸他們的觀點。接下來，我們的參謀組織將不可避免地發生變化。這就需要更換戰時參謀部的參謀長。海軍在斯特迪將軍身上看到了敏銳的智力和寶貴的實際能力，他能以最大的技巧和決心處理他的軍艦和中隊事務並指揮它們作戰。然而，他並不是費雪勛爵在最高執行中心所希望共事的人。幸運的是，在同意此人的繼任者上沒有出現任何困難。

自安特衛普戰役起，奧利弗將軍便一直擔任我的海軍祕書。在戰爭前的那一年，他曾是海軍情報局局長。在這個職位上，我必須像依賴之前的湯瑪斯・傑克森上校一樣，依賴他提供關於英、德海軍力量爭論所需的所有事實和資料。他在處理細節上的精確性以及應付持續且高強度精神壓力的能力都是非凡的。他思維嚴謹，言辭清晰，並且知識豐富。他作為海軍

軍官的素養是無可挑剔的。他曾是亞瑟・威爾遜爵士的航行指揮官，海軍裡人人都知道1901年海軍操演中這兩人如何指揮海峽艦隊的故事。他們將艦隊從愛爾蘭北部的拉斯林島外海穿越愛爾蘭海峽，在濃霧中駛往錫利群島，當時既看不到陸地也看不見燈光，彼此都不願多說一句話。第三天，濃霧突然散去，艦隊驚訝地看到了錫利群島的面貌，此時艦隊已在航線上拋錨。

當費雪勛爵建議讓奧利弗將軍擔任參謀長，並以德・巴托洛梅海軍准將成為我的私人祕書作為交換時，我感到非常高興。這樣一來，一切都順利展開。我們重組了戰時領導小組，小組每天至少開會一次，成員包括海軍大臣、第一海務大臣亞瑟・威爾遜爵士、奧利弗將軍和德・巴托洛梅准將（代表海軍中較年輕的一代），以及極為罕見的祕書格雷厄姆・格林爵士。亨利・傑克森爵士也經常被邀請出席，但不算頻繁，以免增加他的額外負擔。

在1914年11月這個令人心力交瘁的艱難月分，入侵的恐懼也緊緊籠罩著陸、海軍當局。陸軍部認為，前線的暫時平靜可能讓德軍抽調大量訓練有素的部隊——在必要時可達25萬人——入侵英國。基奇納勛爵指示進行全面防禦準備，費雪勛爵則精力充沛地投入這項任務。儘管我對此事心存疑慮，但認為進行預防措施是完全正確的，無論如何必須增加對海岸和本土防禦部隊的關注。因此，我抑制住高層的激動情緒，全力支持並加速我們的準備工作。我們派遣第3戰鬥中隊駐紮在福斯，調動第2艦隊到泰晤士，將老舊的「威嚴」級戰鬥艦安置在東海岸各港口，布置船隻沉入水道作為堵塞使用，並在無防禦的港灣口布設水雷，以便在適當的時候引爆；此時整個海岸的海陸空防禦力量有節奏地共同運作。陸軍的安排因以下事實變得複雜：經過充分訓練以擊退入侵者的幾個師將它們的步槍借給正在訓練的那些師，這些步槍必須集中和再分配，成為應急情況時程序的一部分。我們竟然到了使用這種應急措施的地步！然而，德軍保持絕對

平靜；1914 年 11 月 20 日前幾天，潮水與月亮的條件特別適合夜間登陸，但並未被利用，於是那種即將發生某種大事的感覺逐漸在我們心頭消失。

費雪勳爵以爆發般的熱情投入到新型戰艦的建造中。他召集了全英國的造船師和造船企業。那幾天，他幾乎每分鐘都充滿了喜悅。他向我提交了一個建造潛艇、驅逐艦和小型戰艦的計畫，其規模之大超出了我和顧問的預期。希瓦柏先生此時正好從美國返回英國，我們邀請他到海軍部。他承諾在加拿大和美國各建造 12 艘潛艇，總計 24 艘，並在難以置信的 6 個月內完成。我為提前交付設定了豐厚的獎勵。這些重要的談判達成後，隨後的工作由龐大的伯利恆鋼鐵公司以驚人的細緻和準時開始進行。一天晚上，費雪勳爵、希瓦柏先生和我圍坐在海軍部的八角桌旁，經過長時間討論潛艇合約後，我們問希瓦柏先生：「你還有其他對我們有用的東西嗎？」他告訴我們，他有 4 個回轉炮塔，每個炮塔上裝有 2 門 14 英吋大炮，原本是為希臘戰鬥艦「薩拉米斯」號準備的，這艘艦艇幾乎已經完成。我們仔細研究了這個問題，我突然有了一個想法。讀者可能記得我們曾為巴西建造的 3 艘小型鐵甲艦，儘管當時沒人認為它們有任何用處，但在戰爭爆發時我決定接收它們，並在比利時海岸的戰爭中證明了它們的價值。我向費雪勳爵建議，我們應購入這些 14 英吋回轉炮塔，並建造鐵甲艦將其裝上。將軍對這個計畫非常滿意，幾小時後他就與他的造船師關在一間小房間裡設計鐵甲艦。我們很快就開始制定建造鐵甲艦的宏大計畫。

1914 年秋季，在費雪的推動下，根據各項計畫，我們開始建造以下龐大艦隊，所有艦艇應於 1915 年底前完工。這是一支卓越而完備的新海軍，當德國潛艇在 2 年多後真正發起攻擊時，它成為了海軍部的神助攻。費雪勳爵憑藉其非凡的才智和精力，成功建立了如此規模的新海軍，這是他對國家最偉大的貢獻之一。在他漫長的生涯中，或許沒有什麼比這次以巨大努力建造新艦隊更令他愉快的了。沒有人比他更明白如何將戰爭理念融入一艘軍艦。建造艦艇激發了他生命中最強烈的熱情。所有的英國造船

廠都在他的指揮下運作，所有的財政障礙也被一一克服。

戰鬥巡洋艦「擊退」號和「聲譽」號，尤其是輕型戰鬥巡洋艦「英勇」號、「激烈」號和「榮耀」號的建造，是我在4個月後同意的，當時的環境等到講述它們的時候再談。必須說它們就像是一位老人的孩子。儘管這些軍艦擁有此前軍艦從未曾有過的許多非凡特質，但它們的骨架很輕；海軍根據新的戰爭條件要求它們比以前任何時候更加需要結構的力量和裝甲。不管怎樣，它們的父母親總是深深愛它們，當有任何詆毀汙辱它們的品質時，他總要以最大的熱情給予維護。

在11月和12月，我懷著對第一海務大臣的無限敬仰，全面主持這項工作。然而，在支出費用上，我抱有些許憂慮。我對戰爭可能延續到1915年以後感到不安，不願從陸軍中抽調它們可能需要的人員或物資。直到1915年4月，當俄國的失敗已成定局，我才認可戰爭可能延續至1916年年底，並同意在此日期前制定增加新建造艦隻的計畫。同時，我盡全力滿足費雪勛爵的需求。我一再向他強調，從某些角度看，在戰爭結束前12個月建成的軍艦，其價值遠超在戰爭結束前1個月建成的軍艦，並不斷堅持，最近建成的軍艦絕不能受損。然而，他的要求難以滿足。有時，他一天內會設計1艘主力艦的草圖，一週內會貪婪地審閱一份計畫，然後回來要求建造更多艦隻。我建議他製造1門珍貴的18英吋實驗炮，他立刻接受，並興奮地說：「我要把它裝在1艘輕型巡洋艦上，艦速40節。你可以隨時隨地使用這種大炮。」這就是他的理念，但他的裝甲是一種幻想嗎？理論又如何？儘管如此，我盡全力支持他。他判斷正確的時候遠多於錯誤，而他的決心和活力如同一艘全速前進的鉅艦，使海軍部為之震動。

費雪勛爵的年紀和目前承受的巨大壓力，使他必須過著極為謹慎的生活。他通常在晚間8點剛過便上床睡覺，而在清晨4、5點鐘，甚至更早就精神抖擻地醒來。在早晨的幾個小時裡，他全力以赴地處理大量事務，撰寫無數信件，並決定當天的工作安排。實際上，他的工作方式與詩人布

萊克的箴言高度契合：「早晨思考，白天行動，傍晚進食，夜裡睡覺。」不過，我從未聽他引用過這句箴言。隨著下午的到來，他早晨那驚人的精力逐漸衰退，而在夜晚的陰影中，這位老將軍的巨大力量常常顯得耗盡。然而，從體力和精神力量的角度來看，他的努力令人震驚，這種力量讓我──作為近距離觀察他的人──對他充滿欽佩。

我稍微調整了我的日常安排，以便適應第一海務大臣的作息時間。我通常早上比平時晚一個小時起床，有人在8點而不是7點叫醒我，如果可能的話，中午過後再休息一個小時。這樣我就能連續工作到凌晨1點或2點，而不會感到疲倦。我們因此建立了一種幾乎全天候、全時段都有人員值班的制度。正如費雪所言：「這非常接近一座永不停歇的時鐘。」無論晝夜，每小時都有電報送達海軍部。如有必要，我們中總有一個人能夠在任何時刻保持清醒，並迅速做出決定。

從業務角度來看，這種安排也顯得便利。海軍大臣在就寢前處理完所有與他相關的事務，3個小時後，第一海務大臣開始專注於他的工作。我在早晨8點醒來時檢視他黎明時所做的工作。以前我從未見過海軍部的工作節奏如此高效和準時。

我們之間有一項協議，在採取重大行動之前，必須徵得對方的同意，除非事先達成共識。我們兩人嚴格遵守這一協議。由此，我們首次建立了對海戰全過程絕對堅強控制的中央權威，目的在將我們的意志貫徹至整個艦隊和所有海軍行政機構，並確保我們不受外界干擾。我長期以來習慣用紅墨水寫備忘錄，而費雪則習慣使用綠色鉛筆。正如他所言：「這就像是左舷和右舷的燈光。」只要兩者同時亮起，一切都會順利進行。我們已建立了一個聯合體，當其保持完整時，不會被國內的陰謀或海上的敵人推翻。

費雪勛爵

科羅內爾和福克蘭群島

1914 年 10 月、11 月及 12 月

　　如前文所述，德國遠東總司令馮・施佩將軍率領「沙恩霍斯特」號和「格奈澤瑙」號於 1914 年 6 月最後一週從青島出發，在英國宣戰後的 1914 年 8 月 5 日，據報導這 2 艘強大的軍艦出現在索羅門群島附近。根據後續報告，它們於 1914 年 8 月 7 日抵達新幾內亞，並於 1914 年 8 月 9 日在加羅林群島加煤。此後，它們消失在擁有無數島嶼的廣闊太平洋中，沒人能預測它們會在哪裡再次出現。隨著時間的推移，我們對它們的狀況越來越關注，越來越緊迫。以加羅林群島為中心，我們可以繪製出半徑不斷擴大的圈子，搜尋它們可能突襲的多個地點。我們認為德艦可能以最節省燃料的速度——四分之三速度——或全速航行，根據這種情況繪製的圈子會有所變化，它們的行駛速度取決於吸引它們的潛在目標的性質。

　　我們已經察覺到這 2 艘德國戰艦的神祕行蹤將對紐西蘭和澳洲的護航隊產生影響，並迫使我們做出緊急決策。我們深知這種不確定性如何籠罩著從紐西蘭到薩摩亞的小型遠征隊，而當他們安全抵達並占領該島時，我們是多麼欣喜；當軍隊和物資登陸時，我們又是多麼迅速地——彷彿神助般迅速——將所有艦隻撤離薩摩亞近岸錨地。最終，5 週過去了，沒有任何德國戰艦出現的跡象，我們對整個形勢進行了全面評估。現在，他們完全可能前往麥哲倫海峽或南美西海岸。澳洲的護航現在由性能更佳的護航艦隊提供。薩摩亞錨地已無一艘英國軍艦，舊戰鬥艦已前往印度洋保護護航船隊。德國戰艦在任何地方都沒有像在麥哲倫海峽那樣對我們構成威脅。此外，我們認為有跡象表明德國戰艦在智利海岸加煤；有謠傳稱在麥

哲倫海峽有德國戰艦的一個燃料基地，我們正辛苦地搜尋它。可以肯定的是，沿南美西海岸仍有德國的貿易活動。

因此，1914年9月14日，海軍部向南美軍事基地指揮官克里斯托弗‧克拉多克將軍（Christopher Cradock）發出以下電報：

海軍部致皇家海軍「好望」號克拉多克海軍少將

1914年9月14日下午5點50分

德國人正重啟南美洲西岸的貿易，「沙恩霍斯特」號與「格奈澤瑙」號很有可能抵達西海岸或麥哲倫海峽。

將一個強大的中隊集中起來，以應付「沙恩霍斯特」號和「格奈澤瑙」號，把福克蘭群島建設成你們的加煤基地，並保留足夠的兵力對付「德勒斯登」號和「卡爾斯魯厄」號。

「防禦」號將由地中海前來會合你的艦隊，「老人星」號目前正駛向阿布羅柳斯群島途中。在「防禦」號抵達前，你必須至少保留一艘郡級戰艦和「老人星」號與你的旗艦共同駐守。

當你具備優勢力量時，應立即部署中隊搜尋麥哲倫海峽，隨時準備返航以保護普拉特河，或者根據情報向北搜尋至瓦爾帕萊索，摧毀德國巡洋艦並破壞德國貿易……

兩天後，所有的不確定性以及由此引發的焦慮一掃而空。消息傳來，1914年9月14日，「沙恩霍斯特」號和「格奈澤瑙」號在薩摩亞近海現身。那裡並沒有它們可以獵取的目標。空曠的近岸錨地無情地嘲弄著它們的力量。岸上飄揚著英國的國旗，紐西蘭的防守部隊力量強大，不容任何登陸部隊在他們的防禦工事前放肆。見其殖民地如此境況，德國巡洋艦在向政府建築物發射了幾發炮後揚帆離去。

一週後，1914年9月22日，他們現身於帕皮提，向該島炮轟，摧毀半個市鎮，擊沉港內法國的小炮艦「熱忱」號。他們在當天早晨離開，向

北航行。之後直到 1914 年 9 月 30 日才傳來他們的消息，隨後的寧靜再次籠罩著廣袤的太平洋深處。

如今我們再次在地圖上描繪我們的圓圈。不管怎樣，未來幾週我們無需擔心這 2 艘軍艦。因此，海軍部於 1914 年 9 月 16 日致電克拉多克將軍，告知他新的局勢，他現在不必集中他的巡洋艦，但要立即襲擊德國在麥哲倫海峽和智利海岸的貿易。

兩個星期以來一直風平浪靜。1914 年 10 月 4 日，蘇瓦和紐西蘭威靈頓的無線電臺接收到「沙恩霍斯特」號的無線電訊號。根據這些訊號，這 2 艘軍艦似乎正航行於馬克薩斯群島與復活節島之間。顯然，他們心中懷有一個南美計畫。我們用以下電報將此消息告知克拉多克將軍：

海軍部致克拉多克海軍少將（1914 年 10 月 5 日）

從情報來看，「格奈澤瑙」號和「沙恩霍斯特」號似乎正試圖穿越南美洲。「德勒斯登」號可能會為他們進行偵察。你必須準備與他們全體交戰。「老人星」號應與「格拉斯哥」號、「蒙茅斯」號及「奧特朗託」號共同搜尋敵艦並保護貿易。

1914 年 10 月 8 日克拉多克將軍回電（1914 年 10 月 12 日收到）內容如下：

沒有警報。謹慎建議，若敵方的大型巡洋艦及其他艦隻集結於南美西岸，則必須在東西兩岸部署足夠強大的英國海軍，以迫使其應戰。

如果不這樣做，從東南海岸出發的英國海軍在太平洋上可能被敵人避開，進而落在敵人後方，那麼敵人就能依次摧毀福克蘭、英吉利灣和阿布羅柳斯加煤基地，這將無法阻止。而英國軍艦由於缺煤無法追上敵人，敵人可能會到達西印度群島。

當天他發來報告，證明「德勒斯登」號在南美海域的電報（1914 年 11 月收到）：

科羅內爾和福克蘭群島

關於「沙恩霍斯特」號和「格奈澤瑙」號的情報已獲悉。1914 年 10 月 7 日，「好望」號在奧蘭治灣的再次訪問中發現了證據，表明 1914 年 9 月 11 日「德勒斯登」號曾在那裡出現，並且有跡象顯示「紐倫堡」號、「德勒斯登」號和「萊比錫」號可能與「沙恩霍斯特」號和「格奈澤瑙」號會合。我計劃將軍艦集中在福克蘭群島，以避免力量分散。我已命令「老人星」號前往那裡，並指示「蒙茅斯」號、「格拉斯哥」號和「奧特朗託」號在再次查明德國巡洋艦位置之前，不得駛往瓦爾帕萊索以北的海域。

有關海軍部第 74 號電報，「防禦」號是否由我指揮？

這是一份重要的電報。它顯示敵人極有可能正在集結力量準備決戰。在這種情況下，我們顯然也必須集中力量。現在我檢視了 1914 年 10 月 5 日參謀部的電報，覺得其內容在重點上不夠明確，即為戰鬥而集中的問題。為了避免錯誤，我在 1914 年 10 月 12 日收到的克拉多克將軍電報背面寫下備忘錄：

海軍大臣：

在此情形下，英國軍艦應在支援範圍內相互保持距離，無論是在麥哲倫海峽還是福克蘭群島。在「沙恩霍斯特」號和「格奈澤瑙」號的現狀尚未確定前，延後執行南美西海岸的巡航。

我們當前追逐的目標不是貿易，而是那 2 艘敵艦。最重要的是，我們絕不能讓它們從我們的視線中消失。

W. S. 邱吉爾

當晚，第一海務大臣在檔案上批註了「已辦」。

1914 年 10 月 14 日，我與第一海務大臣討論了目前形勢的發展情況。按照慣例，我在談話結束後，將我認為我們已經決定的事項寫成備忘錄，並送交給他。

海軍大臣：

透過我們的對話，我領會到你對南太平洋和南大西洋所建議的部署

如下：

（1）克拉多克將「老人星」號、「蒙茅斯」號、「好望」號與「奧特朗託」號集中於福克蘭群島。

（2）派遣「格拉斯哥」號在南美西海岸巡航，搜尋並進攻「萊比錫」號，同時保護該區域的貿易路線，北至瓦爾帕萊索。

（3）「防禦」號與「卡那封」號會師，共同組建起以里奧為起點的大貿易航線上的新戰鬥中隊。

（4）「阿爾比恩」號被編入開普總司令的旗艦，負責護衛呂德里茨灣的遠征隊。

上述安排得到了我的全權同意。

請您指示參謀長起草一份宣告，明確這些部署的完成日期，並指出「沙恩霍斯特」號和「格奈澤瑙」號能夠抵達各自行動區域的最早日期。

我推測克拉多克將軍完全清楚「沙恩霍斯特」號和「格奈澤瑙」號可能會在1914年10月17日或緊接著17日之後抵達他附近的海域；若無法具備足夠的力量發動攻擊，他將竭盡全力在等待增援艦隊到來之前跟蹤敵艦。

同時向克拉多克將軍發出如下電報：

海軍部致克拉多克海軍少將（1914年10月14日）

同意你將「老人星」號、「好望」號、「格拉斯哥」號、「蒙茅斯」號和「奧特朗託」號集中以進行聯合作戰。

我們已指派「卡那封」號上的斯托達特前往蒙特維的亞，出任該地北部的高級海軍指揮官。

我們指示「防禦」號與「卡那封」號匯合。

他還負責指揮「康沃爾」號、「布里斯托爾」號、「奧拉馬」號和「馬其頓」號。

科羅內爾和福克蘭群島

「埃塞克斯」號駐留於西印度群島。

1914年10月18日，克拉多克將軍傳來如下電報：

我認為很有可能的是，「卡爾斯魯厄」號一直向西航行，意圖與其他5艘艦船匯合。我堅信形勢將促使我能發動一場戰爭，但擔心由於「老人星」號的緣故，我們中隊在策略上的速度無法超過12節。

因此顯而易見，直到這一天，那位將軍打算完全將力量集中在「老人星」號上，儘管他的中隊速度會降至12節。根據官方資料，「老人星」號能達到16到17節的速度，而在實際作戰中，她能行駛15節半。

現在讓我們來審視當前的形勢發展。「沙恩霍斯特」號和「格奈澤瑙」號正在接近南美洲海岸。途中，他們可能會與輕型巡洋艦「萊比錫」號、「德勒斯登」號和「紐倫堡」號匯合。這支中隊完全由快速現代化的軍艦組成。2艘大巡洋艦都是戰鬥力極強的艦艇，每艘裝備8門8英吋炮，成對安裝在上層甲板上，其中6門炮能向兩側船舷射擊。這2艘軍艦長期在海外服役，因此其人員配置都是最高級的德國海員，並且最近才聲名鵲起，成為整個德國海軍中射擊最優秀的軍艦。與這2艘軍艦及其輔助輕型巡洋艦相比，克拉多克將軍擁有「好運」號和「蒙茅斯」號。「好運」號是來自第3艦隊的性能良好的舊軍艦，兩端裝有9.2英吋炮，在艦體中部有一組16門6英吋炮。雖然她下水的年份較早，但航速仍能達到23節。她的官兵主要由後備人員組成，儘管有良好的火炮瞄準手，但在炮擊效率上無法與英國或德國海軍中配置最佳人員的軍艦相比。「蒙茅斯」號是眾多郡級軍艦之一，這種軍艦常遭費雪猛烈抨擊，因為他們速度快但裝甲輕。她只裝備一組14門6英吋炮，其中9門能向兩側射擊。這2艘英國裝甲巡洋艦在與「沙恩霍斯特」號和「格奈澤瑙」號交戰中獲勝的機會極小。英勇和犧牲精神無法彌補力量的不均，更不用說射擊效率了。如果進行戰爭，只有最大的幸運才能拯救他們免遭滅頂。正因如此，當海軍部開始擔心「沙恩霍斯特」號和「格奈澤瑙」號可能到達南美基地時，我們派遣了1艘主

力艦增援克拉多克將軍。我們最初打算派「大無畏」號從達達尼爾海峽前往，某個時候她在前往南美途中已經抵達直布羅陀，但由於與土耳其的緊張關係加劇，她不得不返回達達尼爾。由於我們認為當時無法從大艦隊中抽調出一艘戰鬥巡洋艦，只能派遣1艘舊戰鬥艦；到1914年9月底，「老人星」號已經從阿布羅柳斯礁石群島出發穿越南大西洋。

藉助「老人星」號，克拉多克將軍的艦隊得以確保安全。「沙恩霍斯特」號和「格奈澤瑙」號絕不會冒險進入她那4門12英吋大炮的致命射程。冒此風險無異於在毫無成功希望的情況下，使自己面臨巨大的損失。這艘老舊的戰鬥艦裝備了厚重的裝甲和巨大的火炮，實際上成了一座海上堡壘，使所有在她周圍的巡洋艦都能獲得絕對的安全。正是基於此，海軍部在1914年9月14日發出了電報：「至少要確保『老人星』號和一艘郡級艦與你的旗艦在一起。」1914年10月5日再次發電報：「『老人星』號應與『格拉斯哥』號、『蒙茅斯』號和『奧特朗託』號在一起。」正是由於這個原因，我欣然讀到克拉多克將軍的電報：「已命令『老人星』號前往福克蘭群島，我打算在那裡集結軍艦，以免力量分散。」對此我寫了備忘錄：「在這種情況下，英國軍艦最好保持在相互支持的距離內，無論是在麥哲倫海峽還是福克蘭群島附近。」同樣的原因使海軍部於1914年10月14日發出了電報：「贊同你為聯合作戰集中「好望」號、「老人星」號、「蒙茅斯」號、「格拉斯哥」號和「奧特朗託」號……」

事實上，「老人星」號的實際速度僅為15.5節。如果我們的巡洋艦必須帶著她，那麼他們就無法追上德艦。「老人星」號唯一能做的就是阻止德艦抓住並擊沉他們。但這並不是故事的終結，只是序幕。當德艦橫渡太平洋抵達南美海岸後，他們必須加煤和補充物資；他們必定會尋找一個地點，讓運煤船能夠與他們會合，進行維修和補給。一旦他們的位置被我們的一艘輕型巡洋艦發現，或被岸上單位盯上，他們的行蹤將不再是祕密。我們能迅速集中力量，從各方對他們發動攻擊。日本戰鬥艦「肥前」號、

科羅內爾和福克蘭群島

巡洋艦「出雲」號以及英國輕型巡洋艦「紐高爾斯」號正向南越過北太平洋駛向南美海岸——這支艦隊雖無法追上「沙恩霍斯特」號和「格奈澤瑙」號，但他們的強大火力足以抵禦德艦的攻擊。在南美東海岸，有斯托達特海軍少將的中隊，他的艦隊包括現代化的裝甲巡洋艦「防禦」號、2艘郡級巡洋艦「卡那封」號（7.5英吋炮）和「康沃爾」號、輕型巡洋艦「布里斯托爾」號以及武裝商船「馬其頓」號和「奧拉馬」號。一旦我們確定敵艦中隊的位置，這些軍艦將在一聲令下集中起來共同攻擊他們。與此同時，克拉多克將軍只需保持他的中隊在「老人星」號的支援範圍內，他就能安全地沿智利海岸北巡，監視德艦的動向。如果德艦試圖攻擊，英艦可以撤退到戰鬥艦旁邊。「好望」號和「蒙茅斯」號一起航行，其設計速度不會低於「沙恩霍斯特」號和「格奈澤瑙」號，而這2艘德艦長期漂泊在海上。因此，克拉多克將軍可以持續監視、騷擾並引誘德艦接近「老人星」號。此外，他還擁有速度遠超「沙恩霍斯特」號和「格奈澤瑙」號的輕型巡洋艦「格拉斯哥」號，在力量和速度上都優於那裡的任何德國輕型巡洋艦。

因此，以後發生的事情我不能為海軍部承擔任何責任。戰爭的首要法則是集中優勢力量進行決定性的戰鬥，並避免力量分散或陷於瑣碎事務。根據電報可見，這位將軍明瞭這一點。海軍部的命令明確地認同他對這些基本原則的主張。因此，我們不擔心克拉多克將軍中隊的安全。若克拉多克將軍在南美西海岸巡航時完全失去德艦蹤跡，且德艦向南通過麥哲倫海峽或繞過合恩角，在某個祕密海灣加燃料，然後進入由里奧為起點的大貿易航線，情勢將變得更加緊張和嚴峻。在這條航線上，斯托達特將軍的中隊雖然在速度和力量上略占優勢，但與德艦相差不大。正因如此，我在10月12日的備忘錄上不贊同克拉多克將軍在西海岸向北移動，我寧願他留在麥哲倫海峽附近，在那裡他既能阻截「沙恩霍斯特」號和「格奈澤瑙」號，又能靈活地與斯托達特將軍的中隊會合。然而，我對1914年10月14日海軍部電報傳達的決定仍感到滿意，我等待事態發展。

1914 年 10 月 27 日，我突然收到克拉多克將軍發來的一份令我困惑的電報：

克拉多克海軍少將致海軍部

「好望」號於 1914 年 10 月 26 日下午 7 時在海上。

　　1914 年 10 月 7 日接到海軍部發來的電報。鑑於搜尋敵人的指令及我們對儘早取得成功的強烈期盼，我認為：

　　鑑於「老人星」號的速度，尋找並摧毀敵方中隊是不可能的。

　　因此，蒙特維多的「防禦」號在接到命令後，即前來與我會合。

　　「老人星」號負責護送運煤船的任務。

　　此刻，我們正經歷第一海務大臣人員變動帶來的劇烈衝擊，我全神貫注於費雪勛爵任命所引發的局面及反對意見。若非此事，我確信我會對「使用『老人星』號承擔護送運煤船的必要工作」這句不祥的電文反應更為強烈。事實上，我已透過備忘錄通知海軍祕書奧利弗將軍，原文如下：

　　這份電報極為模糊，我無法理解克拉多克將軍的意圖和期望。

　　1914 年 10 月 29 日，克拉多克的回答打消了我的顧慮：

　　西海岸的局勢看來穩定。如果「格奈澤瑙」號和「沙恩霍斯特」號朝北航行，他們最終會與向南行駛的「出雲」號、「紐高爾斯」號和「肥前」號相遇，並被迫南下遭遇「格拉斯哥」號和「蒙茅斯」號。這 2 艘軍艦速度較快，能緊盯他們並迫使其南行，最終遇上「好望」號和「老人星」號，這 2 艘軍艦應保持在相互支持的距離內。

　　在我心中逐漸滋長的模糊恐懼──也許這位將軍會出海打仗而且不以「老人星」號為旗艦（我認為這太不可能了，以至於沒有將其寫在紙上）──這才平息下來。當然，他有可能在「老人星」號 50 英哩外排成艦隊，但在開戰前仍會接近她。派遣「防禦」號與克拉多克將軍會合，這將會使斯托

科羅內爾和福克蘭群島

達特將軍的力量顯得更加單薄。果不其然，幾小時後，1914 年 10 月 29 日斯托達特將軍的抗議電報便抵達。但是海軍部戰時參謀部已回應克拉多克將軍，根據我們的所有決策，「防禦」號必須留在東海岸由斯托達特將軍指揮，以確保南美兩側都有足夠的力量。

然而，無論是這份回覆還是之後發出的任何電報，都未能抵達克拉多克將軍手中。他已經做出了自己的決定。他沒有等待「防禦」號的到來（即便我們能夠派遣她）並讓「老人星」號留在後方保護運煤船。他已經沿著智利海岸向北出發。儘管他以航速過慢為由將堅不可摧的「老人星」號留在後方，卻選擇攜帶速度並不更快且武器裝備極差的巡洋商船「奧特朗託」號同行。她的裝備如此糟糕，既不適合作戰也難以逃脫。

他於 1914 年 10 月 27 日下午 4 點從巴耶納爾外海發出以下電報（1914 年 11 月 1 日上午 4 點 33 分接收）：

你的第 105 號電報已收到。我們截獲了德國的郵件。「蒙茅斯」號、「好望角」號和「奧特朗託」號正在巴耶納爾補充煤炭，「格拉斯哥」號則在科羅內爾附近巡邏，準備攔截德國軍艦並與旗艦會合。我計劃在加煤後繼續率領中隊祕密向北航行，選擇看不見陸地的航線。在未獲進一步指示前，請繼續將電報發送至蒙特維多。

他 1914 年 10 月 29 日中午發來的電報（1914 年 11 月 1 日上午 7 點 40 分收到）內容如下：

在另行通知之前，請將克拉多克海軍少將的「好望」號、「老人星」號、「蒙茅斯」號、「格拉斯哥」號、「奧特朗託」號的郵件轉送至瓦爾帕萊索。

在後一份電報中提及「老人星」號似乎顯示出，這位將軍的意圖即使不是實際集中，亦是計劃與「老人星」號共同行動。這些是從他那裡收到的最後 2 份電報。

1914 年 10 月 30 日，費雪勛爵成為第一海務大臣。他一到海軍部，我便帶他到作戰室，和他一起仔細檢視大地圖上我們這個龐大組織裡每艘軍

艦的位置和任務，花了 2 個多小時。顯然，關鍵區域在南美海域。談到克拉多克將軍的態度，我問：「你認為他會在沒有『老人星』號的情況下與敵人交戰嗎？」他沒有明確回答。

1914 年 11 月 3 日清晨，我們首次收到有關德國軍艦的可靠情報。

瓦爾帕萊索總領事致海軍部

（1914 年 11 月 2 日下午 5 時 20 分發出，
1914 年 11 月 3 日凌晨 3 時 10 分收到）

智利商船船長報告，1914 年 11 月 1 日下午 1 時，他在塔爾卡瓦諾以北約 62 英哩處的卡蘭薩角外海 5 英哩處被「紐倫堡」號扣留。數名軍官在船上停留了 45 分鐘。此外，另有 2 艘德國巡洋艦分別停泊在西邊約 5 英哩和 10 英哩處。船長認為其中 1 艘是「沙恩霍斯特」號。10 月 26 日下午 1 時，「萊比錫」號抵達馬斯阿富埃拉島，艦上載有 456 名官兵和 10 門火炮，該艦 18 天前從加拉帕戈斯群島出發。與她同行的還有 1 艘身分不明的巡洋艦。他們購買了幾頭牛，當天便離去。10 月 29 日，在南緯 33 度西經 74 度處，有人目擊 1 艘身分不明的戰艦正駛向科金博。

海軍參謀部終於收到了期待已久的關鍵消息。現已明確確認馮·施佩將軍的艦隊位於南美洲西海岸。他並未如預期般悄然繞過合恩角，與克拉多克將軍錯過。目前看來斯托達特將軍的處境完全安全。南美洲長長的半島將他與「沙恩霍斯特」號和「格奈澤瑙」號隔開，他已無需將「防禦」號留在身邊。可以派遣「防禦」號加入克拉多克的艦隊，助力我們期望中的早期海戰。稽核這一新形勢後，我們向斯托達特將軍發去了以下電報：

（1914 年 11 月 3 日下午 6 時 20 分發布）

請讓「防禦」號盡速加入駐紮在美洲西海岸的克拉多克將軍中隊。收到後請回覆。

這份電報上有斯特迪將軍、費雪勛爵及本人姓名的首字母。

我們還致電克拉多克將軍，重申了關於「老人星」號的命令：

（1914 年 11 月 3 日傍晚 6 時 55 分發布）

已指示「防禦」號迅速前往與你的中隊會合。「格拉斯哥」號應負責搜尋或接觸敵艦。請保持與「格拉斯哥」號的通訊，並集結包括「老人星」號在內的其餘艦隻。關鍵在於你應盡快與「防禦」號會合，並確保「格拉斯哥」號持續追蹤敵艦。敵人認為你在科爾科瓦多灣。收到後請回覆。

然而，我們已經是在徒勞無功了。

1914 年 11 月 4 日清晨 7 點，當我開啟公文匣時，發現了一封電報，內容如下：

▋麥克林，瓦爾帕萊索，致海軍部

（1914 年 11 月 3 日傍晚 6 時 10 分發布）

剛剛從智利海軍將軍處獲悉，德國海軍將軍表示，星期日日落時分，在惡劣的陰霾天氣中，他的艦隊遭遇了「好望」號、「格拉斯哥」號、「蒙茅斯」號和「奧特朗託」號。雙方交戰，經過約一個小時的戰鬥後，「蒙茅斯」號傾覆並沉沒。

「好望」號、「格拉斯哥」號及「奧特朗託」號於黑暗中撤離。

「好望」號發生火災，隨後傳來一聲巨響，據信它已經沉沒。

「格奈澤瑙」號、「沙恩霍斯特」號以及「紐倫堡」號均屬於參戰的德國戰艦。

所發生的故事，就目前所知，已為大家所熟悉；在正式歷史上已經全面發表，這裡只作簡要概述。德國艦隊抵達智利海岸，在一座孤島上補充了燃料，得知英國輕型巡洋艦「格拉斯哥」號在科羅內爾，馮·施佩將軍決定截斷其退路。懷著這個目的，他率領整個中隊於 1914 年 11 月 1 日向

南行駛。幸運的是,「格拉斯哥」號及時離開港灣。幾乎同時,克拉多克將軍開始他的大規模北進,希望抓住「萊比錫」號,因為「格拉斯哥」號多次收到「萊比錫」號發出的無線電訊號。克拉多克將軍在下午2點半與「格拉斯哥」號重新會合,於是整個中隊以約15英哩的間隔向北行駛。大約下午4點半時,他們看到北方有幾艘軍艦的濃煙,4點45分時,「格拉斯哥」號辨認出「沙恩霍斯特」號、「格奈澤瑙」號和一艘德國輕型巡洋艦。而「老人星」號在將近300英哩之外。

現在還有時間躲避戰鬥嗎?時間無疑是有的。「好望」號和「蒙茅斯」號的正常速度分別為23節和22.4節,那天如果2艦一起行駛,肯定可以達到21節。「格拉斯哥」號可以行駛25節以上。「沙恩霍斯特」號和「格奈澤瑙」號的正常速度為23.2節和23.5節,但他們長時間在南部海洋上游弋,遠離港口。根據克拉多克將軍當時掌握的情況,他可以穩當地使這2艦的速度達到22節。惡劣的天氣同樣降低了雙方的速度。如果他立即掉頭,由於處於寬廣洋面,一下子就使敵人處於尾追位置。他每小時只能被敵艦追上一節。當下午4點45分「格拉斯哥」號看到敵艦時,最近的裝甲艦約在20英哩之外。而當時,不到2個小時太陽就要下沉,不到3個小時黑夜就要降臨。

然而,「奧特朗託」號可能成為一個棘手的問題。她的最高航速只能達到18節,而在交戰時迎浪行駛速度僅為15節。令人費解的是,他竟然將這樣一艘性能不佳的慢船安排與「格拉斯哥」號一起擔任前鋒。當她發現敵艦時,距離只有17英哩。假設馮‧施佩將軍的軍艦能以22節的速度航行,因迎浪減速3節至19節,他每小時可以追趕「奧特朗託」號4節。在追擊過程中,他可能在夜幕降臨時用長射程炮火射擊她。在這種情況下,英國中隊可能會因她而減慢速度,從而降低自身獲得安全的機會。這一點或許讓克拉多克將軍感到不安。當然,現在我們知道,儘管受到「奧特朗託」號的拖累,實際上如果克拉多克試圖這樣做,他仍然能夠輕鬆且確

科羅內爾和福克蘭群島

定地避免交戰。當被對方發現時，馮·施佩將軍的航行速度僅為 14 節，要提高到全速需要再燃燒 2 個鍋爐。此外，他的軍艦是分散的。集中並提高速度需要耗費短暫黃昏的一個半小時，在這個時間內，英艦實際上可以拉大與敵艦的距離。而且，在福克蘭群島的追逐和戰鬥中，「沙恩霍斯特」號和「格奈澤瑙」號在氣候良好時的最高速度也不超過 20 節。因此，他本可以安全撤離。

然而，克拉多克將軍心中無意另作打算，他決定立即發起攻擊。「格拉斯哥」號一見敵艦，便迅速返回並駛向旗艦，前方的「蒙茅斯」號和「奧特朗託」號也全速回航。然而，克拉多克將軍在 5 點 10 分下令中隊集中，並非集中於離敵人最遠的旗艦「好望」號，而是集中於雖然迅速撤退但仍離敵最近的「格拉斯哥」號。6 點 18 分，他向遠處的「老人星」號發出訊號：「我現在要攻擊敵人。」這一戰鬥決策注定了他的命運，更嚴重的是中隊的命運。

參考「格拉斯哥」號的航海日誌，「英國中隊向左轉 4 分，集體朝向敵人，試圖包圍並迫使其在日落前開戰。若此策略成功，將使敵方處於極大劣勢，因為英國中隊位於敵艦與太陽之間。」然而，德國海軍上將輕鬆避開了這一計畫，他將艦隊轉向陸地，排成至少 18,000 碼長的陣列。此時，雙方中隊向南航行，艦隻航線逐漸靠攏──英艦朝向大海，落日在他們身後，而德艦更靠近陸地。戰爭中最悲慘的海戰由此展開。雙方官兵遠離家鄉，在波濤洶湧的大海上面對面，其中九成注定喪生。英國官兵在那個晚上陣亡；德國官兵則在一個月後犧牲。到晚上 7 點，太陽落下地平線，不再有刺眼的陽光時，德軍指揮官下令開火。英國軍艦背對落日餘暉，輪廓清晰，而德艦在智利海岸的陰影中難以辨認：有利條件完全逆轉。海浪洶湧，「蒙茅斯」號和「好望」號的主甲板 6 英吋炮受到猛烈浪花的顯著影響。德艦的炮組位於上層甲板上，以現代方式裝置，不受惡劣氣候的影響。此不對等的戰鬥持續不到一個小時。德艦的一次早期齊射可能打啞了「好望」號前面的 9.2 英吋大炮，該炮在整個戰鬥中未能發射，她與「蒙

茅斯」號迅速起火。黑夜降臨，海浪更加凶猛，「好望」號在一聲巨大爆炸後成為一個發光的斑點，很快消失無蹤；「蒙茅斯」號絕望但拒絕投降，被「紐倫堡」號擊毀，像「好望」號一樣沉入大海，下沉時她的旗幟依舊飄揚。無裝甲的商船「奧特朗託」號沒有戰鬥能力，明智地保持距離，消失在黑暗中。只有小小的「格拉斯哥」號在猛烈的炮火中奇蹟般逃脫，她繼續戰鬥，直到在波濤洶湧的黑暗大海上只剩下她1艘軍艦。2艘下沉的英艦沒有倖存者，從艦長到水手全數罹難。德艦沒有損失一條生命。

引述「格拉斯哥」號後續的報告：

整個戰鬥過程中，官兵們的表現堪稱楷模。即便在面對密集炮火且無法有效反擊的困境下，他們依舊保持了完美的紀律和冷靜的態度。士兵們的行為就像在進行實戰演練；當無法鎖定目標時，炮手們主動停止射擊，沒有任何炮火的跡象。「格拉斯哥」號的軍官和所有水手的鬥志絲毫未被逆境削弱，我們一致希望這艘軍艦能迅速恢復到可以再次與敵人作戰的狀態。

正如後來的事實所證明，這些話得到了完全的實現。

目前我們必須應付新的局勢。從現狀來看，我們的中隊已經完全瓦解。馮‧施佩將軍暫時控制了南美海域，他擁有多種選擇。他可以返回太平洋，重複那些使我們屢屢受挫的神祕戰術。他也可以沿南美西海岸北上，前往巴拿馬運河。若選擇這一行動，他有可能與從南方駛來的英國和日本中隊交戰。當然，他亦可能不會遇上他們，即使遇到了，他也能夠憑藉其軍艦的速度避戰。他還可以繞道東海岸，切斷主要貿易航道，但這樣做他必須準備與斯托達特將軍交戰，這將是一場勢均力敵且充滿風險的戰鬥。斯托達特將軍擁有3艘裝甲艦對付2艘德國裝甲艦，其中包括「防禦」號，它是1艘比德國裝甲艦更新更好的戰艦，配備了4門9.2英吋和10門7.5英吋的大炮，是我們最強大的裝甲巡洋艦之一。最後，馮‧施佩將軍可以橫渡大西洋，途中可能襲擊福克蘭群島，並出人意料地到達南非海

科羅內爾和福克蘭群島

岸。在那裡，他將面對正在全力進攻德國殖民地的英國政府遠征軍，而他的到來將是最不受歡迎的。剛剛鎮壓叛亂的博瑟將軍和斯馬茨將軍正準備在極為緊張的氣氛中重新進攻德屬西南非，不斷的運輸車隊很快將裝載遠征隊及其物資從開普敦運往呂德里茨灣。如果不這麼做，馮·施佩將軍可能沿非洲海岸北上，全面攻擊前往喀麥隆遠征隊的整個船隊，而這些船隊完全沒有自衛的手段。

我們必須正視所有這些不愉快的可能性。我們需要在眾多地點的任何一點防範突如其來的襲擊；由於我們資源豐富，保護它們的重任變得異常沉重。首要任務是恢復南美水域的局勢，這肯定需要一個月的時間。在面對這一巨大需求時，我突然想到可以從大艦隊中調出一艘戰鬥巡洋艦，讓她與「防禦」號、「卡那封」號、「康沃爾」號和「肯特」號匯合，這將使斯托達特將軍擁有壓倒敵人的優勢。

1914 年 11 月 4 日

致作戰部門負責人。

1. 他們一小時能行駛 10 到 12 海浬。

2. 請提供下述行動所需的時間：

(a)「肯特」號抵達里奧和阿布羅柳斯需時多久？

(b)「澳洲」號獨自或與「蒙卡爾姆」號一同經由馬卡達群島前往加拉帕戈斯需要多長時間？此外，「出雲」號和「紐高爾斯」號與他們會合又需時多久？

(c) 日本第 2 南方中隊接替在斐濟的「澳洲」號所需時間？

(d)「防禦」號、「卡那封」號和「康沃爾」號各自到達蓬塔阿雷納斯需要多少時間？

(e)「無敵」號抵達阿布羅柳斯、里奧、蓬塔阿雷納斯的時間需要多久？

(f)「肥前」號和「淺間」號抵達加拉帕戈斯或埃斯奎莫爾特所需的時間？

W. S. 邱吉爾

然而，我發現費雪勳爵的計畫更加激進。他計劃從大艦隊中抽調 2 艘戰鬥巡洋艦，以加強南美基地的防衛。不僅如此，更具挑戰性的是，他還計劃抽調第 3 艘戰鬥巡洋艦——「皇家公主」號——前往哈利法克斯，隨後再前往西印度群島，以防範馮・施佩通過巴拿馬運河。毫無疑問，派遣軍艦增援是必要的，但問題在於哪些軍艦可以被抽調。我們緊張地評估了國內水域的軍力，注意到「猛虎」號即將加入第 1 戰鬥巡洋艦中隊，而新戰鬥艦「本鮑」號、「印度女皇」號和「伊莉莎白女王」號已準備就緒，即將服役。我們立即向總司令下達了如下命令：

（1914 年 11 月 4 日中午 12 時 40 分）

指示「無敵」號和「不屈」號迅速加滿煤炭，以最快速度前往貝里港。他們在國外有緊急任務。「無敵」號的司令官和旗艦艦長調任至「紐西蘭」號；「紐西蘭」號的艦長調任至「無敵」號。已命令「猛虎」號以全速前來聽候你的指示。請向她下達必要的命令。

約翰・傑利科爵士從容應付突發狀況，未發一言便調撥 2 艘戰鬥巡洋艦。這些艦艇奉命沿西海岸航行至德文波特，以安裝其南方航程所需設備。我們第 2 次捕獲馮・施佩的計畫現設想如下：

（1）若他橫渡太平洋，將會面臨駐紮於蘇瓦的日本精銳第 1 南方中隊的挑戰，該中隊專門保護澳洲與紐西蘭。這個中隊由以下艦隻組成：「鞍馬」號（戰鬥艦）、「筑波」號和「生駒」號（戰鬥巡洋艦）、「日前」號和「矢矧」號（輕型巡洋艦）。此外，在蘇瓦還有「蒙卡爾姆」號和「邂逅」號。另一支強大的日本中隊（4 艘軍艦）則以加羅林群島為基地。

（2）若他沿著南美洲西海岸向北航行，迎擊他的將是從斐濟而來的「澳洲」號，以及「肥前」號、「出雲」號和「紐高爾斯」號所組成的英日聯合艦隊，準備在北美海岸外集結。

（3）若他繞道前往南美東海岸，則命令「防禦」號、「卡那封」號、「康沃爾」號、「肯特」號在蒙特維多外海集結，並加上「老人星」號、「格拉斯

哥」號和「布里斯托爾」號。待與「無敵」號和「不屈」號會合後再與之交戰。此後將「防禦」號派往南非。

（4）如果他接近開普基地，「防禦」號和「彌諾陶洛斯」號（在我們獲知馮・施佩抵達南美海域後從澳洲護航隊調來）將會迎接他，再加上舊戰鬥艦「阿爾比恩」號以及輕型巡洋艦「韋茅斯」號、「達特茅斯」號、「阿斯特里亞」號和「海厄辛思」號。聯合王國遠征任務推遲14天。

（5）如果他經過巴拿馬運河，他將會遇到西印度群島中隊的「皇家公主」號以及「貝里克」號和「蘭卡斯特」號，還有法國艦艇「孔代」號。

（6）警告喀麥隆把船隱藏在他無法到達的上游河道。

（7）若他設法穿越南大西洋並踏上返家的航線，他將進入約翰・德・羅貝克將軍（John de Robeck）在維德角群島附近所指揮的新中隊勢力範圍，該中隊包括舊型戰鬥艦「復仇」號、裝甲巡洋艦「勇士」號與「黑王子」號，以及「多尼高爾」號、「高空飛行者」號和後來的「坎伯蘭」號。

總計，為了策劃摧毀德軍的5艘戰艦（其中僅有2艘為裝甲艦），英軍不得不動用近30艘戰艦（包括21艘裝甲艦，大多數由優質金屬製造），這還不包括強大的日本艦隊和法國軍艦或武裝商船巡洋艦，最後一種船隻在偵察方面非常有效。

我致電日本海軍部，宣布我們在南大西洋為對抗德國艦隊進行新的集結，並建議「紐高爾斯」號、「出雲」號、「肥前」號和「澳洲」號在北美海岸外集合，「淺間」號完成拘捕或摧毀「兀鷹」號後與他們會合。我建議日本艦隊前往斐濟，以取代「澳洲」號，以保護澳洲和紐西蘭，防範德國軍艦的回歸。為對付「埃姆登」號，我建議日本艦隊不向東航行，而是向西前往蘇門答臘與荷屬東印度群島附近水域，以便封鎖每一個進出口，確保東經90度沒有德國軍艦藏身之地。日本海軍部的態度是基本上同意我的看法。

同時，必須竭盡所能為克拉多克將軍中隊剩餘的艦艇提供安全保障和

支援。指示「老人星」號、「格拉斯哥」號和「奧特朗託」號在蒙特維多外海與「防禦」號會合；命令斯托達特將軍將「卡那封」號和「康沃爾」號召集至該地，並將這支艦隊置於他的旗艦指揮之下；命令「肯特」號從獅子山經阿布羅柳斯加入斯托達特的中隊。通知福克蘭群島總督警惕德國巡洋艦可能的襲擊。因「老人星」號持續高速航行導致鍋爐故障，我們不得不再次命令她前往福克蘭群島，指示她在史坦利港找到一個合適的泊位，以便她的大炮能夠控制港口入口，準備應付敵艦炮擊、保護自身並等待進一步指令。

英國皇家海軍儲備力量在各大海域面臨的巨大壓力，除了主戰場之外，現在已達到最高峰，這一點可從以下幾個方面部分體現出來：

30 艘軍艦聯合對付馮·施佩。

搜尋「埃姆登」號以及「柯尼希山」號，共計 8 艘軍艦。

除上述軍艦外，為了全方位保障貿易，共有 40 艘軍艦。

印度洋護航任務，共派出 8 艘軍艦。

達達尼爾海峽封鎖了土耳其與德國的聯合艦隊，共有 3 艘軍艦。

保衛埃及，派遣 2 艘戰艦。

執行小規模任務，由 11 艘軍艦組成。

總共有 102 艘不同級別的軍艦。

我們確實無法再找到任何 1 艘可以發揮作用的軍艦，但這種情況很快得到緩解。

1914 年 10 月 30 日，我們獲悉「柯尼希山」號藏匿於德屬東非的魯菲吉河，這一發現使我們能夠迅速派遣 2 艘同等戰力的軍艦將其圍困，進而釋放其他艦隻。1914 年 11 月 9 日，我們收到了更為振奮的消息。讀者或許記得「雪梨」號和「墨爾本」號為何隨澳洲護航隊航行於印度洋。1914 年 11 月 8 日，負責護航的「雪梨」號接到科科斯島無線電臺的電報，稱一艘不明軍艦駛入海灣。之後，科科斯島再無音訊。於是，大型巡洋艦「伊

吹」號加速前進，升起日本戰旗，請求護航隊指揮官允許其追擊敵艦。然而，護航隊不能缺少這一強大保護力量，遂將任務交予「雪梨」號。9時，「雪梨」號發現「埃姆登」號，澳洲海軍歷史上的首次海戰打響。戰鬥結果無可爭議：100分鐘後，「埃姆登」號擱淺，變成一堆燃燒的扭曲鋼鐵，整個印度洋從此絕對安全和自由。

鑑於這艘軍艦對我們造成的所有損害並未違反人道或我們所理解的海戰法，我們發出如下電報：

海軍部致駐中國中隊總司令

1914年11月11日

「埃姆登」號的艦長、軍官和水手應享有戰俘的禮遇。除非你們有任何相反的理由，應准許艦長和軍官保留佩劍。

然而，這些戰爭禮儀往往遭到無禮的回應。

印度洋上的敵艦被肅清後，所有負責搜尋「埃姆登」號和「柯尼希山」號的軍艦得以解放。如今，已無敵艦能對澳洲護航隊造成威脅。大部分護航的軍艦已撤離。「埃姆登」號和「柯尼希山」號的去向已明，而馮・施佩則在地球的另一端。我們命令「彌諾陶洛斯」號全速前往開普。其他所有軍艦通過紅海進入地中海，因土耳其入侵埃及的威脅迫在眉睫，他們的到來將備受歡迎。

與此同時，「無敵」號和「不屈」號已抵達德文波特。我們決定讓即將離任的參謀長斯特迪將軍在「無敵」號上升起他的旗幟，指揮南美基地，並全面負責對馮・施佩的所有戰鬥。我們耐心等待他和他的軍艦出發。一旦軍艦進入修船廠，各種需求將接踵而至。

1914年11月9日，費雪勳爵士踏入我的房間時，將一份電報置於我的桌上：

德文波特修船廠主管將軍報告稱,「無敵」號與「不屈」號修繕工作的最早完工日期預計為 1914 年 11 月 13 日午夜。

我立即對修船廠的延誤表示強烈不滿,並詢問費雪:「我是否應該給予他懲罰?」或說了類似的話。費雪拿起電報,一看日期便驚呼:「星期五 13 日,這是什麼日子!」因此,我起草並簽署了以下命令,這一命令直接引發了福克蘭戰役:

海軍部致總司令,德文波特

軍艦定於 1914 年 11 月 11 日星期三啟航。戰局的實際需求迫切,修船廠的安排必須與此同步。如有需要,修船工人應隨艦出海,並在合適時機返回。你有責任確保這些軍艦在最佳狀態下迅速派遣,收到後請確認。

W. S. 邱吉爾

結果軍艦在關鍵時刻啟航。他們於 1914 年 11 月 26 日在阿布羅柳斯加煤,並在那裡加入了斯托達特將軍的中隊(包括「卡那封」號、「康沃爾」號、「肯特」號、「格拉斯哥」號、「布里斯托爾」號和「奧拉馬」號)。中隊派遣「防禦」號前往開普後,他們在看不見陸地的海洋上航行且未使用無線電,於 1914 年 12 月 7 日晚間抵達福克蘭群島的史坦利港。在那裡,他們發現停泊在潟湖內的「老人星」號,該艦正根據海軍部的指示準備保衛自己和該殖民地。他們隨即開始加煤。

在科羅內爾取得勝利後,馮·施佩將軍展現出一位勇敢紳士的風範。他對瓦爾帕萊索德國殖民地的熱烈歡呼不以為意,也不提及建立在戰死者之上的勝利。他對自身的危險有著清醒的了解。談到人們送給他的鮮花時,他說:「它們可以用在我的葬禮上。」總體而言,他的行為讓我們認為,德國人沒有救起任何英國倖存者並非出於缺乏人道精神,而這一觀點已被英國海軍接受。

科羅內爾和福克蘭群島

在瓦爾帕萊索短暫停留後，他和他的軍艦再次消失在蔚藍的海洋中。我們無從得知他為何選擇襲擊福克蘭群島，也無法預測在勝利後他的下一步計畫。據推測，他可能希望摧毀這個毫無防禦的英國加煤基地，進而減少他在南美海域的風險。不管怎樣，他於1914年12月6日正午，率領5艘軍艦從麥哲倫海峽向東出發；1914年12月8日早上8點，他的領航艦「格奈澤瑙」號看到了福克蘭群島的主要港口。幾分鐘後，一個可怕的景象突然出現在德國人眼前。在海角後面，兩根三腳桅桿清晰可見。只需一眼，它們就象徵著必然的毀滅。天氣晴朗，從艦頂俯瞰，四周的地平線延伸至30或40英哩。勝利無望，逃脫無計可施。就在一個月前，另一位海軍將領和他的水手也經歷了相同的苦難。

那天下午5點，我在海軍部的辦公室裡埋頭工作，奧利弗將軍手持一份電報走了進來。這是福克蘭群島總督發出的，內容如下：

今晨破曉時分，施佩將軍率領其全體艦隊到達，目前正在與斯特迪將軍的全體加煤艦隊激戰。

我們曾多次經歷令人心碎的突襲，因此，電報中的最後幾個字令我的脊椎一陣戰慄。儘管我們在各方面占據優勢，但是否在毫無防備的情況下遭遇了錨地突襲並遭受重創？「電報難道是這個意思？」我問參謀長。他回答：「我希望不是。」我能看出，儘管我並不完全相信這個想法，但他的神情也顯露出不安。然而，2小時後，門房再次進來，這次是面容嚴峻的奧利弗，帶著一絲勉強的笑意。「先生，一切都好；他們全葬身海底。」事實上，除了1艘外，其餘的確如此。

當遠處天際出現德國領航艦的身影時，斯特迪將軍及其中隊正在進行加煤作業。根據情報，他堅信德國艦隊停泊在瓦爾帕萊索，計劃翌日出航，期望趕在敵艦繞過合恩角之前搶先行動。從首次目擊敵艦到他能夠升火出航，已經過了2個多小時。首批炮彈由停泊在內港泥灘上的「老人星」號12英吋大炮發射。「格奈澤瑙」號不斷向前靠近，直到她看見致命

的三腳桅桿，隨即轉身帶領輕型巡洋艦全速逃離，與她的分隊會合。幾分鐘內，整個德國中隊以最大速度向西航行。10點鐘，「肯特」號、「卡那封」號和「格拉斯哥」號已經起航，斯特迪將軍乘坐「無敵」號離開港灣，後面跟隨「不屈」號和「康沃爾」號；同時，那些輕型巡洋艦（包括「布里斯托爾」號）全速追隨。

德國中隊的5艘軍艦現已清晰可見，約在15英哩外，艦身低於地平線。總追逐的命令已下達，但不久之後，將軍考慮到時間尚早，他調整了速度，戰鬥巡洋艦僅保持約20節的速度。然而，這個速度足以追上德艦，敵艦長期在太平洋上航行，未曾進港，航速不超過18節。儘管如此，「萊比錫」號開始掉隊，在接近1點時，「不屈」號在16,000碼外向其開火。馮·施佩面對自己的艦隊一艘接一艘被消滅的危險，他做出了符合海軍最高傳統的決定。他發訊號給輕型巡洋艦，命其逃往南美海岸，而他自己則與「沙恩霍斯特」號和「格奈澤瑙」號轉身迎敵。接下來的海戰中，英軍占據優勢。德國將軍多次嘗試縮短距離，使其猛烈的5.9英吋輔助火炮生效。英艦則努力保持距離，不讓這些火炮發揮作用，並以12英吋大炮向敵艦傾瀉炮彈。在這種長距離戰鬥中，要擊毀德國巡洋艦需要耗費大量時間和彈藥。「沙恩霍斯特」號連同其將領和全體人員在下午4點17分沉沒，她向僚艦發出的最後訊號是保全自己。「格奈澤瑙」號在無望的劣勢下堅毅的戰鬥至6點，在絕對無能為力的情況下，她開啟海水閥，消失在冰冷的海水中，只有她的旗幟仍在飄揚。英艦衝向沉艦地點，放下所有可用的救生艇，但只來得及救起200名德國官兵，其中許多人在次日因冷水刺激過度而死亡。當「沙恩霍斯特」號和「格奈澤瑙」號沉沒後，「不屈」號每門12英吋大炮只剩下30發炮彈，「無敵」號僅剩22發炮彈。

與此同時，英國其他巡洋艦各自鎖定一艘逃逸的德國輕型艦隻為目標，隨之展開了一系列追逐戰。「肯特」號（艦長艾倫）以超越以往紀錄的速度，甚至據說超過了設計引數，追上並擊沉了「紐倫堡」號。「紐倫堡」

科羅內爾和福克蘭群島

號拒絕投降,當她船頭下沉時,勝利者看到她翹起的船尾上有一群人舉手向德國國旗告別。「萊比錫」號被「格拉斯哥」號和「康沃爾」號聯手擊沉。只有「德勒斯登」號獨自逃脫,但在3個月後於馬斯阿富埃拉近海錨地被英艦追擊並擊沉。

德國巡洋艦在外海的戰事至此告終。除了「卡爾斯魯厄」號(她一度失聯,後於1914年11月4日因內部爆炸沉沒)和「德勒斯登」號(迅速被發現並摧毀)外,全球海域已無任何德國艦艇。從戰爭開始到達成這個結果共耗時4個月。這個結果具有深遠的意義,同時影響了我們在全球各地的地位。各地的緊張局勢得以緩解。我們的所有事務,無論是戰爭還是商業,在各個戰場上都順利進行,毫無阻礙。24小時內,我們向數十艘英艦發出命令,令其返回國內水域。我們首次意識到我們擁有比敵人更多的某些級別軍艦、訓練有素的海員和各種海軍物資,並準備充分利用這些資源。雖然公眾對徹底擊潰敵人的勝利感到滿意,但他們未能完全意識到這一勝利對整個海軍態勢的重大重要性。

轟炸斯卡伯勒及哈特爾浦

1914 年 11 月和 12 月

我們的情報機構在全球享有盛譽，這完全是他們應得的。在戰時，我們或許比任何其他國家都更擅長揭穿敵人的陰謀。陸軍和海軍情報人員的預測屢次精準無比，這既讓盟友感到驚訝，也讓敵人感到憤怒。海軍情報局的幾任局長 —— 湯瑪斯・傑克森海軍上校、奧利弗海軍少將以及最後一位雷金納德・霍爾海軍上校 —— 都是情報工作的傑出人物，他們不斷致力於建立和擴展一個高效而健全的組織。還有一些其他人 —— 一份光輝的人員名單 —— 他們的名字甚至到現在仍需保密。我們關於德國海軍活動的情報主要來源於以下幾方面：

（1）在中立國和敵國，特別是在德國的特務人員的報告；

（2）我們的潛艇在黑爾戈蘭灣深潛時的高度警惕性報告；

（3）我們對德國無線電訊號的特殊研究。我們曾在一段時間內得到巨大的運氣幫助。

1914 年 9 月初，德國輕型巡洋艦「馬格德堡」號於波羅的海發生事故。幾小時後，俄國人打撈起一名淹死的德國下級軍官的遺體，在他僵硬的手中緊握著海軍密碼本、旗語通訊手冊以及北海和黑爾戈蘭灣的詳細方格地圖。1914 年 9 月 6 日，俄國海軍武官前來拜訪我，他收到了聖彼得堡發來的電報，告知了這一事件。俄國海軍部藉助這些密碼本和旗語通訊手冊，已能破譯部分德國海軍電報。他們認為，作為主要海軍強國，英國海軍部應當擁有這些資料和地圖。若我們能派一艘軍艦前往亞歷克山德羅

轟炸斯卡伯勒及哈特爾浦

夫，俄國負責這些資料的軍官將帶它們來英國。我們即刻派出一艘軍艦，1914年10月下旬的一天下午，路易斯親王和我從忠實的盟友手中收到這些沾有海水汙漬的無價檔案。我們立即成立了一個組織，開始研究德國無線電訊並翻譯收到的電報。該組織由海軍教育處長詹姆斯·阿爾弗雷德·尤因爵士（Alfred Ewing）領導，他在破譯情報方面的貢獻卓越。此工作極其複雜，因為密碼顯然不是電報保密的唯一要素。但自1914年11月初起，我們的軍官逐步成功地翻譯出德國海軍電報的各個可辨識部分。大多數電報內容屬例行公事性質，如「我們的1艘魚雷艇將於下午8點駛往第7號方格」等。然而，仔細收集這些片段能提供一個資訊體系，據此能相當準確地了解敵人在黑爾戈蘭灣的部署。然而，德國人頻繁更改密碼和關鍵碼，使我們只能偶爾破譯。隨著戰事推進，電碼變得越來越複雜，設計手段完全難以理解。然而，這一情報來源依然保持有效，並顯然具有極大價值。

德國的官方歷史記載顯示，德國最終對此事瞭如指掌：「儘管我們曾懷疑英國海軍部掌握了德國艦隊的全部密碼體系，但聖彼得堡傳來的可靠消息消除了我們的疑慮，顯示『馬格德堡』號在奧登肖爾姆外海擱淺後，艦上的祕密檔案被丟擲艦外，被俄國人撿走並傳送給他們的盟國。」

最終，依靠奧利弗將軍的遠見卓識，我們於1914年8月開始設立定向電臺。因此，我們測定敵艦位置的手段達到了無與倫比、事實上前所未有的完善程度，能夠使用連續定位的方法測出任何使用無線電設備的敵艦航線。

舍爾說：「英國人依靠他們的『定向電臺』進行資訊收集，這種電臺早已投入使用，而我們卻很晚才開始使用……藉助這種電臺，英國人在作戰指揮上擁有了許多優勢，因為一旦對方發出無線電訊號，他們就能獲得非常精確的敵方位置相關資料。在龐大的艦隊中，分散的軍艦相距甚遠，彼此之間的通訊至關重要，完全終止所有無線電通訊，對任何艦隊的行動都

是致命的。」

然而，在收集情報、評估情報以及從情報中提煉出實情之間，往往存在一道難以跨越的鴻溝。一旦訊號發出，我們便能捕捉到特定軍艦的無線電訊號：某個時刻某條航道會亮起燈光，軍艦正在行動，掃雷艦正在作業，航道浮標指示，封閉的門被開啟——這些資訊究竟意味著什麼？乍看之下，它們似乎只是普通的活動，但當這些活動被綜合在一起時，可能會得出令人震驚的結論。總而言之，不論這些暗示來自何處，都是亞瑟‧威爾遜爵士專門研究的課題，他負有向戰時領導小組提供相關意見的重大責任。

1914年12月14日星期一下午之前，北海一直保持寧靜。當天大約晚上7時，亞瑟‧威爾遜爵士來到我的辦公室，要求與第一海務大臣和參謀長進行一次直接會晤。片刻之後，我便召集了他們，威爾遜爵士隨即解釋，他研究了有關敵人的情報，顯示可能即將發生一場軍事行動，這次行動涉及敵人的戰鬥巡洋艦，雖然尚無確鑿證據，但敵人也許會對我們沿海發動攻擊。他明確指出，德國公海艦隊似乎與此無關。發現的跡象模糊且不確定，論據上也有漏洞。然而，聽取了威爾遜的分析後，我們得出的結論是，應該將猜測當作事實來對待，並採取行動。我們決定不動用整個大艦隊。由於斯卡帕灣缺乏保護，在過去我們曾經將大量巡航任務交給艦隊，現在我們希望盡可能避免機械和凝汽機的磨損。此外，每次派遣龐大艦隊出海都會招致潛艇和水雷的威脅，除非必要，我們必須對艦隊的使用加以限制。

總司令對這個決定沒有異議，但從後續事件來看，這樣的限制帶來了許多遺憾。然而，必須強調的是，海軍部所依據的情報從未經過驗證，因此顯得極具猜測性。無論其價值如何，這些情報排除了德國公海艦隊在海上出現的可能。因此，我們立即命令戰鬥巡洋艦和第2戰鬥艦中隊連同一個輕型巡洋艦中隊和一個驅逐艦小艦隊按規定的速度和時間出海，以確保

轟炸斯卡伯勒及哈特爾浦

它們在第 2 天早晨拂曉時能處於攔截敵人的位置。發給哈里奇艦隊蒂里特准將的命令是讓他前往雅茅斯外海，發給凱斯准將的命令則是將我們可用的 8 艘外海潛艇布置在泰爾斯海靈島外海，以防止敵人向南襲擊，並命令海岸部隊加強警戒。

海軍部致總司令

1914 年 12 月 14 日晚間 9 時 30 分發

最新獲得的可靠情報顯示，德國第 1 巡洋艦中隊聯同若干驅逐艦於週二凌晨離開亞德河，並於週三夜晚返航。根據情報，戰鬥艦顯然極有可能不會出動。

敵方艦隊將有充裕的時間抵達我們的海岸。

今晚立即派遣戰鬥巡洋艦中隊和輕型巡洋艦中隊，在一個戰鬥艦中隊（最好是第 2 中隊）的支援下離開基地。

在星期三破曉時分，他們應抵達某個地點，以確保能在那裡有效攔截歸來的敵人。

蒂里特率領他的輕型巡洋艦和驅逐艦在英國沿岸積極尋敵，密切追蹤並及時向將軍彙報敵情。

根據我們的情報，德國第 1 巡洋艦中隊包含了 4 艘戰鬥巡洋艦與 5 艘輕型巡洋艦，還可能有 3 個驅逐艦小艦隊。

收到後請通知。

海軍部致蒂里特准將，哈里奇號

1914 年 12 月 15 日下午 2 時 5 分發

明日黎明時，德國戰鬥巡洋艦、巡洋艦及驅逐艦極有可能現身於我們的海岸外。

從午夜到早上9點，安排1艘M級驅逐艦在北欣德燈船附近的海域進行巡邏。再派另1艘M級驅逐艦，從午夜到早上9點，在北緯53度0分、東經3度5分起的15英哩長的南磁極線上巡航。

這2艘驅逐艦的任務是監視並報告敵方動向，同時依賴自身的速度來脫離危險。

如果天氣惡劣，他們可以返回哈里奇。請通報他們的艦名。

第1和第3小艦隊以及所有可用的輕型巡洋艦將在明天天亮前巡弋於雅茅斯海域，隨時準備前往任何據稱敵人可能抵達的地點，無論是從北方還是南方。

他們的職責是與敵軍接觸，追蹤其動向，並向第2戰鬥艦中隊的海軍中將及第1戰鬥巡洋艦中隊的海軍中將通報敵方位置。

第2戰鬥艦中隊、第1戰鬥巡洋艦中隊、第3巡洋艦中隊和輕型巡洋艦中隊將在早上7點半抵達北緯54°10，東經3°0位置，計劃截斷敵軍退路。

若爆發戰鬥，你的小型艦隊和輕型巡洋艦必須竭力與我們的大艦隊協同作戰，以迎擊敵方驅逐艦。

若天候惡劣對驅逐艦不利，則僅使用輕型巡洋艦，並令驅逐艦返航。收到後請告知。

在採取了所有認為必要的措施後，我們懷著矛盾卻充滿希望的心情，等待了36個小時，期待星期三早晨的到來。1914年12月16日上午大約8點半，我正在洗澡，突然房門被推開，一位軍官手持一份海軍電報從作戰室匆忙進來。我用溼漉漉的手接過電報，上面寫著「德國戰鬥巡洋艦炮擊哈特爾浦」。我驚叫著跳出浴缸。我對哈特爾浦深感同情，同時心中燃起了喬治·溫德姆先生所說的「報復的欲望」。我顧不得擦乾身體，匆忙穿上衣服，跑下樓到作戰室。第一海務大臣剛從隔壁住所趕到。而一直在作戰室畫夜不離的奧利弗正忙著在地圖上標註相關位置。受到攻擊的沿海

轟炸斯卡伯勒及哈特爾浦

各個海軍電臺發來的電報，以及我們在附近軍艦上截獲的敵人電報相互印證，每分鐘有 2 到 3 份電報湧入。海軍部也發布了消息，讓各艦隊和小艦隊不斷獲取我們掌握的全部資訊。

所有艦艇現已全部出海或開始行動。命令來自福斯的第 3 戰鬥中隊（「愛德華國王」級）阻止敵艦向北逃逸。作為進一步的預防措施，大艦隊最終也將出動（儘管這一措施可能無法及時執行，除非德艦被逼至更遠的北方）。命令蒂里特准將率領被稱為「哈里奇打擊力量」的巡洋艦和驅逐艦，與指揮第 2 戰鬥艦中隊的高級將領喬治·華倫德爵士會合。然而，天氣對驅逐艦來說過於惡劣，只有輕型巡洋艦能夠在海上航行。最後，當天晚些時候，凱斯准將在我們最新的驅逐艦「獵狗」號上受命與另一艘驅逐艦「噴火龍」號一起，從他在泰爾斯海靈島外的基地率領他的潛艇進入黑爾戈蘭灣，試圖打擊歸來的敵艦。

在那時，炮轟不設防的城市對我們來說還是一個新鮮事物，但現在這又有多重要呢？從戰時地圖上可以看出，德國戰鬥巡洋艦已經進入了約克郡海岸的炮火射程。而在向東 150 英哩的地方，英國第 2 戰鬥中隊的 4 艘戰鬥巡洋艦和 6 艘世界上最強大的戰鬥艦正在預定的位置上行駛，精確地切斷了敵人的退路。在巡洋艦中隊和小艦隊的護航下，這支由我們最新軍艦組成的艦隊，全都裝備了當時海上最重型的大炮，在晴朗天氣下可以有效地守衛和保護近 100 英哩的戰線。黎明將揭示對峙雙方的狀況，此時只有一件事能使德艦從占壓倒性優勢力量的手掌中逃脫被殲滅的命運。當巨大的炮彈擊中哈特爾浦與斯卡伯勒的小屋，為毫不設防的英國家庭帶來殘酷的痛苦與毀滅之際，海軍部作戰室裡眾人的思想只為一件事情焦慮。

「能見度」一詞通常帶有負面含義，但此刻的能見度相當出色。華倫德和貝蒂的視野接近 10 英哩，近海岸處實際上正在進行 7,000 碼距離的炮擊。天氣沒有任何不良跡象。上午 9 點，德艦停止炮擊，很快駛向看不見陸地的地方，顯然他們正駛向回家的航線。我們吃早飯時心情焦慮不

安。要想確實贏得這個巨大獎品 —— 殲滅德國戰鬥巡洋艦中隊將使德國海軍遭受致命且無法恢復的損傷，要想在一片迷霧中運籌帷幄，這是一種令人痛苦的磨難。同時，電報與電話將哈特爾浦與斯卡伯勒的不幸傳播到英國各地，到10點半內閣戰時委員會開會時，消息已被謠傳擴大，引起了人們的激動。人們直接質問我為什麼會發生這種事情。海軍在做什麼，海軍準備做什麼？回答時，我拿出海圖，說明當時英國和德國海軍力量的各自位置，並解釋說若有中等的能見度，我們預計戰鬥將在正午時分發生。這個宣布讓全體人員感到驚訝，委員會休會到下午再開。

海軍部在10點半接到消息稱敵艦正逐漸駛離我們的海岸，於是我們立即告知華倫德將軍。

敵人可能返回黑爾戈蘭灣。你須避開雷區，掌握方向，以截斷其退路。

然而，這時不祥的電報開始傳來。華倫德的視距迅速降至7,000碼；貝蒂則只有6,000碼；電報中提到離海岸較近的輕型巡洋艦僅有5,000碼的視距；稍後又傳來訊號稱只有4,000碼。同時，雙方依然沒有接觸。正午已過，隨後1點也過去了。天氣愈發惡劣，霧霾正逐漸籠罩北海。軍艦在通話時報告能見度降至3,000碼，甚至2,000碼。儘管費雪和威爾遜的臉上看不出情緒波動，但仍能感受到他們內心的緊張與期待。我嘗試做其他工作，但無法集中精神。從艦隊傳來的模糊消息顯示，他們顯然與敵人距離極近。在濃霧中摸索，軍艦只有在2,000碼以內才能辨認對方。我們聽到華倫德命令他珍貴的軍艦穿越約克郡海岸外已探明的德國雷區，顯然他試圖接近那在視線和觸手可及之外的某種目標。然後我們突然聽到指揮輕型巡洋艦的古迪納夫海軍少將報告，他已向3,000碼距離的德國輕型巡洋艦開火。人們的希望迅速高漲。一旦接觸開始，難道不會引發一系列事件嗎？近距離的混戰前景不會令海軍部恐懼，他們唯一擔心的是敵人逃脫。甚至第2戰鬥中隊通過雷區完成海軍部任務的行動報告也在寂靜中收到。

轟炸斯卡伯勒及哈特爾浦

下午1點半左右，亞瑟·威爾遜爵士說道：「看來敵人正在遠離我們。」然而，此時卻出現了一種可怕的新局勢。到了1點50分，我們得知德國公海艦隊已經出現在海上。這支大艦隊直到正午都保持沉默。一旦她發聲，我們便需要進行必要的計算，這需要一些時間，然後才能辨認並確定她的位置。實際上，她已經在北海航行了很長一段距離。德國艦隊的出現（我們當時認為她是來支援德國戰鬥巡洋艦的），完全改變了力量的平衡。我們的 10 艘大型軍艦，加上輕型中隊和小艦隊，不僅是世界上最強大、最快捷的海軍力量，而且沒有任何德國海軍力量能立即追上他們。然而，他們無法與德國公海艦隊抗衡。德國戰鬥巡洋艦與我們的艦隊相距 150 英哩，在我們看來，我們的軍艦在當時嚴重的濃霧天氣中開始追逐德國戰鬥巡洋艦，這可能會導致與敵人海軍主力的突然遭遇。這顯然不是海軍部所希望的，我們立即警告了我們的中隊。

海軍部致第 2 戰鬥艦中隊及第 1 戰鬥巡洋艦中隊

下午 1 點 50 分發

（急電）

公海艦隊出動，今日下午 12：30 在北緯 54° 38 東經 5° 55 因此，切勿向東行進過遠。

這些邪惡的可能性迅速消失，就如跟我們先前的希望一樣。公海艦隊並未如我們預期般駛向大海，而是長時間停留在海灣之外，現已撤回。

下午 3 點，我去向戰事委員會彙報了最新情況，當我再度穿過騎兵衛隊閱兵場時，內心的沉重無以言表。我回到海軍部，戰時領導小組再次在我房間中的八角形桌子周圍集合。冬日的黃昏陰影已然降臨。此時，亞瑟·威爾遜爵士以他一貫的態度說道：「哦，你們看，敵人已經離開了，現在他們必定在那裡。」他指向海圖，參謀長每 15 分鐘在上面標記敵人的

位置。很明顯，德國艦隊已經避開了我們的攔截艦艇，甚至與我們接觸的德國輕型巡洋艦也在濃霧中逃脫了。華倫德將軍在隨後的報告中指出：「他們在一次暴雨中出現，又在另一場暴雨中消失。」

此刻已接近 8 點。

「那麼全都過去了？」我問我們的潛艇。凱斯准將已將潛艇從最初的停泊地集中起來，現在正朝德國艦隊的撤退路線靠近。然而，敵人的航線是否會進入我們的攻擊範圍，這還得看運氣。亞瑟·威爾遜說道：「現在只有一次機會。凱斯的『獵狗』號和『噴火龍』號正與潛艇在一起。今晚，如果德國戰鬥巡洋艦進入海灣，他可能會決定發動攻擊，甚至發射一枚或 2 枚魚雷。」派遣這 2 艘不堅固的驅逐艦，連同勇敢的准將和忠誠的官兵，毫無支援地接近敵人的海岸，進入強大德國艦隊及其護航艦隻的虎口，確實看似孤注一擲。長時間的沉默籠罩著我們。我們都很了解凱斯。隨後有人說：「這簡直是送他去死。」另一人說：「最不願意我們考慮這件事的人就是他了。」又是一段長時間的沉默。然而，亞瑟·威爾遜爵士已經寫好了這樣一封電報：

下午 8 時 12 分

我們預期，當軍艦駛入時，黑爾戈蘭灣和阿姆魯姆的燈塔將會被點亮。你的驅逐艦可能在清晨 2 點左右獲得攻擊的機會，或在稍後時刻，視情況而定。

第一海務大臣點頭表示認可，參謀長拿起電報，沉重地起身離開房間。接著我們回到日常工作，並商討如何向公眾通報發生的事情。

兩天後，我在海軍部的辦公室接見凱斯將軍時對他說：「那天晚上我們發了一份令人震驚的電報給你。我真沒想到還能再見到你。」他回應道：「直到快到家時才收到電報，真是糟糕。我等了 3 個小時，希望能收到這樣的命令。我幾乎想自行承擔責任。」他繼續不必要地自責。

至此，我已基於當時海軍部作戰室的情況及我們對事件的了解，敘述

轟炸斯卡伯勒及哈特爾浦

了 1914 年 12 月 16 日的這一事實片段。現在，讓我們來看看實際發生的情況。無人能預知德艦將襲擊我們海岸的確切位置；500 英哩長的海岸線上遍布可能需要防衛的目標，著實難以找到解決之道。然而，總司令發布命令，指示在黎明時選擇恰當位置，巧妙揣測敵方意圖。執行這些指令時，第 2 戰鬥中隊（6 艘戰艦）和戰鬥巡洋艦中隊（4 艘戰艦），連同第 3 巡洋艦中隊、一支輕型巡洋艦中隊及 1 支小艦隊，自斯卡帕灣、克羅默蒂和福斯南下，於 16 日早晨 5 點 30 分天亮前 2 小時抵達多格灘南部邊緣。這裡位於北海中心，幾乎在哈特爾浦與黑爾戈蘭之間的直線上。英國驅逐艦隊的先頭防護艦隊與德國驅逐艦和輕型巡洋艦交火，天亮時，他們辨識出一艘德國大型巡洋艦「羅翁」號。戰鬥隨即爆發，我方數艘驅逐艦遭到炮彈擊中，而德國軍艦則向東撤退。隨後，貝蒂將軍率領他的戰鬥巡洋艦展開對「羅翁」號的追擊。大約在上午 9 點，他與華倫德將軍接到了海軍部的指示，命令他們停止追擊，因為消息稱德國戰鬥巡洋艦正在炮轟哈特爾浦及稍後的斯卡伯勒。英國軍艦立即轉向西行，排成長列駛向英國海岸，似乎有很大的機會攔截德國戰鬥巡洋艦。

在這場戰鬥中讓我們感到困惑的是，「羅翁」號及其德國輕型艦隻為何在大清早出現在多格灘邊緣。這些軍艦並不適合處在如此暴露的位置，而且所在的位置對襲擊英國海岸的德國巡洋艦毫無幫助。現在我們知道了真相。原來，「羅翁」號及其巡洋艦和驅逐艦是德國公海艦隊先鋒防護艦隊的一部分。公海艦隊全體出動，共有 3 個中隊，以及大量的輔助軍艦和小型艦隊。公海艦隊司令馮·因格諾爾將軍在 1914 年 12 月 15 日夜幕降臨後（下午 4 點至 5 點）於隔日黎明前從庫克斯港出發，勇敢地駛向多格淺灘，以支援他的巡洋艦，這些巡洋艦在馮·希珀將軍的指揮下已經接近英國海岸。若是腓特烈·馮·英格諾爾將軍（Friedrich von Ingenohl）依照原計畫繼續前進，他的偵察艦本來會在那天早上 8 至 9 點間的晴朗天氣中，在北海這一部分遇見南駛的英國戰鬥巡洋艦和第 2 戰鬥艦中隊。兩者

相遇幾乎是必然的。會發生什麼情況呢？馮・鐵必制將軍聲稱，這是一個天賜良機，絕無僅有，對德國極為有利，力量對比懸殊的戰役。他在幾星期後寫道：「1914 年 12 月 16 日，德國的命運握在因格諾爾手中。每當想到此事，我內心便激情澎湃。」我們以後還會分析他的這一斷言。現在讓我們繼續講述發生的事情。

馮・因格諾爾將軍那一天出海行駛如此遙遠，已然超越了德皇的指令。儘管他呼籲德皇撤銷在黑爾戈蘭灣戰事（1914 年 8 月 28 日）後發布的「箝口命令」，但最近遭到了拒絕。德皇最新的敕令強調：「艦隊必須後退，以避免可能導致重大損失的戰鬥。」然而，當這支艦隊在 1914 年 12 月的一個黎明前離開海灣，深入北海中部時，突然間大炮的閃光映入眼簾。英國驅逐艦報告與德國的防護巡洋艦發生交火，防護艦隊後退，驅逐艦緊追不捨 —— 此時距離天亮還有 2 個小時。馮・因格諾爾認為自己會有在黑暗中面臨魚雷攻擊的危險。因此，在大約 5 點 30 分，他決定讓整個艦隊掉頭，向東南方向行駛。剛過 6 點，德皇的限制性指令令他愈發不安，他既不清楚我們中隊的位置，也不清楚他自己中隊的所在。正如英國官方歷史學家恰當地描述的那樣，他「只能調轉尾巴回家，讓襲擊他的軍艦摸不著頭緒。」即使如此，6 點鐘時，2 支艦隊相距僅約 50 英哩，而它們的輕型艦隻已經接觸！德國第 2 中隊司令舍爾說：「我們未考慮成熟地轉向東 —— 南 —— 東航線，這使我們失去了按我們事先計劃與敵人某些艦艇分遣隊作戰的機會，現在看來這個計畫是對的。」

然而，對於華倫德和貝蒂將軍來說，沒有任何人迫使他們參加這場戰役。在巡洋艦和驅逐艦的護衛下，他們的中隊可以舒適地行動。此刻，這片海域的天氣相當晴朗和平靜。他們在激烈交戰前已經清楚將面對的敵方實力。用 6 艘戰鬥艦和 4 艘戰鬥巡洋艦（儘管這些是我們最強大的艦船）去對抗德國公海艦隊的 20 艘戰鬥艦，既無道理也無必要。英國第 2 戰鬥艦中隊集體航行時速度為 20 節，在順風情況下甚至能以 21 節的速度逃

轟炸斯卡伯勒及哈特爾浦

脫，而馮・因格諾爾的艦隊中僅有 6 艘能與其匹敵。至於戰鬥巡洋艦，任何德國艦船都無法追上他們。這支脫離英國大艦隊獨自行動的海軍部隊將其安全寄託於速度上。因此，華倫德和貝蒂將軍有能力拒絕與德國艦隊交戰，而且他們確實有責任這樣做。還需考慮到與德國艦隊同行的大量驅逐艦，以及在黑暗和惡劣天氣中的危險。如今我們知道，在這個關鍵時刻的局勢下，有充分的理由需要深思熟慮。他們之所以沒有做出不利的決定，是因為之前有過魯莽行事的教訓。1914 年 12 月 16 日的事件受到了 1914 年 8 月 28 日經驗的保護。

現在我們進入這個特殊日子的第二階段。所有 4 個英國中隊及其小艦隊在上午 9 至 10 點正駛向英國海岸。德國的巡洋艦完成了對海岸的炮轟，正以最高速度試圖返回。在約克郡海域，德國人在戰爭初期布置了 2 個巨大的雷區，我們確定了它們的位置，將其視為防禦襲擊的屏障並進一步加強，增設了一些水雷。在這兩個雷區之間，在惠特比和斯卡伯勒對面，有一個約 15 英哩寬的空隙。約翰・傑利科爵士在遠處的「鐵公爵」號上審視全域性，他認為敵人可能會嘗試向北逃逸，沿我們的海岸線在雷區內側北上，或更有可能向東穿過惠特比和斯卡伯勒對面的空隙。他命令福斯的第 3 戰鬥中隊封鎖空隙的北邊，這一部署很快實施。10 點 10 分，他向喬治・華倫德爵士發出訊號，告訴他惠特比對面雷區空隙的位置，並說：「敵人極可能從那裡駛往外海。」華倫德和貝蒂將軍根據這一假設進行部署，事實上，這一假設正確預測了德國人的行動。

因此，到上午 11 點，4 艘德國戰鬥巡洋艦在他們的輕型巡洋艦於 60 英哩外獨自開道的情況下，以最高速度向東駛向黑爾戈蘭灣。與此同時，我們的 4 個中隊以磅礴的氣勢向西駛去，直指敵方。2 支艦隊之間的距離大約為 100 英哩，且它們以每小時超過 50 英哩的合計速度相互接近。在我們艦隊航線前方有一條由南向西的多格淺灘沙洲，水深不足，英國和德國的戰鬥巡洋艦都無法越過。因此，英國的艦隊不得不分散前進——

貝蒂和輕型巡洋艦走沙洲的北面，華倫德率戰鬥艦和第 3 巡洋艦中隊走南面。這使得我們的前進路線變得曲折。此外，天氣變得極差，濃霧籠罩，海浪洶湧。此時，我們的輕型巡洋艦中隊在貝蒂之前偵察，透過濃霧和暴雨發現了德國輕型巡洋艦。我們處在最南端的輕型巡洋艦「南安普敦」號首先開火，敵艦隨即回擊。「雄獅」號上的官兵士氣高漲。在這個關鍵時刻，敵人的屏衛巡洋艦出現在他們期待的位置，顯然敵人的主力艦隊就在他們後方，也許不遠。然而，此時厄運突然降臨。

另外 3 艘英國輕型巡洋艦見「南安普敦」號南下，便也朝那個方向加入戰鬥，「伯明翰」號率先開火。然而，這並未如貝蒂將軍所願，他希望在預期接近敵人的戰鬥巡洋艦時，偵察艦必須在前方保持陣型。由於當時失去他們的風險極高，他下令輕型巡洋艦回到原位。退回的訊號並未具體指向那 2 艘與敵艦交戰的軍艦，而是普遍發給整個輕型巡洋艦中隊。為執行這一命令，「南安普敦」號和「伯明翰」號脫離了與德國巡洋艦的戰鬥，回到各自位置。德國輕型巡洋艦則向南駛去，消失在濃霧中，與他們的接觸就此中斷。

與此同時，雙方的戰鬥巡洋艦仍在迅速接近。12 點 15 分，馮‧希珀將軍收到輕型巡洋艦的警告，敵艦就在前方不遠處，他隨即略微調整航向朝東南。貝蒂將軍則繼續前進，直到 12 點 30 分，2 支戰鬥巡洋艦隊的距離僅剩 25 英哩，並迅速逼近。

然而，厄運再度降臨！德國的輕型巡洋艦向南偏離貝蒂的前進路線，遭遇了華倫德前方的第 3 巡洋艦中隊。雙方再次交火，敵方巡洋艦再度消失在濃霧中。他們向馮‧希珀報告，在這條航線上也有阻擋的軍艦。基於此，馮‧希珀在 12 點 45 分下令進行「四分之三向左轉」（借用了一個騎兵術語），向北逃逸。然而，這種躲避策略本身不足以拯救他。如果貝蒂將軍能再保持原航線一刻鐘，一場決定性的戰鬥必將在 1 點前爆發。但請看後來的情形。

轟炸斯卡伯勒及哈特爾浦

12 點 30 分，貝蒂將軍在與德國輕型巡洋艦的第二次接觸中，收到喬治·華倫德爵士的訊號：「看到敵人巡洋艦和驅逐艦。」因此，貝蒂判斷德國戰鬥巡洋艦已經從他身邊溜走，向南逃逸。明智的策略是無論如何都要守在敵艦與敵基地之間。除了依此行動外，他還進行了一個急轉彎，沿著原路向東行駛了 45 分鐘。1 點 15 分，聽到敵人的戰鬥巡洋艦轉向北方，他也立刻轉向北，但始終未能再次接觸到敵艦。馮·希珀成功地繞過我們中隊的北側逃脫。他的輕型巡洋艦在極其陰沉可怕的天氣中穿過第 3 巡洋艦中隊，多次實際上看到了華倫德的戰鬥艦，最終成功脫逃。

這場驚心動魄的盲人遊戲就此落幕。

還需要提及一下英國潛艇的行動。下午 3 點 30 分，凱斯准將在泰爾斯海靈海外的海底基地集合了 4 艘潛艇，並遵照海軍部的命令前往黑爾戈蘭灣。最終，他成功地將 3 艘潛艇部署在黑爾戈蘭灣的南部，1 艘部署在北部。在內史密斯指揮官的指揮下，這艘單獨的潛艇於 1914 年 12 月 17 日早晨發現自己處於回航中的馮·希珀中隊及其小艦隊的中央。儘管在極為困難的條件下，她朝戰鬥巡洋艦發射了 2 枚魚雷，但未能命中目標。

以下是斯卡伯勒和哈特爾浦襲擊的片段。我們能向公眾透露的所有資訊都刊登在 1914 年 12 月 17 日的晨報公報中。

海軍部，1914 年 12 月 16 日晚上 9 時 20 分

今日清晨，德國巡洋艦隊在約克郡海岸進行威嚇活動，期間他們對哈特爾浦、惠特比和斯卡伯勒進行了炮擊。

為達此目的，德國人動用了幾艘速度極快的軍艦，他們在海岸附近停留了大約 1 小時。他們隨即遭到我們在該地巡航的軍艦的攻擊。

一旦偵測到敵艦蹤跡，英國巡航中隊便全力嘗試截斷其撤退路線。德艦被英艦發覺後，以最快速度撤離，並在濃霧掩護下成功脫逃。

雖然雙方的損失輕微，但尚未獲得全面報告。

海軍部藉此機會強調，對不設防城市或商業港口進行這類威嚇活動雖

然容易，但需承擔一定風險，而且此類軍事行動毫無策略價值。

這種行為對平民的生命和私人財產造成的損失無疑是令人痛心的，然而在任何情況下都絕不能因此改變正在執行的海軍總政策。

海軍未能阻止或至少未能報復對我們海岸的這種攻擊，自然引起許多憤慨。海軍部在幹什麼？他們全都睡著了？儘管遭炮轟的城市以極大的堅毅精神忍受苦難（平民死傷近 500 人），但不滿情緒仍在廣泛傳播。然而，我們不能發表任何解釋。我們必須默默承受同胞的責備。為了避免洩漏我們的軍事祕密，我們絕不能透露我們的艦艇中隊的位置，以及德國巡洋艦曾經如何接近被摧毀。值得安慰的是，我們行動依據的各種跡像已被事實證明，我們依賴的情報來源顯然是可靠的。下一次我們至少會有一般的能見度。但會有下一次嗎？德國的海軍將領必定知道他們曾非常接近強大的英國軍艦，但他們是哪支艦隊，或者他們在何時或者離他們有多近，這些可能是個謎。至於他們怎樣到那裡不也是一個謎嗎？從另一方面說，德國為第一次對可憎的英國城市施以真正的戰爭鞭打而歡騰，這可能慫恿他們進行第二次嘗試。甚至我們自己報紙對此事表示的憤慨，也可能助長德國的繼續嘗試。人們只能希望能有最好的結果。與此同時，英國的海軍計畫和祕密一直深藏在無法探測的沉默中。

此時審視北海海軍局勢所帶來的一些更為廣泛的策略意義是適當的。

德國海軍編年史學家常用尖酸刻薄的言辭，強調戰爭初期英國艦隊未能成功攻擊德國海軍的事實。他們描繪了德國海軍的尚武精神和急切求戰的熱情。舍爾將軍提到，早在 1914 年 8 月 2 日，他指揮的德國第 1 中隊的同事敦促他當天晚上穿過基爾運河，在威廉港與艦隊的其餘部分會合，唯恐天亮之後會太遲。他描寫人們狂熱地將德國軍艦內部的每一件木雕和圖畫卸下，以便更好地準備作戰。他不無嘲弄地承認，英國人沒有滿足他的願望令他吃驚。考慮到德國艦隊在戰爭的頭 4 個月龜縮在有堅固防禦工事的河口和港灣內，在雷區和潛艇保護下一直保持靜止不動，對照起來，

轟炸斯卡伯勒及哈特爾浦

這個老練水手描述這種心態似乎有些勉強。

倘若德國人真心認為我們會派遣龐大艦隊穿越他們的雷區，並在他們的戰時港口與其交戰，那他們無疑是低估了我們的智謀。如此行事只會使英國艦隊遭受重大損失，並在數小時內陷入毀滅。在黑爾戈蘭灣、敘爾特島或博爾庫姆島海域進行毫無意義的威嚇，同樣無法實現任何有價值的目標。舍爾與鐵必制曾言，似乎只有我們現身這些島嶼外，才會迫使德國公海艦隊出動決戰。然而，亦有人告知我們，德國海軍的命令是，在英國艦隊因持續的小損失而元氣大傷、雙方實力接近之前，不進行決戰。既然如此，德國艦隊怎會因英國戰艦與島上炮臺交火而在實力懸殊的情況下出海呢？對德國人來說，更為合理的策略是白天派遣潛艇、夜間派遣驅逐艦以魚雷攻擊出海的英國艦隊，並布設水雷區以阻止他們返航。透過這種方式，德國的「力量相等政策」似乎有更大實現的可能；人們可以相信，英國艦隊如此行動恰恰符合德國人的期望。除了讓英國艦隊在德國港口外徒勞地巡航並迅速耗盡力量外，他們還能期望什麼呢？

我們同樣渴望參戰，但絕不是愚蠢之戰，甚至也不是勢均力敵之戰。充分利用我們的優勢，並在確保勝利的條件下作戰，這是我們的責任。此外，儘管德國軍艦停泊在港灣，但我們牢牢掌握並完全享有制海權。戰爭爆發時，英國艦隊從斯卡帕灣基地出動，將德國與世界其他部分隔絕，這本身就是一種極具攻勢的行動。如果德國人有膽量和能力，他們早就採取預防措施了。我們必須將陸軍運往法國，並從英帝國各地集結我們的軍力，這些陸軍將被派往陸上的主要戰鬥前線。阻撓這種運輸無疑是德國及其海軍極為重要的策略目標。倘若英國陸軍未能抵達法國左翼的陣地，誰能說戰爭不可能在馬恩河戰役中結束？但德國海軍在獲得德國總參謀部的正式和明確同意後，選擇在雷區和防禦工事後靜待不動，此時公海上的世界事務和戰爭事務都在英國的掌控之下。

古羅馬的蓬佩季烏斯·西洛曾對馬略挑釁道：「如果你是偉大的將軍，

就下來打仗。」對此，馬略著名地回應：「如果你是偉大的將軍，就迫使我違背意願與你交戰。」實際上，這正是海戰第一階段結束後海軍部面臨的直接問題。英國艦隊顯而易見可以選擇的攻勢形式是，嘗試使用各種手段逼迫敵方艦隊離開港口並接受戰鬥。遠距離封鎖不僅對戰爭本身有巨大影響，也是對敵方最高指揮層的直接挑釁。另一個不斷的挑釁是軍隊和補給源源不斷地流向法國。事實上，皇家海軍的這些職責相當重要，對德國艦隊的挑戰如此直接和持續，以至於海軍部在整個戰爭期間的觀點是滿足於這些成就，不希望採取更多行動。一旦海戰的第一階段結束，外海得到清理，這種策略不能被視為完全滿足需求。除了在有利條件下作戰，不應讓主力艦隊冒險外，應堅持研究如何施加壓力迫使敵人出來進行一場海戰，進而引發海戰高潮的各種策略和方法。如果敵人不願意衝擊封鎖線，應當不斷運用勤勉和堅毅的想像力尋找其他有效的挑釁手段。然而，司令部將領和海軍部的有影響力人士滿足於遠距離封鎖和保護運輸線。他們不斷努力聚集盡可能多的軍艦，增加一個又一個分隊和小艦隊，認為他們已經完成了被要求的所有任務。當外界偶爾指責他們缺乏活力時，他們總是以不讓大艦隊身陷險境這一完全正確的論點進行回應。

然而，對於他們來說，這並非故事的終結。他們有責任制定或發現某種攻勢計畫，以避免大艦隊在不利條件下作戰，或迫使德國艦隊迎戰，或以某種引人注目的方式幫助協約國陸軍減輕壓力。一位文官大臣無法強迫他們採取這樣的行動方針。他只能建議、鼓勵和支持。然而，如果他們無所作為，他也無能為力。

那麼，有什麼方法能使德國艦隊懷著作戰意圖駛出港灣呢？封鎖無法激發他們，運送陸軍也不能引誘他們，在德國海島外進行無關痛癢的威嚇未必能使他們出來。我們必須創造並處理某種局面，這種局面一旦發生，將使德國難以忍受，迫使他無法泰然自若地接受它；這件事如此重要，如此刻不容緩，如此關乎生死，以至於他會不顧自身艦隊的劣勢立刻應戰。

轟炸斯卡伯勒及哈特爾浦

軍事史上有許多事例顯示，指揮官迅速進軍敵國並占領關鍵陣地，迫使敵軍為此展開猛烈攻擊。這是策略進攻的優勢與戰術防禦的優勢相結合的結果。這種情形在大戰中的法國大規模重現，在那裡，入侵的德軍依靠防禦，而被入侵的法軍不得不付出巨大的代價，向敵人的鐵絲網和機關槍發起進攻。如何將這一簡單的陸軍概念應用到海戰中？我們能用什麼方法迫使德國海軍在我們選定的時間和條件下與我們交戰呢？這種研究應當在英國海軍思想中占據最重要的位置。

1914年8月19日，經首相批准，我開始與俄國政府聯繫，目的是持續強調波羅的海在策略上的重要性。我指出，倘若英國海軍部能掌控波羅的海——無論是透過一場決定性戰役的勝利，還是封鎖基爾運河——那麼俄國陸軍便能登陸，進而迂迴但澤——托倫——線的側翼和後方，或者從北方攻擊柏林，亦或進攻基爾運河，迫使德國艦隊出海。對於俄軍發動的這些戰事，不論是部分還是全部，英國海軍部願意負責必要部隊的運送、護航和登陸。俄方於1914年8月24日回覆，原則上接受這些建議：他們認為提出的登陸行動在總體軍事形勢有利的情況下是可靠且可行的。

3個月後，費雪勳爵來到海軍部，這些構想獲得了強而有力的支持。第一海務大臣堅信，若能控制波羅的海，並隨後讓俄國陸軍在德國北方毫無防衛的沿海地區自由行動，將對敵人造成致命打擊。在他後來發表的詳細備忘錄中，他以極具自信的眼光談及此事。波羅的海無疑是海軍進攻的最佳目標。當我向他展示我與俄國政府就此議題的往來信件時，他表現出極大的熱情。在12月的一次戰時會議上，他在場時，我向同僚們闡述了後來常被他提及的觀點，即海戰有三個階段：「第一，清除外海；第二，封鎖德國艦隊；第三，進入波羅的海。」但所有這些，說起來比做起來容易得多。第二階段有時會阻礙第三階段的實施，必須等到第二階段達成目的，第三階段才能開始。第二階段本身是一場比當時其他戰爭更具影響力和危險性的戰爭。為了封閉黑爾戈蘭灣，需要猛攻並占領一個或幾個德國

島嶼，這很可能引發英德艦隊之間的決定性海戰。預見此類事件的後果的確非常困難。確實，這可能是最大規模的海戰。這個初步決定在階段中的困難非常巨大，以至於海軍部在整個戰爭期間，即便擁有最大的力量優勢也不敢大膽面對。

不妨思考一下，究竟什麼是首要的軍事行動能夠阻擋所有其他的軍事行動。

在我於 1907 年首次會見費雪勳爵時，他向我解釋了海軍部在對德作戰中的策略 —— 儘早占領博爾庫姆島，作為我們小艦隊和封鎖德國河口的近海中隊的前進基地。我對這一構想一直抱有濃厚的興趣。我發現路易斯·貝利將軍也堅定地支持這一想法。1913 年，這位年輕的海軍將領被召來研究戰時占領和防守該島的各種方法，並考慮新的因素將如何影響這一問題。新的因素非常可怕：航空器、潛艇和遠端火炮。但是，它們在軍事行動的各個階段對雙方既有利也有弊。我們還研究了敘爾特島，作為另一個可能的占領目標，或者說可能同時占領兩島。我們製作了德國各河口和所有島嶼的詳細凸雕模型。貝利將軍的報告與計畫在參謀部檔案中可以找到。在戰爭開始時這些計畫無法實施。襲擊一個島嶼需要至少 3、4 個正規精銳步兵旅，儘管占領後較少的兵力就足夠了。從法國主要戰線不可能抽出這些軍隊。此外，正如眾所周知的，海軍在戰爭爆發之初有大量任務要完成，如確保海洋控制權和運送陸軍渡海。

路易斯親王基本上支持這一計畫。亞瑟·威爾遜爵士認為此計畫可行，他在對海戰的初步設想中，甚至有意實施更具風險且收效甚微的炮轟和猛烈攻擊黑爾戈蘭灣的策略。當費雪勳爵抵達海軍部時，他在原則上仍支持攻擊博爾庫姆島。然而，與其他人一樣，他明白此類軍事行動的重大性質與後果。這樣的行動幾乎等同於立即進行海上決戰的手段。在該島被我們占領的一週內，且登陸行動可能仍在進行時，整個德國海軍必然會全力出動，以防禦這一致命的策略進攻，保衛其祖國。準備這種策略

轟炸斯卡伯勒及哈特爾浦

進攻是那些重大專案之一，通常在絕密狀態下進行，細節不斷被優化，只有在環境允許做出重大決策時才會啟用。費雪勳爵和我完全同意指示作戰參謀部在 1914 年 11 月分審查貝利將軍主張的海外進攻計畫，並期望在 1915 年某個時期採取行動。1915 年 1 月 7 日，在費雪的支持下，我獲得了戰時會議對這一軍事行動的原則性臨時批准，以便在必要時執行。

然而，儘管第一海務大臣的策略以進入波羅的海為核心，並且原則上支持奪取博爾庫姆島作為初始行動，但我在他身上並未發現那種切實的、富有建設性和提供策略建議的活力，這種活力在他職業生涯的其他時期及其他事務中都表現得淋漓盡致。我認為他沒有充分意識到，為確保這次軍事行動的成功，必須採取重大、果斷和冒險的步驟。他頻繁談論博爾庫姆島，強調其重要性和攻占的難度；但他沒有向參謀人員提供進行徹底規劃所需的強烈專業動力。相反，他泛泛而談地提議在北海布設水雷以阻止德艦，同時將英國艦隊的主力集中在波羅的海。我無法相信這種方法能提供我們所需的安全保障。首先，我們沒有超過 5,000 枚水雷，而我們所需的卻是數萬枚，這在未來許多個月內無法供應；即使我們有足夠的水雷，如何防止德艦從容不迫地一邊清除水雷一邊通過雷區？除非我們用我們的艦隊守衛雷區。

因此，儘管第一海務大臣繼續泛泛地宣揚進入波羅的海的計畫，我堅持把注意力集中在猛攻和占領博爾庫姆島所需的實際措施上，以此封鎖德國艦隊或迫使其出戰。為此，我不僅向第一海務大臣和參謀部陳述我的觀點，還向總司令表達了我的意見。如果我發現在海軍內部的輿論中有任何實質性的反應，我本可以將這個問題提交到決策層。然而，實際上不僅沒有這樣的反應，我反而發現了一種持續而明顯的不情願，這種情緒在逐漸了解問題的細節後變得更加明顯，表現為精神渙散和完全缺乏積極努力。毫無疑問，海軍的本能是反對冒這種風險。但是如果真是這樣，空談進入波羅的海毫無意義。

1914年12月21日，鑑於我對各種小規模布雷計畫長期爭論和抵制的結果，我向第一海務大臣寫了一張紙條：

海軍局勢的核心在於透過武力奪取並防衛一處海外基地。以此基地為出發點，我們的C級潛艇和重型炮艦能夠晝夜封鎖黑爾戈蘭灣。圍繞該基地及為其進行的海上和陸地激戰將持續，直至敵人完全被消滅。

然而，我無法找到一個人能夠設計出一個既富有活力又令人信服的計畫。正如我之前告訴你的，以及你剛才提到的，我們的處境只能是等待挨打挨踢，並且茫然不知何時何地……

1914年12月22日，我再次致函給他，內容如下：

關於波羅的海，我完全贊同你的看法。然而，你必須先封鎖這一側。你需要占領一個島嶼，將德艦困在其中，或者如威爾遜所言，切斷運河或摧毀水閘，亦或是在一場決戰中擊敗他們的艦隊。

布設水雷無法替代上述這些方法。

首要之務是選定一位指揮官，此人不僅贊同這一偉大事業，還需具備專業技能和堅定的決心來推動事業的發展。所有這些準備工作均由路易斯·貝利完成。

炮艦已有數月無法準備就緒。與此同時，我們擁有許多舊型戰鬥艦，便於組成炮擊中隊。亞瑟·威爾遜爵士極力主張，海上有效轟擊需要嚴謹的炮術訓練與實際演習，以指揮和協調艦艇火力達到最高水準。因此，我們建議在1915年前幾個月內組建一個特別中隊，當炮艦到來時，該中隊可最終用於大規模軍事行動，並支援澤布呂赫和奧斯坦德的陸軍。1914年12月，在第一海務大臣亞瑟·威爾遜爵士與我一致同意下，將路易斯·貝利從大艦隊中的第1戰鬥艦中隊司令調任至諾爾的第5戰鬥艦中隊（「敬畏」級艦艇）司令，意在使該中隊成為未來轟擊艦隊的核心，其司令將成為1915年海軍攻勢的領導者。接下來，讀者將看到這些希望是如何被輕率地否定的。

轟炸斯卡伯勒及哈特爾浦

土耳其與巴爾幹各國

沒有任何國家像土耳其那樣固執地投入世界大戰。奄奄一息的鄂圖曼帝國在 1914 年已經岌岌可危。1909 年，義大利利用海軍力量入侵並占領的黎波里，並在該省持續進行零星戰鬥。1912 年，巴爾幹諸國拔劍指向他們古老的征服者和暴君。《倫敦條約》迫使戰敗的土耳其帝國割讓重要省分和許多島嶼，這些戰利品成為巴爾幹勝利者之間新的衝突流血原因。對於羅馬尼亞、保加利亞、塞爾維亞和希臘來說，土耳其的歐洲部分依舊是引發個別野心和滿足需求的最佳戰利品；而在所有戰利品中，君士坦丁堡作為最高目標，熠熠生輝。儘管土耳其帝國面對的主要威脅來自巴爾幹諸國的復仇和野心，但它內心對俄國的恐懼無法被任何事物所取代。俄國和土耳其水陸相連，從黑海西海岸延伸到裡海有 1,000 英哩的共同邊界。在克里米亞戰爭中，法國、義大利（撒丁島）和迪斯雷利政府領導下的強大英國於 1878 年保護土耳其帝國免於崩潰，君士坦丁堡免於被征服。儘管在巴爾幹各盟國內部爭鬥之前，保加利亞軍隊已從西邊挺進到君士坦丁堡的門口，但來自北方的危機感依舊在土耳其人的思想中占據壓倒性地位。

除了這些矛盾，還必須考慮與葉門、漢志、巴勒斯坦、敘利亞、摩蘇爾和伊拉克阿拉伯民族之間的衝突。庫德族與廣泛分布的亞美尼亞民族之間存在疏遠感。凡是過去 5、6 百年間與鄂圖曼帝國交戰或遭受其奴役的各個民族和種族，如今從四面八方以無比仇恨和渴望的目光注視著這個曾給他們帶來深重和持久苦難的垂死帝國。懲罰和償還的時刻近在眼前；唯一未決的因素是歐洲的外交，特別是英國外交能將清算之日推遲多久。土耳其帝國的崩潰如同奧地利帝國逐步腐朽與瓦解一樣，是非人力所能控制的力量所致，它們的垮臺鬆動了整個東歐和東南歐的基礎。變化是激烈

的、巨大的、無法估量的，而且是不可抗拒和迫在眉睫的，它影響著1.2億人的家庭生活和社會制度。

正是在這個時刻和這樣的背景下，德國經由比利時發動對法國的入侵，所有其他的爭端都根據這一主要衝突重新定位。在這場巨大動盪中，那個醜陋、蹣跚、衰敗和貧困的土耳其將會面臨什麼命運？

她獲得了在英國人眼中，歷史上任何政府所能得到的最優厚餽贈。她獲得承諾，只要保持中立，她的所有領土將保持絕對完整。這個承諾不僅基於他的盟友——法國和英國的權威，也基於他的敵人—俄國的權威。法國和英國的擔保將保護土耳其免受巴爾幹諸國，尤其是希臘的侵擾；俄國的保證則無限期地阻止了來自北方的威脅。英國的影響主要能平息並肯定能推遲阿拉伯的長期起義運動。協約國認為，向這個衰弱而危機四伏的國家所提出的建議不可能比這個條件更公正了。

然而，事情還有另一面。在鄂圖曼帝國腐朽的結構內部，以及其表面的政治局勢之下，潛伏著各種人和思想的強大力量，這些力量既凶猛又有明確的目的。第一次巴爾幹戰爭的災難將這些力量凝聚成一股隱祕而緩慢燃燒的奇特烈火，沿著博斯普魯斯海峽的所有大使館（一個除外）都未能察覺這一點。一個深諳內情的土耳其人在1915年寫道：「在這段時期內（大戰前幾年），整個土耳其人民的未來都由一個委員會在進行極其細緻的審查。」

泛土耳其委員會認可了1907年的英、俄協議，這一協議是由對土耳其最為友好的強國與其古老且無情的敵對大國之間明確締結的同盟條約。因此，該委員會深信，在即將爆發的歐洲戰爭中需要另覓援助。在1913年，他們計劃在單一土耳其人的基礎上建立一個土耳其國，即土耳其農民的安納托力亞。這個計畫看起來僅僅是一個空想。這個計畫設想，將高加索的穆斯林地區、亞塞拜然的波斯省分以及俄國裡海另一側的土耳其人省分（土耳其人種發源地）與安納托力亞半島的土耳其人聯合起來，實現民族統一的理想，並向裡海盆地擴展。這個計畫還包括反對神權政府，徹底

改革教會與國家的關係，將「虔誠基金會」的捐款用於國家的世俗需求，並要求專業宗教階級嚴格遵守紀律。它還包含在土耳其最近實現的顯著經濟、社會和文學改革。穆斯塔法・凱末爾實際上在執行一個 15 年前決定的計畫，他很可能參與了這個計畫的制定。這個泛土耳其計畫的核心是利用德國的力量使土耳其擺脫俄國的威脅。多年來，德國駐君士坦丁堡的大使馮・比伯斯泰因以高超的手段一直在暗中推動這個計畫。

在危機時刻，若土耳其前線缺乏一位實幹家，泛土耳其計畫或將永遠停留在夢境之中。一位可能的土耳其拿破崙，血液中充滿了戰士的激情，他的個人意志、虛榮心和詭計注定會引領土耳其帝國走上大膽冒險的道路。受過德國訓練但擁有土耳其本性的陸軍中尉恩維爾，他的「把帽子摔過籬笆」（引用他本人的話）成為 1909 年青年土耳其革命的訊號。他與一小群青年土耳其朋友組成了聯合進步委員會，勇敢面對四面八方而來的所有敵人。當義大利占領的黎波里時，恩維爾在的黎波里的沙漠中英勇作戰；當巴爾幹同盟軍隊逼近塔爾法亞線時，恩維爾從未失去希望。1912 年，時任英國首相阿斯奎斯曾言：「阿德里安堡絕不會歸還土耳其。」但恩維爾在一個月內便進入了阿德里安堡，該地現已歸屬土耳其。大戰爆發後，恩維爾與其夥伴塔拉特及廉潔能幹的財政部長賈維德掌控了土耳其的政務。在他們之上象徵性地存在的是蘇丹和大維齊爾。然而，這三人及其追隨者無疑掌握著實權，而在這群人中，恩維爾在所有行動中都是爆發的力量。

土耳其領袖對俄國在混亂而激烈的大戰中表現的預估，遠低於西方協約國對沙皇力量的評價。他們堅信德國集團將在陸地上取得勝利，俄國將遭受重創，隨之爆發革命。土耳其將在德國勝利時獲得高加索的領土和人口，至少可以在幾代人內抵禦俄國的威脅。在漫長的初步討論中，德國承諾在同盟國勝利後滿足土耳其對高加索領土的要求。這一承諾決定了土耳其的政策。

土耳其與巴爾幹各國

　　在土耳其人的生活及其領土野心的每一個領域中，泛土耳其人政策都體現在一個明確的戰爭計畫中。這個計畫要求土耳其控制黑海作為它的基礎。不論何時發生大戰——他們確信大戰必然發生——俄國都在德、奧兩國掌握之中，泛土耳其人意圖入侵和征服高加索。控制從君士坦丁堡到特拉布宗的海路，對從特拉布宗推進到埃爾祖魯姆是必不可少的。因此土耳其必須建立一支海軍。人民捐款於 1911 年和 1912 年在整個安納托力亞開始，甚至普及到整個伊斯蘭地區，規定捐款的錢用於英國為土耳其建造 2 艘「無畏」級戰艦。這 2 艘戰艦中只要有 1 艘到達君士坦丁堡就可以成為整個土耳其戰爭計畫的依據。1914 年 7 月在土耳其領導人中最主要的問題是：這 2 艘軍艦能及時到達嗎？顯然可能性很小，第 1 艘土耳其「無畏」級戰艦「雷沙迪埃」號應於 1914 年 7 月分完成；第 2 艘幾星期後完工。在俄國領土內奧爾蒂、阿爾達漢和卡爾斯周圍的土耳其間諜已經忙碌地協助布置居民中大多數的穆斯林土耳其農民貯藏玉米作物，以使土耳其軍隊有可能挺進喬魯河谷擾亂俄國後方。1914 年 7 月 27 日土耳其提出訂立德、土之間反對俄國的祕密攻守同盟，這個提議立刻為德國接受，於 1914 年 8 月 2 日簽字。1914 年 7 月 31 日下令土耳其軍隊進行動員。

　　然而，當下卻出現了意想不到的突發情況。英國表明了對德國的明確對抗立場。英國艦隊以戰鬥隊形出海。1914 年 7 月 28 日，我為英國海軍徵用了 2 艘土耳其的「無畏」級戰艦。我採取這個行動完全是為了英國海軍。在英國艦隊中加入 2 艘土耳其「無畏」級戰艦，對國家安全顯得至關重要。據我所知，海軍部內並沒有人了解土耳其的計畫，也不清楚這 2 艘戰艦在他們計畫中所扮演的角色。我們把這 2 艘戰艦建造得比以往任何時候都更出色。那年晚些時候，我因徵用土耳其戰艦而受到某些方面的批評。有人認為這引發了土耳其的憤怒與失望，並稱這是促使土耳其參與對抗我們的戰爭的原因。現在我們明白了這種失望背後的原因。徵用 2 艘戰艦不僅未使土耳其成為敵人，反而幾乎使其成為盟友。

土耳其人仍抱有一份希望，那就是「格本」號。正如前文提及，這艘快速的德國戰鬥巡洋艦駐泊在地中海西部，按照和平時期的命令前往亞得里亞海的波拉港進行整修。這艘軍艦本身就足以控制黑海的俄國艦隊。德國人會將「格本」號派往君士坦丁堡嗎？它能成功抵達那裡嗎？就在此時，英國向德國發出的最後通牒以及英國決定宣戰的消息傳到了君士坦丁堡。土耳其的務實派從未預料到會發生這樣的事。這改變了地中海的局勢。「格本」號能否在大海上逃脫眾多英國小艦隊和巡洋艦中隊以及 3 艘實力更強但速度稍慢的英國戰鬥巡洋艦的追擊呢？1914 年 8 月 3 日晚，當恩維爾得知「格本」號奉命向北逃往亞得里亞海的波拉港時，他的焦慮和擔憂達到了極點。他立即召見俄國武官列昂捷夫將軍，拋開所有先前的計畫，包括昨天與德國簽訂的協定，向這位驚訝的軍官建議以各種條件建立土、俄同盟，條件包括土耳其在西色雷斯提供補償。不管是因為德國人已意識到，除非「格本」號設法來到君士坦丁堡，否則泛土耳其主義者絕不會原諒他們，還是因為他們意識到「格本」號已成為他們戰爭計畫的一部分，此時（1914 年 8 月 3 日）鐵必制將軍正向當時在墨西拿加煤的「格本」號發出新的命令，指示其駛往君士坦丁堡。在發生眾所周知的事件後，「格本」號於 1914 年 8 月 10 日到達達尼爾海峽，經談判後被允許進入馬爾馬拉海。

　　此刻，恩維爾重拾信心，因為控制黑海的任務可能會落到土耳其手中。考慮到英國海軍的絕對優勢和達達尼爾海峽的無防衛狀態，與英國敵對是極為重大之事。此外，義大利竟出人意料地脫離了三國同盟。因此，對土耳其而言，觀察陸地上即將爆發的大戰，尤其是俄國戰線的戰爭結果，可能是明智的。同時，土耳其陸軍的動員可以悄然進行，作為一種預防措施，這是完全合理的。於是，土耳其進入了一段猶豫和觀望的時期，時間持續了約 3 個月，他扮演著兩面派的角色。我記得在所有重要的政策領域，英國政府獲取的情報與土耳其方面一樣詳盡。回顧這段時間我們從君

土耳其與巴爾幹各國

士坦丁堡各管道收到的電報，根據我們現今所知的情況判斷，土耳其的態度顯得相當奇怪。所有協約國時而因大維齊爾和內閣中值得尊敬的元老們的友好保證而受到鼓舞，時而又因土耳其人拒絕扣留和解除「格本」號的武裝而憤怒，總體來說，被許多互相矛盾的聲音搞得困惑不解，認為土耳其的政策尚未確定，有可能爭取到這個國家，也有可能失去它。當恩維爾在 11 月分作為泛土耳其力量的代理人，指使「格本」號和土耳其艦隊對俄國黑海港口進行未受挑釁的攻擊時，這個等待結束了，土耳其野蠻地投入了戰爭。

要理解土耳其的局勢，就必須將其與巴爾幹地區的整體形勢進行了解與連結；若未能記住戰前巴爾幹歷史中的主要事件，就難以掌握總體形勢。在第一次巴爾幹戰爭中，保加利亞首先對土耳其發動了成功的攻擊。當時，保加利亞軍隊向君士坦丁堡進軍，攻擊土耳其帝國的精銳部隊，而希臘和塞爾維亞軍隊則在色雷斯和馬其頓地區橫掃防守薄弱的土耳其軍隊。保加利亞軍隊經歷了最激烈的戰鬥並遭受了最嚴重的損失，最後在君士坦丁堡前被阻擋下來。當她回頭一看，發現幾乎所有土國被征服的領土都落入了盟友手中，這些領土在戰前已由條約分配給這 4 個好戰的小國。然而，阿德里安堡尚未投降，根據條約規定，塞爾維亞軍隊援助保加利亞軍隊，在攻克阿德里安堡的戰鬥中發揮了關鍵作用。塞爾維亞人和希臘人利用需要攻下阿德里安堡而延長戰爭的理由，拒絕履行戰前條約的重要部分，並保留所有征服的地區作為他們的所有物。保加利亞人對此要求迅速以暴力回應。他們攻擊希臘人和塞爾維亞人，但被兩國數量更多的軍隊擊敗；在這極度衰弱和失敗的時刻，羅馬尼亞人又從另一邊入侵，由於羅馬尼亞沒有參與對土耳其的戰爭，有生力軍可供戰鬥。與此同時，土耳其軍隊在恩維爾帕夏的率領下收復了阿德里安堡。因此，在第二次巴爾幹戰爭結束時，保加利亞不僅失去了從土耳其奪來的幾乎全部領土（被希臘和塞爾維亞瓜分），甚至連本土的多布羅贊省也被羅馬尼亞奪去。在驅逐土耳

其人之後發生的自相殘殺的戰爭中，希臘人和塞爾維亞人一方與保加利亞人另一方的戰鬥中犯下了可怕的暴行，在他們之間留下一條血河。

在這個關鍵時刻，或許沒有任何一個國家比保加利亞人以更深沉且不顧一切的決心來思考其命運。他們過去所有的犧牲變得毫無價值，甚至比毫無價值更糟。他們所取得的成果反而增添了對手的收穫。他們被羅馬尼亞從背後暗算，且遭受羅馬尼亞的勒索，儘管他們並未挑釁羅馬尼亞。他們目睹列強（以英國為首）用毫不客氣的言辭禁止土耳其人重返阿德里安堡。他們親眼看著不僅薩洛尼卡甚至卡瓦拉被希臘人奪走。他們見證了最近從土耳其統治下解放出來的主要居住著保加利亞人的大片地區，進入同樣可憎的塞爾維亞人和希臘人的奴役之下。在這樣的情況下，保加利亞軍隊遵從國王斐迪南的旨意，「捲起軍旗」撤退，等待揚眉吐氣的時機。

這個好戰且強盛的保加利亞，有著慣於施展陰謀的國王和勇敢的農民軍隊，他們對眼中的不公現狀深感無法容忍，這個國家便是 1914 年和 1915 年在巴爾幹地區占據主導地位的力量。

1914 年 8 月 19 日，希臘首相韋尼澤洛斯先生在國王康斯坦丁的批准下，令人震驚地宣布，希臘將所有海陸軍資源自需要之日起正式交由協約國處理。他還指出，這一奉獻在特殊意義上主要是獻給英國的，因為英國的利益與希臘的利益緊密相連。他表示，儘管希臘的資源有限，但他能夠動員 25 萬軍隊，其海軍和港口也有其作用。這個崇高的奉獻是在一切尚未明朗之時，甚至在法國的主要戰役之前做出的，這引起了我的極大關注。毫無疑問，這一舉措一方面使我們面臨土耳其成為敵人的風險，這是一個嚴重的問題；另一方面，希臘的陸軍和海軍是重要的力量；希臘陸軍和艦隊與英國地中海中隊的聯合，可能是解決達達尼爾海峽問題最迅速有效的手段。此時，加里波利半島由脆弱的土耳其軍隊占領，人們知道希臘參謀部已經準備好占領該半島的詳細計畫。此外，在我看來，無論如何土耳其正走向與我們發生戰爭的道路。他對「格本」號和「布雷斯勞」號的行

土耳其與巴爾幹各國

為是公開的欺騙。德國掌握的這2艘軍艦在馬爾馬拉海存在，它們對君士坦丁堡的中立地位施加了決定性壓力。如果我們不打算獲得土耳其誠實的中立，那麼我們應當做出決斷，將巴爾幹的基督教國家拉到我們這邊。我們不能讓他們站在我們一邊嗎？我們不能促成塞爾維亞、希臘、保加利亞和羅馬尼亞組成巴爾幹聯盟嗎？無論如何，我們絕不能兩頭落空。

然而，愛德華‧格雷爵士在經過一番深思熟慮後，促使內閣拒絕了希臘的提議。毫無疑問，他有充分的理由擔心，與希臘結盟可能會立即引發與土耳其乃至與保加利亞的戰爭。他憂慮這將使希臘陷入危險境地，而我們無法提供足夠的保護。他最為擔心的是，不要以冒犯俄國的方式激勵希臘對抗君士坦丁堡的決心。此外，他希望透過與大維齊爾和君士坦丁堡土耳其中立派領袖人物建立緊密而友好的關係，由路易斯‧馬利特爵士來維持和平。當然，英國大使在維持和平方面的技巧和毅力是無與倫比的。於是，在戰爭爆發時，我們一直遵守與法國和俄國共同提出的寬宏而慷慨的承諾，即保證土耳其帝國的完整，作為回報，他應保持忠誠的中立。我自然遵從內閣的決定，但心中的疑慮逐漸加深。我仍繼續努力，希望能夠看到一個巴爾幹聯盟的出現。

1914年9月初的情勢顯然顯示出一種高度可能性，即在德軍向巴黎推進的壓力下，無論我們採取何種措施，土耳其都將對我們和希臘宣戰。我立刻著手應付當前局勢，安排海軍部和陸軍部作戰處代表開會，制定希臘軍隊奪取加里波利半島的計畫，目的是使英國艦隊能夠進入馬爾馬拉海。討論結果推算需要動員6萬軍力，這一數字顯然在希臘的兵力資源範圍內。隨後，透過我們駐希臘海軍使團團長馬克‧克爾海軍少將的斡旋，與希臘政府進行磋商。希臘參謀部對聯合軍事行動表示贊同，但要求保加利亞必須全力進攻土耳其；他們不接受保加利亞保持中立的承諾。

1914年9月6日，韋尼澤洛斯先生向我們的駐雅典公使表示，他不擔心土耳其單獨從陸地發動進攻，因為希臘參謀部自信能夠應付這個威

脅。儘管希臘政府已經獲得索菲亞保持中立的明確保證，但仍對這種保證存有疑慮。不過，希臘政府對保加利亞政府在土耳其軍隊進攻希臘時因侵犯保加利亞領土而提出正式抗議感到滿意。然而，如果保加利亞與土耳其聯合，而塞爾維亞又被奧地利占領，局勢將變得極其嚴峻。對此，我當天以書面形式向外交大臣說明，一個俄國軍團可以輕易地從阿爾昌格爾或符拉迪沃斯托克，或在得到日本同意後從亞瑟港出發，進攻加里波利半島。「儘管奪取加里波利半島的代價無疑會很高，但此後將不再有與土耳其的戰爭。一支由 5 萬人組成的精良陸軍和海軍，足以終結土耳其的威脅。」

然而，尋找陸軍並不意味著已經找到了陸軍。愛德華‧格雷爵士將他當天清晨收到的一份來自聖彼得堡的電報轉交給我作為回應。電報內容指出，由於大量德軍從西線轉移至東部戰場，俄羅斯正從亞洲和高加索徵募所有能夠徵集的壯丁，並且在高加索僅留下一個集團軍。根據聖彼得堡的電報推斷，除非希臘能夠割讓領土以安撫保加利亞，否則希臘將不得不單獨承擔戰爭的主要負擔。格雷爵士在我的備忘錄背面新增了一段話：「從聖彼得堡來的電報可以看出，俄國在針對土耳其的軍事行動中無法提供幫助。除非在法國的局勢有所好轉，我看不到地中海方面有好的前景。」

只有深入研究這個問題，才能真正體會到它的巨大困難。為了避免讓人們誤以為我輕視與土耳其作戰的嚴峻性，我必須提醒大家，我早已堅信土耳其遲早會攻擊我們，而且我也一直認為德軍入侵法國會被迫停頓。這兩項假設最終被證明是正確的，我並不自認為我的觀點最英明，我只讓它接受歷史的檢驗。從這種觀點衍生出的政策，當然在這個關鍵時刻會將賽普勒斯給予希臘，以補償他將卡瓦拉給予保加利亞。要向塞爾維亞施加最大壓力，使他在莫納斯提爾問題上向保加利亞讓步。這些措施在這個時候能不能成功我不表態。

到 1914 年 9 月 9 日，土耳其人對「格本」號與「布雷斯勞」號的態度變得公開挑釁，我們不得不撤回英國海軍使團，因為他們在當地隨時遭受德

土耳其與巴爾幹各國

國人和土耳其主戰派的傲慢對待。任命我們駐土耳其海軍使團團長林普斯少將指揮監視達達尼爾海峽的中隊是我的決定,命令中明確表達了這一點。然而,這個計畫未能實施,因為有人認為讓剛卸任土耳其艦隊教練的那位軍官擔任此職不太合適。這無疑是一個有分量的觀點;但為了遵從這一觀點,我們在這個關鍵時刻失去了這位將軍的資歷優勢,他比任何人都更了解土耳其人和達達尼爾海峽的潛在價值。這是一條長鎖鏈中的一個小環節,這個環節的中斷將導致整體局勢的延誤,我必須做出新的安排。

1914年9月21日,我向負責馬爾他海軍船塢的海軍中將卡登發出電報,邀請他擔任達達尼爾海峽中隊的司令,艦隊新增了「無畏」號和2艘法國戰鬥艦,唯一的任務是擊沉從達達尼爾海峽駛出,無論是掛上任何旗幟的「格本」號和「布雷斯勞」號。

馬恩河戰役的勝利——儘管隨後因發生的不利事件而略顯黯淡——遏制了近東局勢的發展。土耳其暫時平靜下來,對希臘的威脅態度有所收斂。然而,這一形勢也使得雅典加入歐洲戰爭的急切心情冷卻。從1914年9月中旬起,整個巴爾幹的局勢再次從危機四伏轉為猶豫不決。然而,從根本上來說,形勢依舊險惡。

只要有機會,我將繼續愈加積極地推行聯合巴爾幹各國的政策,無論土耳其的局勢如何變化。我絕不會背離這一立場,但讀者應理解在內閣中占主導地位的其他論點:忠實希望避免戰火蔓延至尚未受難的地區;英、土爭端可能引發印度的危機;1914年我們軍事力量的嚴重衰退;基奇納勳爵表示,希望在2個印度師安全通過蘇伊士運河之前盡可能保持東方的平靜;在不引起俄國對君士坦丁堡的疑慮和妒忌的前提下,贏得希臘,特別是贏得國王康斯坦丁的支持;這些面臨的種種困難;以及大家的懷疑——應該承認疑慮很大——如果協約國在主戰場無法取得重大的軍事勝利,或對巴爾幹半島不進行強而有力的干預,保加利亞和斐迪南國王是否會脫離條頓陣營,該如何應付?

當我與愛德華・格雷爵士討論這些問題時，他對最後一點尤為感興趣。「在保加利亞確信德國不會贏得這場戰爭之前，他不會因為我們承諾給予其他民族的領土而改變立場。」法國北部迅速被德軍占領，法國政府撤退至波爾多，安特衛普的陷落，以及興登堡對俄軍的重大勝利，所有這些現象都極大地影響了保加利亞人，使他們與土耳其人產生了相似的心態。英國沒有陸軍，無法派出一兵一卒，甚至連一支步槍也無法送出，只有海軍和金錢，但在近東地區無法產生實質性影響。俄國人對君士坦丁堡的要求直接與斐迪南國王和康斯坦丁國王的野心相衝突。在所有的巴爾幹國家中，只有韋尼澤洛斯擁有洞察力和天份，能夠辨別這場戰爭的根本道德問題，公正地評估參戰雙方的相對實力，並正確推想兩者的真正價值 —— 德國陸軍的勝利與英帝國海軍的力量，後者正在緩慢積聚其無窮無盡的潛力。

因此，協約國依然對君士坦丁堡抱持期望，時光無聲地迅速流逝。

至 1914 年 10 月中旬，吾等得悉土耳其入侵埃及的準備實際上已在進行。此外，我們亦從祕密管道得知，奧地利駐君士坦丁堡大使已獲恩維爾莊嚴保證，土耳其將於近期參戰，對抗協約國。至 1914 年 10 月底，英國在蘇伊士運河的前哨基地因面對日漸集結的土耳其軍隊而被迫撤退；最終約在 1914 年 10 月 27 日，「布雷斯勞」號與土耳其巡洋艦「哈米迪埃」號及一艘驅逐艦組成的分隊，「格本」號隨後，陸續駛入黑海，於 1914 年 10 月 29 日和 30 日炮擊俄國要塞塞凡堡，擊沉一艘俄國運輸船，襲擊了敖德薩港口，施放魚雷擊中一條炮艇，最終實際上摧毀了新羅斯斯克及其貯油槽和所有港口中的船舶。

因此，俄國駐君士坦丁堡大使立刻申請離境護照；英國外交部在 1914 年 10 月 30 日下午 8 點 15 分，在列舉對土耳其人的種種不滿後，特別提及他們入侵西奈半島以及他們對「格本」號的錯誤處置，發出最後通牒，要求在 12 小時內放棄此類行為並撤回德國陸軍和海軍使團。

土耳其與巴爾幹各國

俄國在最後通牒期限到期時對土耳其宣戰；英、法大使和俄國大使於 1914 年 11 月 1 日離開了君士坦丁堡 —— 同一天，科羅內爾戰役在世界的另一端展開。與外交部保持一致，英國海軍在最後通牒到期之日發出了開戰命令。

1914 年 11 月 1 日，我方 2 艘驅逐艦進入士麥那灣，擊沉了停靠在防波堤旁的一艘大型土耳其武裝快艇，該快艇裝載著水雷；當天晚些時候，卡登將軍接到指示，在最早的合適時機對達達尼爾海峽外部堡壘進行遠端炮擊。這次炮擊於 1914 年 11 月 3 日晨完成。2 艘英國戰鬥巡洋艦在土耳其大炮射程之外開火，炮彈落在歐洲一側的塞代爾巴哈爾和海勒斯角炮臺上。法國戰鬥艦則對亞洲一側的庫姆卡利和奧卡尼赫炮臺進行轟擊。總共發射了約 80 發炮彈，對土耳其堡壘造成了相當大的損失，防守堡壘的土耳其和德國士兵死傷數百人。

這次威嚇性炮擊的原因經過了詳盡的討論。理由雖簡單。一支英國艦隊於預期局勢的發展下在達達尼爾海峽等待了數月。既然與土耳其已經宣戰，自然應向敵人開火，如同在前線對敵軍開火一樣。這發射的前提就需要精確了解土耳其大炮的有效射程以及軍艦接近封鎖堡壘入口的條件。有人認為這次炮擊是輕率之舉，因為它必然會使土耳其人有所防備，進而加強防護力量。從宣戰開始，敵人穩步改善海峽的防衛體系是不可避免的。至於這次炮擊在多大程度上促進了對方防禦的改進，純屬猜測。3 個半月後（1915 年 2 月 19 日），當卡登將軍再次炮轟這些堡壘時，加里波利半島完全沒有防禦準備，依舊薄弱地守衛著；少量海軍陸戰隊就能毫無抵抗地前進，進入損毀嚴重的堡壘，並前進到達堡壘外相當遠的地方。

此刻我們必須為即將發生的土耳其對埃及的進攻做好準備。由「黑王子」號、「愛丁堡公爵」號和「勇士」號組成的第 1 巡洋艦中隊，有些用於海上護航任務，有些則保護亞歷山大或塞得港。甚至在科羅內爾戰鬥的消息傳來之前，資源日益緊張的局面已迫使我們用老舊且較小的軍艦來替代

這些優良艦船。如今，迫切需要他們在維德角群島附近組成戰鬥中隊，作為對抗馮·施佩的第 2 聯合艦隊力量的一部分，並儘早歸入大艦隊總司令的指揮之下。在這種情況下，我們急需找到一支新的、令人滿意的海軍力量來保衛蘇伊士運河，抵禦即將到來的土耳其進攻。1914 年 10 月 31 日，我們發現並封鎖了「柯尼斯山」號的巢穴，解放了 3 艘負責搜尋該艦任務軍艦中的 2 艘。但這仍然不夠。1914 年 11 月 9 日，擊毀「埃姆登」號是一次非凡的成就，使我們在關鍵時刻解脫了受牽制的力量。印度洋現在已經清理乾淨。來自東印度的戰鬥艦「速捷」號立即接到命令駛往運河。先前搜尋「埃姆登」號的快速巡洋艦「格洛斯特」號、「墨爾本」號、「雪梨」號、「漢普郡」號和「雅茅斯」號受命立即返航，經過紅海進入地中海。

我在各大洋之中搜尋每艘可用的軍艦。1914 年 11 月的第 2 和第 3 週，「速捷」號以及前述的中隊和小艦隊，與法艦「鯊魚」號和俄艦「阿斯科爾德」號一同進入蘇伊士運河，保衛埃及。然而，土耳其人的進攻僅是一次試探式行為。面對防守的軍隊和軍艦，他們虛晃一招後，便退入東部沙漠積蓄力量。

在此期間，澳洲和紐西蘭的護航行動有條不紊地進行，澳、紐軍團，即「安扎克軍團」，被安全地運送跨越太平洋和印度洋前往法國。我們做好了準備，若有必要，隨時改道駛往開普敦。然而，在護航隊抵達可倫坡之前，博塔將軍和斯馬茨將軍已經成功鎮壓南非的叛亂。因此，澳洲軍和紐西蘭軍在「伊吹」號和「漢普郡」號的護航下繼續前行，直奔歐洲。到 1914 年 11 月底，他們的運輸隊順利進入蘇伊士運河。由於土耳其對埃及的入侵威脅依舊存在，需要派遣堅定和值得信賴的部隊駐守埃及。1914 年 12 月初，基奇納勳爵在一系列重大事件中，下令所有澳洲和紐西蘭軍隊在蘇伊士上岸，目的在完成訓練並保衛蘇伊士運河運輸線。

此刻我們可以暫時放下土耳其的局勢。德國對土耳其的控制日益加強。隨著土耳其軍事組織的改進，各民族的苦難也愈加深重。在「格本」

土耳其與巴爾幹各國

號和「布雷斯勞」號的炮火下，君士坦丁堡陷入疑慮、分裂和物資短缺之中。海峽之外的英國艦隊靜靜地監視。希臘對英國的態度感到困惑，並為韋尼澤洛斯與康斯坦丁國王的爭執而苦惱，1914年8月分時的高昂士氣已不復存在。塞爾維亞頑強地與奧地利軍隊抗爭。羅馬尼亞和保加利亞心繫往昔紛爭，彼此緊密關注。在埃及，澳洲和紐西蘭軍團的訓練每週都有進展。

伴隨著世界戲劇中前一幕的落幕，我們已見證了下一幕的布景正在搭建，下一場的演員也在集結中。來自地球各個角落的軍艦和士兵正向地中海東部匯聚，以完成一般人尚未理解的命運與使命。各大洋之中已完全清除德國軍艦，解放了我們的艦隊，澳洲和紐西蘭軍團抵達埃及，形成了當地陸軍的核心，我們擁有了進攻土耳其帝國心臟所需的海陸力量。西線的僵局——那裡的一切都被冬季的戰壕所凍結——同時提供了喘息和徵集更多軍隊的機會。澳洲軍隊以不倦的步伐行進在埃及的沙漠中。霍爾布魯克指揮官駕駛著他的潛艇在恰納克雷區域下潛行，並在達達尼爾海峽的咽喉部位擊沉了一艘土耳其運輸船。與此同時，遠在樸茨茅斯船塢的工人們夜以繼日地在「伊莉莎白女王」號上安裝15英吋的大炮和旋轉炮塔。

然而迄今為止，一切都是無意識的、不成熟的、無目標的，各自為政的狀態。過去的任何一個機會可以指引方向，現在依然如此，但最終結果卻可能截然不同。沒有人制定計畫，也沒有人做出決策。但新的思想在萌芽，新的可能性浮現眼前，新的力量近在咫尺，我們用這些迎接正大步向我們靠近的新危機。俄國這臺強大的蒸汽壓路機是受苦的法國和疲憊的比利時的希望，但現在他正在崩塌。他的陸軍與興登堡和魯登道夫激戰，但在他們英勇的戰線背後，衰弱、匱乏、組織混亂的跡象已明顯暴露在焦慮的政府和議會面前。冬天已至，它將俄國緊緊束縛。與她的協約國聯繫變得不可能，也無法從協約國那裡獲得援助。白海被冰封，波羅的海被德國人掌控，土耳其封鎖了達達尼爾海峽。現在只需要俄國發出一聲求救，就

能讓現在空虛的事物重獲生機，讓現在毫無意義的事物重新變得重要，但迄今為止，尚未聽到任何求救的聲音。

讀者已經明白，1914 年 9 至 11 月的特點在於海軍部日益緊張地儲備力量。讀者必然理解，為了敘述方便，作者有必要將每一次緊張狀況與危機分章談論，實際上許多事件同時在各地戰場上發生，而每次的緊張情況是不斷累積並相互作用的，最終在 1914 年 11 月達到無以復加或超越的緊張頂點。

我們值得花些時間仔細審視整個局勢。首先，運送軍隊和物資到法國的行動從未中斷，這對陸軍至關重要。在運輸高峰期，比利時海岸的軍事行動和敵人逼近海峽港口，以及伊普爾——伊塞爾戰役的長期危機相繼出現。其次，敵方所有巡洋艦毫髮無損，眾多武裝商船依然在外海自由活動，每艘敵船的存在都是對無數地點和海域的重大威脅，需要比他們多 5 至 10 倍的軍艦在他們未被捕獲時搜尋並保護商業及軍務的運輸。同時，為從印度、加拿大和澳洲運送軍隊的大規模護航行動，以及從全球各地集中英國的正規警衛部隊的行動正在進行中；不下於 6 次獨立遠征，包括薩摩亞、新幾內亞、德屬東非、多哥蘭、喀麥隆和德屬西南非的遠征正在進行或處於關鍵階段。除此之外，因為對土耳其的戰爭爆發，還要加上進攻蘇伊士運河和波斯灣的軍事行動。

為了完成這些緊急任務，我們不得不從大艦隊中抽調艦隻，組成不少於 3 個的重要艦隊。原本在戰爭爆發時保持完整狀態的大艦隊，由於後續有效力量的減少，要求人員與裝備進行分批輪換休整。同時，潛艇的威脅已經成為嚴重問題，而在我們心中又誇大了其程度。儘管我們竭盡全力以確保艦隊在北方港口的安全，但完成各種措施需要數週時間，在此期間人們的焦慮持續存在。種種情況背後是德國艦隊，我們必須建立假設它知道我們正處於緊張狀態，於是暗中準備隨時挑戰我們的最大決心。在漫長的冬夜裡，本土沒有固有的正規軍，當時訓練不充分的本土部隊以及基奇納

土耳其與巴爾幹各國

新組建，未成熟的軍隊，使人們又產生了敵人入侵的恐懼；雖然我們在理論上否定入侵的可能性，但實際上我們必須採取一整套預防措施。這是一個可怕的時期。人們不止一次產生這樣的想法，海軍部將被迫緊縮其職責，並在一段時間裡將某些重要利益訴諸天命，以確保那些至關重要的基本利益。在我們剛剛經歷的大事件中，可以這樣斷言，在這幾個月裡，我們滿足了每一個向我們提出的要求：保衛了所有的海洋，運送了每一次遠征隊，把每 1 艘運輸船隊安全送達，完成了我們駐在法國的陸軍和比利時軍隊所交給的任務。不論何時，我們海軍的主力始終這樣部署，即如果敵人膽敢挑戰，我們絕不拒絕戰鬥。

隨後，全球的緊張局勢驟然緩解。德國的巡洋艦和襲擊商船的驅逐艦逐一被截住或擊沉。龐大的護航船隊及時抵達，遠征部隊安全登陸。各大洋相繼得到清理。我們港口的防禦設施已經完工，多種針對潛艇的措施正在實施。各級別、最高品質的新型軍艦大量增援艦隊。對蘇伊士運河的攻擊被遏止。南非的叛亂被平息。入侵的威脅——若曾存在的話——隨著本土軍和新編陸軍的效率提高而逐日減小。海峽各港口的重大戰事以我方的光榮勝利告終。最終，福克蘭群島戰役結束，海洋的清理任務完成，除了由陸地包圍的波羅的海與黑海以及黑爾戈蘭灣防禦區外，德國國旗不再在全球任何地區的任何軍艦上飄揚。

隨著 1914 年 12 月的結束，一種難以言喻的輕鬆感悄然籠罩了海軍部。我們幾乎毫無災禍地、無事故地完成了從和平到戰爭的巨大轉變。戰前經常困擾我們且讓我們為之準備的所有風險，要麼被化解，要麼被克服，或者根本沒有發生。沒有遭受襲擊的事件發生，艦隊已整裝待發。陸軍也在適當的時機抵達主戰場，並令人滿意地駐紮在那裡。水雷的威脅已經被清除。我們認為有應付潛艇的措施，而且在接下來的 2 年中我們確實制服了潛艇。敵人破壞貿易的所有計劃以及我們對此問題的恐懼已經消失。英國與協約國的貿易在全世界不間斷地進行；英國的貿易量和糧食供

應得到了保障；戰時保險費率降至百分之一。隨著戰爭後的第一個聖誕節臨近，我們內心充滿了深切的感激。我們對最終勝利抱有絕對的信心。

在準備和規劃上占據全面優勢的強大敵人發起了攻勢，但在各處被迫停滯，現在輪到我們進攻了。主動權已轉移到我們強大的兩棲部隊手中，時間和手段都盡在我們的掌控。我們將在何時何地發起攻擊由我們決定。我們堅信龐大的艦隊力量已足夠強大；再加上迄今為止遍布外海的大量中隊，它們現在匯聚成一個額外的龐大艦隊，具備參與最大規模海戰的能力，總之不會削弱我們海軍主力的根基。

然而，這些成就只能作為新一輪更加緊張努力的序章。海軍部若僅滿足於在最初和最危險階段所取得的工作成效，放鬆警惕，安於暫時的安全與已經克服的危機，這無疑是可恥的，至少在我看來是如此。現在到了透過陸軍的鬥爭來衡量我們力量的時候了，這場戰鬥或許是決定性的，但無疑也是最艱鉅的。此刻，我們必須加快對德軍發動出其不意且無法預測的攻勢，使他們連續遭受打擊，陷入危機重重的境地，直至徹底崩潰。

而且，同樣是德國人，儘管他們在執行自己的計畫時是世上所有敵人中最可怕的，但當他們被迫順從對手的計畫時卻也最容易驚惶失措。讓一個德國人有時間制定他那龐大、耐心、精確的計畫，進行緩慢、徹底、極具遠見的準備工作，等於是在招致最可怕的風險。透過出其不意的行動使他顯得慌張，擾亂他專注的思維，打破他的自信，恐嚇他的精神，破壞他的計畫，無疑是既光榮又明智的途徑。

海戰的第一階段到此為止。英國任務的初步目標已在陸地和海洋上實現。巴黎和各海峽港口得以解救，敵人在各大洋的勢力被肅清。英國的全部國力無疑將轉化為戰爭的攻擊力量，施加於敵人身上。在英國完全準備之前，德國已無機會擊敗法國；在英國全力投入戰爭前，德國也無法使法國癱瘓。最高主動權從日耳曼國家轉移到了協約國。我們戰爭物資儲備之豐盈幾乎難以估量，軍艦、兵員、軍火和戰爭器械的種類繁多，難以描

述，而這些如今每月都在我們的手中穩步增加。我們將如何利用這些資源？各種策略方案可供自由選擇。我們會選擇哪一個？是否應利用增強的艦隊和 1915 年強大的新軍迂迴波羅的海的日耳曼軍右翼，或迂迴在他們黑海和巴爾幹的左翼？還是我們應讓戰士們衝向沙袋、鐵刺網和混凝土，正面進攻德軍在法國的防線？我們是否應盡全力與俄羅斯盟國保持直接聯繫，還是任其陷入危險的孤立境地？為了縮短戰爭，我們是否應採取決定性的行動，引導並促使目前中立的北方和南方小國參戰？或是我們應沉重而穩步地向前推進，攻擊最接近的敵人？我們的陸軍是否僅在法蘭德斯的泥濘土地上艱苦作戰，還是我們應開闢新的戰場？我們的艦隊是否應滿足於已取得的偉大實際戰果，還是應以新的無畏精神迎接未來的風險？

隨著此故事逐漸推進至新階段，這些關鍵問題的解答將會逐一浮現。

西線的僵局

　　對於協約國及整個世界而言，1915 年注定是一個災難深重的年分。當時，戰火雖已燃起，但尚未失控；錯失控制戰火之機會，這是 1915 年所犯的大錯。自此，戰火四處蔓延，直至燃盡方息。自此，事態的發展已大大超出了人們有意識選擇的範圍。政府與個人全都遵循這場悲劇的節奏，在絕望的暴力中蹣跚而行，並以愈來愈大的規模相互屠殺和浪費資源，直到創傷影響人類社會的結構，這種創傷一個世紀也無法消失，可以想像，它對當今文明是災難性的。然而，在 1915 年 1 月，糟糕的局面尚未不可收拾。事態發展本來可以掌握在人類手中，本來能夠以正義和成果纍纍的勝利來結束一切，進而避免使全世界筋疲力盡，避免使各國山河破碎，帝國崩潰，歐洲毀滅。

　　事實並非如此。人類無法輕易擺脫這場災難，自己深陷其中。自尊隨處受挫，難以得到滿足。驚人的成就未能實現光輝的和諧，戰士的犧牲未獲應有的回報。勝利的代價如此高昂，其結果幾乎等同於失敗。勝利者甚至無法獲得安全。從未有過「偉大的和平之後的平靜。」劇烈的戰鬥過後，緊隨其後的必然是一段虛弱無力的混亂期。高尚的希望、深厚的戰友情誼和光榮的勇氣在各國只能導致失望、希望幻滅和一蹶不振。各國人民遭受的痛苦與貧困可能制止戰爭，戰敗國的崩潰可能平息戰火，但是他們的怨恨仍未緩和，他們的爭執依舊得不到解決。有史以來在戰場上取得的最全面的勝利卻未能解決歐洲的問題，未能消除導致新戰爭的危險。

　　隨著舊歲逝去，主要參戰國在西線形成了陸海戰場的僵持局面。德國船隊龜縮在警戒森嚴的海港內，英國海軍部欲誘其出港，卻束手無策。戰壕從阿爾卑斯山一直延續到海邊，運動戰已無可能。海軍將領們完全信仰

西線的僵局

封鎖策略；而陸軍將領們則寄希望於消耗戰，甚至更迫切，試圖突破敵人的防線。在世界戰爭史上，修建如此連綿不斷的戰壕，可謂絕無僅有。350多英哩的防禦工事由數百萬大軍嚴密防守，有數千門大炮予以支持，從瑞士前線延伸至北海。在1914年10月與11月，當這些防線尚薄弱之際，德國的軍隊試圖突破。他們損失慘重。法國與英國的總指揮部得到命令，必須用鐵絲網與戰壕內架設的機槍嚴守陣地。

考慮到現代火力的威力，過去40多年來，正面進攻的方式已被摒棄。在普、法戰爭中，德軍之所以能取得重大勝利，主要歸功於他們在某一翼集結大量兵力，並採取大規模迂迴戰術。在日、俄戰爭中，勝利的一方同樣採用了這種戰術。在遼陽，黑木將軍的部隊從俄軍左翼發起攻擊；在穆克丹，乃木將軍的部隊專門從亞瑟港調出，攻擊俄軍右翼。正面進攻若無側翼迂迴的配合，必然代價高昂且可能失敗。然而此刻，在法國與法蘭德斯，戰史上首次出現了沒有兩翼迂迴的戰局。迂迴戰術這一古老技法已經無法實施。中立地區與大海限制了戰線的延展，各路大軍近在咫尺，卻無計可施。

在此情勢下，法軍最高指揮部與英軍再次依賴於無望的正面攻勢戰術，儘管此前的慘痛教訓已令其被摒棄。同時，自日、俄戰爭以來，現代武器的火力已成倍增強，並且持續增長。此外，由於鐵絲網的使用，摧毀它所需的炮擊時間延長，進而有效地防止了突襲的可能。在那個時期，法國戰場上完全不可能成功發動進攻；中央戰線無法突破，且兩翼無法迂迴。面對這種僵持局面，戰術已無計可施；將領們及其參謀部除了正面進攻已別無他法，而正面進攻卻是他們的經驗與訓練所無法應付的。他們只能依賴消耗戰。

在戰爭中，消耗戰是最為血腥的策略，而在謀略中，正面進攻則是最不明智的選擇。由於法、英兩國的軍事當局採用了這兩種殘酷的應急措施，連續3年間，他們國家的精華男子被大量消耗。然而，消耗戰所帶來

的殘酷屠殺並非對交戰雙方均等。1915年、1916年和1917年，英法兩國為其進攻所付出的代價，幾乎每次都遠遠超過採取防守態勢的德國，總體代價顯然高於德國。這種情況並非一命抵一命的對等交換。英法軍隊往往需要犧牲2條甚至3條性命才能消滅一個敵人，嚴酷的數字最終證明，協約國到最後仍有數百萬犧牲者的差額。職業軍人用這種教條驅使勇敢且服從命令的熱血青年獻身戰場，這在後代人看來不僅可怕而且不可思議。

這是數百萬人經歷痛苦、受傷或被滅絕的真實故事，是整整一代中所有最傑出、最高尚者犧牲的真實故事。今天我們生活在這個支離破碎的世界，便是這些可怕事件的繼承者。然而，避免這場屠殺，縮短這場災難的辦法始終存在。戰線兩翼原本可以找到迂迴的地區；防線原本可以利用其他計策將其突破；這些計策原是可以找到和睿智地實施的，這不需要違背任何軍事藝術的原理，只需要真正理解軍事原理並根據實情正確運用。

勝利的關鍵在於策略和殺戮。將領對策略的貢獻越大，他就越顯得偉大，所需的殺戮也就越少。把「消耗戰」視為最高原則，與歷史相悖，為歷代名將所不齒。那些被視為軍事藝術傑作的戰役，幾乎無一不是充滿戰術變化的戰役，透過這些戰役，將領們得以名垂青史，而敵人常常發現打敗自己的是某種新穎的應急手段或計策，是某種奇特、迅速且意想不到的突破或計謀。在許多此類戰役中，勝方的損失總是微乎其微。偉大的將帥不僅需要廣博的知識、豐富的推理能力和想像力，還需要一些巧妙的計謀、一點創新和一點狡詐，進而迷惑敵人、擊敗敵人。軍事領導人之所以能夠被重用，正是因為他們具備這些能確保勝利、避免殺戮的天賦，而他們的軍事藝術也因此被人推崇。如果他們的軍事藝術僅僅是單純的使用生命交換和最後清點死傷人數的無聊過程，那麼軍事領導人在世人心目中的地位就會大大降低。

戰爭過程中會採用多種策略，有些只發生在戰場上；有些發生在敵人兩側，或後方的遠處。時間策略、外交策略、機械策略、心理策略；所有

西線的僵局

這些策略雖遠離戰場，但對戰場上的勝敗有著至關重大的影響，其目的無非是尋找避免純粹的屠殺、完成主要使命的較容易途徑。越著眼於高處，政治與策略的區別就越小。在最高層，真正的政治與策略是一件事。將結盟的國家拖入戰場的策略，其功勞不亞於打贏一場大仗。若能用安撫或威懾嚇服手段使某個危險國家保持中立，其價值高於搶占一個策略要點。可悲的是，我們在戰爭開始時缺乏一個交流中心，用以確定這些不同的相對價值進而適當處理。

協約國軍政要員在 1915 年 1 月召開過一次冗長的會議，那次大會原本可以讓我們免遭難以估算的不幸。依靠通訊解決不了問題。首腦人物必須聚集在一起，計劃必須要協調一致。而事實卻相反，協約國各行其是，只是或多或少地把消息通知別的國家。各國的陸、海軍都是各自為戰。戰爭問題應被視作是一個整體問題，但卻被來自許多不同方面的、互不相關的觀點扯拉。戰爭不知道法、俄和英盟國間的明確分界線，不知道陸、海、空三軍種之間的分界線，不知道取得勝利與獲得同盟之間的區別，不知道供應人員與戰鬥人員的區別，不知道宣傳與戰爭機器的區別，事實上戰爭只是在一段特定時期發揮作用的所有力量與壓力的總和，而它卻被零碎地處理著。對這場戰爭的研究、思考、指揮與行動在達到甚至是不很完整的統一之前，人們接受數年的殘酷教訓是必要的。我們不能完全根據結局來評判戰爭初期的人們。教訓與苦難是在所難免的，但是那些最不善於汲取教訓的人並不是遭受苦難最深的。

若西線已陷入完全的僵局，那麼東線的戰局卻愈發緊張。筆者有必要簡要回顧一下東線的情形。

1914 年 8 月，德軍將其五分之四的兵力集中於對抗法國，僅留下少數幾個師駐守東線以抵禦俄軍；人們懷抱著巨大的希望，期望這點微弱的防禦力量會被俄軍擊潰或迫使其撤退，進而使德國面臨來自東方的持續入侵。在馬恩河戰役前最艱難的時刻，我們不得不考慮巴黎陷落及在盧瓦爾

河沿岸進行殊死抵抗的可能性，此時唯一的安慰來自於對俄國大軍席捲但澤、布雷斯勞，並深入德意志帝國核心的信念。我們期望東線日益增大的壓力能緩解西線的緊張局勢，迫使德國撤回侵略部隊以保衛本土。我們看到，在戰爭爆發後的 2 週內，依靠沙皇忠誠的指揮及俄國軍隊與人民的英勇精神，俄軍迅速攻入東普魯士。我們知道這次攻勢觸動了德國總參謀部的神經，促使他們在馬恩河戰役前的危急時刻從比利時右翼撤出 2 個軍團。俄國的這次攻勢是否對戰爭的勝敗產生了決定性影響，仍需進一步探討。如果確實產生了決定性影響，等到這一代忘恩負義的人離世後，應該對沙皇及其士兵表示致敬。

然而，俄國人為此輝煌成就付出了慘重的代價。雙方軍隊在東線一交火，人們便發現俄軍雖然驍勇善戰、兵力雄厚，卻遠遠不能與指揮得當、講求科學、紀律嚴明的德軍相匹敵。由 20 個騎兵師和步兵師組成的倫寧坎普集團軍以及由 15 個師組成的薩姆索諾夫集團軍迎擊 14 個德國師。儘管德軍規模較小，但他們是一支可靠的勁旅，其統帥是剛占領列日、初露鋒芒的興登堡少將。那時他還鮮為人知，但他的名字將與歷史上的名將並列。經過坦能堡戰役（1914 年 8 月 25-31 日）和馬祖里湖區戰役（1914 年 9 月 5-15 日）兩場惡戰，薩姆索諾夫集團軍被擊潰，10 萬將士或陣亡或被俘，而倫寧坎普集團軍也遭到重創。興登堡與魯登道夫的大膽配合使得 2 支實力強於他們的大軍在 2 週稍多一點時間內便被擊潰。此事令世人非常震驚，以致對此的唯一解釋是似乎有人叛國投敵。然而，歷史強調的是結果，而我們當時面對的正是這些事實。

即便俄國軍隊最初士氣高昂且裝備齊全，依然無法與德國軍隊抗衡，但在面對奧匈帝國的雜牌軍時，俄軍卻表現出絕對優勢。儘管在北方的坦能堡與馬祖里湖區的兩次戰役中遭遇失敗，俄軍依然攻入加利西亞，經過一系列在廣闊土地上的混戰後，俄軍在被稱為倫貝格戰役的戰鬥中取得了實質性的勝利。這場勝利掩蓋並抵消了部分北方戰場上的挫敗。實際上，由於法、

西線的僵局

英兩國對加利西亞戰役的勝利進行了大肆渲染報導,東普魯士戰場上的災難便被人們淡忘了。興登堡與魯登道夫向潰敗的奧地利軍隊伸出了援手,幫助他們加強訓練與重整防線。隨即,東線的冬季戰事開始。在波蘭與加利西亞的泥濘雪地裡,俄軍與對手展開了激烈搏鬥,漫長的防線隨著運氣的變化而時進時退。馬恩河戰役後,德軍在法國的形勢,以及1914年10月與11月期間朝英吉利海峽各港口的大幅度推進,使他們無法從西線撤軍增援東線。魯登道夫一貫強硬,組織了首次對華沙的進攻,但結果證明他心有餘而力不足。尼古拉大公頑強且機智地擋住了他,波蘭的冬天困住了進攻的德軍,其境遇難以形容。此時,德軍再次展示出可靠的能力與高超的指揮,他們不止一次被幾乎數倍的敵軍圍困,但每次都能憑藉嚴格的軍紀與決心殺出重圍。對奧地利人,俄軍依舊步步緊逼。1914年11月,尼古拉大公仍計劃向前推進,穿越西利西亞,攻入德國的心臟地區。

就在此時,厄運悄然而至。俄軍參戰時攜帶了5,000門大炮和500萬發炮彈。在最初的3個月裡,俄軍平均每天發射45,000發炮彈。然而,俄國工廠每月的炮彈產量不超過35,000枚。至1914年12月初,原先儲備的炮彈僅剩不到30萬枚,只夠一週的需求。當俄國陸軍急需炮兵支援時,他們的大炮卻突然沉寂了。同樣,步槍的短缺也極為嚴重。經過3個月的激烈戰鬥,550萬支步槍中已有超過100萬支或遺失,或被奪,或損毀。年底時,已有135萬俄軍戰死、受傷或被俘。兵營中擠滿了強壯的士兵。80萬受過訓練的新兵整裝待發,但卻沒有武器分發給他們。俄軍的炮兵連全都彈盡糧絕;俄軍的戰鬥力被削弱了三分之一。補充炮彈需要幾個月時間;要提供足夠的步槍以彌補每日的損耗,則需要更長時間。此時的俄軍已陷入癱瘓,只能等待並忍受敵人的報復。這就是開戰後第一個聖誕節前夕俄國及其協約國所面臨的局勢。

在俄軍總部,英國政府派駐了一位洞察力異常敏銳的代表——諾克斯上校。這位上校在1914年11月和12月期間揭露並報告了上述情況。

陸軍部長蘇霍姆里諾夫將軍可以盲目樂觀、昧著良心堅持；聖彼得堡的參謀部可以聲稱「軍火的消耗速度並不足以擔心」，以回應霞飛將軍 1914 年 9 月底所表達的憂慮；尼古拉大公本人或許因專注於具體作戰指揮而未意識到他腳下的大地已開始動搖；然而，俄國政府的可怕祕密已被諾克斯無情地揭露。他撰寫了一系列簡明扼要、毫不留情的急信，向英國政府披露了現狀。1914 年的最後幾週裡，我們的周圍已是險象環生。

俄軍在重新武裝之前似乎隨時可能被擊敗。西線依然保持僵持，霞飛仍然堅持「Je les grignote」（蠶食政策），他的參謀部正在策劃春季對德軍防線發動正面進攻。而此時擁有不竭兵源和糧食資源的俄國，卻有可能完全崩潰，或被迫單方面媾和。如果那樣，日耳曼大軍的全部力量將迅速轉移到已備受壓迫的法軍和毫無準備的英國陸軍身上，協約國必定會長期處於虛弱無力、不敢出戰和可能撤退的狀態。

人們無法對這一階段的災難事件進行準確評估。東線雖然表面上有一條連貫的防線，但這條防線與西線截然不同。東線的防線不僅距離更長，通訊狀況也較差。防線的兩端防守薄弱，任何決定性的進攻都可能導致防線向後潰縮或崩潰。俄軍在幾乎沒有炮火支援、機槍稀少、步槍數量不斷減少的情況下，如何能守住他們的防線？而且，正當俄國的悲慘處境日益明顯，各類武器彈藥不斷減少之際，土耳其又向俄國發起進攻，迫使俄國在 1914 年 11 月分在高加索建立新戰線，以抵禦土耳其軍隊的推進。

俄國擁有一個顯著的優勢，那就是其廣袤的國土。遼闊的疆域為俄軍的撤退提供了幾乎無窮的可能性，而明智且及時的撤退則為俄軍贏得了至關重要的喘息機會。正如 1812 年一樣，俄軍可能再次安然無恙地撤入帝國腹地，同時在其防線前牽制大量敵軍。入侵者可能再次被引入俄國的廣袤土地，而此時全球的工廠可以開足馬力生產武器，以供給和裝備俄軍。儘管局勢嚴峻，但並非不可挽回。只要俄國人在困境面前保持堅韌的意志，只要他們受到鼓舞追求勝利，只要俄國與西方各協約國建立緊密而持

西線的僵局

久的關係,那麼,到 1915 年年底前他完全有可能恢復元氣。

基於此,1915 年的策略與政策可以作為獨立課題進行研究。

戰爭問題的本質並未因其規模而改變。中歐各國的戰線從北海延伸至愛琴海,甚至斷斷續續地延至蘇伊士運河以東,但這條戰線與一支小部隊橫跨地峽構築的戰線在原則上並無二致。法國若被視為一個自給自足的戰場,則會陷入徹底的僵局,德國入侵的前線地帶既無法被突破,亦無法被轉移。然而,從戰爭全域性來看,這場大戰如同一次戰役,英國海軍一旦展現其海上威力,協約國便有機會展開意義深遠的迂迴運動。這種迂迴運動規模宏大、運作複雜,其本身相當於整個戰爭。它需要龐大的陸軍,從戰爭的任何其他角度來看,其數量也相當龐大。它依賴於海軍力量,並且需要有其獨立、完整的外交政策。

每當法國最高統帥部抱怨敵軍兩翼無懈可擊時,實際上日耳曼帝國的兩翼已經岌岌可危。由此可見,1915 年初的戰爭局勢有三大特點:其一,作為主要戰場的法國陷入了僵局;其二,在俄國被擊潰之前,迫切需要打破這一僵局;其三,透過在兩翼實施兩棲作戰和運用政治策略,有可能打破這一僵局。

提及此處,我們不妨觀察戰線的兩側。

北翼的居民由多個小民族所組成,他們不僅堅毅,還頗具教養。所有這些民族都對德國的強大心生畏懼,且與德國有著多方面的連繫;但他們都清楚意識到,德國的勝利將使他們淪為征服者的附屬國;比利時遭遇的命運讓他們心有餘悸。荷蘭已全面動員,嚴陣以待,守護著他的邊界。丹麥作為通往波羅的海的關鍵通道,當時幾乎毫無防禦。挪威與瑞典對俄國的憂慮不亞於對德國的憂慮。如果不能為這些國家提供海陸防衛並聯合他們的力量,那麼就不應推動其中任何一國捲入戰爭。如果能做到這一點,德國的處境將岌岌可危。荷蘭的軍隊不容小覷。荷蘭的一些島嶼可以為英國海軍提供無比重要的戰略優勢。丹麥可以為英國艦隊開啟通往波羅的海

的門戶；而協約國掌控波羅的海則意味著可以與俄國建立直接聯繫。如此一來，封鎖將完全形成，整個德國北部將時常面臨俄國從海上入侵的威脅。

南翼的局勢尤為引人注目。駐守此地的塞爾維亞人展現了非凡的英勇，多次擊退奧地利的入侵。而土耳其剛對協約國宣戰不久，已顯得虛弱且不團結，組織混亂。巴爾幹半島上的3個好戰國家，即希臘、塞爾維亞和羅馬尼亞，因憎恨近期的戰爭，從第四國保加利亞分裂出來；然而，這四國均為土耳其和奧地利的宿敵，同時又是英國的傳統盟友。這四國共擁有110萬的正規軍（塞爾維亞25萬，希臘20萬，保加利亞30萬，羅馬尼亞35萬）；他們的全部軍事人力資源更為龐大。這些國家擺脫了土耳其幾個世紀的壓迫。唯有在土耳其和奧地利受損的情況下，他們才可能擴張。塞爾維亞已經為生存與奧地利作戰；羅馬尼亞對奧匈帝國的外西凡尼亞垂涎；保加利亞對阿德里安堡、埃諾斯——米迪亞一線以及君士坦丁堡充滿野心；同時，希臘則眼見大量同胞仍受土耳其奴役，居住在土耳其帝國一些最美麗的省分與島嶼上，這些地方的主要居民都是希臘族人。若能說服四國忘卻內部爭端，共同參與由英國領導的反土耳其與奧地利的戰爭，土耳其必將迅速垮臺。土耳其與其盟國的聯繫將被徹底切斷，她將被迫在1915年尋求單獨媾和。巴爾幹聯盟便可在次年集中全部力量直攻奧地利南部。若我們認為土耳其帝國的戰鬥力約為70萬，這70萬敵對力量應被摧毀，同時我方再增加近100萬巴爾幹軍隊，這將意味著在對德國與奧地利的力量對比上，我方增加了約170萬軍隊，即我們將減少70萬敵軍，增加100萬我方軍隊。爭取這種戰鬥力的轉移無疑是軍事上的首選目標。

此外，巴爾幹諸國聯合攻打土耳其，義大利顯然不會無動於衷。眾所周知，義大利對協約國，尤其是對英國，懷有深厚的友誼。他亦是奧地利的宿敵，對巴爾幹半島、土耳其帝國及其島嶼懷有濃厚的興趣。如果英國能夠在這一地區取得顯著成就，義大利極有可能成為協約國的重要盟友，

西線的僵局

帶領約 200 萬軍隊直接參戰。

兩棲突襲或入侵的成敗取決於是否能及時將具有壓倒性優勢的攻擊力量運抵目的地，以及是否能比敵人更快地持續增援進攻部隊。在這場進攻中，防守一方處於極不利的地位。即便出征部隊已經登船出海，守方依舊難以確定突襲地點會選在何處。雖然中歐各國在內線作戰，但這種優勢無法與海軍的機動性相匹敵。例如，1915 年，英國可以在任何時候將 25 萬軍隊（如果能得到那麼多的軍隊）送往地中海東岸的合適地點，所需時間之短與運送數量相等於德國或奧地利軍隊的迎戰兵力。而且，地點的選擇直到最後一刻對敵人來說仍是個謎。毫無疑問，敵方確實知道我方正在調兵遣將，集結部隊登船出海。但他們無法確定部隊是要北上還是南下。情況不明，自然也就無法事先預作安排。兩棲進攻部隊可以制定多個計畫，直到最後時刻再決定使用哪一個。進攻部隊可以聲東擊西，可以在最後關頭改變主意，可以充分運用戰爭中已知的虛虛實實的戰術。因此，如果防守一方加強了北翼的力量，那就轉而攻擊南翼，反之亦然。因而，防守一方實際上只有等到挨打之後才知道該做什麼。所以，只有到此時才能將部隊運往戰場。即使道路暢通無阻──南翼的道路現實的狀況是不暢通──沒有幾個月的時間，是無法將大量的軍隊與補給運往一個新戰場並組織作戰的。在戰爭的間歇期，海上入侵部隊能有何作為？他們能占領哪些土地？能奪取哪些陣地？能構築什麼樣的防禦工事？能積存多少軍火彈藥？他們能擊敗或消滅多少地方武裝？他們能與誰結成同盟軍？所有這些都是在 1915 年春夏之際有待我們抉擇的問題。

隨著戰爭的持續，機會逐漸減少，困難逐步增加。到了戰爭的後期，為確保南方戰場速勝所需的軍隊規模已超過疲憊不堪英國商船的運輸能力。甚至兩棲部隊的海上作戰能力也有限。由於負擔日益增加和不斷遭受攻擊與損失，兩棲部隊的局限性逐漸顯現。然而，1915 年它仍擁有壓倒性的力量，有絕佳的機會。

在此關頭，軍方實際上制定了兩個宏偉的方案，利用海上力量打破西線的僵局。兩個方案都是為了攻占並控制被陸地包圍的海域，這些海域保護了德軍的兩翼。兩個方案實施後可以與俄國建立直接聯繫，並將我們的東方盟友從孤立中解救出來。兩個方案均會對一批中立國家產生重大影響。兩個方案若是成功，將大大消耗德意志帝國的資源。我們是否應求助於荷蘭、丹麥、挪威和瑞典，或希臘、保加利亞和羅馬尼亞？我們是否應突破波羅的海的狹長地區或在君士坦丁堡穿越達達尼爾海峽而進入黑海？

毫無疑問，這些行動方案不僅對執行者而且對制定者都具有風險。因此，人們必須做出巨大的努力並付出代價。這些風險、努力和行動的代價必須與不採取行動的危險和後果進行比較。英國艦隊穿越波羅的海或達達尼爾海峽的計畫因「不安全」或不切實際而被否決，入侵什勒斯維希——霍爾斯坦的計畫或派遣軍隊進入巴爾幹半島或加里波利的計畫因「不完善」而受到批評。然而，讀者一定還記得洛斯——香檳、索姆與帕斯琴德爾的幾場血腥戰役；讀者一定還記得 1917 年和 1918 年 3 月 21 日發生在卡波雷托幾乎致命的災難；讀者一定還記得俄國的崩潰、革命和退出戰爭；讀者一定還記得 1917 年潛艇戰造成的可怕災難。在這樣的背景下，只有那些採用突然和複雜策略或計謀的計畫才能被有效地提出來，以尋求勝利的捷徑。

然而，若要掌握本文所揭示的這兩項複雜且具爭議的方案之核心，必須首先闡明若干實際前提。一旦這些前提獲得理解與認同，其餘部分便能自然而然地被接受，每種思想也能找到其適當的位置和正確的關係。因此，我將這些前提歸納如下：

地面戰鬥

1. 決戰戰場是指在特定時刻能夠產生重大結果的區域。主戰場則是主要部隊或艦隊集結的地方。然而，這類地區並非總是決戰戰場。

2. 若無法從正面或中央突破敵軍，應採取側翼迂迴戰術。若側翼臨海，則應依賴海軍力量，展開兩棲戰術以進行迂迴。

3. 應當選擇防禦最薄弱的策略點展開攻擊，而非進攻防守最嚴密的地方。

4. 面對敵對聯盟，一旦確定無法擊敗其中的最強者，並且確定最強者的存在依賴於最弱者，那麼就應該攻擊最弱者。

5. 切勿輕率發動地面攻擊，除非已擁有可行的攻擊手段——兵力優勢、出其不意、軍火充沛或機械裝備充足。

海上戰鬥

1. 主力艦隊除非為海上決戰，不得為任何目的冒險。

2. 海戰的決策應及早制定。

3. 海軍應充分利用其剩餘力量支援陸軍。

在整個戰爭期間，我始終堅持這些基本原則。顯然，這些原則與主流的軍事觀點相悖，並且在某種程度上脫離了海軍的實際情況。事態的發展在何種程度上證實了這些原則的正確性，這需要他人來評判；然而，戰爭歷史將提供眾多案例，展示這些原則是如何被雙方接受或拒絕，以及接受或拒絕這些原則所帶來的結果。

坦克與煙幕彈的起源

　　戰爭初期，無論海上還是陸上都陷入了僵局，這既有策略上的原因，也同樣受到機械因素的制約。由於水雷和魚雷的威脅，即使是最強大的艦隊也失去了攻擊能力。由於機槍的使用，最強大的陸軍也無法推進。軍艦在進入攻擊陣地時被水下爆炸擊沉，士兵在進攻時被連續的子彈射倒。這就是造成我們困惑的禍害根源。把軍艦關在港灣內以避免這個海上的禍害，為了消除阻礙陸上進攻的禍害，白白耗費了無數人的生命與鬥志，這些都是徒勞無益。機械造成的威脅只有以機械的手段予以消除。一旦做到了這一點，較強的艦隊與較強的陸軍將重新獲得其原有的進攻權利。在做到這一點以前，海軍與陸軍都將受挫，大家都將遭殃。這就是戰爭問題的關鍵。1914 年末之後，這已成為明顯的事實，如果我們能掌握這一事實，進一步的思考就會變得同樣簡單。我們必須找到某種方法以避免魚雷繼續禍害軍艦，並避免讓士兵們不必要地裸露著胸膛去面對機槍的掃射。一枚魚雷或水雷可以將船底炸出一個大洞，由機器射出的無數串子彈中的任何一粒都可以穿透身體致人於死，這個十分明確的禍害和令人深惡痛絕的事實不容半點忽視。要想進行戰爭和贏得勝利，就必須克服它。這個說起來似乎是很簡單的解決辦法，但在好幾個月甚至好幾年的時間裡被兩大軍事陣營內的許多有頭有臉的人物輕蔑地拒絕和不予理會。

　　其基本原理簡而言之，就是在船體與逼近的魚雷之間或在人體與逼近的子彈之間插入一層薄鋼板。

　　這是 1915 年戰爭和當年的世界所隱藏的一個重大祕密，但當時幾乎無人相信它。這個至關重要的天賜良機顯露於塵土中，人人可見，然而幾乎所有的主要負責當局卻對此視若無睹。那些察覺到它的人——士兵、

坦克與煙幕彈的起源

水手、飛行員與普通民眾——雖屬於另一類人,卻難以影響正統觀點。他們必須進行一場漫長且吃力不討好的鬥爭,才能轉變當局的觀念並促使其行動。最終,他們成功了。海軍當局較早採取行動,而對於陸軍來說,這個過程更加痛苦。鐵甲艦與所謂的「裹皮船」或「硬殼船」成為防雷艦隊的先鋒,而坦克則是防彈部隊的先鋒。一旦解決了這兩項發明在應用上的困難,較為強大的海軍與陸軍將可以恢復其由於新器械發展而被剝奪的攻擊力。然而,當鐵甲艦、「硬殼船」與坦克被設計、製造出來並呈現在海、陸軍統帥面前時,它們的用途卻大多被荒置。鐵甲艦——其原型無疑是很不完善的——並沒有得到進一步的發展,而且從來也沒有被用作海軍攻擊力量的一部分。坦克在數量上多到足以產生決定性效果之前,便被無遠見地暴露給敵人。儘管如此,坦克還是被保留下來並發揮了作用。

與探討海陸進攻策略密切相關的另一大議題便是煙幕彈。利用人造煙霧遮蔽某個區域,以便在兵員或軍艦通過或占領該區域時,敵人無法鎖定射擊目標,這是另一種簡單而明顯的應急措施。煙霧與鋼板可謂是密不可分,它們相輔相成,發揮巨大作用。

在煙霧之後,又出現了一種更為惡毒的武器——毒霧;這種煙霧不僅遮蔽視線,同時還損傷眼睛,不僅使機槍手失明,還讓他窒息而亡。

在 1914 年結束之前,所有這些理念已經開始萌芽。

戰爭爆發後的最初幾週,英國海軍部便接到命令,負責保護英國免受空襲的威脅。因此,我們有必要命令駐紮在敦克爾克的飛行中隊前往比利時和法國沿海,以攻擊敵人在入侵領地上可能建造的齊柏林飛艇或飛機庫。這導致我們組建了裝甲車中隊,以保護海軍飛機在前沿基地的安全。敵軍因裝甲車受到巨大損失,便破壞了公路。我立刻尋找各種方法修復這些坑窪的道路。與此同時,裝甲車數量開始激增,但正當它們數量增多並展現出威力時,雙方的戰壕線已經延伸至海邊,裝甲車已經無開闊空間可供行動,同時兩翼也無法迂迴。由於我們無法繞過戰壕,顯然只能從其上

方越過去。因此，我們前往敦克爾克的初衷就是考慮從其上方越過。隨後我們考慮使用裝甲車，再後來才想到坦克。在 1914 年 10 月的第二個星期，這條因果鏈正處於這個階段。

自從海軍上將培根退役以來，他一直擔任考文垂兵工廠的總經理。1913 年我決定保留下這家工廠，它占據了我們重炮生產能力的三分之一。後來，我們分配給它生產一些用於快速戰鬥艦的 15 英吋大炮和炮塔的任務，工廠因此煥發了生機。戰爭爆發幾天後，我收到了培根上將寄來的一封信，信中提到了他設計出一種可以通過公路運輸的 15 英吋榴彈炮。這一驚人的消息引起了我的興趣，於是我派人將他召來。他滿懷激情、信心十足地談論了大炮在戰爭中的普遍作用，並特別做了預測。他認為現有的堡壘無法承受現代大炮或榴彈炮的轟擊，這類大炮的威力實際上比建造之初設想的要可怕得多。我饒有興趣地聽著，在隨後的 2 週裡，先是列日的堡壘，接著是那慕爾的堡壘均被德國的攻城大炮摧毀。我又派人將培根召來，對他說，他的話不幸言中了。我問他能否為英國陸軍製造重型榴彈炮，又問他需要多久能交貨，他回答說他能在 5 個月內製造出第 1 門 15 英吋的榴彈炮，其後每 2 個星期便交付 1 門。因此我建議陸軍部訂購 10 門。

負責軍需事務的馮・多諾普將軍對製造這種「新式大炮」的構想持懷疑態度，不確定其可行性及實際效用。然而，基奇納勳爵對此提議表現出濃厚興趣，立即下批了訂單。我向培根上將承諾，如果他能在極短時間內組裝好榴彈炮，他將有機會在法國親自指揮使用這些大炮。這項緊急任務因此得以落實，實際上直到那慕爾陷落後才開始訂製第一批這種大炮，並在新沙佩勒戰役中首次投入使用。

我始終密切關注大炮的設計與其進展情況，自始至終我便得知，這種大炮連同炮彈和炮床在戰場上需要拆解後再移動，需要用 8 輛巨型履帶車牽引運輸。這些炮車的設計極具啟發性。當 1914 年 10 月分培根將軍帶我

坦克與煙幕彈的起源

參觀這些運炮履帶車時，我立刻詢問他這些履帶車是否能夠攜帶大炮和炮手越過戰壕，如果不能，他是否有能力製造出這樣的炮車。這次討論的結果便是培根上將的新設計。1914 年 11 月初，我指示他製造一個實驗用的樣品，並將計畫提交給約翰・弗倫奇爵士和基奇納勳爵。1915 年 2 月 13 日，由於樣品的表現符合要求，我便下令訂製 30 輛。到 1915 年 5 月，這種裝有橋形結構車輛中的第一輛接受了陸軍部的試驗。然而，它被否決了，原因是它無法從 4 英呎高的坡上駛下來，也無法穿越 3 英呎深的水域（即便到戰爭結束也沒有一輛坦克能達到這個成績），它還無法完成一些極其苛刻、令人惱怒的測試。然而，在這次測試之前，我 30 輛的訂單已經取消，因為那時我們已經得到了另一個完全不同機構所提供的更好設計方案。大戰期間，首次嘗試建造能跨越戰壕的戰車或所謂「坦克」的努力就這樣以失敗告終了。

第二次嘗試製造坦克並說服軍方採納的過程如下：

此事與上述事情毫無關聯，大約在 1914 年 10 月中旬或下旬，派駐法軍總部擔任官方聯繫官的斯溫頓上校，也意識到了生產這種武器的必要性。他向漢基上校提起了這個計畫。至 1914 年 12 月底，漢基上校撰寫了一篇論文，論述了這種武器及其他一些機械裝置的必要性。他將這篇文章分發給內閣中負責戰爭事務的各位成員。

閱讀這篇文章後，我不禁聯想到給培根將軍的指示，於是 1915 年 1 月 5 日我致信首相，並在此摘錄其中一些關鍵段落：

在短期內為一批蒸汽履帶車加裝小型裝甲外殼，這將是一件輕而易舉的事。這種車內可以容納乘員，配備機槍，並具備防彈功能。若在夜間使用，炮火對其幾乎無任何影響。由於裝配履帶，它可以輕鬆跨越壕溝，其重量足以摧毀所有鐵絲網。這種車祕密地準備 40 或 50 輛，在夜間將其投入陣地，它們必定能夠衝入敵人的戰壕，利用機槍和車頂投擲的手榴彈，摧毀一切障礙物，掃平戰壕。它們可以為英國的增援步兵提供大量突擊掩

護點。隨後，這些車可以繼續進攻第二道戰壕。為此付出的代價微不足道。如果試驗不成功，那又能造成多大損失？顯然，如果早有明智之見，這樣的工作在 2 個月前就應該開始進行。現在當然更應該實施。

護罩顯然是另一項早該大規模開展的試驗。至於哪種護罩最優，這並不重要。我們應當製作大量的各種護罩；有的適合手持，有的適合穿戴，還有的用來保護車輪。如果當前的泥濘地面妨礙了牽引機護罩的使用，第一場霜凍就能讓其發揮作用。基於這一點，我已經在一個月前就下令，按照海軍航空部隊最高標準，設計製造 20 套車輪護罩。這批護罩即將完工，若有必要，可以用於試驗。

第三種應該大規模系統使用的武器是人造煙霧。我們可以製造小型煙霧筒，這種煙霧筒點燃後能產生大量黑色濃煙，濃煙可以隨意停止或釋放。與此相關的其他幾件事已引起你的關注，由於這些事涉及機密，信中我就不再逐一闡述。

我們面臨的最大危險之一是德國人可能正在製造或準備製造這些驚人的武器，以致我們隨時可能遭受全新形式的攻擊。一個由軍官、工程師及其他專家組成的委員會應長期設在陸軍部，構思各種方案並審查各類建議。我在此重申：多數情況下無法事先進行長時間的試驗。如果某些武器需要拖延至符合需求才能製造，那麼生產這些武器必須與試驗同步進行。這樣做的最壞結果無非是浪費一筆小錢。

在我 1915 年 1 月 5 日所寫的信件送達後 2、3 天，阿斯奎斯先生親自將信遞交給基奇納勛爵，並敦促他立即對信中內容進行研究。基奇納勛爵完全認可我的計畫，並將其交給了軍械署。然而，這種處理方式實際上扼殺了第二次製造坦克的努力，使得該計畫最終被體面地埋沒在陸軍部的檔案堆中。

我無法預知致首相的信件最終會有何結果，也不清楚陸軍部採取了何種措施；但我印象中，我們並未取得實質性的進展，軍事當局完全不相信

坦克與煙幕彈的起源

製造這種機器的可行性及其潛在價值。然而，每當海軍部與政府公務的巨大壓力提供機會時，我總會時常思考這個問題。因此，1915年1月19日，我向空軍署署長遞交了一份備忘錄，指示他用蒸汽壓路機進行某種實驗，目的在利用壓路機的重量摧毀敵方戰壕。我對機械當然沒有專業知識，只能提出一些建議，負責籌措資金並下達試驗命令。這次特殊的試驗（漢基上校在他1914年12月28日的文章中提到）由於機械缺陷而失敗，但無疑也發揮了重要作用，它促使裝甲軍軍官及相關專家們達成共識，為進一步尋求更有效的解決方案提供了想像力。

為了生產和使用這種後來被稱為「坦克」的車輛，我們進行了三次完全獨立的嘗試，但所有這些嘗試最終因機械故障或官員的阻撓而失敗。這種僵局很可能會無限期地持續下去。法國的軍事當局在接下來的幾個月裡也沒有對這類武器提出需求；文職部門或其他部門提出的此類建議也都被陸軍部否決。隨後，達達尼爾海峽的戰役開始了，我幾乎每時每刻都在處理海軍部的重要事務。然而，指揮裝甲車中隊的威斯敏斯特公爵，本人是討論此類話題的核心人物，於1915年2月17日邀請我共進晚餐，目的在與裝甲車中隊的幾位軍官相見。席間話題轉向越野裝甲車輛，赫瑟林頓少校也屬於這個裝甲車中隊，並了解已經進行的幾次試驗，他對這件事發表了語氣強烈且見解深刻的觀點，主張建造前所未有的陸地戰艦。

經由這次對話後，我回家後便下定決心立即發布緊急指令，以各種手段推動我一向堅信的專案。於是，我命令赫瑟林頓少校提交他的計畫，他當時的設計是一個安裝在直徑為40英呎輪子巨大的平臺。2天後，我將他的方案轉交給第一海務大臣費雪勳爵，敦促他投入大量精力並運用他的機械天賦來實施該計畫。此外，次日，即1915年2月20日，我還召見了海軍首席建造師坦尼森·德恩考特先生。那天下午，我們召開了一次會議。由於我當時身體不適，會議便在海軍部我的臥室裡舉行。會議的結果是根據我的指示成立了一個海軍部陸艦委員會，由坦尼森·德恩考特先生擔任

主席並直接向我彙報。我敦促他們緊湊地、不遺餘力地和千方百計地尋找解決問題的辦法。

自 1915 年 2 月 20 日委員會成立起,直到 1916 年 8 月坦克在索姆河戰役中首次亮相,這期間存在著許多連續的因果關係。

1915 年 3 月 20 日,坦尼森·德恩考特先生向我進行工作彙報,他所負責的委員會研究了兩種類型的車輛,一種依靠大車輪行駛,另一種則使用履帶行駛。這兩種車輛的尺寸都遠小於赫瑟林頓少校最初的設想。我立即以備忘錄形式要求他估算出時間和花費。

在獲得資料後,我於 1915 年 3 月 26 日下單自行負責的訂購 18 輛此類車輛,其中 6 輛為輪式,12 輛為履帶式。這些車輛當時被稱為陸地戰艦。

因此,我對這筆 7 萬英鎊的公款開支承擔了個人責任。我沒有讓海軍部領導團隊與我分擔這個責任。我沒有通知陸軍部,因為我知道他們會反對我插手這個領域,此時我知道軍械署對這類想法很不以為然。我也沒有通知財政部。

將如此鉅額的資金投入到這麼一個冒險的專案中,而陸、海軍的任何高級專家都沒有認可這個專案的優點,這是一個不容輕視的重大決策。更何況,這件事完全超出了我部門的職責範圍,也不在我的許可權之內。如果事實證明坦克完全失敗,無法被軍方接受或在戰爭中使用,如果因為此事我被議會委員會質詢,被指控將公款濫用於與我無關的事務,並且從未就此事徵求相關軍事專家的意見,我將無法為自己找到有效的辯護理由。我的辯護只有是嚴峻的戰爭形勢和我的個人信心 —— 我相信有必要打破僵局,所以要求生產這種車輛。然而,只有當這種車輛取得巨大成功之後,我的辯護詞才會有效。

普遍的評價是,能夠運載大炮和士兵、越野過溝及翻越其他天然障礙物的裝甲車輛,並非新奇之物。韋爾士先生在 1903 年的文章中已經包含

坦克與煙幕彈的起源

了所有這些想像。而且，戰爭史自古以來就充滿了用以攻打堡壘或工事的機械。應用這類想法的基本原理相當清晰。當時，防彈裝甲經過多道硬化工藝已高度完善。內燃機也已經問世。履帶系統更是廣為人知並廣泛應用。因此，構成坦克的三要素在原理上已觸手可及，想法付諸實現僅是舉手之勞。

可是，有兩個方面必須明確區分：

(a) 首創並推動坦克誕生的行動責任。

(b) 除了核心原理之外，解決設計中的某些極端困難問題的貢獻。

這些方面是完全獨立的。我們永遠無法斷言坦克是被某個人「發明」的，無法找到一個人，可以稱之為「坦克的發明者」。但是確實有一個明確的時間點，下令製造第一批坦克；也確實有一個時間點，依據這個命令設計出了一輛有效的坦克。

在技術上實現這項計畫，當歸功於坦尼森‧德恩考特先生。若無他的高度權威與精湛專業，此計畫絕無可能成功。在他指導下，威廉‧特里頓爵士與威爾遜少校在修改設計與製造過程中做出了重大貢獻。然而，我之所以批准使用這筆公款，正是基於坦尼森‧德恩考特先生的天賦與專業知識，以及他對於解決各種機械難題的保證。無論他說某件事能否辦到，某個機械問題可否繞過或直接解決，我都信任他，正如我在前一個專案中信任培根上將一樣。只要他說某事可行，我便願意承擔風險與責任，提供必要的資金並賦予應有的權力。我僅與他一人打交道，他也僅從我這裡接受命令。

另外一些人，比如斯溫頓上校和塔洛克上尉，曾在 1915 年 1 月向陸軍部提出了製造坦克的具體建議。然而，他們缺乏實現這一構想的權力，所有的努力都因上級的阻撓而未能成功。他們的不幸在於沒有掌握調動所需資源的權力，也無法說服有權力的人去調動這些資源。

1915 年 5 月底，我離開海軍部後，這項事業再度面臨重大威脅。新

組建的海軍部領導團隊4人中有3人是原有領導團隊的成員。在新任第一海務大臣亨利・傑克森爵士的支持下，他們似乎認為，這筆已經發生大約4,500英鎊的開支是不合適的，完全不符合海軍部的利益。因此，他們對我當時捲入的事務普遍持否定態度，並建議終止合約，取消整個專案。然而，坦尼森・德恩考特先生始終忠實於我委任給他的使命。他預先通知我，海軍部即將做出的決定或已經做出的決定，因此，作為內閣戰時委員會成員的我親自向新任海軍大臣貝爾福先生呼籲。貝爾福先生在聽取我的呼籲後，經過一番考慮，決定應該繼續建造一輛試驗用坦克。雖然只有一輛保留了下來，但它證明了自己是「坦克之母」。於1916年1月在哈特費爾德公園展出，並成為1916年8月索姆河戰役中所使用的坦克之真正模型，也成為大戰中所有重型坦克的樣本和理論上的原型。

在1915年1月5日致首相的信中，我提及了一段關於煙霧運用及其背後隱祕的內容，這個事項值得關注。

1914年9月初，中將鄧唐納德勳爵（著名海軍上將科克倫的孫子）在與基奇納勳爵交談時提到他祖先傳下來的製造煙幕，以及利用有毒但不一定致命的濃煙將敵人趕出陣地的各種方法。鄧唐納德勳爵寫道：「基奇納勳爵立即告訴我，他認為這些方法對於陸戰毫無用途，既然這些方法是由海軍上將發明的，我最好還是去海軍部討論這些方法。」於是，有人引見鄧唐納德勳爵給第二海務大臣弗雷德里克・威廉・漢密爾頓（Frederick William Hamilton），後者在1914年9月28日接見了他。第二海務大臣基本上表示支持，他在隔日寫道：「我與路易斯親王討論了此事，他建議你最好去見邱吉爾，但不要提到我們。」我曾在鄧唐納德勳爵的部隊服役，參與過南非的萊迪史密斯城解救戰役，因此我立即與他約見。對他的想法我馬上產生了興趣，並要求檢視傑出的科克倫傳下來的方法。鄧唐納德勳爵經過幾天的考慮後答覆我：國家的危難促使他最終決定公開他珍藏了一生的祕密。1914年10月中旬，他將這些歷史性的檔案交給了我，這

坦克與煙幕彈的起源

些檔案在克里米亞戰爭期間曾一度交由英國政府處理。在檔案的扉頁上，那位海軍老將用優美的字型寫道：「對於帝國的智者一語已足：在敵壘上風點燃大量硫磺，所有堡壘尤其海上堡壘處在濃煙籠罩下，能使敵人不抵抗而投降。」讀者被其讚美話語所迷，無疑會對它高度重視，並立即了解其全部含義。我刻不容緩地派人請來了第一海務大臣（巴騰堡的路易斯親王），與他長時間討論這個問題。

我當時竭盡全力探索這個主題，但又不能洩漏祕密。首先，我求助於亞瑟·威爾遜爵士，他的務實和富有創造力的智力似乎特別適合承擔這一任務。然而，結果卻被否決。在接下來的幾個星期裡，鄧唐納德勳爵不斷向我提出一些基於他祖父思想的出色建議。我在發出了進行試驗的決定性命令後，繼續祕密地努力尋求有能力的專業人員認可。1914 年 10 月，他在給我的信中寫道：

「該方法能否成功主要取決於風向是否有利……荷蘭海岸至柏林的風向統計資料顯示，（來自西方的）風相比於來自相反方向或東方的風更為頻繁，特別是在 11 月、12 月、1 月和 2 月期間……

……裝載硫磺的船隻應由佩戴防毒面具的工作人員指揮和操作……

對數英哩長的戰壕發起進攻時，應付敵方戰線分段施放硫磺和煙霧，而在中間幾段只施放煙霧不施放硫磺，以便使敵人大炮無法瞄準目標。」

毫無疑問，當時鄧唐納德勳爵已經徹底掌握了毒氣與煙霧戰術的全部概念，這些方法他是直接從其祖父的檔案中所獲取。現代化學為這些概念賦予了可怕的潛力。使用有害或有毒煙氣是國際法明確禁止的。因此，除非敵人先行使用，否則我們不能動用這種武器。然而，在戰事的緊張狀態中，我時常思考這個問題，每當想到德國的化學水準和德國人的才智，我就愈加憂慮。由於難以獲得陸軍或海軍高層的支持，同時我也沒有精力處理這些額外的問題，於是只能另闢蹊徑。1915 年 1 月分，我建議鄧唐納德勳爵將其祖父的方案交由漢基上校審閱，同年 3 月 21 日，我下令成立一

個強而有力的技術委員會，鄧唐納德勛爵擔任委員會主席。然而，我明確表示，我們不能違背已經接受的戰爭法。

我與委員會的工作始終保持密切聯繫。儘管我們的工作範圍有限，但我們仍然受到國際法和國家政策的約束，因此進展緩慢且時斷時續。然而，到 1915 年 4 月 10 日，我在寫給約翰・弗倫奇爵士的信中已經能夠這樣表示：

邱吉爾先生致約翰・弗倫奇爵士

1915 年 4 月 10 日

我目睹了一次受我指示進行的令人驚豔的煙霧製造實驗。該設備是一種設計極其簡捷、便於攜帶的金屬圓錐容器，高度為 3 英呎，底部寬度為 6 英呎，透過重力將苯輸入底部。圓錐體表面的油層能夠生成濃煙，只需擰緊燃料供應開關即可立即停止煙霧。

我最初研製這種武器是為了海戰，但經過深思熟慮，我越來越相信它對你當前進行的戰爭同樣具有重要意義。如果風向有利，你可以在幾分鐘內徹底籠罩整個區域，使敵人的炮兵和步兵失去目標。你可以用它遮蔽一個村莊或一段戰壕，直到你的士兵端著刺刀指著敵人。你也可以用它在關鍵時刻掩護一支騎兵大隊，抵達有決定性效果的地點。

1915 年 4 月 22 日，德國人公然違反戰爭法，首次在進攻中使用毒氣，隨後在伊普爾戰役中再次使用。德國人的愚蠢罪行最終注定會遭到嚴厲報復，因為其對手在風向上占有優勢，並且在科技上也略勝一籌；然而，其對手出於對國際慣例的尊重，一直克制自己，沒有利用這些有利條件。

關於坦克，還有一段故事值得追溯，因為我真心希望這件事能被記載在史冊上。1915 年 11 月，我辭去了相關職務，離開內閣，加入駐法英軍，自認給他們帶去了一份珍貴的禮物。這份禮物便是戰鬥與勝利的理念；我深知總司令約翰・弗倫奇爵士會以友善的態度認真研究我提出的建議。因

坦克與煙幕彈的起源

此,抵達司令部後,我草擬了一份檔案,日期為 1915 年 12 月 3 日,題目為「進攻方式的變革」,這份檔案後來被印發給帝國國防委員會。我將檔案交給了約翰・弗倫奇爵士,隨後又轉交給他的繼任者道格拉斯・黑格爵士。這份「進攻方式的變革」中的第一個摘錄如下:

　　履帶車這類車輛可用於摧毀敵方鐵刺網並抑制其火力。英國目前已有約 70 輛即將完工,正等待驗收。這些車輛要麼不使用,一旦使用就必須集體出動。它們應祕密部署在整個進攻線上,每隔 2、3 百碼布置一輛。在進攻前 10 至 15 分鐘,它們應沿最佳路線推進到前方空曠地帶,並在預定進攻地點穿越我們的戰壕。它們能踰越任何普通的路障、溝渠、防護牆或戰壕。每輛履帶車裝備 2、3 挺馬克沁機槍,並配備火焰噴射器。除非被野戰炮正面擊中,否則它們將勢不可擋。到達敵方鐵刺網區後,它們可以向左或向右轉彎,沿敵人戰壕平行前進,掃平敵方胸牆,並以蛇行路線碾毀鐵刺網。在戰鬥中,由於履帶車非常接近敵方戰線,對方大炮對其無能為力。透過這樣造成的突破口,持盾步兵可以奮勇前進。

　　若採用大炮清除鐵刺網,必須提前幾天公布攻擊方向和開始時間。然而,若依賴履帶車,在鐵刺網清除後,攻擊幾乎可以立即展開,即可趕在敵方增援或採取任何特殊防禦措施之前發動。

　　履帶車確實能夠跨越敵方戰壕,並繼續前進以切斷敵人的交通壕;然而,目前並不急需採取這一行動。我們可以逐步推進。一旦敵人的前線被我們掌控,尋找適合履帶車深入推進的最佳位置就會變得容易。履帶車能夠攀爬各種坡度。簡言之,它們是移動的機槍掃射塔和鐵絲網碾壓機。在海軍使用的魚雷網切割器前端裝上引導裝置,可以有效地收集鐵絲網,這種方法被證明非常成功。切割並纏繞鐵絲網的機器場面頗為壯觀,只有親眼見到才會相信。切割機的操作如同自動捆綁機收割莊稼。只要提前 3、4 天通知塹壕作戰部門,該部門便能進行示範演習。

　　在當下季節,發動上述類型的進攻顯然需要霜凍天氣,利用黑暗無光

的夜晚進行突然襲擊。履帶車面臨的障礙有兩類：其一是防衛雷區、定向地雷以及地下埋藏的炮彈等；其二是隱藏在胸牆後的野戰炮。如果這種進攻方式成功，下一步可以設計新的策略。這些履帶車在未真正抵達法國之前，其威力無法完全評估。然而，我們可以相信，藉助冬日的漫漫長夜，我們不僅能夠占領一條戰壕，還能連續占領多條戰壕。當履帶車進入敵陣，敵炮將更難以瞄準它們，隨著混亂的加劇，敵人幾乎無法確定這些移動目標的位置並加以打擊。但是在白天它們會成為活靶子；然而，若到白天情況完全改變，即使無法撤退，它們亦能發揮應有的功效。它們可以引領步兵共同進攻，充當引導進攻和確定進攻路線的活動據點。

1917年11月的第一次康布雷戰役中，進攻計畫才首次使用履帶車。根據隨後幾年的經驗，能夠查出首次使用履帶車的諸多問題；但它仍可作為軍事研究的重要基礎。1916年2月，帝國國防委員會祕書處的斯溫頓上校，目睹了「坦克之母」的早期試驗後，開始詳細制定大規模坦克戰計畫。然而，最高指揮部依舊花了2年多的時間才學會如何按照坦克最初設想的特性使用坦克。在這段時間，各種可以想像得出的錯誤全都犯了，這說明對坦克缺乏了解。在索姆河戰役中，儘管我提出了抗議，阿斯奎斯先生和勞合·喬治先生也提出了更為有力的反對，首批20輛坦克還是被魯莽地暴露給了敵人。巨大的出人意料和突然打擊的優勢就這樣白白斷送，而此時坦克數量很少，它的性能還在試驗階段，坦克兵也幾乎未受訓練。僅僅為了奪取幾個已變為廢墟的村莊，這麼一個小小目的，就將坦克這個無價構想洩漏給了德國人。如果這個構想能夠在一定規模的基礎上得到整體運用，它定能贏得一場偉大而輝煌的勝利。不幸中的萬幸，各國的高級軍事當局的思想都是從一個模子裡印出來的。這次洩漏並沒有引起德國指揮部的注意。雖然充滿新奇而恐怖的坦克已不再是幽靈，但是我們至少在1917年沒有遇到大批德國坦克。

那一年，英國坦克的誤用情況進一步惡化。他們未能在乾燥天氣、未

坦克與煙幕彈的起源

受炮擊且沒有彈坑的地面上，以及適合坦克突襲的區域內一次性全面使用坦克，而是將它們作為步兵的輔助工具，零散地投入帕斯琴德爾的沼澤地與彈坑中。敵人已經對這種零星使用坦克的方法習以為常，更何況坦克本身已陷入泥濘無法動彈。事實上，到 1917 年末，英國陸軍中的許多高層單位幾乎認定坦克毫無用處，那些浮華自負的人又開始重彈老調，對這種非專業的應急手段大加指責。幸運的是，坦克的誤用及由此在德軍那裡造成的失敗，也在德國人心中產生了同樣的印象。敵人再次錯失良機，未能「用我們自己的石頭」砸我們的腳。

儘管 2 年前已開始論證，而且坦克部隊的軍官不斷呼籲與爭辯，直到帕斯琴德爾戰役之後坦克才有顯露手腳的機會。它們終於可以大展身手了。它們終於獲得機會證明，它們無需開炮驚動敵人便能夠摧毀鐵刺網，進而恢復了現代戰爭進攻的突發性。1917 年 11 月 20 日開始的康布雷戰役應歸功於賓將軍的指揮有方。雖然在坦克運用上有些遲緩和猶豫，但卻取得了決定性的成果。幾個小時便獲得勝利，幾乎沒有遭受什麼損失。然而，由於事前沒有做好利用戰果的準備，接下來的結果令人失望，幾天後甚至演變成了一場災難。直到 1918 年，煙霧與坦克的配合以及用煙霧掩護坦克群的挺進均可實現，坦克才在戰場上被實際採用。如果戰爭持續到 1919 年，那麼每輛坦克便都能具備自己施放煙霧的功能，所有坦克戰都將在人造煙霧下行進。但是康布雷戰役之後，坦克確立了自己的名聲，於是，在整個 1918 年它們成了敵我雙方的法寶，成了英、法和美軍進攻時的決定性武器與特色。

選擇

　　當新年來臨之際,海軍部正面對著風雨欲來、變幻莫測的局勢。我們見證了海軍中將貝利如何被調離大艦隊,並奉命前往指揮位於諾爾的第5戰鬥中隊,以及該中隊如何成為一支專門訓練炮擊的核心艦隊,其目的是期望提升海軍的攻擊手段。中將從北方返回,對於把他從指揮「無畏」級戰艦改為指揮「敬畏」級戰艦中隊,他一點也不覺得高興。正如大多數水手一樣,他仍然眷戀大艦隊;然而,他還是以一貫的熱情投入新的工作。他獲得海軍部的許可,率領中隊進入英吉利海峽巡航。在海軍部為他安排的小艦隊護航下,他於白天穿越多佛爾海峽,並在1914年12月31日一整天在波特蘭海外進行演習。小艦隊護送他過海峽後,在黃昏時分離開他返回多佛爾,白天並沒有發生不祥事端。天黑後,軍艦向西駛入海峽,凌晨2點時已經接近斯塔特。海上風浪漸起,但月光依舊皎潔。當時航速為10節,航線筆直,而非曲折蜿蜒。在海峽水面遊弋的一艘德國潛艇,由於波濤翻滾,在月光下竟未被發現。潛艇隨即向位於艦隊末尾的「敬畏」號發射了一枚致命的魚雷。2個半小時後,這艘軍艦沉沒,艦長勞克斯利與500多名官兵犧牲──這是各級官兵崇奉的最高紀律與獻身精神。

　　元旦那天,海軍部接到了這個噩耗。費雪勛爵對中隊指揮的處理方式極為不滿。中將所提供的解釋未能讓海軍上司們滿意。從個人角度以及更深層次的原因上來說,我感到最遺憾的是決定解除他的司令職務。因此,我任命他負責格林威治學院,他在那裡度過了一段時間。

　　為了掌握整體局勢並制定春季計畫,我們進行了諸多努力。1915年1月1日,財政大臣勞合‧喬治先生發布了一份極具重要性的文件,要求我們關注對戰爭形勢普遍存在的盲目樂觀情緒,關注俄羅斯這一主要支柱的

選擇

日益衰退，關注巴爾幹半島的局勢，以及在巴爾幹半島所採取的行動，期望將希臘和保加利亞拉入協約國陣營。漢基上校也提供了一份內容詳實且富有預防性效果的備忘錄，這份備忘錄在達達尼爾委員會的報告中有所提及。這兩份文件均指出，近東地區是1915年我們採取主動行動的真正場所。閱讀了這兩份檔文件的草稿後，我於1914年12月31日向首相遞交了一封信，內容如下：

我們的看法大致相同，我們的結論也沒有相互牴觸。

宣戰之初，我便意圖攻打加里波利……然而，困難不斷增多……我認為，戰時會議應在下週連續數日每日召開。隔週開會的討論，無法對任何問題產生有效結果。

1915年1月2日，我收到了基奇納勳爵寄來的一封信，內容如下：

毫無疑問，你一定已經看過布坎南關於俄國人和土耳其人的電報；若尚未閱讀，菲茨傑拉德會將其送達給你。

你是否認為，海軍的行動能夠阻止土耳其人寧願讓君士坦丁堡防禦力量空虛，而將更多軍隊派往高加索？

菲茨傑拉德上校隨信附上了一份電報，其中摘錄部分尤為重要：

本週初，俄國在高加索的形勢令人擔憂，土耳其的包圍行動對俄軍構成重大威脅。高加索軍總司令急迫地請求支援，許多高加索部隊正與德國對抗。然而，大公已經通知總司令，必須像他那樣堅持下去……

然而，大公希望基奇納勳爵能動用海軍或陸軍在其他地區進行一次對土耳其人的佯攻，並將消息散播出去；他認為，土耳其人很容易改變行動計畫，這消息可能會迫使土耳其人從高加索撤出部分與俄軍交戰的部隊，進而緩解俄國人的困境。

大公進一步指出，即便基奇納勳爵不能提供幫助，他仍將堅持既定計畫。

那天晚些時候，基奇納勳爵親自來到海軍部與我會面，我們詳細討論

了來自俄國的電報及海軍能否提供援助的問題。我們探討了在土耳其戰場上所有可行的選擇。兩人都記得 1914 年 11 月時曾討論過從埃及進攻加里波利的各種可能性。我們也清晰地意識到進攻君士坦丁堡成功的深遠意義。如果在下一階段認真進攻，有占領達達尼爾海峽的可能，那麼現在僅僅為了佯攻而驚動他們，將是極其魯莽的行為。我闡述了這一觀點，並建議尋找其他方式來幫助俄國人。基奇納勛爵對此看法並無異議，但他再次明確表示已無多餘軍隊，無法承擔更多軍事義務。這次談話我沒有記錄，但同一天（1915 年 1 月 2 日）基奇納勛爵發來的第二封信可以證實我的回憶。

基奇納勛爵致邱吉爾先生

1915 年 1 月 2 日

我認為我們無法全力以赴地援助在高加索的俄羅斯人。

顯見土耳其正大規模撤出駐紮於阿德里安堡的軍隊，可能通過黑海運輸，以增援對抗俄國的部隊。

在高加索及波斯北部，俄國人面臨困境。

我們沒有軍隊可以登陸任何地點。在士麥那發動佯攻毫無益處，或許還會引發對基督徒的屠殺。我們在亞歷山大勒塔已經嘗試過，再次嘗試不會有多大作用。敘利亞海岸同樣無效。

只有在達達尼爾海峽進行佯攻，或許才能有效阻止土耳其增援部隊向東推進。正如大公所言，若能令君士坦丁堡感受到威脅，並迅速傳播這一消息，效果將會尤為顯著。

在接下來的幾個月裡，我們無法充分準備好進行大規模的行動。

同日，毫無疑問，基奇納勛爵與我進行對話後，透過外交部向聖彼得堡發送了以下電報：

請向大公保證，我們將採取行動進行對土耳其人的佯攻。然而，我們

選擇

擔心我們所策劃和執行的任何行動不太可能顯著影響敵人在高加索的兵力或促使他們撤軍。

這份電報使我們有義務對土耳其進行某種程度的佯攻，但在佯攻的方向、性質或規模方面，我們並未承擔具體責任。這是對一個備受壓迫的協約國同盟要求，所能作出的最簡短回應。

次日上午（1915年1月3日），費雪勳爵露面了。他全面考慮了所有問題，閱讀了內閣的各種檔案以及俄國的電報，並且對我和基奇納勳爵的談話也瞭然於心。他現在寄來的信件非常重要，完整清晰地表明了他的立場。信中用字雖然紊亂，但絲毫不影響其觀點的犀利與深刻。我認為費雪勳爵從未採取過或表達過與最初確定的基本原則相衝突的行動或觀點。他始終支持制定大規模計畫來對付土耳其人，也支持聯合巴爾幹各國。他始終堅信保加利亞是這一地區形勢的關鍵所在。他始終準備冒險將老式戰鬥艦作為大規模海軍、陸軍與外交行動的一部分。這些宏大計畫未能實施並非他或我的過失。

1915年1月3日

尊敬的溫斯頓，

漢基已經通知我，戰時會議將在下週四召開，我認為這次會議將如同一場西洋棋對弈！每個人都會帶來一個方案，一個棋子倒下會牽連到其他棋子！我認為進攻土耳其是合理的！——但必須立即進行！然而，這一點卻無法實現！我們的宮廷式委員會要休會至2週後的星期四！（請注意：我們上一次會議是什麼時候？取得了什麼結果？）

我們將做出的決定不過是徒勞地轟擊達達尼爾海峽，這樣的轟擊只會無謂地消耗「不倦」號上面那些無法替換的大炮，也許軍艦本身也需要更換了。上次的轟擊帶來什麼好處？有沒有驅逐一個土耳其人？那兒的戰爭照樣在進行！你需要一個人決斷！我的土耳其方案如下：

一、委任現任軍需主任羅伯遜爵士為遠征軍司令。

二、立即用英國本土軍替換約翰‧弗倫奇爵士指揮的所有印度兵和75,000名能吃苦耐勞的軍隊（如同你所提議的那樣），然後派遣這支表面上去保衛埃及實為遠征土耳其的軍隊登船！盡一切可能從馬賽出發！直接在貝西卡灣登陸，在進攻海法和亞歷山大勒塔的埃及英軍到達之前仍應保持先前的假象。考慮到亞歷山大勒塔擁有難以估價的伊甸園油田，應該真正占領它，那裡有鐵路直接通達。我們要趕走盤踞在亞歷山大勒塔擁有大量土耳其特許權的德國人——那裡是英國的頭號敵人馮‧比伯斯泰因元帥的最後一個舞臺！

三、當我們向貝西卡進軍之際，希臘人進逼加里波利，保加利亞人進軍君士坦丁堡，俄國人、塞爾維亞人和羅馬尼亞人則向奧地利推進（這些都是你自己提到的！）。

四、並令斯特迪指揮「威嚴」號級戰艦與「老人星」號級戰艦強襲達達尼爾海峽！願上帝保佑他！

記著，偉大的拿破崙曾言：「迅速行動，否則必將失敗！」

縱觀世界歷史，從未有眾人可以成就大事！你需要一個人來做決定！

你的　費雪

費雪的整個計畫一直未曾有過實現的機會。他所建議的方案，很可能會遭到被委以重任的威廉‧羅伯遜爵士的強烈反對。毫無疑問，如他自己所描述，他的政策主要集中在決定性戰場上。從約翰‧弗倫奇的指揮下撤出印度軍團和75,000名能吃苦耐勞的士兵，並用本土師團替換他們，這可能會遭到抵制，問題嚴重到總司令在全體參謀支持下提出辭職。霞飛將軍和法國政府或許會明確表示抗議。費雪勳爵在第三點中提到了希臘人、保加利亞人、塞爾維亞人以及羅馬尼亞人，準確表達了每一方的意圖。對於這一地區而言，這無疑是最高目標。問題在於：如何達到這個目標？這正是問題的核心所在。與此相關，費雪勳爵的第四點令我留下了深刻印象。他在此提出使用老式戰鬥艦攻擊達達尼爾海峽，這卻是首次提出的。

選擇

　　這一系列有分量的表述打動了我。我發現，在我一直抱有極大希望有關進攻達達尼爾海峽這一策略上，大家的意見出現了顯著的傾向。支持這個策略的觀點已經占據了壓倒性的優勢。現在，政界、海軍和陸軍的最高權威人物顯然已經準備全力以赴。勞合·喬治先生的所有主張和影響似乎都集中在土耳其和巴爾幹國家領域。儘管他的方法不同，但他的最終目標——即聯合巴爾幹國家對抗奧地利與土耳其——是相同的；他的所有論點對這兩種方法都同樣適用。透過與貝爾福先生的談話，我了解到他也對在東南戰場上可能取得成功的軍事行動之有利因素有深刻印象。最後，外交部和愛德華·格雷爵士顯然對此頗感興趣。在這件事情上，意見取得了很大的統一。似乎終於獲得了行動所需的足夠動力與團結。但是，有切實可行的計畫嗎？我決定找出這樣的計畫。1915年1月3日，在費雪勳爵的積極支持下，我與專門研究這個戰場並為我們提供建議的亨利·傑克森爵士進行交談後，給正在達達尼爾海峽負責指揮的卡登中將發了一份電報，內容如下：

海軍部致卡登中將

1915年1月3日

　　海軍大臣提出以下諮詢：
　　你是否覺得僅憑軍艦進攻達達尼爾海峽是切實可行的？
　　有些人認為可以將裝備防水雷裝置的老式戰鬥艦，利用運煤船或其他商船作為防水雷和掃雷船在前方開路。
　　結果的重要性將證明，承受重大損失是合理的。
　　我希望了解你的見解。

　　這一切都是試探性的。在那個階段，我甚至沒有對進攻土耳其的總原則做出表態。我想權衡各種條件，以便確定制定這樣的計畫事實上需要怎樣的支持。當時，正如上一章中所說，我們的事務因正在討論的兩項計畫而複雜化，一項是陸軍沿著海岸挺進，另一項是封鎖澤布呂赫。

我仍在絞盡腦汁地思索北方戰場，揣摩博爾庫姆島及波羅的海的局勢。1915年1月4日，我給第一海務大臣寫了一張便條，表達了對次日戰時會議上討論的幾項議題的看法。「在做出決定前，我們最好聽聽其他人對土耳其方案的意見。我願意派遣10萬軍隊，以期在巴爾幹半島取得重大的政治成果。」

同日他回覆道：「控制君士坦丁堡所帶來的海軍優勢及獲取黑海小麥至關重要，因此我認為，漢基上校的土耳其行動計畫極為關鍵，迫在眉睫。」

倘若戰時會議決定以宏大的規模和必備的幹勁積極推進，我們無疑能夠齊心協力、滿懷熱情地執行南方的兩棲作戰計畫。

1915年1月5日，卡登中將的回覆送達。他的回覆頗具意義。

卡登中將致海軍大臣

1915年1月5日

關於你本月3日的電報，我認為達達尼爾海峽無法迅速攻克。調動大量軍艦並展開持久戰可攻占達達尼爾海峽。

那天下午，在戰時會議上，討論的主要議題之一是進攻土耳其和在近東進行佯攻。每個人似乎都對其有利因素表現出極大的熱情，大家饒有興趣地聽我讀完了卡登中將的電報。這份電報的意義在於它提供了一種前景，即在不承擔新的大規模軍事義務前提下，以決定性的方式影響東方局勢；不僅如此，它還提供了一種有效手段，使我們既可以幫助大公，又不必僅僅為了佯攻而浪費進攻達達尼爾海峽的機會。回到海軍部後，我發現參謀長奧利弗上將和亨利·傑克森爵士都贊同利用持久戰逐步占領達達尼爾海峽的想法。我與亨利·傑克森爵士進行了交談，那天，他為這個問題做了完整的備忘錄（幾天後我讀了他的備忘錄）。亨利·傑克森爵士反對任何急攻達達尼爾海峽的努力，但他提到1914年11月3日的短期炮轟確實發揮了一定作用，逐步削弱堡壘的想法引起了他的興趣，儘管需要陸軍的

選擇

密切配合並完成海軍的進攻，尤其是占領君士坦丁堡。於是參謀長、研究這個特殊戰場的將軍，以及負責指揮的將軍在原則上達成了明顯的一致。分散在不同環境中的軍官們表達了一致意見之後，我深受觸動，因此，1915 年 1 月 6 日我給卡登中將發了如下電報：

海軍大臣致卡登中將

1915 年 1 月 6 日

你的看法已得到此地高層權威人士的贊同。你認為能達成哪些成果，需要多少兵力，以及如何部署兵力？請來電詳述你的見解。

1915 年 1 月 8 日，戰時會議再次召開，長時間討論了東方戰場的局勢。在研究各種不同條件後，基奇納勳爵發表了意見，支持進攻達達尼爾海峽。他向戰時會議指出，達達尼爾海峽似乎是一個最合適的軍事目標，因為陸軍可以與艦隊協同作戰。他估算 15 萬人足以奪取達達尼爾海峽，但在進行具體研究之前，他保留最終意見。他沒有提供部隊，並明確表示沒有部隊可供使用。因此，他的貢獻是純粹理論上的，而且他有意如此。

1915 年 1 月 11 日，卡登的詳細計畫送達。這一計畫的具體內容主要由一名非常能幹的海軍陸戰隊軍官──哈羅德・洛海軍上校（Harold Lowe）（中將的參謀之一）──以及「不屈」號上的一名大炮專家共同制定。我在此將所有要點列舉出來。

軍事行動的預估成果：

（A）徹底清除海峽入口處的防禦設施。

（B）徹底摧毀海峽內的防禦設施，直至凱佩茨據點的 8 號炮臺。

（C）摧毀恰納克狹窄地段的防禦設施。

（D）清理布雷區的通道後，沿狹窄地帶推進，摧毀狹窄地段的碉堡，最終向馬爾馬拉海挺進。

……所需兵力包括：12 艘戰鬥艦，其中 4 艘配備防水雷器；3 艘戰鬥

巡洋艦，進入馬爾馬拉海時應有 2 艘可用；3 艘輕型巡洋艦、1 艘小艦隊領航艦、16 艘驅逐艦、1 艘補給維修船、6 艘潛艇、4 架水上飛機及其運載艦「福德」號、12 艘掃雷艦，其中 4 艘為快速掃雷艦、1 艘醫療救護船；在泰內德斯島需備有 6 艘運煤船、2 艘軍火供給船。以上兵力已將損失考慮在內。

行動細節：

水上飛機的頻繁偵察是不可或缺的。

（A）對堡壘進行間接炮擊，在有效射程內則實施直接炮擊以徹底摧毀目標；摧毀入口的魚雷發射管和控制布雷區的火炮；清除布雷區。

（B）戰鬥艦在掃雷艦的引導下駛入海峽，隨後沿河而上，直至抵達能夠摧毀 8 號炮臺的地點。

（C）以戰鬥艦為基準，戰鬥巡洋艦從加巴山向堡壘發起猛烈炮擊，在有效射程內直接轟擊，將堡壘完全摧毀。

（D）戰鬥艦以掃雷艦開道進入狹窄水域。首先從加巴山炮擊 22 號、23 號及 24 號堡壘，由水上飛機定位 22 號堡壘，然後進行直接火力攻擊。清理狹窄水域的布雷區，用直接火力摧毀納加拉堡壘，接著由掃雷艦繼續開道，進軍馬爾馬拉海。

在（C）階段，彈藥消耗量將非常巨大，但若補給充足，結果應能達成目標。若「格本」號從納加拉出擊支援，（B）階段的挑戰將顯著加劇。除非潛艇的攻擊取得成功，否則就必須從加巴山調遣或直接增派戰鬥巡洋艦。

軍事行動的所需時間主要取決於敵軍在炮轟後的士氣、受德軍訓練的守備部隊的堅韌程度，以及天氣狀況。目前大風頻繁。所有軍事行動大約需要一個月才能完成。

將消耗大量彈藥，必須準備所需的大致數量。

任務完成後的中隊部署如下：在馬爾馬拉海，部署 2 艘戰鬥巡洋艦、4 艘戰艦、3 艘輕型巡洋艦、1 艘小型艦隊旗艦、12 艘魚雷驅逐艦、3 艘潛艇、1 艘補給船和 1 艘彈藥船，以及 4 艘掃雷煤船。

選擇

其餘兵力用於確保海峽暢通並護衛掃雷艇完成掃雷工作。

這個方案給所有見過的人留下了深刻印象。其詳盡程度令我耳目一新。我的電報曾仔細考慮了關於有組織「速攻」性質的某些問題，這與費雪勛爵建議斯特迪上將率領「老人星」級戰鬥艦強攻達達尼爾海峽的提議相一致。我立即將電報的副本送交首相及其他幾位相關人士，以便知情者自由討論。第一海務大臣與參謀長似乎都支持這個方案。從未有人在任何時候對其技術上的完備性提出過質疑。例如，在 4、5 個各自擁有技術團隊的海軍權威人士中，沒有人私下表示「這個方案荒謬，軍艦不能與堡壘戰鬥」。或對方案的細節進行批評。相反，他們都認為這個方案極具吸引力，是一個頗有想法的建議；在海軍部的祕密圈子裡，已經形成了對這一軍事行動的明確支持意見。就在此時，戰時參謀部提出了一個建議，對這個問題產生了重大影響。

「伊莉莎白女王」號——在 5 艘快速戰鬥艦中名列首位——裝配了 15 英吋大炮，此刻已整裝待發。原計畫是讓她前往安全寧靜的地中海進行射擊演習和火炮校準，她實際上也已接到前往那裡的命令。然而，現在參謀部建議她應前往達達尼爾海峽，測試艦上的巨炮，指出她可以在遠離土耳其堡壘射程的地方開炮。這種情況我以前沒有碰到過，一經提出，其重要性便顯而易見。大家都覺得正面對一個新的事實。而且，「伊莉莎白女王」號加入爭論產生了累計效果。卡登中將從未夢想得到她。我們以前的討論和他的詳細方案都沒有想到她能提供的幫助。

基於我們討論的結果，我現在要求參謀部擬定具體方案和指示，同時，我還概述了此次軍事行動顯然可用的艦艇。

1915 年 1 月 12 日

戰時國務大臣，

第一海務大臣，

參謀長，

(1) 如果我們按照提議對達達尼爾海峽展開攻勢，我軍的強大火力足以擊潰土耳其艦隊的海軍中隊並抵達馬爾馬拉海，這將是極其重要的勝利，能夠使整個東方戰局向我們傾斜。

(2) 有可能在不削弱領海最低優勢的前提下，為卡登中將提供所需的兵力。當前領海內的軍艦如下：

「大洋」號、「速捷」號和「凱旋」號（已抵達或正在前往該水域）。

「復仇」號和「老人星」號（自大西洋調遣而來）。

「阿爾比恩」號（由好望角調遣而來）。

「凱薩」號與「喬治王子」號（由直布羅陀調遣而來）。

「勝利」號、「火星」號、「輝煌」號以及「漢尼拔」號（已接到指示在國內拆解）。

「伊莉莎白女王」號已被派遣至直布羅陀進行火炮安裝。

「不屈」號奉命前往地中海，接替「不倦」號的任務。

「不倦」號（目前駐紮於此）。

由此可知，除去已接到拆卸命令的 4 艘主力艦外，其餘所有主力艦均未離開領海。

(3) 上述兵力尚未包含在場的 4 艘法國戰鬥艦及據報告可用的 6 艘其他軍艦……

(4) 軍事行動可於 1915 年 2 月 1 日展開，由「伊莉莎白女王」號對入口堡壘進行遠端炮轟。在首階段效果明確前，無需進行全面進攻。為確保計畫順利實施，所有安排應祕密協調，水上飛機及輔助船隻需及時供應。卡登中將負責指揮……

制定具體計畫方案。

W. S. 邱吉爾

費雪勳爵核准了這份草案，之後（1915 年 2 月 9 日）他親自將 2 艘準無畏級戰鬥艦「納爾遜勳爵」號和「阿加曼農」號加入艦隊名單。這顯著增

選擇

強了行動的力量，但同時也等量削弱了大艦隊的最低優勢。

1915 年 1 月 13 日，我將計畫提交戰時會議。我在 24 小時前已將卡登中將的電報分送給該會議的主要成員傳閱，當然包括首相和基奇納勳爵。

基奇納勳爵認為這個計畫值得一試。他指出，如果炮擊無效，我們可以放棄。費雪勳爵和亞瑟‧威爾遜爵士皆在場。他們未作任何評論，我自然認為他們表示同意。會議一致通過了該決定，並以如下奇特方式記錄在案：

海軍部應立刻研究在亞得里亞海的卡塔羅或其他區域採取有效行動的可行性，目的是（尤其）對義大利施加壓力。

海軍部應於 2 月分籌備一支海軍遠征隊，以君士坦丁堡為目標，炮轟並占領加里波利半島。

會議暫時休會後，我獲得費雪勳爵的許可，向卡登中將發送了以下電報：

海軍大臣致卡登中將

1915 年 1 月 15 日

在昨日的內閣戰時會議上，我與第一海務大臣呈交了你的計畫，並在原則上獲得了批准。

我們認為，在 1915 年 2 月 15 日之前提供你所要求的兵力，包括「伊莉莎白女王」號，並無困難。

我們完全贊同你採用德國人在安特衛普所使用的策略，逐步清除每一個堡壘的計畫。

我們建議將這次軍事行動委託給你。

德‧羅貝克將軍或將成為你的副手。

越早開始行動對我們越有利。

你將在不久後收到部門的正式指令。

持續改進你的計畫。

我目前正與法國政府洽談此事，除討論其他問題外，還應重新調整地中海的指揮權。我已概述了我們進攻達達尼爾海峽的計畫，並進行如下補充：

鑑於這次作戰行動的重要性，海軍部不希望此時對地中海該區域的指揮權進行任何調整。然而，海軍部希望法國戰鬥艦中隊、法國潛艇、驅逐艦及「福德」號水上飛機運載艦能在一位法國海軍少將的指揮下與我們協同作戰。

在將這份照會遞交給法國海軍武官之前，我特別要求首相、基奇納勳爵、愛德華·格雷爵士以及第一海務大臣和參謀長正式簽署檔案。這種預防措施在處理極為重要的事務時是適當的，這樣做對於避免未來的誤解至關重要。

我亦將相同的通報轉達給尼古拉大公。

顯而易見，這一方案的設立及其詳盡周密的內容，從性質上看完全是海軍高度專業化的精心策劃。透過遠端炮擊逐一摧毀堡壘的策略是由卡登中將及其參謀部的炮兵軍官提出的。接受這一構想並研究和批准其細節的是亨利·傑克森爵士及海軍參謀部。不論對錯，這都是一個由海軍制定的方案。同樣，海軍部的執行細則完全由參謀長及其助手擬定。我概述了我們管轄的全部老式戰鬥艦資源。但參謀部提議增加「伊莉莎白女王」號及其所有附屬設施。正是由於第一海務大臣的建議，進攻達達尼爾海峽的艦隊中又增添了另外 2 艘最強大的軍艦「納爾遜勳爵」號和「阿加曼農」號，這一方案的專業概念完整性未受到任何外行或文官人員的干擾或破壞。

我撰寫這些內容，絕無意圖減輕或推卸任何責任。我的目的並非如此。我既未參與也無能力制定此方案。然而，當方案由海軍當局制定，經高級技術權威修改和認可，並由第一海務大臣批准後，我便堅定不移地推動其執行；其後，我全力支持這一方案。當他人無法提出新的理由卻試圖削弱或改變方案時，我堅決維護其原有決策；為了協約國的共同利益，我

踏實地確保方案得以切實實施。

關於倡議進攻達達尼爾海峽方案的第一階段敘述，到此為止。對於檔案本身幾乎沒有什麼爭議。這項計畫在當時主要的海軍權威人士與戰時會議成員中討論了 20 天。在海軍部，這是我們祕密圈子內爭論最為激烈的問題。直到此時，所有意見都是支持這個方案的，還未出現反對的聲音和論點。澳洲官方史的作者認為，用以下這段結論來概括這段歷史是正確的：

「因此，由於邱吉爾過於豐富的想像力、對火炮的外行無知，以及熱情的年輕人說服了頭腦遲鈍的老年人，加里波利的悲劇終於發生了。」

我始終對澳洲人民懷有一種莊重的責任感，因此我希望他們能夠自行負責地探究事實真相，而不是滿足於如此粗略、不精確、不完整且充滿偏見的判斷。

多格灘戰鬥

1915年1月中旬，政府高層的祕密圈子對海上局勢表現出不安。約翰・傑利科爵士在其著作中提到，在這一關鍵時刻，他認為大艦隊的狀態尤為脆弱。他在寫給第一海務大臣的信中列出了一系列令人擔憂的數字，這些數字顯示出在大戰爆發時英、德兩國海軍的相對實力。他指出，英國的幾艘無畏級戰艦正在進行常規維修；另外2艘，「君主」號和「征服者」號，由於碰撞而暫時癱瘓。他還援引了去年11月形成的理論：德國人祕密地為其最新戰鬥艦配備了火力極強的大炮。去年11月，他提到有4艘軍艦裝備了14英吋大炮，而此時增加到6艘軍艦裝備了15英吋大炮。說德國有這種變化當然是不可能的。我們的情報確保準確了解這些軍艦何時離開船塢，因此，敵人完成如此大規模的建設是不可信的。因此，我不得不反駁這些論點及其他同樣令人驚訝的言論，並特別成立了一個由第三海務大臣領導的委員會，目的在平息因相信德國進行大規模重新武裝而產生的憂慮。

總司令的另一要求也讓我頗感棘手。他對駐紮在福斯灣的戰鬥巡洋艦表示極度擔憂，希望能將他們撤往克羅默蒂，以便更靠近主力艦隊。若同意這一提議，我們將失去應付德國人沿海襲擊的有效手段。1914年12月16日，敵人曾襲擊哈特爾浦和斯卡伯勒，如果他們故伎重演，我們將束手無策。克羅默蒂與黑爾戈蘭灣的距離與斯卡帕灣相當，若貝蒂上將和戰鬥巡洋艦撤退至如此遙遠的泊地，我們將毫無疑問地陷入困境。坦白說，我寧願整個戰鬥艦隊全都南下進駐福斯灣。然而，即便做不到這一點，我也堅決反對將戰鬥巡洋艦撤離這個戰略要地。因此，1915年1月20日我向第一海務大臣遞交了一份備忘錄：

多格灘戰鬥

戰鬥巡洋艦應當集中在一起，這樣我們才可以始終保持一支足夠強大的力量，能夠擊敗德國的所有快速軍艦。如果將戰鬥巡洋艦調往克羅默蒂，他們將遠離戰場，無法保衛英國的海岸。克羅默蒂到黑爾戈蘭灣的距離與斯卡帕灣到黑爾戈蘭灣的距離相同。因此，我認為，不能分散他們或將他們調離福斯灣，除非貝蒂上將報告說他發現該處航行條件有危險。

次日清晨，圍繞此問題及其他若干涉及大艦隊實力的議題，我與費雪勳爵進行了詳盡的討論，他贊同我的看法。因此，我在1915年1月21日下午向參謀長遞交了一份備忘錄：

戰鬥巡洋艦應繼續在福斯灣集結，除非貝蒂上將通報該處航行條件存在風險……按此執行。

這種憂慮引發的反應在戰時會議上顯露無遺。1915年1月21日，首相致函通知我，他計劃在1915年1月28日召開戰時會議，並希望邀請約翰·傑利科爵士出席。我察覺到海軍部內部再度掀起了波瀾。我認為，在我們的力量正處於緊張狀態，各種跡象顯示敵人活動可能出現的情況下，讓約翰·傑利科爵士離開艦隊前往倫敦參加會議是不妥當的。因此，我拒絕了召喚約翰·傑利科爵士來倫敦的提議。

1915年年初，德國海軍參謀部與德皇進行了一次商討，結果是對德國艦隊實施了嚴格的限制。德皇這些決定的後果是，馮·因格諾爾上將將最強大的第3戰鬥艦中隊派往波羅的海進行訓練，這支艦隊由「凱薩斯」號和「柯尼希斯」號組成。然而，他計劃讓駐紮在北海的艦隊先進行一次有限的軍事行動。由於惡劣天氣，這項行動一再推遲。到1915年1月中旬，他和德國海軍參謀部得出結論，英國海軍即將展開一次大規模進攻。他們聽說在貝爾法斯特已經在建造假軍艦，於是將此事與另一個計畫連繫起來，即我們打算將阻塞船駛入黑爾戈蘭灣幾條河的河口。他們興奮地警戒了好幾天。1915年1月19日上午，一架德國水上飛機在黑爾戈蘭灣60英哩外發現了眾多向東行駛的英國軍艦，其中有數艘戰鬥巡洋艦，四周還

有近百艘小船。他們當時認為這是一次巨大的封鎖行動。實際上這只是一次由哈里奇港驅逐艦與潛艇小艦隊在戰鬥巡洋艦配合下進行的例行偵察。結果什麼也沒有發生。德國人得到的情報表明，英國艦隊的大批軍艦靠近了他們的海岸線，但隨後又撤退了；由此馮·因格諾爾得出結論，阻塞行動已被放棄或者無論如何被推延了。1915年1月20日他立即解除了特別警戒，並於隔日命第3中隊穿越基爾運河，駛往波羅的海演習。這些相互矛盾、互不連貫的決策被彆扭地寫入了德國的官方歷史。

戒備狀態普遍解除後，依據德軍總司令在報告和戰時日記中規定的指導方針，在北海進行攻擊行動變得更加消極是理所當然的。然而，此時天氣開始好轉，參謀長埃克曼中將希望利用這個機會彌補惡劣天氣期間的無所作為。因此，他在1915年1月22日向總司令以書面形式提出以下建議：

若明日的天候仍與今日下午和晚間相仿，派遣一艘巡洋艦與一艘驅逐艦前往多格灘將是明智之舉。無須特別準備，只需明晨向高級軍官及偵察艦艇發布一道命令即可。

夜間啟程，上午抵達，傍晚歸返。

一名德國歷史學家指出，馮·因格諾爾上將迅速察覺到這項建議與新頒布的指導方針相牴觸，他在報告的邊緣寫道：

唯有艦隊協同作戰時，我才支持軍艦出航。遺憾的是，當前無法實現。

然而他卻同意了……

翌日上午10時25分，馮·希珀少將接獲以下無線電報指令：

由高級軍官偵察隊選派的第1、第2偵察組，即驅逐艦和2支小艦隊的高級軍官將前往多格灘進行偵察。他們將在今晚天黑後離港，並於明晚天黑後返回。

1915年1月23日，費雪勛爵因感冒臥床休息，儘管存在各種觀點分歧，他在傑利科事件上始終堅定的支持我。於是我前往與海軍部大樓相連

的拱門樓探望他。我們愉快地討論了許多問題，時間過得飛快。當我返回海軍部的辦公室時，已近中午。我還未坐穩，房門突然被推開，亞瑟·威爾遜爵士未先通報便闖了進來。他目光炯炯地盯著我，眼神中閃爍著光芒。他身後跟著奧利弗，手中持著海圖和羅盤。

「海務大臣，那些傢伙又出現了。」

「何時？」

「今晚。我們讓貝蒂去那裡還來得及。」

我們逐一發出了以下電報：

海軍部致海軍艦隊 T 准將，哈里奇

撤銷 Z 方案。今晚所有驅逐艦和輕型巡洋艦需由你指揮。取消派遣驅逐艦前往希爾內斯護航的任務。

海軍部致「雄獅」號中將，羅賽斯

所有的戰鬥巡洋艦、輕型巡洋艦及遠洋驅逐艦立刻準備好出航。靜候進一步指示。

海軍部致大艦隊總司令

第 1、第 2 及第 4 戰鬥艦中隊、巡洋艦與輕型巡洋艦將於今晚黃昏後啟航。

亞瑟爵士在發完電報後，簡明扼要地解釋了他從截獲的德國電報（我們的密碼員已成功破譯）和其他情報（他在情報界經驗豐富）中得出的結論。所有德國快速軍艦將在天黑時出海，英國海岸顯然面臨襲擊。接下來，我的同事們開始為英國軍艦確定會合地。海圖和羅盤經緯圈立刻顯示，只有貝蒂從福斯灣出動、蒂里特從哈里奇出動才能在德艦襲擊和逃逸前截住他們。大艦隊在第二天下午之前無法到達現場，駐紮在克羅默蒂的任何艦隻也不可能及時到達。然而，對於貝蒂和蒂里特，他們的軍艦有時間，白天即可在多格灘附近會合。威爾遜和奧利弗在海圖上標出了敵人的

可能行動路線，事後證明他們標出的路線幾乎完全精確。他們根據德艦的猜測航速，用羅盤逐小時測定其航線，直到其抵達我們的海岸。然後，他們又畫出貝蒂和蒂里特從福斯灣和哈里奇出發攔截敵人的路線。

我們的計畫是，英國軍艦在拂曉時在敵人後方約 10 英哩處會合，或者在敵人向西行進半小時後在敵人和其老巢之間某處會合。我們還討論了是否應冒更大風險，即讓我們的軍艦在更靠東的會合點集結。這樣可以更加確保處在敵人與其老巢之間，但若天氣變得多霧則更可能找不到敵人；回想起 1914 年 12 月 16 日的情況，這種可能性很大。因此，集結時間與地點被確定為第二天，即 1915 年 1 月 24 日清晨 7 點，在北緯 55° 13、東經 3° 12，此處離黑爾戈蘭灣 180 英哩，幾乎在黑爾戈蘭灣和福斯灣形成的一條直線上。

以下電報分別發送至斯卡帕灣的大艦隊總司令、第 3 戰鬥艦中隊布雷德福上將、羅賽斯的戰鬥巡洋艦司令貝蒂上將，以及哈里奇的輕型巡洋艦和驅逐艦司令蒂里特准將：

4 艘德國戰鬥巡洋艦、6 艘輕型巡洋艦和 22 艘驅逐艦將於今晚出航，前往多格灘偵察，預計可能於明晚返航。羅賽斯的所有可用戰鬥巡洋艦、輕型巡洋艦與驅逐艦應航向北緯 55° 13、東經 3° 12 的集合點，於明晨 7 時抵達。T 准將率領哈里奇的所有驅逐艦和輕型巡洋艦，應在清晨 7 時在上述集合點與「雄獅」號上的中將會合。如果 T 准將在穿越敵人行進路線時發現敵人，應付其發起進攻。除非萬不得已，不得使用無線電電報。本電文發給國內艦隊總司令、「雄獅」中將、第 3 戰鬥艦中隊中將及 T 准將。

計算與討論花費了將近 1 小時，而第一海務大臣對所發生的一切仍一無所知。於是我讓亞瑟·威爾遜爵士和參謀長將海圖和電報稿送往拱門樓，如果沒有異議便立即發出電報。費雪勳爵對所提出的決策感到滿意，隨即採取了行動。

讀者可想而知，那漫長的下午和晚間充斥著何等緊張的情緒。我們無

法向任何人透露這個祕密。當晚我參加了法國大使為米勒蘭先生舉辦的宴會，他時任法國陸軍部長，因一項重要使命來到倫敦。我們感受到有一層內心的隔膜，將我們與在場的高貴客人隔離開來。12月分，我們幾乎沒有任何可靠的情報來源，一切都顯得撲朔迷離，彷彿什麼事情都不會發生。然而，現在心中壓著如此重大的事件，唯一的念頭支配著大腦——黎明時的戰鬥！這將是歷史上2艘強大的超級無畏級戰艦的首次交鋒。同時還有一種令人戰慄的感覺，就如同眼見獵物1小時1小時地悄然靠近陷阱。

翌日凌晨，天色尚未破曉，我們已早早起身，開始忙碌。待到門外初露曙光時，費雪、威爾遜、奧利弗和我已齊聚作戰室。各部門夜班的工作人員仍在職位上。突如其來，彷彿命中注定一般，一份從艦隊截獲的電報如閱兵般準時地送至我們眼前。這是第1輕型巡洋艦中隊發給「雄獅」號（貝蒂）和「鐵公爵」號（傑利科）的電報：

（上午7點30分發送，上午8點01分接收）

緊急電報。發現敵方艦隊，位置：北緯54° 54，東經3° 30。正向東行駛。包括戰鬥巡洋艦及巡洋艦，具體數量不明。

2分鐘過後：

緊急電報。北緯55度24分，東經4度15分。發現敵方艦隊，包括巡洋艦、驅逐艦、戰鬥巡洋艦及輕型巡洋艦，正向東南至正南之間行駛。

因此，敵軍情資再次獲得證實！

在海軍部寂靜的房間裡，我們分秒不差地追蹤著這場海戰的每個細節，這是精神上無法再現的冷酷刺激。在遙遠的碧海上，戰艦交鋒中，炮火的震耳爆炸聲中，歷史的片段一幕幕在眼前展開。那裡有最激烈的戰鬥感；那裡有戰鬥的怒火；那裡充滿了深沉的、默默承受的身心痛苦。然而在白廳，只有鐘聲滴答作響，一些沉默的人匆匆進來，將鉛筆寫的紙條放在其他同樣沉默的人面前，他們畫著線條或潦草地計算，不時用手指點一點，或者低聲簡短地評論幾句。電報一份接著一份，間隔僅幾分鐘，收到

並翻譯這些電文時順序常常混亂，意思也時常模糊不清；除此之外，腦海中始終有一個影像在不斷變化，圍繞這個影像，每個階段的想像都會帶來希望或恐懼的閃現。

第 1 輕型巡洋艦中隊致總司令

（上午 8 點寄出，上午 8 點 20 分接收）

敵艦轉向東北改變航行路線。

「雄獅」號致總司令

（上午 8 時 30 分發出，上午 8 時 37 分接收）

發現敵方戰鬥巡洋艦 4 艘，輕型巡洋艦 4 艘，驅逐艦數目不明，方位南 61 東 11 英哩。我方位置北緯 54° 50，東經 3° 37。航向南 40 東，速度 26 節。

總司令致第 3 戰鬥艦中隊

（上午 9 點發出，上午 9 點 18 分接收）

駛向黑爾戈蘭灣的方向。

蒂里特准將致總司令

（上午 9 點 05 分發出，上午 9 點 27 分收到）第 1 和第 3 小艦隊位於戰鬥巡洋艦之後，距離 2 英哩。

總司令致第 3 戰鬥艦中隊

（上午 9 點 20 分發出，上午 9 點 28 分收到）協助第 1 戰鬥巡洋艦中隊作戰。

「雄獅」號致總司令

（上午 9 點 30 分發出，上午 9 點 48 分收到）正與敵方戰鬥巡洋艦交火。距離 16,000 碼。

多格灘戰鬥

第 1 輕型巡洋艦中隊致「雄獅」號

（上午 10 時 08 分發送，上午 10 時 18 分接收）
敵軍將最後一艘戰鬥巡洋艦撤離了艦隊。我被追逐。

第 1 輕型巡洋艦中隊致「雄獅」號

（上午 10 點 21 分發出，上午 10 點 27 分收到）
我正與敵人交戰中。

第 1 輕型巡洋艦中隊致總司令及「雄獅」號

（上午 10 點 15 分發出，上午 10 點 59 分收到）
敵方飛艇，方位東南偏東。

將近 1 個半小時，我們未曾接收到「雄獅」號的任何電報。在這段時間裡，她可能正與第 1 戰鬥巡洋艦中隊激烈交戰。約翰·傑利科爵士顯然也感受到了這種沉寂帶來的壓迫感。

總司令致「雄獅」號

（上午 11 點發出，上午 11 點 09 分海軍部收到）
你是否正在戰鬥？

接下來又是 20 分鐘的沉默，但感覺上似乎更為漫長。然後，到了 11 點 37 分，終於收到了電報，這電報並非來自「雄獅」號或第 1 戰鬥巡洋艦中隊，而是由指揮第 2 戰鬥巡洋艦中隊的高級軍官發給總司令的：

與敵方戰鬥巡洋艦激烈交火，北緯 54 度 19 分，東經 5 度 05 分。

有人表示，穆爾正在報告：「雄獅」號顯然受到了嚴重損害。

此刻，我腦海中突然閃現出一幅完全無關的圖景。我憶起多次前往威斯敏斯特教堂參加的追悼會：人群、軍裝、覆著英國國旗的靈柩，以及哀樂。貝蒂！儘管這個場景並非現實；但，天哪，實在過於真實了！雄獅號遭重創。

此刻應該暫時避開作戰室內的緊張氛圍，前往觀察海上的軍艦。

當清晨的第一縷陽光灑在寧靜的海面上時，貝蒂將軍率領著 5 艘戰鬥巡洋艦——「雄獅」號、「猛虎」號、「皇家公主」號、「紐西蘭」號和「大無畏」號——以及 4 艘輕型巡洋艦抵達了會合點。10 分鐘後，他看見蒂里特准將乘坐「曙光女神」號，帶領 7 艘速度最快的「M」級驅逐艦組成的哈里奇艦隊先鋒。幾乎在同一時刻，第 1 門大炮的火光閃現。幾英哩外，緊隨准將的「奧羅拉」號和第 1 與第 3 小艦隊的「大膽」號及其他 28 艘驅逐艦立刻與馮·希珀上將交火，後者指揮著「賽德利茨」號、「莫爾特克」號、「德爾夫林格」號和「布呂歇爾」號，在 4 艘輕型巡洋艦和 22 艘驅逐艦的護衛下，按照威爾遜和奧利弗事先預料的時間和路線航行。「曙光女神」號向 1 艘德國輕型巡洋艦開火，並立即發出她已與「公海艦隊」交戰的訊號。於是，3 條進軍路線幾乎在一個點上彙集。

我們已經了解是什麼原因促使馮·希珀上將決定發起這次遠征。天亮時，他將艦隊排列成橫列，以相當寬闊的間距並肩前進，顯然是為了搜尋英國的漁船和輕型巡邏艦艇。接下來發生的事情非常簡單。當德國指揮官發現自己面對的是包括戰鬥巡洋艦在內的大量英國戰艦時，他立刻做出了決定，將艦船集中起來，全速掉頭駛向祖國。與此同時，貝蒂上將也以同樣的決心加速，已經駛到德國艦隊的南面，8 點鐘時，他在距德艦 14 英哩的下方位線上與其平行前進。一場規模宏大的競速比賽現在開始了，參與者是 2 支海軍中速度最快的艦船。由於撤退中的敵艦會在後方布設水雷，所有英國艦船都沒有緊隨其後。古迪納夫准將指揮的 4 艘輕型巡洋艦稍稍靠北，蒂里特指揮的所有驅逐艦和巡洋艦稍稍靠南，而英國的戰鬥巡洋艦位置更為靠南。

陸地上的追逐，戰場是靜止的，軍隊則在移動；而在海上，軍艦則是在緩慢且逐步地改變其相對位置，戰場如同戰馬奔騰般迅速掠過。雙方在這種態勢下持續交戰了一段時間。與此同時，英國的戰鬥巡洋艦不斷提

速，不久之後，他們顯然要趕上德艦。到了8點30分，「大無畏」號和「紐西蘭」號的速度已達到26節，超過了設計速度一節。貝蒂上將發出訊號，稱讚道：「做得好，大無畏號！」並且要求在短時間內繼續加速至27節、28節甚至29節。這麼高的速度只有他的3艘主力軍艦能夠達到：「雄獅」號在前，緊隨其後的是「猛虎」號和「皇家公主」號。他計劃趕上敵人，立即以他的3艘軍艦與4艘敵艦交戰。

落在最後的德艦與領先的英艦之間的距離逐漸縮小。這些超級無畏艦的速度極快，以至於驅逐艦幾乎無法跟上。戰鬥開始時，蒂里特指揮著40艘戰艦，行駛在2支敵對的戰鬥巡洋艦中隊之間的航線上。這個位置極不理想，因為如果前進到與戰鬥巡洋艦並行的位置，如同快速的「M」艇那樣，它們產生的巨大煙霧將遮擋戰鬥巡洋艦的視野。另一方面，以當時軍艦的速度，它們無法向南側移動，試圖以最低27節的速度趕上。如果落在英國戰鬥巡洋艦的後方，然後傾斜轉向，它們將被甩出，永遠無法加入這場圍獵行動，無法趕上並攔截敵人，只能被困在英國戰鬥巡洋艦的內側稍後的位置上。

大約9點，「雄獅」號開始射擊。直至1914年，軍事演習的最大射程為10,000碼。那年春天，我下令試射14,000碼，試驗結果令人震驚地達到了相當精確的程度。然而，這門課程尚未熟練掌握，戰爭便爆發了。如今，在這場超級無畏級戰艦之間的初次較量中，追逐的一方在前所未有的20,000碼距離開火。第2發炮彈飛越「布呂歇爾」號，此時「雄獅」號特意選中這艘軍艦開炮。隨著射程逐漸縮短，「猛虎」號和「皇家公主」號也加入了戰鬥，擊中的炮彈幾乎立刻可以觀察到。9點15分，德國人開始還擊。此時「雄獅」號向「德爾夫林格」號開火，「猛虎」號和「皇家公主」號繼續炮擊「布呂歇爾」號。這2艘德艦受到了明顯的打擊。第3次齊射擊中了「布呂歇爾」號的吃水線，減緩了她的速度；第4次齊射則對她造成了巨大破壞，使她的2座後炮塔和200至300名水手喪失戰鬥能力。到

了 9 點 35 分，「紐西蘭」號的射程達到了「布呂歇爾」號，貝蒂上將向他率領的軍艦發出訊號，命令他們與各自對手交火，1 艦對 1 艦，而他自己則朝引導撤退德艦的旗艦「賽德利茨」號開火。「雄獅」號的第一發炮彈從 17,000 碼外擊中「賽德利茨」號，造成嚴重破壞，擊碎她的船尾，損壞她的 2 個後炮塔。舍爾上將描述道：「2 個炮塔上的全部炮兵瞬間全都喪命；炮塔上升起的火焰有房子那麼高。」

與此同時，敵人也開始了炮擊。由於誤解命令，「猛虎」號與「雄獅」號共同攻擊「賽德利茨」號，但命中率低下。「皇家公主」號則準確地瞄準「德爾夫林格」號開火；「紐西蘭號」則向「布呂歇爾」號射擊；而「大無畏」號尚未進入射程範圍。因此，「莫爾特克」號得以擺脫任何攻擊，能夠毫無干擾地向「雄獅」號開火。所有德國的 3 艘主力艦將炮火集中在「雄獅」號上；在接下來的 1 個半小時裡，這艘尊貴的軍艦，懸掛著上將那面堅定不屈的旗幟，以最高的速度衝向風暴的中心。海浪在她的四周洶湧翻騰，幾百噸的海水灑落在她的甲板上。一時間爆炸四起，彈片橫飛。自 9 點半起，她就接連不斷地被擊中。將近 10 點鐘後，在她最前面的炮塔被轟倒，其中 1 門大炮失去了作用。幾分鐘之後她的鐵甲被一枚 11 英吋炮彈打穿。10 點 18 分「德爾夫林格」號射出的 2 枚 12 英吋炮彈擊中了她——其中一枚穿透甲板在甲板後面爆炸，導致幾個防水隔艙進水；另一枚射穿吃水線下的鐵甲板。上將不屑於呆在指揮塔裡，索性與他的參謀人員一起站在露天艦橋上，繼續指揮他的旗艦以最高速度向前猛衝，當時她還沒有受大損傷，時時曲折行駛以便躲閃敵人的炮火。形勢是有利的。我方的戰鬥巡洋艦還沒有一艘遭到重創，「無畏」號有能力對付任何受傷的敵艦。戰鬥的關鍵時刻現在來到。

10 點 22 分，貝蒂上將注意到濃煙對軍艦造成了重大干擾，便下令戰鬥巡洋艦「列成西北偏北方向線」繼續以全速前進。他的目標是避開煙霧和水花，同時讓中隊後部靠近敵人進行作戰，此時敵人已經形成了以「賽

德利茨」號左舷為基準的方位線。德軍小艦隊透過右轉舵改變航線，威脅性地讓貝蒂穿過它們的尾跡，也就是說，進入可能會撞上它們布下的水雷和魚雷的水域。這種「回馬槍」式的威脅迫使貝蒂上將放棄了包抄戰術，在猛烈的炮火下恢復了平行航線。「布呂歇爾」號此時起火，落在了德國艦隊外面；到了10點45分，貝蒂上將命令落在後面但很快會趕上的「無畏」號軍艦，「攻擊向北突圍的敵人。」貝蒂上將做了進一步努力以靠近敵人，但到了10點52分，正當與「賽德利茨」號、「莫爾特克」號和「德爾夫林格」號激戰正酣之際，已經中了14彈的「雄獅」號又中了一彈，這一彈不僅嚴重影響了她的速度，而且如事實所證明的那樣，對我們的全面勝利也產生了最大的影響。她的左舷機器失靈，艦體傾斜10度，幾分鐘內速度降至15節。

「雄獅」號逐漸落後於陣位，「猛虎」號、「皇家公主」號和「紐西蘭」號迅速超過了她。此時（10點54分），貝蒂上將在「雄獅」號前桅平臺上接到報告，艦首右舷發現潛望鏡的波紋，上將和指揮人員都看到了。我們現在知道，當時德國的潛艇確實在那個區域。為了迅速避開危險，貝蒂上將果斷採取行動，命令全中隊左舷轉向8點鐘方向，成直角穿過敵人的後部，恢復先前航向。這個動作計劃在最短時間內完成，4分鐘後上將改變航向，發出「航向東北」的訊號。然而，局勢已完全失控。「雄獅」號大幅落後於她的夥伴們。她的無線電設備被摧毀，探照燈也被擊碎，只剩下2條訊號旗繩。在這個危急時刻，當巨大戰艦（無論是我們的還是敵人的）以近30英哩的時速劈波斬浪時，一旦出現偏斜，他們之間的空間關係每秒鐘都會改變。此時，載有貝蒂上將的「雄獅」號卻幾乎癱瘓，幾乎無法通訊。她發出的最後2個訊號，第一個是「攻擊敵人的尾部」，第二個作為臨別囑咐是「更緊地咬住敵人，重複上將此刻發出的訊號」。但是，沒有一艘戰鬥巡洋艦接到最後的命令，因為末端的訊號旗被風吹得難以辨認。

在這關鍵時刻，面對這種境況，海軍少將穆爾接管了指揮權，他的旗

幟在佇列中排第 3 的「紐西蘭」號上飄揚。我在海軍部任職的大部分時間裡，他擔任第三海務大臣，他出色的才能發揮了無法估量的作用。他一直渴望獲得與他的軍階和職位相符的海軍指揮權。他的願望得到了滿足，但命運女神卻以戲謔和不可預測的姿態立刻現身。起初，他無法確定是否應由他接管指揮權。權力從未正式移交給他。他不明白貝蒂上將為何突然急轉向北。發現敵方潛水艇的消息並未向他報告。「攻擊敵人尾部」的訊號在「雄獅」號上懸掛時，「航向東北」的訊號尚未收到。因此，所有戰鬥巡洋艦將這兩個訊號視為一個，穆爾少將將訊號解釋為向被遺棄的、孤立的「布呂歇爾」號發起進攻，當時這艘軍艦正處於他的東北方向。無論是穆爾少將還是其他戰鬥巡洋艦都沒有看到「更緊地咬住敵人」這個訊號。於是，他也容忍了他的導航艦「猛虎」號按照對貝蒂上將命令的相同誤解繼續沿她的航線行駛。「雄獅」號脫離佇列後將近 1 小時，直到 11 點 52 分之前，他沒有發布任何命令。

整個戰鬥因此變得支離破碎。英國的 4 艘戰鬥巡洋艦全部停止了對撤退中的德艦的炮擊，轉而包圍已經遍體鱗傷的「布呂歇爾」號。此艘戰艦早已千瘡百孔，並且被輕型巡洋艦和「M」級驅逐艦糾纏不休。至 12 點 10 分，頑強戰鬥到最後一刻的「布呂歇爾」號終於傾覆，沉沒於波濤之中。艦上約 1,200 名官兵中，有 250 名被英國的驅逐艦和輕型巡洋艦救起；若非德國水上飛機干擾，無差別地向即將溺亡的德國人和英國救援人員投擲炸彈，更多人本可獲救。與此同時，馮・希珀上將被命運之神從幾乎注定的毀滅中解救出來，繼續以最大速度逃向 80 英哩外的黑爾戈蘭灣。他留下的 3 艘軍艦中有 2 艘在熊熊烈火中燃燒，船上到處是被毀壞的設備和傷亡的人員。已經瀕臨毀滅的德國戰鬥巡洋艦分隊就這樣再次逃脫。

根據海軍部穆爾少將上司們的觀點，他當時採取或未採取的行動均已獲得批准。他並未違背其軍艦所接到命令的嚴格含義。先前的指令並未被貝蒂最後發出的「更緊地咬住敵人」訊號所修正，這似乎表明存在某種

穆爾少將未知的原因，導致這位最勇敢的海軍將領突然中止戰鬥。當「雄獅」號失速時，指揮權究竟何時真正移交給他，這一點難以確定。他對貝蒂上將的信任越深，他接受指揮權的過程就越緩慢，對改變航向穿越敵艦隊後部的訊號的印象就越深刻。這種思考可能只需一刻鐘，但一刻鐘已是相當長的時間。軍艦在追逐過程中，或保持各自位置，或與其他軍艦保持一定距離，此時只能容許極小的速度差異，一旦稍微偏離平行航線，距離很快就會拉大。一旦他確信自己已掌握指揮權，確信貝蒂上將不再指揮，他肯定明白應恢復平行航線，重新追擊失蹤的馮．希珀軍艦。然而，他在進入有效射擊距離前無疑有長時間的延誤；他的中隊本來始終可以更靠近黑爾戈蘭灣和德國的公海艦隊。

高級指揮權在海戰中的海軍將領們所面臨的考驗，比起陸軍將領在陸上戰鬥中所需經歷的更加嚴峻。海軍將領必須親自帶領艦隊，與其他艦隊成員一樣，面對猛烈的炮火，冒著極大的風險；而陸軍將領則無法選擇，即便他不願意，他也必須待在相對寧靜的指揮部，這個指揮部可能距離戰場有 10 英哩、15 英哩，甚至 20 英哩之遠。陸軍將領依賴於來自旅部、師部和軍部的報告，這些報告經過與參謀人員的協商後，他的命令再透過相同的管道傳達下去；然而，海軍將領則需親自觀察，用自己的口頭發布會改變重大事件的命令。海軍行動的各個階段緊密相連，間隔時間僅有 2、3 分鐘；而在現代戰爭中，陸軍司令可以有 2、3 個小時，有時甚至幾天才需要做出新的決策。一旦海軍參與海戰，整個戰局掌握在海軍將領或其繼任者手中，只要他能夠發出訊號；然而，在陸地戰鬥中，一旦進攻開始，戰局幾乎脫離了將領的控制。

陸戰失利有上百種解釋原因和掩飾錯誤後果的方法。關於失敗，最簡單的處理方式就是次日改變方向或在不同條件下繼續進攻。然而，海戰中絕無第二次機會。敵人一旦消失在眼前，戰鬥即告結束。海軍將領每分鐘發布的口頭命令都會永久記錄在參戰軍艦的航海日誌中。海軍艦艇，除非

機械故障停運，否則必須精確而僵硬地執行人類意志的指令。每艘軍艦在每一時刻的航線和航速都須記錄下來。每艘沉沒軍艦的價值都是眾所周知的。沉艦名單會被公布。人們繪製了海圖和羅盤，每艘軍艦的位置和行動幾乎可以精確無誤地標示在其他軍艦的位置相對圖上。戰場平坦，幾乎沒有變化。在每一個點上都可以要求做出正確解釋，在歷史的強光下可以再現和分析當時的緊張場面。我們在做出判斷時必須牢記這一點。

儘管這些嚴酷的事實已經塵埃落定，但遠遠落在後方並確信追擊仍在進行的貝蒂上將，決定離開受創的「雄獅」號，將他的旗幟轉移到「進攻」號驅逐艦上，繼續追趕仍在交戰中的我方艦隊。然而，中午過後不久，他看到他的艦船迎面而來。得知剩餘的敵人已經逃脫後，他感到非常懊惱，儘管他命令恢復追擊，但此時已無成功的機會。寶貴的 20 或 30 分鐘已經被耽擱，這意味著與敵人的距離被拉開了 2、3 萬碼。這是無法彌補的。意識到繼續追擊已無意義，他只得返航，駛向「雄獅」號，為其提供安全保障，確保她能夠順利返回福斯灣。

「雄獅」號一度狀況危急；她的速度降至 8 節，側傾程度加劇，令眾人憂心忡忡。最終，她的蒸汽機完全失效，只能依靠「無畏」號拖行，進而開始了緩慢、漫長且危險的返航福斯灣的旅程。1915 年 1 月 24 日整晚和 25 日整日整夜，蒂里特准將率領的 60 艘驅逐艦緊緊圍繞著她，保護她免受魚雷或潛艇的襲擊。准將下令：「一旦發現潛艇，立即猛烈攻擊，不顧其他軍艦。」1915 年 1 月 26 日白天，「雄獅」號在眾人的歡呼中安全抵達羅賽斯並拋錨。

多格灘的勝利暫時中止了反對我掌管海軍部的不友好活動，這些活動已開始聚合。賀詞從四面八方湧來，我們再次享受到我們應得的威望。「布呂歇爾」號被擊沉，其他德國軍艦遭到重創後逃跑，這些已被視為實實在在、無可爭議的戰果，確保了德國皇帝再次陷入 1914 年 8 月 28 日戰爭開始後的陰鬱情緒中。德國海軍部的一切宏大計畫再次完全被壓制，除

多格灘戰鬥

了潛艇戰之外,將近 15 個月來北海及所有領海都一直太平無事。中立國家將此次戰役視作英國在海上至高無上地位的鐵證;即便在國內,海軍部也感到,人們的信心與善意明顯增加。這帶來了好處。

再次思考和最後決定

在 1915 年 1 月 20 日前後,各方似乎一致贊同海軍對達達尼爾海峽採取軍事行動。陸軍部、外交部和海軍部的代表們似乎都抱有相同的決心。戰時會議已經做出決定。這個決定實際上並非最終或不可更改的決定。它只是授權海軍部評估自身資源並制定計畫。如果這些計畫在準備過程中出現問題,我們可以很容易地向戰時會議報告並停止行動。然而,籌劃工作仍在順利進行,所有相關海軍將領的意見顯然完全一致。然而到了 1915 年 1 月底,與法國和俄國政府的談判已大大提前,許多工作在費雪勳爵全權授予之下已經準備就緒,許多命令已經發出,許多軍艦已經在行動,但此時費雪勳爵卻開始對這項計畫表現出越來越多的厭惡與反對。

此時,英國海軍在北方海域採取攻勢或兩棲行動的可能性愈發渺茫。總司令與約翰・傑利科爵士的通訊顯示,他反對如進攻博爾庫姆或進入波羅的海等行動。該部門倡導的海軍政策核心在於盡一切努力增強我們的海軍力量,為大艦隊增添新艦艇,但保持一種消極的期待態度。同時,由於霞飛將軍反對約翰・弗倫奇爵士提前在比利時海岸發動武力進攻的計畫,這一方案也宣告終止。顯然,在北方戰場上進行實質性的海軍進攻將遙遙無期,任何可能逐步完善這種進攻的計畫都無法得到大艦隊總司令的支持。

基於上述原因,我更加急切地希望在地中海採取行動。這似乎是——由於其他選擇已經失敗或被推遲——為我們剩餘的軍艦和軍火保留的唯一途徑。這是唯一的選擇,因為我們有一個切實可行的方案,該方案由參謀人員精心設計,並得到了海軍和政界輿論的一致強力支持。

然而,當總司令得知戰鬥巡洋艦「伊莉莎白女王」號及其他大型戰艦

再次思考和最後決定

將被調往地中海戰場時,他再次強調其艦隊力量薄弱,調動餘地有限。如今,他首次找到了知音,那便是第一海務大臣。費雪勳爵突然對達達尼爾方案產生厭惡,主要的原因是他不願採取炮轟和封鎖澤布呂赫的策略。鑑於陸軍已經放棄沿比利時海岸進軍的計畫,這一行動顯得尤為必要。戰時會議、海軍參謀部,尤其是亞瑟·威爾遜爵士都強烈主張採取這一行動。1915年1月4日,亞瑟爵士寫道:「如果我們不封鎖澤布呂赫運河,我認為我們必將不可避免地失去更多的軍艦和運輸船隻。如果上次炮轟時就封鎖運河,我們就不會失去『敬畏』號。我們不可能把軍艦全部關在港口內而讓它們逐漸鏽爛。迄今為止我們的軍艦由於積極參戰而蒙受的損失微乎其微。」我由衷同意這種看法。眾所周知,最終我們不得不在遭受慘重損失後在極其困難的條件下封鎖澤布呂赫。第一海務大臣發現自己在這個問題上完全孤立,因此變得非常焦躁不安。他對澤布呂赫行動的厭惡不僅發展成反對達達尼爾計畫,而且進一步反對任何沒有大規模陸軍配合的海軍進攻敵人海岸的計畫。他最終亮出了自己的觀點,似乎反對在任何地區進行任何形式的海軍干預。這可是一個巨大的轉變,與他早先的態度迥然不同,這種轉變引起了我的關注。

費雪勳爵的論點並未以批評這兩個軍事行動的細節為形式。例如,他並未對達達尼爾計畫中的火炮配置或其他技術問題發表意見,而任何有效的論據都不能迴避這些問題,否則計畫就必須放棄。他坦言,他當前擔心的是大艦隊的安全以及與敵人優勢的差距。我對這種說法再熟悉不過了。難道2個月前在1914年11月的討論中,我們沒有與總司令一起審視所有理由和依據嗎?當時並沒有出現我現在面臨的憂慮,也沒有任何實質性的變化。然而,在這種情況下隱藏著一個重要的事實。費雪勳爵在再次思考後,出於某種激勵因素或其他原因,才轉而反對這個他此前樂意支持的軍事行動。然而,事態已經發展到這個地步,僅僅因為一些模糊的憂慮而取消這個行動是不被允許的。取消行動需要有充分的理由和新的事實。

1915 年 1 月 20 日，我向第一海務大臣遞交了一份備忘錄，回應了他那種無論是真心的還是佯裝的憂慮。信中提到：

第一海務大臣：

自任職以來，您對英國大艦隊和德國公海艦隊實力對比的看法似乎發生了變化。1914 年 11 月時，您建議從大艦隊中抽調「皇家公主」號、「不屈」號和「無敵」號，再加上 8 艘「愛德華國王」級戰鬥艦和 5 艘「鄧肯」級戰鬥艦，總計 16 艘一流軍艦。其中一部分用於執行臨時重要任務，而戰鬥艦則全部派往南方長期服役。這個部署得到了完全貫徹。從那時起，總司令已經收回了 8 艘「愛德華國王」級戰鬥艦和「皇家公主」號；此外，他還得到了「大無畏」號、「勇士」號、「愛丁堡公爵」號、「黑王子」號、「格洛斯特」號、「雅茅斯」號、「卡羅琳」號、「加勒蒂亞」號、「多尼高爾」號、「海怪」號，以及 16 艘驅逐艦和——據我估計——大約 50 艘拖船和快艇。他的力量已經大大增強。約翰·傑利科的部隊沒有得到大力加強之前，我們尚且不擔心，現在並沒有出現新的情況，敵人的實力也沒有增強，我看不出有什麼值得擔心的。

費雪勳爵沒有反駁這一基本論點，但他再度指責驅逐艦的問題，這確實是我們的薄弱環節。他要求將整支小艦隊從達達尼爾海峽撤回。我無法同意這樣做，因為這會使達達尼爾艦隊癱瘓，從而破壞參謀部慎重制定的計畫。與此同時，亞瑟·威爾遜爵士仍然急切地要求對澤布呂赫採取行動。

這種雙重壓力使局勢進入關鍵時刻。

1915 年 1 月 25 日

海軍部長：

我無意在戰時會議上繼續徒勞地反對那些我無法認同的計畫，但我要求在下次會議之前，將隨信附上的文件印發給會議成員。

費雪

再次思考和最後決定

他的備忘錄中提到的觀點是；始終堅持艦隊的「穩定施壓政策」並維持消極態勢，除非需要迫使敵人決戰。段落摘錄如下：

在所有的策略形勢中，德國的海軍防禦策略最為棘手。此策略通常被視為怯於交戰，這非常危險，正如在陸地上我們表現出的軟弱，而對方如德國般強大。然而，在我們的歷史中，我們曾多次面臨類似的情形。法國人在與我們進行的，幾乎所有海戰中的策略，正是如今德國人所採用的策略。我們今日的應付之策，必須與當時相同，即滿足於掌握海上控制權，儲存實力，逐步施加海上壓力，直至迫使敵人在不利的條件下進攻我方艦隊。

在 7 年戰爭期間，法國人 5 年內未進行決定性海戰。納爾遜在土倫海域駐守了 2 年。相比之下，約翰·傑利科等待 6 個月顯得短暫，況且這 6 個月中已有幾次交鋒，削弱了敵人的力量。

與過去相比，如今海上力量施加的壓力或許並未減輕，反而可能更加顯著，能夠更迅速地將對手拖入戰鬥；然而，這依然是一個緩慢且需要極大耐心的過程。最終，它幾乎必然會迫使敵人尋求海上決戰，尤其是在敵人意識到其陸地攻勢已被擊潰之後。這是我們節省資源的一個理由。另一個理由是，與陸上戰爭相比，海上戰爭的延續會使占據優勢的海軍強國因激怒中立國而更容易招致新的敵人。要遏制這種趨勢，唯一的辦法是使其他國家確信，行使海上權力的國家背後有著無可匹敵的海軍力量。

如果我們貿然將戰艦用於小規模行動，例如炮擊敵人海岸，或在沒有陸軍配合的情況下進攻防禦區域，那麼我們就會落入德國人的圈套。因為這樣一來，我們將增加德國人以接近平等的力量與我們艦隊作戰的可能性。炮擊海岸和讓艦隊去進攻防禦區域（例如刻意讓我們艦隊長期炮轟達達尼爾海峽），只有一個正當理由，那就是迫使敵人在海上決戰。迄今沒有其他理由是正當的。

只要德國的公海艦隊維持現有的強大實力與精湛的炮擊效率，英國艦

隊除非在極重要且迫不得已的情況下，不應採取破壞我們目前優勢的任何軍事行動……即便是舊式戰艦也不應冒險，因為其損失意味著人員損失，而人員是大艦隊唯一的後備力量。

我們面臨的最大需求和挑戰在於維持消極狀態，除非我們能夠迫使敵人放棄防守，並派遣艦隊進行決戰。

……有人表示，英國陸軍的首要職責便是協助海軍掌握制海權。在像澤布呂赫突襲或達達尼爾海峽強攻這樣的戰鬥中，陸軍與海軍的合作可能會迫使德國和土耳其艦隊現身。這樣的目標或許能夠實現，但目前顯然無法做到。英國陸軍顯然仍需在法國的協約國前線承擔一部分戰區的責任，它在那裡對海軍的幫助不會比在廷巴克圖更多。

既然我們已擁有一支強大的艦隊，可以為國家提供一切所需，我們應繼續靜靜地享受這個有利條件，不需在無法提升我們地位的軍事行動中消耗力量。

費雪

依我之見，除去結尾幾句頗具特色的文字，這份文件顯然並非出自費雪勳爵之手，而是根據他的意識撰寫的。毫無疑問，這與我的信念完全背道而馳。沒有人會希望「在無法改善我們處境的軍事行動中耗費我們的力量」。這樣的表述只是為了規避問題。然而，從最後一句話中體現出來的海軍策略，注定讓我們無所作為。無所作為的策略無疑是在我離職後，總司令與海軍部所奉行的，直接導致了1917年嚴重的潛艇災難。

1915年1月26日，俄國人回覆了我向大公報告達達尼爾計畫的電報。他們的答覆自然是支持，但沒有實際幫助。愛德華·格雷爵士交給我電報時附帶了一些話：

這是俄國人對達達尼爾計畫的回覆，表達了儘管無法提供協助，但他們對此行動的美好祝願。大公認為其成功至關重要。

可以讓奧加尼厄意識到這一事實，彰顯了我們在此問題上必須向前推

再次思考和最後決定

進，否則將令俄國感到失望，並且對陸軍局勢產生極為不利的影響，這正是法國人和我們此刻特別憂慮的……

目前，我將重點放在第一海務大臣的文件上。我已將此文件連同以下答覆一併轉交給首相，並將答覆的副本交予費雪勳爵。答覆如下：

海軍大臣備忘錄

1915 年 1 月 27 日

第一海務大臣文件的核心原則毫無爭議。英國海軍政策的根本在於確保戰鬥艦隊及其附屬艦艇始終處於安全狀態，以便隨時能在海戰中擊敗德國公海艦隊，並優先保證這一目標。這一原則已被全面且嚴格地執行，並將繼續如此。

英、德雙方參加星期天多格灘戰鬥的軍艦，按照各艘軍艦的品質來看，基本上代表了在未來艦隊大戰中對峙的兩國軍艦的水準。此次戰鬥表明，我方在船艦上有 5 比 4 的數量優勢。在這種情況下，德國軍艦只能選擇撤退，而英國軍艦則會全力進攻。德艦遭受了嚴重損失：4 艘軍艦中有 1 艘被擊沉，另外 2 艘受到了重創。如果戰鬥繼續下去，其餘軍艦將難逃覆滅的命運。

我們現在不再停留在單純推測的階段。雙方的航海技能和炮術水準已經得到驗證，結果顯示我方毫不遜色。同時，13.5 英吋大炮的優越性和較厚裝甲的效果現已基本明瞭。因此，我們有充分理由相信，英國 21 艘最優秀的戰鬥艦與戰鬥巡洋艦可以徹底擊敗同等數量的德國無畏級戰艦。增加戰艦數量應被視為預防水雷與魚雷造成意外損失的保險措施。

戰爭初期，雙方在各自領海內可部署的軍艦數量如下：英國擁有 24 艘主力艦，外加 2 艘「納爾遜勳爵」級戰艦；德國則有 21 艘戰艦。英國隨後有以下一流戰艦陸續加入艦隊：「伊莉莎白女王」號、「愛爾蘭」號、「阿金庫爾」號、「本鮑」號、「印度皇帝」號、「猛虎」號、「無畏」號；第 2 階

段又有以下戰艦加入：「不屈」號、「無敵」號，或許還有「澳洲」號；與此相比，我們僅損失了「大無畏」號。此外，大艦隊和哈里奇打擊力量還增添了 18 艘巡洋艦和 36 艘驅逐艦。

與此同時，德國的海軍艦隊不僅未能增加任何新力量，反而失去了以下現代軍艦：「布呂歇爾」號、「馬格德堡」號、「科隆」號、「美因茨」號，以及 10 到 12 艘驅逐艦。

不可否認，軍艦型號的持續改良極為顯著，服役超過 12 年的軍艦在戰爭中只能發揮輔助作用。它們可能因速度限制而無法參與關鍵戰役，除非與同級別軍艦交戰；一旦遇上最新型軍艦，它們將難逃厄運。然而，在這類前無畏級戰艦中，我們仍擁有巨大優勢。8 艘「愛德華國王」級已成為大艦隊的一部分，此外還有 2 艘「納爾遜勳爵」級。餘下的 6 艘「敬畏」級隨時可加入大艦隊以提升其戰力。這支艦隊必定能輕而易舉地殲滅整個由德國前無畏級戰艦組成的艦隊。

展望今年，我們將獲得 8 艘戰鬥艦來增強海軍實力或彌補戰爭損失。其中 5 艘的航速超過 26 節，全都配備了 15 英吋大炮。這支由它們組成的中隊或許能單獨抗衡德國海軍的 2 支最精銳中隊。自戰爭爆發以來，已有 8 艘輕型巡洋艦在領海服役；接下來的 3 個月內，還會有 8 艘交付使用，之後 3 個月再增加 4 艘。這些巡洋艦無論在速度還是火力上，都優於德國現有的輕型巡洋艦。今年我們還將獲得 56 艘驅逐艦、50 到 75 艘潛艇、24 艘執行支援任務的小炮艇，以及其他各類輔助艦艇。由此可見，原本已相當強大的大艦隊現在得到了大幅增強，並將繼續擴展。第一海務大臣制定的首要原則已得到了全面貫徹。

海軍的另一重大職責是保障貿易安全和掌控海上交通。德國在海外的所有巡洋艦和炮艇都已被摧毀、封鎖或扣押，唯有「卡爾斯魯厄」號和「德勒斯登」號倖存。這 2 艘軍艦藏匿起來。「卡爾斯魯厄」號已近 3 個月未現蹤影，其作戰性能令人懷疑。據信，有 2 艘德國武裝商船（「威廉王

再次思考和最後決定

公」號和「艾特爾‧弗里德里希親王」號）尚未被捕獲；其餘 42 艘商船原計劃武裝後在航道上進行破壞活動，但已全部被封鎖、扣留、擊沉或俘獲……

此外，海軍還完成了其他幾項任務，如控制英吉利海峽及其進出通道，巡邏多佛爾海峽，組織小型艦隊巡邏東海岸，並組建哈里奇特別打擊部隊。

除了上述事實之外，在我們滿足所有海軍需求後，還有以下戰艦可供使用，這些戰艦人員齊備，武器彈藥等儲備充足，它們是：

5 艘「鄧肯」級戰艦。

6 艘「老人星」級戰艦。

9 艘「威嚴」級艦艇。

1 艘「君主」號。

自 4 月初至 7 月底期間，我們將接收 14 艘裝甲厚實、吃水淺的重炮艇：其中 2 艘配備 2 門 15 英吋大炮，4 艘配備 2 門 14 英吋大炮，8 艘配備 2 門 12 英吋大炮，這 8 艘還將安裝從「威嚴」號級軍艦上拆卸下來的炮塔。具備如此火力，有人建議可以用他們執行特殊任務，必要時可隨時進行炮轟，以達成具有戰略與政治意義的目標，其中以下目標尤其值得注意：

1. 達達尼爾海峽軍事行動；

2. 支持陸軍的左翼；

3. 炮轟澤布呂赫；

4. 占領博爾庫姆。

我們堅信，只要採取謹慎的措施和正確的方法，損失可以降至最低。與軍事行動的重要性和必要性相比，這些損失是可以承受的。雖然除「鄧肯」級之外的軍艦已經不再適合作戰，但我們不能斷言使用它們違背了第一海務大臣為海軍制定的策略和任何合理的原則。因擔憂軍艦損失引發的

巨大反應而不敢將其用於需要的地方，是錯誤的。如果在這些軍艦上服役的皇家海軍官兵中一定比例的犧牲可以實現重要的戰爭目標，進而挽救更多陸上官兵和協約國官兵的生命損失，那麼，我們絕不應在這一目標面前退縮。

W. S. 邱吉爾

第一海務大臣內心對大艦隊的實力毫無顧慮。他明白，我清楚他對艦隊的信心，他不再進行虛假討論，但卻表示不願意參加訂於次日（1915年1月28日）的戰時會議。這顯然不妥。我堅持他必須出席會議，並安排我們在會議前一起拜訪首相進行私下會晤。費雪勳爵對此表示同意。

在會議開始前的20分鐘，我們按照計劃來到阿斯奎斯的辦公室。儘管這次討論沒有留下書面紀錄，交談中卻未出現任何爭論。達達尼爾委員會的成員記錄道：「除了要求使用準確語言的細節外，阿斯奎斯先生與費雪勳爵向我們講述了這次私下會談的內容。」費雪勳爵簡要地表達了他對澤布呂赫和達達尼爾兩項計畫的反對，並表示他更傾向於在波羅的海打一場大仗，或者在海軍的強力支援下讓陸軍沿比利時海岸全面推進。達達尼爾委員會成員指出，費雪勳爵「沒有對進攻加里波利半島的正當性做出批評，也沒有向首相提到如果他的意見被否決他會辭職」。這是完全真實的。我當時主張，澤布呂赫計畫與達達尼爾計畫都應該執行，但如果必須捨棄其中一個，那就放棄澤布呂赫計畫，因為第一海務大臣對這個計畫尤其反對。在聽取雙方意見後，首相表示同意我的觀點，並決定放棄澤布呂赫計畫，繼續執行達達尼爾計畫。費雪勳爵總體上似乎滿意，當我們一起下樓時，我的印象是一切都很順利。

戰時會議已經在等待我們，漢基上校記錄了隨後的討論情況，並發布於達達尼爾委員會的報告中。

邱吉爾先生表示，他已通知尼古拉大公和法國海軍部關於海軍進攻達達尼爾海峽的計畫。大公熱情回應，並相信這次進攻將對他有所幫助。

再次思考和最後決定

法國海軍部也表示贊同,並承諾提供支持。行動將在 1915 年 2 月中旬開始,目前正在準備中。他詢問戰時會議是否重視這個無疑包含某些風險的行動。

費雪勳爵表示,他理解這個議題今日不會被提及。首相對此事的看法,他也十分明瞭。

首相表示,由於已經採取了措施,這個問題無法擱置。

基奇納勳爵認為海軍的進攻至關重要。如果進攻成功,其成果相當於新陸軍成功地贏得一場戰役。這個方案的一個優點在於,如果進展不順利,進攻可以中途取消。

貝爾福先生強調,若成功進攻達達尼爾海峽,將能實現以下幾點成果:這將使土耳其軍隊分裂成兩個部分;

——它能夠使我們掌控君士坦丁堡;

——它能讓我們獲得俄羅斯小麥的利益,並使俄羅斯恢復出口;

——它能夠恢復俄羅斯的對外貿易,因為無法出口,俄國的外貿下滑,造成了經濟困難;

——它還可以開啟通往多瑙河的通道;

難以想像還有比這更出色的軍事行動。

愛德華·格雷爵士指出,它或許最終能夠使保加利亞及所有巴爾幹國家的立場趨於穩定。

邱吉爾先生表示,地中海的海軍總司令認為進攻是可行的。他需要 3 個星期到 1 個月的時間來完成這個任務。所需艦隻正在前往達達尼爾海峽的途中。在回答貝爾福先生的問題時,他提到,法國政府已回應他的要求:法國人相信,奧地利潛水艇不會到達達達尼爾海峽那麼遠。

霍爾丹勳爵詢問,土耳其是否擁有潛艇。

邱吉爾先生表示,他確信他們沒有。他推測我們在進行炮擊時損失不會太大,但在清除水雷時難免會有一些損失。當外圍堡壘被摧毀後,真正

的挑戰才會出現，因此有必要進攻狹窄段。他藉助地圖闡述了進攻計畫。

然而，這份紀錄並未涵蓋整個過程。在戰時會議期間，發生了一件後來廣為流傳的事件。以下是費雪勳爵親自記載的內容：

第9次戰時會議於1915年1月28日上午11時30分召開。

（注：會前，前首相與邱吉爾先生及費雪勳爵共同商討了達達尼爾軍事行動的提議，最終決定在反對費雪勳爵意見的情況下，接受審議該方案）。

達達尼爾計畫

邱吉爾先生詢問，戰時會議是否重視提議中顯然具有風險的達達尼爾軍事行動。

費雪勳爵表明，他理解這個議題不該在此次會議上討論。首相已經了解他（費雪勳爵）對此事的立場。

首相表示，由於已經開始準備工作，因此這個問題不能擱置。

費雪勳爵隨即離開會議桌。基奇納勳爵緊跟其後，詢問他的打算。費雪勳爵回應說，他不願再回到會議桌旁，並決定辭去第一海務大臣的職務。基奇納勳爵此刻提醒費雪勳爵，他是唯一持反對意見的人，達達尼爾軍事行動是首相的決定；他懇請費雪勳爵理解，他對國家的責任在於履行第一海務大臣的職責。經過進一步的交談，費雪勳爵勉為其難地聽從了基奇納勳爵的勸告，重返會議桌。

此處必須強調，基奇納勳爵於1915年5月14日在戰時會議上發表宣告，提到費雪勳爵認為，在戰時會議或其他場所與其上司海軍大臣邱吉爾先生爭吵，對自己既不適當也不體面。正確的做法是要麼保持沉默，要麼辭職。

會議結束後，我們休會了幾個小時。儘管我對戰時會議所做出的決定深表贊同，並且無人反對這項海軍計畫，但我認為有必要與第一海務大臣

再次思考和最後決定

達成完全的諒解。我注意到他離開了會議桌，基奇納勳爵隨後走到窗前與他爭論，但我不清楚他最終的想法。午餐後，我邀請他到我的辦公室，我們進行了一次長時間的交談。我強烈要求他不要在達達尼爾行動上退卻；經過友好且深入的對話，涉及海軍部的各個方面及海軍的地位，最終他明確同意接受這一任務。此後，我們在這件事上再無爭執。「當我最終決定投入時，」費雪勳爵對達達尼爾委員會成員說，「我就全身心地投入了。」下午，我們再次回到戰時會議，參謀長海軍上將奧利弗與我們一同前來，並在費雪勳爵同意後，我代表海軍部宣布，我們決定承擔戰時會議如此迫切給予的任務。我視此舉為最終決定，從此不再回頭。我們已經超越了討論與協商、權衡與擔憂的階段，現在進入了行動的階段。

我對老海軍上將施加了持續的壓力，這一點我毫不隱瞞。由於基奇納勳爵的個人影響力、戰時會議的集體意見以及首相的權威決定，這種壓力變得尤為沉重。這不僅是來自輿論的巨大壓力（輿論壓力是壓倒性的），而且是費雪無法反駁的理據壓力。在技術層面，海軍部擁有強大的支持力量。費雪勳爵後來表示：「海軍部的觀點一致，所有人都支持邱吉爾先生。我成了唯一的反對者。」

向第一海務大臣施加這種壓力是否錯誤？我並不這樣認為。戰爭本質上是一種充滿巨大壓力的事務，參與戰爭的人若無法堅強承受這種壓力，必然會失敗。作為一個政治家或普通公民，如果我對達達尼爾計畫沒有信心，我絕不會支持它，並會竭盡全力在辯論中反對它，且安排輿論反對它。倘若我處於費雪勳爵的位置，持有他的觀點，我會果斷拒絕這個計畫。他不必辭職。只有第一海務大臣有權命令軍艦啟航、開火。在選擇的關鍵時刻，第一海務大臣必須面對現實，果斷決策。當一個複雜且艱鉅的計畫已經啟動，風險已被接受，犧牲已然發生，此時再對決策產生動搖是完全不同的情況。在選擇階段，一個人必須堅定維護自己的立場。一旦選擇已定，所有人必須齊心協力貫徹執行這個任務。

近年來，我時常反思，若當初我採納了費雪勳爵的建議，即：除非戰時會議能夠調動充足的陸軍猛攻加里波利半島，否則絕對不應在達達尼爾海峽採取任何行動，那麼，情況會怎樣？若我們堅持這種策略，我們會獲得足夠的陸軍和一個完善的計畫嗎？我們能否在享有達達尼爾政策所有有利條件的同時，避免付出高昂代價的錯誤和不幸？達達尼爾委員會的成員從截然不同的角度審視了這一事件，顯然認為，若沒有海軍的作戰計畫，未來注定會出現策劃周密、配合完美的真正兩棲進攻。沒有人能夠深入探討這種假想的局面，也無法輕易得出結論。然而，我個人認為，正是因為大家親眼目睹達達尼爾海峽的戰略意義和實實在在的證據，再加上這次進攻對所有巴爾幹及地中海國家產生的諸多影響，才使人們明白，從主戰場抽調大量軍隊是可能的，除此之外別無他法。我相信，除了這些巨大的希望和急切的需求外，別無其他因素能夠促使基奇納勳爵將陸軍從法國與法蘭德斯調出。沒有熱情，進攻達達尼爾是無法實現的。任何將大批兵力調往南方戰場的提議，只要仍是純理論性的建議，都會被我們的總部與法國參謀部否決。時而他們會告訴我們，由於俄軍失敗，大量德軍正回到西線發起最強大的進攻；時而他們會說，他們一發子彈也無法節省，因為彈藥短缺而陷入困境；之後他們又會說，他們有了發動巨大攻勢的出色計畫，將粉碎德國人的防線並將他們從法國的大部分地區驅逐出去。事實上，他們利用了所有這些理由，其目的在於（我們將看到）破壞達達尼爾的軍事行動，即使在這一行動實際開始後仍然如此。他們會不遺餘力地否決任何有關東方戰役的紙上計畫。若按他們的意願行事，本來就不會有達達尼爾行動，也不會有這一行動帶來的希望、光榮和損失，更不會有令人心碎的最終失敗。

然而，誰敢斷言不會發生其他狀況？假如義大利晚幾週參戰，假如俄國在加利西亞的持續失敗使得義大利最終無法參戰，假如保加利亞提前幾個月向我們宣戰，那麼除了塞爾維亞之外，所有巴爾幹國家將會集結在日

再次思考和最後決定

耳曼的旗幟下。在加里波利半島被擊潰的土耳其精銳部隊的大部分，肯定會在某處與我們或我們的協約國軍隊交鋒。高加索的俄軍也不可能長期逃脫滅頂之災。我不相信在採取消極態度時，我們會有漂亮且策劃周密的兩棲作戰行動。我們根本不會有任何行動，面對的將是在整個南方與東方戰場上完全不利的外交與軍事反應。捫心自問，我不後悔為這次行動所作的努力。我們能做到這一步是對的。

不堅持，那就是錯誤。

陸軍進攻的起因

截至目前為止，關於達達尼爾行動，戰時會議和海軍部都無疑地接受了一個前提，即陸軍將不參與對土耳其的進攻。基奇納勳爵在 1915 年 1 月 2 日寫給我的第一封信中提到：「我們沒有任何可供登陸的軍隊……幾個月內我們也沒有大規模行動的準備。」在 1915 年 1 月 3 日發給卡登中將的第一封電報中，我們問道：「你是否認為單憑軍艦攻擊達達尼爾海峽可行？」在 1915 年 1 月 28 日的戰時會議晚間會議上，基奇納勳爵重申：「目前我們無法騰出軍隊。」正是基於這個原因，我們決定採取純粹海軍進攻的策略。然而，隨後一系列新的事實與壓力逐漸改變了任務的性質，大大擴大了任務的規模。在不到 2 個月的時間內，這些事態的發展使得原本把握不大但代價與風險較小的海軍進攻變成了輔助手段，取而代之的是大規模的陸軍介入。海軍部失去了對新計畫的控制權。我們的建議被忽視；我們的批評不受歡迎；即便是詢問，也需拐彎抹角、小心謹慎。然而，這次陸軍行動的失敗後果，我必須承擔。

畢竟陸軍本來就已經存在了。從最終決定純粹使用海軍進行攻擊的那一刻起，陸軍便從各個角落湧現出來。自那時起，每個人心中逐漸產生了以某種方式動用陸軍的壓力。首先，由於放棄或無限期推遲沿比利時海岸進軍的決定，原本準備增援約翰·弗倫奇爵士的一部分軍隊得以解脫；其次，土耳其對埃及的進攻無力且已被擊退，集中在那裡的大部分陸軍也被釋放出來；其中的澳洲軍和本土軍在訓練中不斷進步，因此越來越適合進攻作戰；第三，由於鎮壓了南非的叛亂，其他一些擔憂也隨之緩解。同時，第 1 與第 2 新軍（總計 12 個師）在訓練中的水準提高，裝備改善，許多本土師裝備齊全，狀態良好，他們的訓練現已取得顯著進展，也可以在

陸軍進攻的起因

國內使用。在英國國內有大量組織齊備的武裝士兵，海外入侵的擔憂應該可以消除了。

在接下來的 3 個月中，部隊實際上已經陸續接到命令，前往達達尼爾海峽：

來自英國的調動：

第 29 師。

皇家海軍師。

一支志願騎兵師。

從埃及調派：

2 個澳洲師團。

自法國派遣：

2 個法國師團。

所有這些部隊此時都已準備出發。海上運輸這些部隊的交通工具已經整裝待發。緊接著，這些部隊，包括後續更多的部隊，全部被派遣出去，組成了一支至少 15 萬人的大軍。這支大軍可以在 3 月底某個時候集中在地中海東部，準備在任何選定地點進行干預戰事。假如在 1 月分的任何時候就精心策劃決定使用這支大軍，根據妥善計劃和堅定目的進行大規模的奪取加里波利半島的聯合作戰，進而為艦隊開啟通道，幾乎沒有人懷疑我們必將獲得全面的勝利。另一方面，除了第 29 師之外，所有這些部隊都是在戰爭爆發之後才招募起來或建立編制的。鑑於他們欠缺訓練和彈藥供應普遍不足，要開展一次大規模的新戰役實在是一個極具挑戰的決定。這就是主張海軍進攻的正當理由。一種合乎邏輯的和前後一致的戰爭計畫就是在此種條件下提出來的。計畫是可以辯解的，但是對於隨後發生的事情卻無法辯解，只能歸因於人類的弱點。事先沒有明確的決策和周密的計畫，就一步一步地進入一場新的戰役，這本來就會讓人們嘲笑。可是，在這些問題提出時一些人總是那麼躲躲閃閃，而且夾雜的個人因素又如此令

人困惑，因此戰時會議不知不覺、不可抗拒地被拖入了深淵。

在這段時間內，基奇納勳爵的心理活動展現出一種特質，幾乎像戰爭本身一樣令人困惑。他的聲望和權威達到頂峰，成為戰時會議中陸軍部的唯一代言人。人們對他的性格無不欽佩，在戰爭爆發初期那些變幻莫測的恐怖事件中，他的指揮讓大家倍感鼓舞。他所做出的任何決定，無一例外地被視為最終決定。我相信，無論是任何細節的軍事問題，他的意見從未被戰時會議或內閣否決過。所有部隊的排程都需經過他的同意，並且遵從他的意見。會議上幾乎沒有人敢與他爭辯。大家尊重他，體諒他的辛勤工作，相信他的專業判斷能力，並認為他的計畫更為深遠。因此，無論在戰時會議還是陸軍部，都沒有人敢提出疑問或進行爭論。他掌握重權，表現冷靜含蓄，對於當時涉及陸軍的組織和排程事務，他絕對掌控所有的決策權。

然而，在這個光彩奪目的外表之下，隱藏著諸多缺陷，這些缺陷逐漸顯現，令人愈加不安。戰時國務大臣的重壓落在他肩上，這份重擔無人能獨自承受，即使是3個同樣才華橫溢的人也難以適當完成。他已經將整個陸軍部納入其廣闊的個性之中。參謀部完全失去作用，淪為向他提供情報的機器。即便是這樣一臺機器，它也脆弱得令人嘆息。參謀部和陸軍委員會中所有最傑出、最有主見的人——除了陸軍軍需主任約翰·考恩斯爵士——全都迫不及待地隨遠征軍奔赴海外，如今駐紮在法國。他們認為，應根據聖奧默英軍總部的區域性責任制觀念，掌控整個戰爭指揮工作。在他們離開後，填補重要職位的，是一些已經列入退休名單的軍官或在英國軍事理論界無足輕重的人物。基奇納勳爵的個性和地位使這些軍官成了木偶。他們之中沒有一個人能展現出天賦的能力，勇於平等地與他激烈爭辯，釐清問題。他身著元帥軍裝，作為內閣大臣，巍然屹立在眾人面前，而眾人如同在練兵場上的下屬，向他行禮致敬。他們從未向他提供過經過深思熟慮的戰爭總體設想。他們盡全力執行他的決定。他讓戰時會議

陸軍進攻的起因

成員撰寫有關戰爭總體策略的方案，讓財政大臣勞合‧喬治了解俄國迫在眉睫的軍事崩潰，並以準確無誤的語言向內閣宣告。在缺乏全面軍事計畫的情況下，我還是提供了一種影響近東政治局勢的方法。面對接踵而至、複雜多變的事件，基奇納勳爵自己並沒有清晰精闢的理論和縝密的分析來作為決策依據。

因此，他時而決定向東，時而決定向西，他的決策顯然受到他日常印象的擺布，而這種印象常常是短暫且多變的。結果是他的決策有時會產生自相矛盾。兩種鮮明對立的戰爭觀點折磨著他，兩種觀點都不乏力量與熱情，也包含大量事實與論據，都使他折服。英國陸軍所有的主要人物以及法國高級司令部的權威都主張：通往勝利的唯一道路就是將全部士兵、大炮和炮彈都運到法國前線去「消滅德國兵」，在西部突破他們的防線。而戰時會議的所有成員（當然包括已經成為這一代大眾心中風雲人物的人）的觀點是，1915年的戰役應該集中在南方與東方戰場，基奇納本人對東方的情況既有興趣也有了解，所以強烈的傾向認同這個觀點。他完全清楚這一地區的勝利將意味著什麼，但是他也感到法國前線對他不斷施加另一種強大的壓力，而我們卻感覺不到同等的壓力。

這個問題並非無法解決。調和這兩種表面上互為對立的概念並不是不可能。經過深思熟慮並精心制定的計畫或方案可以在1915年1月分設計出來，並在3月、4月、5月甚至6月於近東採取行動，隨後於同年秋季在西線集中兵力進行決戰，如果推遲到1916年春季，在更有利條件下進行則更為理想。若能爭取到相關重要權力部門的支持，這兩種政策完全可以有序且成功地推行，進而每項政策都能完整執行，這是完全可行的。然而，最終基奇納勳爵屈服於相互衝突的勢力和相互矛盾的政策。

這些考驗與重擔他顯然無法承擔，此外，他還要負責招募、組織和裝備新軍這一大堆事務。隨後，出現了一系列關於生產和購買軍火的問題，其規模之大是任何人此前都無法想像的。這些問題涉及國家的整個社會生

產和工業生產，觸及世界的整個經濟與金融體系。而且，他每天還需要出席內閣和戰時會議，匯報軍事情況，這是基奇納勳爵感到最痛苦和疲憊的事務，也是他認為最艱難的工作；此外，還有對龐大戰場軍事行政事務的決策，包括重大的戰事和各地獨立的遠征。可以理解，這位國王最偉大重臣肩上的重擔遠遠超過普通人所能承受的。

然而必須說，基奇納勳爵絕不輕易試圖減少這些沉重的負擔。相反，他對任何干涉和檢查他所有負責龐大領域的行為都充滿了敏感的憎惡。他頑固地反對自1915年1月分起有人試圖將各種軍火生產工作從他作為戰時國務大臣的控制下轉移出去的舉動。他盡量不將工作職責移交給下屬。他試圖繼續採用一手包辦的方法領導這場大戰，正如他在那次小規模的尼羅河遠征戰役中成功採用的方式那樣。他還使參謀部或類似機構完全服從他的意志並使其實際無法發揮正常作用。正如他的內閣辦公室證實的那樣，他甚至插手政治領域，干預愛爾蘭問題、戒酒法和工業組織。

時至今日，忽視或掩飾這些事實是一種懶惰的體現。事實是，唯有全面了解基奇納勳爵的性格和他所面臨的困境，才能真正捍衛他的偉大，並確保他永遠受到後人的尊敬與感激。他為了同胞的利益和安全，全身心投入巨大的精力進行領導。如果這段敘述及其所依據的事實與文獻反映了他的軍事政策，那麼我必須同時指出，他當時承受著巨大的壓力，說明在我們經歷所有困難與困惑時他表現出的是非凡的耐心與勇氣，說明我對他始終懷有不變的友善與好意。

1915年1月28日的戰時會議最終確定，贊成動用海軍進攻達達尼爾海峽，並且表明，迫切希望獲得一些陸軍以影響巴爾幹國家的政治局勢。當時沒有人預料到能夠召集的兵力足以攻擊加里波利半島，這個行動在此關鍵時刻之前從未得到哪怕是起碼的支持。當時的全部希望僅在於從駐紮英國但已經待命，即將前赴法國的兵力中抽調1、2個師，包括第29師（我們剩餘的唯一一個正規師），並利用這支兵力作為槓桿，以鼓勵韋尼澤

陸軍進攻的起因

洛斯以及希臘國王和政府加入戰爭，站在我們這一方共同支持塞爾維亞。

在與約翰·弗倫奇爵士詳細討論之後，1915年2月9日的戰時會議決定向希臘派遣第29師（當時仍在英國）和一個法國師，前提是希臘加入協約國。我認為，除了海軍對達達尼爾海峽可能產生的影響外，這些援助本身是不足的。我不相信希臘——更不用說保加利亞——會因這點有限的援助而受到影響。實際上，小型的援助規模本身就是承認我們的虛弱。這一觀點是合理的，援助的提議很快被韋尼澤洛斯拒絕了。

與此同時，海軍的進攻準備工作正在有序進行中。負責這一任務的軍艦已經到位或即將到位。在韋尼澤洛斯的非正式同意下，包括寬廣的穆德羅斯海港在內的萊姆諾斯島已經交由我們支配，作為艦隊的集結基地，皇家海軍師的2個海軍陸戰營已被派往該島。這支小部隊的唯一目的是為卡登中將的艦隊提供登陸部隊，當卡登作戰時，他們可能有機會在敵人抵抗已停止的加里波利半島部分地區徹底摧毀已失去作用的大炮與堡壘。然而，亨利·傑克森爵士與費雪勳爵一旦得知可以獲得相當數量的陸軍，他們便急切要求將陸軍用於達達尼爾行動。亨利·傑克森在1915年2月15日寫道：「提供必要數量的陸軍，能使這次海軍大規模行動的成果永遠不容忽視，運送陸軍的船隊看到狹窄的堡壘被制服之後立刻準備進入海峽……海軍炮轟不值得推崇，它不是一種完善的軍事行動，除非有強大的陸軍準備支持這種行動，或者至少在堡壘被制服後陸軍立即跟上。」這番話中有許多混雜的想法。「支持這種行動」和「堡壘被制服後陸軍立即跟上」這兩句話有著根本的區別。而另一方面，費雪完全清楚，他希望加里波利半島由陸軍攻擊和占領，而當時無論是基奇納勳爵還是戰時會議都不持有這種想法。

1915年2月16日晚，第一海務大臣在信中寫道：「希望你能說服基奇納明天派出幾個師去萊姆諾斯！如果不派陸軍占領達達尼爾海峽，我們無法從黑海獲取任何糧食。讓50萬大軍留在英國而不與海軍合作，這將成

為時代的奇聞。」

錯失良機的戰爭！安特衛普為什麼會淪陷？

哈斯拉船隊能夠立即啟程前往萊姆諾斯，因為遲早會有人在加里波利登岸。

我仍然堅持海軍計畫的完整性。我深知當前的軍事形勢以及陸軍的狀況，不敢輕視將英國軍隊投入加里波利半島，與土耳其展開激烈且前途未卜的戰鬥的嚴峻性。早在海軍進攻成功之前，我便認真思考過，若英國艦隊進入馬爾馬拉海，接下來該採取何種行動。我期望一旦土耳其的堡壘開始崩潰，希臘人將加入我們，他們的全部軍隊便會任由我們調遣。我希望英國艦隊出現在君士坦丁堡近海，以及「格本」號和「布雷斯勞」號的逃亡與毀滅，將引發深遠的政治回響，最終迫使土耳其政府尋求談判或撤退至亞洲。我相信，在大戰後立即開展正確的外交活動，能夠誘使保加利亞向阿德里安堡進軍。最後，我確信無論俄國人在其他地方的需求如何，他們不會對君士坦丁堡的命運無動於衷，因此能夠從他們那裡獲得進一步的增援。在沒有陸軍的情況下，我正是依賴這些準政治因素，來幫助我們擴大和鞏固艦隊的戰果。讀者將會看到這種思考有多少依據。

然而，若基奇納勳爵和戰時會議最終認為在東方組建一支英國陸軍大部隊是必要的，那麼大規模且成功的協同作戰無疑是極有希望的。將這樣一支陸軍集結於埃及和希臘島嶼，很可能成為主導和驅動其他國家行動的關鍵力量。如果在艦隊通過達達尼爾海峽後土耳其人撤出半島，陸軍便可以奪取布萊爾地峽；若與土耳其達成協議，陸軍則可立即占領君士坦丁堡。此外，如果在艦隊穿越海峽時需要一支較大規模的登陸部隊，人員便可由這支陸軍提供。因此，在立即向東方派遣陸軍的問題上，原本對接下來步驟持不同想法的人們便很快達成了一致意見。面對相互衝突的觀點、僵持不下的計畫和不斷變化的形勢，希望以最快速度在地中海東部集結一支規模盡可能大的陸軍，並由最優秀的將軍指揮，在我們海軍部的所有人

陸軍進攻的起因

看來是自然而然的。因此，在任何時候的討論中，我們都支持任何有助於促進和加快完成這種軍事集結的計畫。

1915年2月16日是作出正式決定的日子。在此次由首相、基奇納勳爵和我本人等主要戰時內閣成員參加的會議上，作出了以下決定，這些決定最終被納入戰時內閣的正式決議中：

（1）盡快派遣第29師前往萊姆諾斯，最好能在9到10天內完成。

（2）若有必要，從埃及調遣一支部隊。

（3）所有提及之部隊及已經派遣的皇家海軍陸戰隊，皆可在必要時用於海軍對達達尼爾海峽的攻擊行動。

（4）動用運馬船將第29師運出，海軍部將在黎凡特集結小艇、拖船和駁船。

1915年2月16日的決議奠定了陸軍進攻達達尼爾海峽的基礎。達達尼爾委員會成員表示：「儘管沒有明確決定大規模動用陸軍，但他們的大量集結，為所需的支援做好了準備。」當天，卡登中將收到通知，穆德羅斯海港可作為他的基地，海軍少將威姆斯被任命為該基地的高級海軍指揮官。1915年2月16日晚，為執行已定決議，我指示戰時參謀長奧利弗將軍以最快速度為第29師準備運輸船隊，他當天即下達了命令。集結陸軍的決定無疑含有在發生某種意外事件時使用陸軍的可能性，但對意外事件尚未明確界定。

1915年2月17日那天，基奇納勳爵似乎面臨來自總司令部的巨大壓力，要求第29師仍應派往法國。事實上，正如官方海軍歷史學家公正評論的那樣，如何使用第29師成了我們祕密圈子裡開始被稱作「西方」政策和「東方」政策之間的最重要問題。基奇納勳爵成了這些意見與勢力鬥爭的犧牲品，他陷入猶豫不決的巨大痛苦之中。

至此，達達尼爾海峽尚未響起一聲槍響，但我們已逼近進攻外圍堡壘的時刻。1915年2月19日，在戰時會議上再次與基奇納勳爵會面時，他

顯然已改變了主意。他告知我們，他無法同意將第29師派往東方。他的理由是，俄國已經極度虛弱，他擔心大量德軍會從俄國前線撤回，轉而攻擊我們在法國的軍隊。我對此論點並不信服。他必定清楚，除去其他一些不可能的因素外，德國人在2、3個月內將大軍從俄國運往法國前線是完全不可能的，即便如此，第29師──僅僅一個師──也無濟於事。他提出這個論點無非是在他經過最痛苦的思索後做出的決定，用它來為其他理由辯護。

儘管戰時會議的願望和觀點未變，但仍屈從於基奇納勳爵的意志。會議決定推遲第29師的出發，同時指示海軍部繼續為第29師及其他部隊準備運輸船隊。20日當天，我向運輸處處長遞交了一份備忘錄，要求「以最少的耽擱做好第29師登船的一切準備工作，但該師的調遣尚未最終決定」。

1915年2月20日是一個退縮的日子。基奇納勳爵拒絕派遣第29師。他甚至似乎反對在東方進行任何大規模的陸軍集結。他在當天給我寫信說：「法國人對於你告訴他們我們將動用那麼多軍隊一事十分憂心。我剛剛見到了格雷，他希望我們不要承擔法國特遣隊去達達尼爾的任務。」他反對我在亞歷山德拉集中4萬人的運輸船隊作為預防措施，這件事他以前曾經同意過。更有甚者，他還派他的副官──勇敢而有功績的菲茨傑拉德上校──去第一海務大臣和海軍部運輸處，告訴他們第29師不準備出發了。於是第一海務大臣和運輸處處長便以為基奇納大臣和我已達成一致意見，已徹底解決了這個問題。自1915年2月16日起開始，為第29師集結和安排運輸船隊的命令就這樣被取消了；在不通知我的情況下，由22條船隻組成的整個船隊也被解散，派去執行別的任務了。

1915年2月24日和26日的討論再次恢復，但我們是在聽到對達達尼爾海峽進行實際進攻的消息後才開始開會的。1915年2月19日開始了對外圍堡壘的炮轟，雖然由於天氣惡劣炮轟曾一度中斷，但大家的感覺是行

陸軍進攻的起因

動一直都還算順利。而且,公開的軍事行動現在已經展開。如果說 1915 年 2 月 16 日是決心之日,20 日是退縮之日,那麼 24 日與 26 日則可謂是妥協與折衷之日。24 日,基奇納勳爵表示他「覺得如果艦隊在沒有援助的情況下無法穿越海峽,那麼陸軍就應該全力以赴。在東方遭到失敗的後果將會非常嚴重,沒有退路可言。」因此,海軍進攻的念頭一下子被打消了,如果海軍進攻證明困難重重,就可以放棄進攻轉而尋求其他目標;大規模陸軍作戰的可能性似乎得到了認可。對此,我在 1915 年 2 月 24 日和 26 日再次堅持提出派遣第 29 師的理由,我已經習慣於寄希望和專注於海軍進攻會愈來愈激動人心。

基奇納勳爵無視他自己的宣告,堅持拒絕派遣第 29 師。他指派熟悉且信任的伯德伍德將軍,從埃及(他在那裡指揮澳大拉西亞軍團)前往達達尼爾海峽,並報告陸軍行動的前景及可能性。1915 年 2 月 24 日,陸軍部要求海軍部向卡登中將發送由亨利·傑克森爵士擬定的電報稿:

「……陸軍部認為,為了確保摧毀敵方永久性炮臺這一首要目標的實現,占領半島南端蘇安代爾——查納奧瓦西一線對於此後的主要目標——消滅永久性炮臺——的成功並非必要的軍事行動。儘管陸軍應隨時準備支援在海峽兩岸爆發的小規模戰鬥,以便摧毀隱蔽的炮臺並與保衛炮臺的敵軍作戰,但陸軍主力可以留在萊姆諾斯兵營中,直至海峽的通道落入我方控制,此時需扼守布萊爾戰線以切斷通往半島的所有補給。你應在伯德伍德將軍抵達時與他討論這一軍事行動,然後再決定在軍艦火炮射程之外的任何重大作戰行動,並報告所做出的結論。」然而僅 2 天之後,即 1915 年 2 月 26 日,基奇納勳爵授權伯德伍德將軍率領澳大拉西亞軍團「竭盡全力」支援艦隊。

然而,所有這些折衷的做法隨意假設了事情的輕重緩急,顯著改變了行動的整體性質。在我看來,這相當危險。因而在 1915 年 2 月 26 日的戰時會議上,我正式宣布,對任何可能發生的陸軍行動後果不承擔責任。我

的不承擔責任宣告被記錄在案。隨後，首相進行了罕見的干預，強烈呼籲基奇納勳爵不要允許失去可用的一個對東方至關重要的正規師，但無果。會議結束後，我等待了一會兒。我知道首相與我意見一致，事實上，除了基奇納勳爵，整個戰時會議都支持我的觀點。我敦促首相行使有效權力，堅持將第29師派往萊姆諾斯或亞歷山大。此刻，我緊張地感到一種災難即將來臨的預感。我知道現在是戰鬥的轉捩點，我堅信其結果將銘刻在歷史的紀念碑上。首相感到無計可施。他已經盡力勸說基奇納勳爵。他不能在這樣一個問題上讓他屈服或讓他辭職，因為參謀部的全部陸軍意見和法國當局的意見都站在基奇納這邊。

1915年2月25日，我準備了一份評估整體形勢的報告，並於26日的戰時會議上利用該報告進行辯論。這份報告已經影印出來，並送交首相、財政大臣和貝爾福先生。現在我在此重刊這份報告，因為它比那個階段的任何其他文件更能清晰地闡述我的立場。

評估報告

1915年2月25日

1. 俄國——我們絕不能指望俄國在未來幾個月內成功攻入德國。然而，儘管俄國的攻勢已經停滯，我們仍可以期望她不僅能成功防禦，還能有效地將大量德軍吸引到他的防線之前。沒有理由相信德國能在任何時候將百萬大軍轉移到西線；在4月中旬之前，無論如何也不會有足以影響局勢的大量德軍抵達西線。

2. 英國和法國在西部的戰線非常堅固，不可能被迂迴。我們現在在法國的地位和力量之堅固，是戰爭初期無法相比的，當時我們面對的是近四分之三的德國一線部隊。我們必須迎擊德軍的大規模進攻。現在我們有很大把握擊退他們；即使德軍勝利迫使我們退到另一條戰線，德軍優勢的喪失對我們也是一種很好的補償。在接下來的3個月裡，西線的問題不應令

陸軍進攻的起因

人擔憂。但是無論如何，它不是4、5個英國師能起決定性影響的問題。

3. 對我們而言，能夠奪取並保持主動權的唯一關鍵地點在於巴爾幹半島。只要陸軍與海軍配合得當，運用現有兵力，我們肯定能在3月底之前攻占君士坦丁堡，俘虜或消滅土耳其在歐洲的所有軍隊（阿德里安堡的部隊除外）。這一打擊能在塞爾維亞命運決定之前實現，對所有巴爾幹國家的影響是決定性的，將使土耳其不再成為一個軍事因素。

4. 我們能夠立刻獲得（至少）以下軍隊：

在英國的第29師和另一個本土師……………36,000人
奉命前往利姆諾斯的部隊：皇家海軍師………12,000人
從埃及抽調：兩個澳洲師……………………39,000人
法國師…………………………（大約）20,000人
俄國旅…………………………（大約）8,000人
合計……………………………………115,000人

5. 若立即下達命令，這些軍隊可在1915年3月21日前集中至布萊爾地峽的打擊範圍內。若海軍行動屆時仍未成功，這些軍隊可用於進攻加里波利半島，確保艦隊通過海峽。一旦達達尼爾海峽打通，他們可以：

(A) 從君士坦丁堡開始徹底剷除土耳其在歐洲的軍隊；或者，

(B) 若保加利亞應我方邀請參戰並占領埃諾斯——米迪亞一線，他們可經保加利亞援助塞爾維亞；或者，

(C) 若保加利亞僅保持友好中立，但希臘站在我方一邊，他們可經薩洛尼卡援助塞爾維亞。

W. S. 邱吉爾

1915年2月27日，我進一步補充：

我現在必須記錄下我的看法：現有的陸軍力量，包括9個海軍營和一個法國師支援的兩個澳大拉西亞師，仍不足以完成他們可能執行的任務；若不使用英國正規部隊，一旦戰鬥爆發，海軍營和澳大拉西亞師將面臨不

必要的危險。

即使海軍在無援助的情況下成功突破海峽通道，陸軍力量的不足仍將迫使我們放棄許多本可能獲得的戰果。

我仍然寄望於 1915 年 2 月 26 日會議後的幾天內基奇納勳爵會改變主意，並希望首相能努力說服他接受大眾的觀點，進而允許第 29 師啟程。儘管戰時會議遵從了他的決定，但仍決定將運輸船隊集結起來以備運兵。會議結束後，我詢問了運輸處，以了解運輸船隊的準備情況，希望發現一切都已妥當。結果得知準備工作在 1915 年 2 月 20 日就已被取消，船隻已全部解散。聽到這個消息我幾乎站立不穩，當即寫信給基奇納勳爵表示抗議。

我立刻向運輸部門重新發布指令，然而發現要在 1915 年 3 月 16 日之前重新集結所需的船隻並使其適合運兵是不可能的。

海軍對外圍堡壘的炮轟及其取得的成功（下一章將詳細闡述）進一步改變了公眾的看法。引用達達尼爾委員會的報告：「1915 年 3 月 3 日，戰時會議再次召開。在此次會議上，基奇納勳爵對派遣第 29 師的態度顯然有所軟化。對於邱吉爾先生提出的問題，他建議將此問題留到 1915 年 3 月 10 日再討論，屆時他希望能收到伯德伍德將軍的報告。」然而，伯德伍德將軍在 10 日前即抵達達達尼爾海峽。他在 1915 年 3 月 5 日給基奇納勳爵的電報中表示：「我非常懷疑海軍能否在沒有支援的情況下強行通過。」

繼這份電報之後，隔日又收到一份電報，內容如下：「我已經告知您，我認為海軍上將的預測過於樂觀，儘管到 1915 年 3 月 12 日我們或許能做出更準確的估計，但我仍對他是否有能力在沒有支援的情況下強行通過表示懷疑。」到了 1915 年 3 月 10 日，基奇納勳爵可能由於對其他戰場的局勢有所放心，也可能受到伯德伍德將軍報告的影響，他在戰時會議上宣布：「他認為當前形勢已足夠安全，有理由派遣第 29 師。」

「……1915 年 2 月 16 日作出決定，這項決定的執行在 1915 年 2 月 20

陸軍進攻的起因

日暫停，1915 年 3 月 10 日恢復執行。在此期間，浪費了 3 週寶貴時間。原本預定在 1915 年 2 月 22 日啟程的運輸船隊在 1915 年 3 月 16 日之前無法出發。」

我們即將面臨這種延誤帶來的後果。計畫的頻繁更改已經使人極度困惑。然而，即便在最終決定派遣包括第 29 師的陸軍之後，這支軍隊的具體用途仍然像斯芬克斯之謎。當基奇納勳爵決定，如果海軍無法攻占達達尼爾海峽，他將進攻加里波利半島時，他應當向他的同僚公布這一決定。即使他選擇不公開，他也應在排程和組織部隊時為自己留下多種選擇。最為關鍵的是，他應讓他的參謀部為可能發生的情況制定應急計畫，而現在這種意外已經顯然發生。讓參謀部科學地研究軍事問題，或在適當時選擇一位指揮官，並不需要他作出任何承諾。

「自 1915 年 2 月 16 日的決策以來，」達達尼爾委員會的成員表示，「事實上，只有兩種選擇是完全無懈可擊的。其一是接受這樣的觀點：由於我們在其他地區已有承諾，因此無法提供足夠的兵力來東地中海進行遠征；一旦大規模的陸軍行動顯然不可避免時，我們將面臨區域性失敗可能導致威信喪失的風險，進而不得不回到原來的方案，即海軍放棄對達達尼爾海峽的進攻。其二是勇敢地面對其他地區可能出現的風險，立即採取果斷行動，以強大的兵力為後盾，透過迅速且組織良好的聯合進攻強行通過達達尼爾海峽。不幸的是，政府未能採納這兩種選擇中的任何一種……我們認為，邱吉爾先生對英國遲遲不派遣第 29 師和本土師的高度重視，是完全合理的。」

攻陷外圍堡壘與希臘的二次提議

　　1915年2月19日上午9點51分，集結在達達尼爾海峽的英、法艦隊開始炮擊外圍堡壘。這些堡壘總計有4個，裝備了19門主炮。除了其中4門，其餘全是舊式短程炮，射程在6千至8千碼之間，只有兩個較小堡壘中的兩對9.4英吋炮射程超過1萬1千碼。因此，這些防禦手段無法避免在軍艦能夠遠距離轟擊而它們無法有效還擊的情況下被摧毀。

　　攻擊艦隊被組織成3個分隊，這些軍艦一共裝備了178門5.5英吋以上的火炮，其中大多數火炮均比堡壘火炮先進，而且各級火炮的威力和射程均超越敵方同級火炮。隨後戰鬥的過程在官方的海軍史中有詳細紀錄，每艘軍艦的行動以及幾乎每發炮彈的效果都有生動描述。在此我不再贅述。

　　進攻計畫分成兩個階段：首要任務是進行遠端轟炸，然後以近距離轟擊摧毀堡壘，為通向海峽入口掃清道路。彈藥使用相當節省，最初，艦艇保持航行。然而，不久後射擊情況顯示，行駛中的艦艇難以達到足夠的精確度。於是，在上午10點30分，所有艦艇接到命令，在敵人大炮射程之外拋錨固定，以便從不同角度觀察其他艦艇的射擊。至下午2點，我們認為第一階段的遠端炮擊效果已經足以讓我們展開近距離進攻，艦艇可以靠近至距離目標6,000碼的位置。直到此時，所有堡壘都未還擊。然而在下午4點45分，當「薩夫倫」號、「復仇」號和「康沃利斯」號前進至距目標5,000碼內時，兩個配備先進大炮的小型堡壘開始還擊，這顯示遠端炮擊並未摧毀其火力。「復仇」號和「康沃利斯」號在「阿加曼農」號、「不屈」號和「高爾圖瓦」號的支援下進行回擊，短暫壓制了一個堡壘的火力。副司令德·羅貝克海軍少將——他的旗艦為「復仇」號——意圖繼續近距離炮轟，但由於時間已接近下午5點半，天色漸暗，總司令下達了「全面撤退」的訊號，

攻陷外圍堡壘與希臘的二次提議

當天的戰鬥因此結束。艦隊總共只發射了 139 發 12 英吋的炮彈。這次非決定性的轟擊結果收穫的經驗是：首先，艦艇必須在拋錨後才能進行精確射擊；其次，直接射擊比間接射擊更有效；最後，用海軍炮彈攻擊堡壘是不夠的，只有直接命中大炮或炮架才算是有效命中。這一點尤為重要。

第二天，天氣開始惡化，連續 5 天無法進行戰鬥。1915 年 2 月 25 日這天，我們依據先前的經驗恢復了炮擊。「阿加曼農」號對海勒斯角堡壘進行了炮擊，「伊莉莎白女王」號則轟擊了塞德埃爾巴哈爾堡壘，隨後又轉向海勒斯角堡壘，「不可抗拒」號瞄準了奧卡尼堡壘，「高盧」號則對庫姆·卡萊堡壘進行了攻擊。所有軍艦相互觀察，校正彼此的射擊。儘管堡壘還擊，但效果甚微。炮擊的成果顯著。事實證明，只要獲得精確的觀察資料，海軍的炮轟可以達到極高的命中率。在發射 18 發炮彈後，「伊莉莎白女王」號直接命中並摧毀了海勒斯角堡壘內的 2 門先進大炮。「不可抗拒」號當天耗費了 35 發炮彈，成功摧毀了奧卡尼堡壘內的 2 門先進大炮。這樣，我們僅以少量彈藥便逐一擊毀或摧毀了守衛海峽入口的全部 4 門遠端大炮。當天下午，軍艦逼近堡壘，對所有堡壘進行了猛烈轟擊，所有堡壘均被擊潰。土耳其人將配備短程大炮的舊堡壘僅作為誘餌，內部守軍早已撤離。停戰後，土耳其人聲稱，炮臺和彈藥堆放處全被摧毀，但軍火庫安然無恙。由於堡壘已被艦隊的短程炮火徹底摧毀，堡壘內人員全部撤離，傷亡甚微。事實上，儘管「阿加曼農」號被擊中 6、7 次，但整個艦隊並無重大損傷。總共有 3 人陣亡，7 人受傷。

可以看出，這一天具有極其重要且令人滿意的意義。除了 81 發英國 12 英吋炮彈和法國戰艦呼應的 50 發炮彈外，15 英吋的炮彈總共只使用了 31 發。這次炮擊清楚地表明：在 12,000 碼外拋錨的軍艦，如果能正確地觀察角度和距離，便可以摧毀土耳其的大炮，而無需大量彈藥。現在可以清理海峽的通道和入口，這項工作分別在 1915 年 2 月 25 日夜晚和 26 日夜晚完成。3 艘戰鬥艦進入海峽，從內部徹底摧毀了外圍堡壘。隨後，我

們取得了一個更加顯著且當時被認為更有希望的進展。在 26 日以及接下來的幾天中，由 50 至 100 名水手和海軍陸戰隊士兵組成的爆破小組在艦隊炮火的掩護下登陸，他們用火藥棉將塞德埃爾巴哈爾堡壘和亞洲方面的兩個堡壘的所有大炮炸成了碎片。他們並未遭到土耳其人的強烈抵抗。登陸小組共摧毀或破壞了 48 門炮，自己僅傷亡了 9 人。

到了 1915 年 3 月 2 日，達達尼爾海峽的所有外圍防禦工事被完全摧毀，其中共計 19 門主炮，包括 4 門現代大炮。這些大炮在數量和品質上約占海峽防衛大炮的五分之一。艦隊現在可以毫無阻礙地進入海峽達 6 英哩，直至凱佩茲布雷區。至此，達達尼爾戰爭的第一階段結束。

海軍部表達了極大的滿意，在那些日子裡，我的周圍充滿了笑容。基奇納勳爵告訴我，他手下的聯繫官向他報告，人們士氣高昂，充滿信心。假如達達尼爾委員會的成員能在 1915 年 3 月的第一個星期而不是在 1917 年春季才接受專家關於軍艦攻打堡壘的可行性證言，他們本來會對海軍在這些問題上的坦率意見留下深刻印象。他們還會感到驚訝，竟有如此多的人支持達達尼爾行動，並表示願意為其實施貢獻自己的力量。總之，他們的任務本來就會與調查試製坦克過程的皇家委員會的工作相似。

每次參加海軍部戰時領導小組的會議時，我都會請亨利·傑克森爵士對艦隊發來的電報進行評估。迄今為止，他的評估一直非常令人鼓舞。到 1915 年 2 月底，我向卡登中將發去電報，詢問他估計還需要多少晴天才能穿越海峽。1915 年 3 月 2 日，他回電答覆：「14 天。」看來，我們似乎真的找到了一種方法，海軍可以藉此在新的關鍵領域支持協約國的事業。然而，在 1915 年 2 月 26 日的戰時會議上，我提醒大家：「海軍部不敢保證成功，主要困難將在狹窄段出現。現在只能說，外圍堡壘的清除是一個好的開端。」我還反覆強調，單純依靠海軍作戰無法確保無裝甲商船能夠自由通過海峽。

達達尼爾海峽的核心防線和中段防禦工事現已暴露在艦隊的攻擊面前。這些防禦設施包括 10 個堡壘和分布在海峽歐亞兩岸的多種類型炮

攻陷外圍堡壘與希臘的二次提議

臺,沿海峽布置的層層雷區,以及由可移動炮組和榴彈炮守衛的堡壘和雷區。艦隊必須應付這些挑戰。

自 1915 年 2 月 24 日起,我認為基奇納勳爵在特定條件下可能願意動用陸軍,不僅僅是為了擴大艦隊的勝利,而且實際上如果需要的話,可以為勝利做出大規模的貢獻。其他一切都是不確定的。他會做什麼?何時做以及如何做?這些依舊無法探知。隨著大規模陸軍行動可能性的日益增加,我卻擔心陸軍部的現狀。我知道,在那裡軍事參謀工作實際上根本沒有進行,也沒有人去詳細研究各種突發事件的可能性。為採取各種可能需要的行動所必須了解的有關數字、日期、供給和組織安排等,仍是一筆糊塗帳;迄今為止,在戰時國務大臣無所不包的頭腦中還顧不得考慮這些事情。他與遠在達達尼爾海峽的伯德伍德將軍保持著不間斷的聯繫。然而在此階段他根本不允許參謀部或軍需主任插手此事,也不讓他們知道一點點在某種情況下他可能希望採取的、並在他心中正在形成的決定。目睹這一切,我在 1915 年 3 月分的第一個星期裡越來越擔心出現軍事崩潰。我決定不再為遠比海軍部採取的任何行動更為重大的行動分擔責任,而在海軍部行動之外,我絕對不控制任何軍事行動。因此,1915 年 3 月初我要求首相安排我與基奇納勳爵會見,並要求首相在場。面談時我正式而直率地問基奇納勳爵,他是否為可能出現的任何軍事行動,尤其是為行動取得成功所需要軍隊的數量承擔責任。他立刻回答說他肯定負責。於是,海軍部在 1915 年 3 月 12 日將皇家海軍師移交給他指揮。

1915 年 3 月 10 日,第 29 師接到命令前往萊姆諾斯,1915 年 3 月 16 日,首批運輸船隊出發。然而在第 29 師登船時,陸軍部並未安排他們按任何次序或編組,以便他們抵達目的地後立即投入戰鬥。

海軍對達達尼爾海峽外圍的進攻以及首次深入海峽的成功在整個歐洲引起了重大回響,其間接地影響顯然波及全球。德國軍事使團首腦利曼‧馮‧桑德爾斯將軍當時寫道:「土耳其指揮部在 1915 年 2 月底就預計敵人

艦隊會突破成功。他們已為蘇丹、朝廷和國庫逃往小亞細亞腹地避難做了安排。」與此同時，芝加哥的期貨交易市場上，小麥價格突然暴跌。

在歐洲，俄國要求就君士坦丁堡發表公開宣告。戰爭初期，俄國的態度非常正當。他曾與英國和法國共同向土耳其保證，戰後鄂圖曼帝國的領土完整將會受到尊重。然而，一旦土耳其拒絕了這一公正的提議，並加入了反對他的陣營，俄國的態度隨之改變。法國駐聖彼得堡大使帕萊奧洛格先生在1914年11月9日寫道：「土耳其的侵略深深震撼了俄國人的內心⋯⋯斯拉夫民族中的浪漫主義理想突然甦醒。」推動在災難與失敗中掙扎的俄國成為當前的緊要任務。早在1914年11月14日，愛德華・格雷爵士便指示喬治・布坎南爵士告知薩佐諾夫，英國政府認可「在達達尼爾海峽和君士坦丁堡問題的處理上應符合俄國的意願」。當時，這一消息被完全保密。然而，到1915年，君士坦丁堡似乎有可能落入協約國之手，俄國的願望需要公開並加以保證。然而，發表這樣的宣告必然會引起希臘、保加利亞和羅馬尼亞的負面反應。另一方面，俄國在德國的炮火下岌岌可危，但仍在英勇抗擊，她始終是我們取得全面勝利的希望所在；在此關鍵時刻，我們能與他爭吵或讓他灰心嗎？需要做出的決定至關重要，因此首相在1915年3月初邀請保守黨領袖蘭斯多恩勛爵和博納・勞先生參加我們的戰時會議，共同討論這一問題。

這一舉動令我感到欣慰，這正是我一直主張的。我早就期望看到全國聯盟的形成。我以極大的不安態度關注著這個強大的保守黨——自從自由黨政策在戰爭爆發後便宣告破產以來，它幾乎變得無比強大——在政府之外沉思的情景，他們從各部門獲得準確情報，卻對每日發生的可怕事件不必負任何責任。我們需要他們的幫助。帝國需要他們的幫助。我們需要他們中的才智之士進入高層重要部門。在戰爭爆發後的頭幾個月裡，我就時常將這種想法告訴阿斯奎斯先生，現在我向他指出，當東方出現某種成就和勝利的可能時，此刻對所有人來說，正是兩個偉大政黨在光榮條件

攻陷外圍堡壘與希臘的二次提議

下實現必要聯合的良機。對此首相並非不明白,他知道,一旦戰爭局面惡化——這似乎非常可能——政治形勢便會出現不穩定。我希望這次與反對黨主要領導人的首次會面——貝爾福先生已進入我們的戰時會議——能引導我們迅速走向全國聯合團結。然而,兩位保守黨領袖以他們的方式明確表示,他們不願僅為國家政策的一小部分承擔責任,對捲入任何一件事都小心謹慎。這種情形是很自然的,但結果卻不盡如人意。儘管戰時會議做出了聯合決定,但進展並不令人滿意。總體來說,我認為,首相依然希望維持國內政治的冷靜局面。

1915 年 3 月初,英法兩國通知俄國政府,作為勝利與和平的部分條件,他們同意俄國併吞君士坦丁堡;這一重大事實隨後於 1915 年 3 月 12 日向外界公布。

在巴爾幹半島,海軍行動如同電擊一般產生了強烈的效果。保加利亞的態度迅速發生了變化。根據我們在 2 週內的情報,土耳其人正被迫向阿德里安堡撤退,以建立防線應付保加利亞。我們駐索菲亞的特別使團團長佩吉特將軍在 1915 年 3 月 17 日致電基奇納勳爵,他在觀見國王後確信:「達達尼爾行動造成了深遠影響,保加利亞幾乎不可能進攻任何與協約國結盟的巴爾幹國家,並且有理由相信保加利亞陸軍不久將會配合達達尼爾行動攻打土耳其。」羅馬尼亞的態度也變得友好但高度警覺。儘管俄國之前無法為巴爾幹行動調派超過 1,000 人的哥薩克部隊,但現在願意提供全面的海軍合作,並開始集結一個軍團,由巴土姆的伊斯托米涅將軍率領,準備參與即將攻陷君士坦丁堡的戰鬥。

1915 年 3 月 2 日,我們駐布加勒斯特的公使發來電報,報告稱,羅馬尼亞首相表示,他對於義大利「即將採取行動」的預感愈發強烈。「我的俄國同事 2 次會見義大利公使,這位公使過去經常與他討論……義大利……加入我們陣營。在最近的 2 次談話中,他的言辭比以前更加明確,實際上已經顯得迫不及待了。他提到奪取亞得里亞海沿岸,認為這是土耳其最終

被瓜分後義大利應得的份額……義大利可以在 1 個月內準備好參與行動的 180 萬軍隊……」其他一些類似的跡象也不斷出現。1915 年 3 月 15 日，我向愛德華・格雷爵士遞交了一份備忘錄：「義大利的態度值得關注。如果能將他引入我們一方，奧地利的艦隊將失去力量，地中海將像英國的內湖一樣安全。當然，我們應當努力鼓勵義大利向前邁進。讓一個敵人的盟國對敵人宣戰只有一步之遙。」外交大臣回信寫道：「我不會錯失良機。」

希臘所受的影響尤為關鍵。我們了解到，儘管韋尼澤洛斯先生對協約國持友好態度，且有意加入協約國，但他在 1915 年 2 月 11 日拒絕了參戰的提議，並未接受我們提供的一個英、法陸軍師的象徵性支援。對達達尼爾海峽的攻擊立即改變了局勢。1915 年 3 月 1 日，英國駐雅典公使發來電報，稱韋尼澤洛斯先生提出希臘將派遣 3 個師的軍團前往加里波利。愛德華・格雷爵士立即回電表示，女王陛下政府欣然接受這一援助，此外，海軍部也熱切希望希臘在達達尼爾戰役中除了陸軍援助外，再提供海軍支援。英國公使於 1915 年 3 月 2 日回覆：「韋尼澤洛斯希望明天給我們一個具體的提議……他已經觀見國王。」公使補充說：「根據我從其他管道獲得的消息，國王贊成宣戰。」

1915 年 3 月 3 日當天，英國駐雅典武官來電表示：「希臘參謀部一致認為，海軍進攻需要陸軍行動的支持。他們計劃派遣 4 至 5 個希臘陸軍師在半島最南端登陸，然後向邁多斯東面的高地推進。雖然他們必須連續攻克 3 道防禦陣地，但由於缺乏排程軍隊的空間，土耳其人無法集結大量部隊。如果同時派遣一支數量可觀的部隊對布拉爾戰線發起進攻，無論是在戰線北面登陸，還是在克賽羅斯灣角登陸，土耳其人將不得不放棄邁多斯地區，否則將面臨被切斷的危險。」

如此一來，我們不僅已經獲得並即將獲得澳大拉西亞軍團和在埃及的全部部隊、皇家海軍師以及 1 個法國師，而且至少還可以得到 1 個由 3 個師甚至更多部隊組成的希臘軍團，同時 1 個俄國軍團正在巴土姆集結。此

攻陷外圍堡壘與希臘的二次提議

外，從英國派遣第 29 師和 1、2 個本土師也應是輕而易舉的事。在如此多軍隊參與這項大規模行動計畫的情況下，我們有充分理由相信現在就能奪取加里波利半島，並在 1915 年 4 月底之前攻占君士坦丁堡。更何況，在所有這些軍隊之後，還有不願在君士坦丁堡陷落和土耳其帝國崩潰時落後的保加利亞和羅馬尼亞。再邁進一步，再多投入一點努力──君士坦丁堡就會落入我們手中，所有巴爾幹國家將不可逆轉地加入反同盟國的陣營。一次針對世界中樞發動的迅速、輕易且穩當的小規模進攻，竟能造成如此令人驚訝的局面，未來，人們必將對此感慨地回顧。

就在這一刻，一件恐怖且致命的事件發生了。在德國猛烈攻勢下屢戰屢敗的俄國，陷入了彈藥匱乏且與協約國隔絕的困境，俄國無可挽回地破壞了這一光輝的聯合局勢。1915 年 3 月 3 日，俄國外交部長通知英國大使：

俄羅斯政府無法接受希臘參與達達尼爾行動，因為這必然會使局勢變得更加複雜……

薩佐諾夫補充道，昨日沙皇召見了他，明確表示在任何情形下都不能同意在達達尼爾行動中與希臘合作。這是不可動搖的決斷。難道沒有人向沙皇發出明確警告，難道他的祖先沒有在這位不幸的君主面前顯靈，預示王朝的崩潰、家族的劫難──凱薩琳堡那血腥的地下室？

在雅典，俄國公使奉命積極行動，以阻止和抵制希臘的干預。尤其糟糕的是，希臘國王得知，無論在任何情況下，他都不被允許率領軍隊進駐君士坦丁堡。另有一些人建議，也許可以允許希臘派遣 1 個師參加，這樣做的好處是，國王不會親自上戰場了。康斯坦丁國王因其妻為德國人，且受過德國教育，一方面受親德因素的影響；另一方面又遭到俄國粗暴的拒絕，所以他被迫退縮，恢復原先的敵對態度，這有什麼好奇怪的呢？

1915 年 3 月 4 日，法國外交部進一步發表了如下宣告：
俄羅斯政府將竭盡全力拒絕希臘對君士坦丁堡的遠征行動。
……若希臘政府願意參與達達尼爾海峽的遠征，那麼應告知他們，希

臘在戰爭中的合作須是全方位的，他們必須全力支持塞爾維亞。

英國駐希臘的公使、消息靈通且警覺的埃利奧特使我們不再對希臘的立場有所懷疑。他在 1915 年 3 月 6 日的電報中表示：

若執意要求希臘支持塞爾維亞，將會破壞希臘與我們合作的前景，除非保加利亞發動進攻。首相本人相信參謀部所提出的論證，認為此舉存在戰略上的危險。

同日，來自英國武官的電報稱：

我的俄國同行今日告知我，他認為俄國將反對希臘國王進入君士坦丁堡，俄國可能會提出條件，接受希臘當前提議的前提是國王不得前往君士坦丁堡。任何類似的限制都可能導致希臘整個提議的失敗。我敦促他向俄國參謀部闡明這一提議的戰略價值。希臘參戰本身即是保障塞爾維亞免受奧地利進攻的最佳方式，而保持希臘軍隊的完整無損，首先可以對保加利亞形成遏制作用，進而使羅馬尼亞能夠在布科維納與俄國合作。法國的利益在於獲得科孚島作為亞得里亞海的海軍基地，從而促進巴爾幹局勢朝有利於協約國的方向發展。

他進一步說明：「起初，國王將不會隨軍出征，但在逼近君士坦丁堡時，他或許會改變心意。若果真如此，我們不難預見，保加利亞國王可能會期望與他合作，共同應付土耳其軍隊——這將會帶來決定性的影響。」

「非常遺憾的是，俄國對出現在君士坦丁堡的任何一位國王都持反對態度。」

他總結道：「今日人群列隊行進中，韋尼澤洛斯受到了熱烈的歡呼，他提出加入我們的建議深得民心，主要原因在於希臘人希望他們的軍隊能進入君士坦丁堡。」

這種局勢牽動了我的每一根神經，讓我深感痛苦。那句小學生都知道的古老諺語——Quos deus vult perdere, prius dementat（上帝要毀掉一個人，必先使其瘋狂）——深邃的內涵在每個人的耳邊迴盪，如同古羅馬時

攻陷外圍堡壘與希臘的二次提議

期那般帶有悲劇色彩的、宿命般的情景再度降臨這個世界。確實,眼下所呈現的正是這句令人恐懼的名言所描述的局勢——或許正是為了這種情況,這句名言才以預言的形式被傳頌至今。

1915年3月6日深夜,我在極度痛苦中致信愛德華·格雷爵士。

邱吉爾先生致愛德華·格雷爵士

1915年3月6日

在此危急時刻,我請求你不要因誤判形勢而犯錯。半途而廢的態度將導致全盤皆輸,戰爭的拖延將使數百萬士兵喪命。你必須果敢而勇猛。你有權力做到這一切。我們的艦隊正進攻達達尼爾海峽。除受邀軍隊外,其他軍隊不得進入君士坦丁堡,我們別無他求,只求共同事業的勝利。

告知俄國人,我們將懷著寬容與同情的態度與他們討論君士坦丁堡的問題,但絕不能在與希臘合作的道路上設定障礙。我們必須獲得希臘和保加利亞的支持,只要他們願意加入。我非常擔心你會失去希臘,並讓俄國人掌控未來。如果俄國反對希臘的協助,我將竭盡全力阻止俄國取得君士坦丁堡。沒有我們的援助,俄國將是一個分裂的國家。他別無選擇,除非背叛——而那是他無法做到的。

倘若你不站在這個希臘——韋尼澤洛斯的希臘——一邊,你將面臨一個追隨德國的希臘。

我把這封信暫時擱置到第二天上午,而就在那天上午,從雅典傳來了一則簡短的電報,內容如下:

國王拒絕了韋尼澤洛斯的建議,內閣已經辭職。

我沒有將信寄出,如今在此發表,並非責備愛德華·格雷爵士或外交部。他們與我們同樣心情,已盡其所能。然而,我發表此信是因其記錄了這場目的在拯救俄國、使其脫離敵人和自我束縛困境的漫長鬥爭中的一個可怕時刻。

新的決心

當眾多國家都將目光聚焦於達達尼爾海峽之際，戰場上接連出現許多意義深遠的事件時，曾經產生重大影響的海軍作戰行動卻開始顯得動搖和乏力。自 1915 年 3 月 3 日起，卡登中將的進攻節奏逐漸放緩。不穩定的天氣經常不利於遠端炮擊，我們的早期水上飛機數量稀少且效率不高，雖然炮擊與觀察的協調基於健全的理論，但因經驗匱乏，實際操作仍然相當原始。敵方的移動榴彈炮自海峽兩岸展開大規模的日常炮轟，干擾我們的軍艦炮擊，迫使其不停移動。1915 年 3 月 4 日登陸的部隊遭遇比以往更強硬的抵抗，未能抵達堡壘群。掃雷工作也面臨愈來愈多由探照燈精確指引的土耳其野戰炮的炮擊，專為這項任務準備的掃雷拖網漁船因此無法勝任這項艱鉅的任務。這對於拖網漁船上那些平民出身的船員來說是嚴峻的考驗，雖然他們熟悉水雷，但過去從未遭受過炮轟。

在 1915 年 3 月 2 日至 8 日期間，我們對構成達達尼爾海峽內層防線的土耳其堡壘進行了 3 次連續炮擊。

首輪炮擊發生在 1915 年 3 月 2 日和 3 日。「老人星」號、「速捷」號、「康沃利斯」號、「阿爾比恩」號、「凱旋」號以及「喬治王子」號在不同的時間段對各個堡壘進行了炮擊，達達諾斯（8 號）堡壘成為主要目標。儘管堡壘未有任何火炮回擊，但因敵人最初使用榴彈炮攻擊，軍艦時而需繞圈行駛。總計發射了 121 枚 12 英吋炮彈。炮擊效果尚無法確定，但彈藥消耗被視為一個嚴重問題。

1915 年 3 月 5 日，「伊莉莎白女王」號改變了攻擊策略，對狹窄地段的堡壘進行間接炮擊。她停泊在距加巴山約 2 英哩的海峽外，越過半島實施炮擊。白天共發射了 33 發 15 英吋炮彈，其中 28 發射向 13 號堡壘，5

新的決心

發射向17號堡壘。炮擊效果的關鍵在於對落點的探測，這一任務由3架與射擊線成直角的水上飛機和在海峽內活動的3艘戰鬥艦（「不可抗拒」號、「老人星」號和「康沃利斯」號）共同完成。雖然戰艦可以較容易地校正射擊高度，但堡壘的位置難以觀察，無法校正射擊方位，因此依賴水上飛機。然而，執行這一關鍵任務的水上飛機表現不佳。第一架飛機因螺旋槳在3,000英呎高度斷裂而墜毀；第二架飛機被步槍子彈擊中6處，被迫降落，飛行員受傷；第三架飛機僅校正了一個目標。

間接炮擊持續至1915年3月6日。此時，土耳其人已將小炮和榴彈炮運至加里波利半島，向「伊莉莎白女王」號開火，迫使她將射程增加到20,000碼。老式土耳其戰鬥艦「巴巴羅塞」號也用11英吋大炮從海峽內的邁多斯海灣向她轟擊。儘管我們的所有軍艦都被榴彈炮和野戰炮擊中過幾次，但它們都安然無恙。

如今，我們已經掌握了炮擊的結果：13號堡壘被擊中11次，17號堡壘被擊中約7次。兩個堡壘後方的兵營被摧毀，一個彈藥庫被擊中。雖然大炮未遭破壞，但炮火從無防護角度射來，對土耳其炮兵造成了干擾。如果能夠使用飛機進行觀測，這兩個堡壘無疑會遭受嚴重損傷，只要彈藥充足，每1門大炮都可以被摧毀。堡壘在這個方向完全失去保護，每門大炮和炮架都成為顯著目標。海軍部最初的命令包含了節省彈藥的指示，加上空中觀測安排不足，導致這種攻擊方式匆匆結束。這確實是一個巨大的遺憾。「伊莉莎白女王」號的遠端炮擊是海軍計畫中的一大特色。15英吋大炮的炮彈供應充足，但海軍部不允許在1915年3月18日之前動用這些炮彈。節省彈藥的規定得到了遵守。在幾週內加強和提高空中觀測炮擊成果的能力是可以實現的，事實上也這麼做了。使用「伊莉莎白女王」號攻擊堡壘所依據的、體現在原海軍部計畫中的原則是合理的。失敗應歸咎於對彈藥消耗量的限制和空中觀測的不足。這兩個方面隨後都得到了彌補，但就在此時，這種方法遭到了猛烈的批評，之後再也沒有重新使用。

在非直接火力進攻被認定失敗後，1915 年 3 月 7 日，「阿加曼農」號和「納爾遜勛爵」號重新對狹窄段堡壘發起直接攻勢，射程為 12,000 至 13,000 碼。與此同時，法國中隊也開始轟擊 7 號和 8 號堡壘。然而，當天的進攻並未取得決定性成果。次日，「伊莉莎白女王」號在「老人星」號、「康沃利斯」號和「不可抗拒」號的支援下再次展開進攻。由於暴雨，光線昏暗，低垂的烏雲使得水上飛機無法進行觀測。儘管所有軍艦都遭到了榴彈炮的炮擊，但沒有受到重大損害。儘管堡壘的炮火似乎被壓制住了，土耳其人聲稱他們是為了短程炮擊節省彈藥，並停止炮擊以清除周圍炮彈爆炸飛濺在大炮內的碎石和沙礫。

進攻行動持續至 1915 年 3 月 12 日，同時進行了間歇性的炮擊和試探性的掃雷作業。在這些日子裡，我開始懷疑攻擊背後是否有足夠的決心。例如，中將在一份電報中報告，掃雷船在猛烈的炮火下被迫撤退，但他補充說，炮火並未造成傷亡。想到西線正在發生的情況，協約國部隊幾乎每天都要面對艱巨的任務並付出慘重的代價，這樣的報告只能讓我感到不安。中將在後來的另一份電報中解釋了種種困難，並表示他正在使用正規海軍人員重新組織掃雷工作。然而，這個重組工作直到進攻行動進入很晚的階段才得以完成。與此同時，儘管又進行了幾次堅決的掃雷嘗試，且幸運地未遭受重大損失，但雷區基本上仍然保持原狀。

顯然，我們必須投入更大的熱忱來努力。

為東地中海集結的部隊指派一位陸軍司令並將其派往戰場的計畫，遭遇了嚴重的拖延。到 3 月第一週的週末，基奇納勛爵實際上已經選定了時任國內中央部隊指揮官的伊恩·漢密爾頓爵士（Ian Hamilton）。然而，直到 1915 年 3 月 12 日，他才告知漢密爾頓爵士這一決定，並簡單地說道：「我們將派遣一支陸軍支援當前在達達尼爾海峽的艦隊，你將擔任司令。」

海軍部一直在等待這個決定，但它毫無理由地被一再拖延，而與此同時，軍隊和事態正在迅速變化，這使我和費雪勛爵極為難堪。我們原定在

新的決心

1915年3月18日就將運輸船隊集中起來,而且為大量人員和牲口提供飲食、飼養、用水和組織等一系列複雜而緊迫的問題,並急待在穆多羅斯可以解決。法國師也已經啟程出海,正指望我們給予指引和安排。在這些行政問題之外,還有各種軍隊使用的問題。而在另一方面,儘管人們一再詢問,基奇納勳爵卻穩如泰山,他還厭惡看起來像是對他施加壓力或者逼他的任何事情。我們急切等待他盡快派出不管什麼部隊,但也了解與他打交道必須有老練圓滑的手腕。我是直到1915年3月11日才確知他已選定了伊恩·漢密爾頓爵士。我立刻預訂了一輛隔日下午的專車以備不時之需。

以下是基奇納勳爵致伊恩·漢密爾頓爵士的指示要點:

(1) 艦隊已經展開了強行通過達達尼爾海峽的戰鬥。在這個階段,大規模動用陸軍進行陸地作戰,僅在艦隊竭盡全力後仍無法穿越海峽時才會考慮。

(2) 在加里波利半島開展任何重大任務之前,所有被選派參加遠征的英國陸軍必須集結,以便整體投入全部力量。

(3) 一旦參與進攻海峽的行動計畫,就不能抱有放棄的念頭。此次行動需要時間、耐心以及海、陸兩軍司令官有條理的合作方案。至關重要的是,應避免任何可能妨礙我們在策略和政治上取得成功的挫折。

(4) 不能排除小規模戰鬥的可能性,例如清除土耳其占領的地區,防止其利用炮擊騷擾艦隊,或摧毀已被艦隊壓制的堡壘。然而,這類小規模行動應該以達成既定目標所需的最低兵力為限,並且必須切實執行,避免長期占領加里波利半島上的陣地。

無論軍事上對這些指示有何種批評,它們都準確反映了此前戰時會議的決議。1915年3月13日晚,伊恩·漢密爾頓爵士將這些指示放在口袋裡,在一小批剛剛任命且首次晤面的參謀軍官陪同下,離開查靈克羅斯,前往達達尼爾海峽。航速30節的輕型巡洋艦「費頓」號在馬賽點火待命,1915年3月17日早晨載著他全速駛向達達尼爾海峽。

海軍的進攻逐漸陷入困境，但在 1915 年 2 月底，一小股海軍陸戰隊卻輕易地在半島登陸。這使得立即動用陸軍的方案對海軍部和半島戰場的指揮官極具吸引力。此刻，判斷陸軍登陸的前景頗為困難。沒有人確切知道土耳其在該地區部署了何種部隊。卡登中將在 1915 年 2 月 23 日的電報中提到：「加里波利半島上的守衛部隊約有 40,000 人。」這個數字也是陸軍部假設的依據。現今我們知道，當時半島上的軍隊實際上不足 20,000 人，他們沿海岸分散駐紮，既無援助也無儲備。如果此時第 29 師在現場進行戰鬥部署，無論從埃及抽調什麼部隊，都可能不遭受重大損失而成功登陸，進而占領極為重要甚至決定性的陣地。此後，登陸部隊可能會遭受土耳其人猛烈且不斷增強的進攻，但他們有理由堅守陣地，因為他們會得到來自埃及和英國的後續增援，增援的規模將遠超敵方。占據阿奇巴巴這個觀測點可以為海軍的非直接炮火提供絕對精確的指引，轟擊狹窄段的堡壘。我們還可以將重炮和榴彈炮（包括新型的 15 英吋榴彈炮）運到陸地上，在有效射程內轟擊敵人。如果能達到這種局面，合理時間內摧毀堡壘是必然的，艦隊通過海峽進入馬爾馬拉海也將順理成章。然而，以這種規模動用軍隊必然需要一個新的嚴肅決策。這意味著要開始新一輪的爭論，動用軍隊必須與繼續堅持純海軍進攻進行比較，權衡利弊，而對純海軍進攻至今尚未得出任何結論。

　　我認為，請基奇納勳爵代表陸軍部發表正式宣告，而不是我親自宣布我的觀點，是較為明智的選擇。他的回應並未讓我感到意外。

1915 年 3 月 13 日

海軍大臣，

　　針對你所提的問題，我的回覆是：除非我們發現對鄂圖曼在加里波利半島上的實力估計過高，或是基利德巴爾高地上的防禦工事並不像預期那麼堅固，否則，在第 29 師抵達並準備好參加可能會是激烈戰鬥的艱難任務之前，無法進行任何大規模的作戰行動。

基奇納

新的決心

我不批評這個決策。在當時的處境下，這個決策似乎是最明智的。錯誤是在更早的時候所犯下的。如果第29師能夠按照最初的決定在1915年2月22日之後立即動身出發，它本該在1915年3月中旬到達戰場，而不是晚了3個星期。如果第29師在運輸途中就做好戰鬥準備，它也應該在抵達目的地之後幾天內便可投入戰鬥。其他奉命開赴這個戰場的部隊，到1915年3月17日或18日，有的從英國和法國運往萊姆諾斯，有的在亞歷山德里亞海岸等待運輸船隊。從1915年3月20日起，就運輸時間而言，他們全已嚴陣以待，準備進攻加里波利半島。海軍部履行了諾言，正好在規定的日期，即1915年3月17日，準時將所有指定部隊（包括法國師）全部集結完畢。1915年3月18日海軍進攻達到高潮。此時，土耳其沒有大批增援部隊到達半島。然而，第29師還沒抵達之前，陸軍什麼也不能做。它是最為關鍵的一支部隊，也是唯一的正規師，它的調動和到達掌控著全域性戰鬥節奏。因而，指定到這個戰場的部隊有五分之四如預先安排的那樣準時集中，而那不可缺少的五分之一卻晚到了3個星期，沒有它，其餘部隊則不能行動。於是所有的部隊都發揮不了作用。

到了1915年3月中旬，不僅海軍的行動，乃至整個戰役都迎來了一個轉捩點。截至此時，我們尚未經歷重大風險，亦未遭受損失，大部隊尚未深深捲入作戰。原先卡登制定的逐步剷除堡壘的計畫依然在執行。這個計畫沒有失敗，但已經顯得滯後，執行得如此無力，幾乎陷於停頓。同時，時間卻在不斷流逝。自從開火以來已過去將近1個月。土耳其人在幹什麼？顯然，他們在德國教官的有力組織下增援部隊、加強工事、布放新的水雷、安置新的魚雷管、架設新的大炮。德國人又在幹什麼？將潛艇從易北河派往愛琴海可能需要大約1個月的時間。潛艇派出了嗎？它們正在路上嗎？它們可能已經近在咫尺。這是一個令人日益擔憂的問題，但也是一種鞭策。現在無疑已到了檢查我們整個立場和政策的時刻。當初我們曾預料，如果形勢的發展出乎我們的希望，或是堡壘的抵抗過於頑強，只要

我們願意，就可以停止進攻——而現在我們正處在當初預料到的這種時刻。事實上，我們可以照這個預料行事。指揮棒一揮，集聚在達達尼爾海峽或正朝此地行駛的全部艦隊——戰鬥艦、巡洋艦、驅逐艦、拖網漁船、供給船、運輸船——轉瞬間就會煙消雲散。傍晚時人們還能看到一支強大的海軍正在進行一場舉世矚目的進攻，而當太陽再次升起時可能只看見空蕩蕩的大海和靜悄悄的海岸。

進一步來說，現在並非取捨的時機。對達達尼爾海峽的持續炮轟必然促使土耳其不斷派遣增援部隊前往加里波利半島和亞洲沿岸。土耳其人所缺乏的大炮和各類軍火供應已經從各處搜刮並運來，或正在運輸途中。此外，俄國人經過一次英勇的努力，已大幅改善高加索的局勢。現今在海上的英、法部隊或許無法集結足夠的力量登陸並攻占加里波利的高地和山脈。然而，沒有人會懷疑他們有能力占領並守住亞歷山大勒塔——進而切斷土耳其帝國的一大版圖，阻斷威脅埃及的土耳其陸軍的交通，並截斷從東部運來急需物資和食品的供應線。為了這樣的進攻，達達尼爾行動是一個最佳的開端——一次真正的佯攻。

所有這些思慮對我而言毫無意義。我對這些考量瞭如指掌，因此全盤拒絕。我堅決捍衛主要目的。我堅信，只要竭盡全力，我們能夠攻克達達尼爾海峽，一旦成功，我們將獲得真正的決定性勝利。然而，那裡的海、陸軍將領和政界人士從未贊同這些清晰明確的結論，他們始終質疑這次行動的可行性，懷疑主力艦隊的優勢是否足夠，懷疑這次行動對東方戰場的影響！現在無疑對他們有利。對費雪勳爵有利。他完全可以理直氣壯地宣稱：「我們已經給予卡登計畫一次充分的檢驗。我從未對這次行動抱有太大期望。行動未能成功，但卻是一場很好的演出。它迷惑了土耳其人，也幫助了俄國人。它實際上沒有給我們帶來任何損失，現在讓我們徹底停止行動，轉而做一些其他的事情吧。」隨後，在4月分，我們已經深陷其中，並且遭受了實質性的損失和遏制，如果撤退——確實有人提出過這

新的決心

種建議，必然會損害我們的軍威。然而，此時中止攻打無疑將引發爭議，在海軍看來，撤退是最簡單的選擇。

然而，實際情況又是如何呢？第一海務大臣根本無意終止此次軍事行動。他對這次行動的支持從未如此堅定。他真誠地同意了一項新的決定：將當前逐步、試探性地承擔有限責任的進軍，轉變為凶猛、堅定且充滿風險的進攻。他也支持海軍部的幾份重要電報，這些電報是在海軍部戰時領導小組充分討論後由我起草的，當然也大致徵求過首相的意見。他甚至要求親自出馬，懸掛他的旗幟，前往達達尼爾海峽指揮戰鬥，聲稱這次戰役責任重大，只有最高領導才能承擔。隨後，儘管形勢使費雪勳爵的立場變得複雜，但他仍舊以非常坦率和英勇的方式親自向達達尼爾委員會陳述了上述事實。

對於書中提及的其他權威人士，沒有任何人表示異議。亞瑟·威爾遜爵士、亨利·傑克森爵士、奧利弗上將以及德·巴托洛梅准將全都一致同意繼續並加緊進攻，部長們似乎也懷有相同的決心。陸軍部和外交部也迫不及待並充滿希望。首相甚至認為無需再召集會議來解釋要點。我從未隱瞞過自己的觀點。我為此次行動獲得如此多的贊同和支持感到欣喜。我唯一的遺憾是，各方面未能將他們表現出的堅定決心形成明確的信念並貫徹到底。

如何解釋眾人的團結和決心？是勝利的前景點燃了內心的熱情。所有人的思想全貫注於達達尼爾海峽及其後的那座城市的巨大價值。被俄國在1915年3月6日拆散的各國聯合方案仍舊潛藏著可能性。義大利、保加利亞、羅馬尼亞和希臘的態度引人關注。人人都已是熱血沸騰，個個都在摩拳擦掌。展開一次大規模海、陸作戰所必需的意志力和內聚力現在已經具備。但是晚了一個月！

在海軍部戰時領導小組的會議上，所有成員一致同意向卡登中將發送以下電報。

1915 年 3 月 11 日午後 1 時 35 分

你曾多次強調謹慎和深思熟慮的重要性，迄今為止你在推進過程中沒有遭受損失，我們高度評價你的技巧和耐心。

然而，如果勝利的代價是損失艦隻和人員，那麼我們所獲得的成果之豐厚也足以證明這種損失的合理性。迂迴恰納克拐角可以決定整個戰鬥的勝負，對戰爭產生決定性的影響，因此我們建議你考慮。現在時機已經成熟，有必要選擇一個有利的天氣，集中最大數量各種口徑能**轟擊**敵人的大炮，在有效射程內對狹窄段的堡壘實行壓倒性的**轟擊**……

我們並不希望催促或逼迫你放棄自己的判斷，然而我們都明白，在戰鬥的某個階段，你將不得不果斷做出決定。我們渴望了解你是否認為這一階段已經到來。我們將支持你為爭取決定性結果而採取的深思熟慮的行動，即使這意味著需要承擔令人遺憾的損失。

1915 年 3 月 15 日再度發電：

我們明白你的意圖：透過在布雷區中清理出一條航道，以便最終能夠在近距離內對狹窄段的堡壘發起攻擊，同時保護戰鬥艦隊的火力能夠對堡壘或移動的輕型炮組進行轟擊。這項任務可能需要幾天的時間。掃雷工作完成之後，我們了解你計劃在有效距離內對狹窄段的堡壘進行攻擊，使其完全失去作用。然後，只要條件允許，你將繼續進攻狹窄段以外的堡壘；如有必要，進一步清除水雷。如果這確實是你的意圖，我們表示真誠的支持。我們希望你在執行這些任務時不要過於匆忙，但也不要浪費時間。

中將回應說：

1915 年 3 月 15 日上午 9 時 15 分

我深知局勢的嚴峻，正如 1915 年 3 月 14 日電報中提到的，我計劃對狹窄區域發起強烈攻勢，並在進攻掩護下清理雷區。關鍵在於良好的能見度，一旦有利時機出現，我會立即採取行動……

海軍部的 101 號和 109 號電報是發給艦隊的 2 份至關重要的電報。它

新的決心

們的主要目的是讓中將明白,如果他決定打通海峽並因此遭受重大損失,甚至整個作戰行動半途而廢,其責任將由他在國內的上司承擔。他只需專注於自己的任務和眼前的敵人。

關於進攻的所有事宜已經處理完畢,我休假了2天,前往約翰·弗倫奇爵士的指揮部(在那裡我當然有直線電話聯繫)等待結果。到達後,我收到了卡登中將發給海軍部的電報,聲稱他的醫官診斷他必須請病假。因此他推薦由德·羅貝克中將接替他來負責指揮此次行動,並認為德·羅貝克中將「十分熟悉目前和將來的所有安排,而且在準備階段發揮了巨大輔助作用。」

這件事擾亂了計畫。我們已經相當了解卡登中將。他是海軍逐步進攻方案的主要設計者,並明確表示完全支持採取更積極的進攻策略。他已經深深捲入其中,必須將這場戰爭堅持到底。然而,現在戰役迫在眉睫,他卻突然崩潰了,我們不得不重新與另一個人合作。在過去的3年中,我與德·羅貝克中將有過多次接觸。他在海軍中享有盛譽,是一名出色的海軍軍官和能幹的紀律執行者。在戰前的任期內,他擔任東海岸巡邏艦隊司令達2年之久。儘管我不完全贊同他當時制定的一些應戰計畫,但人們認為他現在的經驗使他能夠從更高的策略和戰術角度思考問題。他對事業的信心源自他的性格、個性和熱情。事態的發展使他成為卡登中將接班人的最佳人選。儘管他的資歷低於目前指揮穆德羅斯基地的威姆斯少將,但在整個軍事行動中,德·羅貝克一直擔任副司令,全面掌握情況。威姆斯還在緊張處理因運兵船隊隨時到達而產生的緊急行政事務。僅憑軍銜高低來選拔這些軍官顯然是不對的。威姆斯本人出於大我主動發來電報:「如果你們認為應該提升德·羅貝克,我完全願意服從他的命令。德·羅貝克和我完全一致,無論你們如何決定,我們都會忠實合作。」任命事實上是不可改變了。就這樣,命運之神在達達尼爾海峽小心翼翼地邁出了她的步伐。

我認為,我們必須徹底了解德·羅貝克中將的立場,確定他是否與海

軍部的觀點完全一致，這樣才能在卡登中將被迫放棄工作時接手這次軍事行動的指揮。於是，在與費雪勛爵商討後，我從約翰·弗倫奇爵士的指揮部發出如下電報：

海軍部致德·羅貝克中將

1915 年 3 月 17 日

海軍大臣密電，收件人親自啟封。

我懷著極大的信任任命你為地中海特遣艦隊司令，相信你完全贊同海軍部第 101 號和第 109 號電文以及卡登中將的回電，並在獨立判斷後認為，所建議的行動是合理且可行的。如果你有不同意見，請直言無諱。相反，如果你同意，請迅速執行，一旦有利的機會出現，切勿猶豫不決。請每日詳細彙報，並與漢密爾頓將軍緊密合作。威姆斯將擔任你的副手。祝你好運。

德·羅貝克中將致海軍部

1915 年 3 月 17 日上午 10 時 20 分

密電，海軍大臣親啟。

德·羅貝克中將發。感謝您發來的電報。我完全同意你提到的內容。如果天氣條件允許，明日將展開行動。我的觀點是，進攻狹窄段的關鍵在於我們能否清除雷區，這需要在掃雷過程中壓制堡壘的炮火。漢密爾頓和達馬德陸軍將領以及威姆斯海軍少將今天來我船上，會談結果十分令人滿意。

次日又收到電報：

1915 年 3 月 18 日

天氣晴朗。戰鬥一觸即發。

新的决心

3月18日

1915年3月18日上午,協約國艦隊全數動員進攻狹窄海域。

德·羅貝克中將的計畫是同時壓制守衛狹窄段的堡壘及其保護雷區的炮群。他指派10艘戰鬥艦執行攻擊任務,6艘戰鬥艦每隔4小時輪換。攻擊一旦開始便由4艘現代戰艦進行遠端炮擊。當部分堡壘被遏制後,法國中隊的4艘戰艦將通過第一線的間隙,在8,000碼的距離外炮擊堡壘。一旦堡壘被控制住,掃雷船將清除組成凱佩茲雷區的5道水雷線的900碼航道。掃雷工作將在2艘戰鬥艦的掩護下通宵進行,此時其餘軍艦撤退。第二天早晨,如果航道已經清理,艦隊將穿過航道進入薩里錫格拉海灣,在近距離有效射程內轟擊狹窄段的堡壘。當這些堡壘被摧毀或壓制之後,清理狹窄段雷區的工作將隨即展開。

整個計畫的基礎在於,戰鬥艦的作戰和調動水域必須是完全清除水雷或已知無水雷的區域。1915年3月7日,在炮轟區域內已無法找到水雷,事實上也沒有水雷存在。掃雷行動幾乎每晚進行,掃雷範圍達到距離狹窄段8,000碼處,亞洲方向沿岸也進行了一些掃雷。然而,大部分埃倫·凱威海灣的水雷未被清除。「皇家方舟」號進行的一次試驗使我們「相信」水上飛機或普通飛機在雷區上空飛行時,可以辨認出清澈海水中18英呎深處的水雷。水上飛機經常報告在正規雷區內發現水雷,依賴這些報告,不僅能積極地知道某區域有水雷,還能在更廣泛和不確定的意義上知道沒有報告有水雷的地方就是沒有水雷。我們現在知道「皇家方舟」號的試驗是一種誤導。水上飛機事實上無法探明土耳其人的正規布雷區,它們所發現和報告的只是一些極其靠近水面或網標已露出水面的水雷。我們必須充分考慮到任務的艱巨性和執行手段的局限性。然而,清除水雷以為軍艦開闢

3月18日

炮擊區域，這是海軍進攻堡壘前的必須工作；已清除的水雷區完全在我們控制之下，絕不能與嚴密防守的正規布雷區混淆。正如我們現在所知，對正規布雷區的掃雷未完成，是因為掃雷船隻數量和效率不達標，這一事實直接導致了1915年3月18日我們的進攻蒙受損失，並間接導致了整個海軍計畫的放棄。

在1915年3月8日黎明時分，英國夜間巡邏的驅逐艦從海峽撤離後，土耳其的「努斯雷特」號小輪船在埃倫‧凱威海灣布置了20顆水雷。這條新的水雷線與海岸平行，每隔100至150碼布放一顆水雷。這些水雷的布置是為了摧毀次日來此區域繼續炮轟的軍艦，1915年3月6日和7日軍艦正是在這一帶進行炮擊的。確實，這些水雷在大戰中發揮了公認的作用。1915年3月16日，掃雷船發現並引爆了3顆水雷，但由於未發現更多水雷，大家未意識到這只是整條水雷線的一部分。其餘在進攻前10天布置的水雷一直未被發現，也未引起懷疑。當1915年3月18日陽光燦爛的一天到來時，這些水雷仍隱藏在水下，而德‧羅貝克中將指揮的龐大艦隊正向前推進，執行重要任務。

大約在11點半，「伊莉莎白女王」號、「阿加曼農」號、「納爾遜勛爵」號及「不屈」號開始以14,400碼的射程對狹窄段的堡壘進行連續炮擊。幾分鐘後，整個A戰鬥編隊全部投入戰鬥。軍艦立即遭到中間防線的可移動榴彈炮和野戰炮的猛烈轟擊。所有的軍艦都被大炮擊中數次，但厚厚的裝甲有效地保護了軍艦免於損壞。堡壘也開始還擊，但對它們而言，軍艦的距離過於遙遠。11點50分，只聽見一聲巨大的爆炸，「伊莉莎白女王」號擊中了20號堡壘；「阿加曼農」號和「納爾遜勛爵」號也多次擊中13號和17號堡壘。正午剛過幾分鐘，法國中隊在蓋普拉特將軍的率領下勇敢地穿過炮擊線，開始在更近的距離攻擊堡壘。所有的堡壘猛烈還擊，雙方打得炮火連天，A、B兩個戰鬥編隊的軍艦同時炮擊堡壘和炮群。當時的景象既可怕又壯觀，強大的軍艦在碧波中旋轉，變動位置，大炮小炮齊聲轟

鳴；在濃密煙霧和飛塵中的堡壘被巨大的閃光所刺穿；海峽兩側的山丘發出大炮怒吼的回音，海峽兩側的海岸上響著野戰炮的咆哮聲；輔助驅逐艦和巡邏艇在四處穿梭，執行著危險的任務——一切都展現在陽光燦爛的天空下和平靜的碧波上，合起來給人一種難以想像的壯麗和危機四伏的印象。這個階段持續了大約 1 個小時。將近 1 點鐘時，13 號堡壘發出巨大的爆炸聲。1 刻鐘之後，8 號堡壘停止了炮擊。「高盧」號和「查理大帝」號現在開始有規律地轟擊 13 號堡壘和 16 號堡壘。1 點半時，堡壘的火力已明顯減弱。到了 2 點差 1 刻時，它們幾乎停止了炮擊。堡壘裡的人已被趕離大炮或撤離，整個工事的內部堵滿了瓦礫碎屑。

掃雷艦現已接到命令前進。首當其衝的法國中隊被召回，由戰鬥艦前去接替其位置。英國軍艦幾乎未遭受損失，只有「不屈」號的前部船橋被擊毀並起火；而幾艘法國戰艦則遭受了嚴重打擊。然而，就整個艦隊而言，沒有 1 艘艦船的戰鬥或驅動能力受到影響。在堅固的鋼鐵裝甲保護下，官兵的損失極少。傷亡人數總計不超過 40 人。到目前為止，計畫似乎執行得非常順利。總體來看，堡壘似乎已被控制住，如果不再遇到雷區，軍艦應該能夠以極小的代價壓制堡壘並順利通過海峽。無論如何，我們顯然已經有制服堡壘的方法。然而就在此時，第一場災難發生了。

在 1 點 54 分，「布維」號緊隨旗艦「薩夫倫」號駛出海峽時，在埃倫‧凱威海灣撞上了 1 顆水雷。水雷的爆炸引發了她的彈藥庫，2 分鐘後她便在一片煙霧和蒸汽中沉沒，只有 66 人獲救。「伊莉莎白女王」號上的人員認為她是被 1 枚重磅炮彈擊毀的，而戰鬥並未因此停歇。

2 點鐘時，所有的堡壘都陷入了沉寂，唯有「伊莉莎白女王」號和「納爾遜勳爵」號仍在繼續炮擊。掃雷船此時接到命令，開始進入海峽；B 戰鬥編隊的戰鬥艦也在進行替換任務，同時向堡壘推進，並從更近的距離開火。所有堡壘再次展開了一輪迅速但無效的射擊，而「伊莉莎白女王」號則以排炮齊射回應。第二階段持續了 1 個多小時，堡壘的炮擊斷斷續續，

3月18日

對艦隊未造成實質性破壞。毫無疑問，土耳其人的射擊控制和通訊已經被徹底打亂。與此同時，掃雷船迎著水流緩慢前進，目標是凱佩茲雷區。過程中，掃雷船引爆了3顆水雷，並打撈起另外3顆，這些水雷是最近布設在埃倫·凱威海灣的。德·羅貝克中將隨後報告此時的戰況：「下午4點，狹窄地段的堡壘實際上已經被制服；保護雷區的炮隊也已逃跑，形勢十分有利於清除水雷。」

在下午4點11分，「不屈」號在一整天都在未知雷區內或附近活動後報告觸碰到了1枚水雷。她已經嚴重傾斜，情況極其危急。3分鐘後，「不可抗拒」號也被發現艦身傾斜，顯然無法繼續行駛。到了4點50分，德·羅貝克斷定他所乘坐的戰艦也碰上了水雷。這些水雷出現在被認為完全沒有水雷的水域，而艦隊整天在這片水域活動，這使得所有人陷入了驚慌失措之中。一排繫留水雷能夠在我們自己的水域中放置，這在當時被認為是不可能的事，直到戰爭結束大家還都不清楚原因。那麼，是什麼神祕而可怕的武器給我們帶來了致命的打擊？是從海岸旁或水底的某個隱藏的場所發射出的魚雷？是土耳其人在狹窄段上游拋下的一大批漂雷，此時才被海流衝入艦隊？下午發現了幾顆水雷順流漂下，勇敢的巡邏艇將它們撈起。而且，就在炮擊開始之前，有人見到4艘土耳其輪船在狹窄段等候，估計它們準備在適當的時候放置水雷。因此，這是一個相對可能的解釋。然而，無論如何，軍艦活動的那片水域顯然布滿了水雷，否則就是有更為驚人的原因在背後操縱。

在此情況下，德·羅貝克中將決定中止炮擊，這一決定無可指摘。面對如此巨大的損失和諸多不確定因素，繼續進攻堡壘已經不可能。2艘準備在夜間保護掃雷工作的戰鬥艦已無法再留在海峽內。此外，中間防線的堡壘（7號和8號）尚未被控制，因此掃雷工作無法進行，整個作戰行動必須中斷。大約在下午5點，總撤退命令下達，所有注意力轉向受損軍艦及救援船員的工作上。「大洋」號在前往援救「不可抗拒」號途中進入相同雷

區，結果也觸雷受損。其餘情況無需贅述。「不屈」號安全抵達泰內多斯島，在淺水區拋錨。「不可抗拒」號和「大洋」號上的官兵被轉移到驅逐艦上，轉移工作進行得非常熟練且勇敢，這2艘被遺棄的戰鬥艦當晚沉入海峽深處。

1915年3月18日的戰鬥就此告一段落。儘管戰鬥場面壯烈，炮火連天，但雙方的傷亡人數之少令人難以置信。土耳其炮隊和堡壘裡的損失人數不足150人。整個英國艦隊的傷亡人數只有61人。然而，法國人卻不得不為「布維」號上近600名陣亡船員感到痛惜。在艦隻方面，「不屈」號有6個星期無法參戰；「高盧」號被炮火嚴重擊傷；3艘老式戰鬥艦被擊沉。接下來，我們將審視敵人及其防禦情況。

1915年3月18日這天，我身處比利時海岸沙丘上的法軍戰壕。在此，咆哮的戰線從瑞士延伸至海邊，鐵刺網一直延續到海灘，甚至進入海水。掛在鐵刺網上的屍體被海藻覆蓋，腐爛的過程中經受潮水的沖刷。其他一些屍體成堆地躺在沙丘邊，10具或12具一組，他們是在衝鋒時被炸死的，但從他們的姿勢和排列陣勢仍能推測出進攻時的意識和神態。這些陣亡士兵已經躺了數月，沙土漸漸覆蓋他們，模糊了他們身體的輪廓，彷彿大自然正在將他們收回懷抱。雙方戰線極為接近，某些地方僅相隔幾碼。戰場上籠罩著一種警覺的寂靜，只被偶爾的炮聲打破。沙丘上的防禦工事既複雜又新奇，我在戰線的其他部分未曾見過這種防禦工事的特點。這是晴朗的一天，感謝上天，我可以暫時不去考慮海另一側戰線上發生的事情。當天夜裡我回到英國，意在了解那些戰鬥的情況。

消息在早上傳達到我這裡。只需一瞥便能看出結果不容樂觀。隨後，一份電報進一步說明：

儘管軍艦損毀和人員傷亡，中隊仍決定立即投入戰鬥，但須重新評估進攻策略並尋求應付漂雷的方法。

我僅將這一消息視為首日戰鬥的結果。有一段時間，我完全沒有考慮

3月18日

到我們不應在既定的限度之外繼續冒險,尤其是在沒有以某種方式做出新的決策之前。我發現費雪勳爵和亞瑟·威爾遜爵士的心境與我相同。兩人上午一同前來見我,皆表示要將戰鬥進行到底的堅定決心。第一海務大臣立即命令「倫敦」號和「威爾士親王」號前去增援德·羅貝克中將的艦隊,以替換受損的戰艦。此外,「女王」號和「無情」號也已在增援的途中。法國海軍部部長發來電報稱,他將派遣「亨利四世」號前去接替「布維」號。我們全都參加了11點召開的戰時會議。戰時會議的態度同樣沉著堅定,在聽取了我們的報告後,授權海軍部大臣通知德·羅貝克中將,如果認為合適,海軍可以繼續進攻達達尼爾海峽。

於是我們向德·羅貝克中將發送了一封激勵電報,並通知他增援的艦隊即將前往。我們進一步強調:

至關重要的是,務必阻止敵人修復堡壘,不要明顯中斷炮擊,這會助長敵人的士氣。「伊莉莎白女王」號在半島對岸進行的間接炮轟所需的15英吋炮彈能充分供應。

1915年3月20日,德·羅貝克中將向海軍部發來電報,詳細介紹了他正在進行的掃雷工作重組情況。他表示,希望能在3、4天內重新展開炮擊;由於需要對新的掃雷人員和驅逐艦進行初步訓練,不可避免地會耽擱幾天。在未做好打持久戰的充分準備之前,艦隻不能進入達達尼爾海峽。

當天稍晚時,他收到了另一份電報,內容報告稱其倖存的艦艇戰鬥力未受削弱,受損部位僅限於煙囪、上層建築和甲板。

因此,迄今戰況都還算保持著穩固與堅定。第一海務大臣與海軍部戰時領導小組、首相與戰時會議成員、法國海軍部部長,以及德·羅貝克中將和戰地法國海軍將領——所有人都只有一個信念,即堅持貫徹已經莊嚴做出的決定。

然而,1915年3月23日突然收到了一份截然不同的電報。

德‧羅貝克中將致海軍部

1915 年 3 月 23 日上午 6 時 30 分接獲

在今日與漢密爾頓將軍及伯德伍德將軍的會談中，漢密爾頓將軍告知我，陸軍在 1915 年 4 月 14 日之前無法承擔任何軍事任務。當艦隊進入馬爾馬拉海時，為了確保我們的交通安全，必須摧毀海峽內所有敵軍的大炮。這些大炮數量眾多，軍艦的炮火只能使其中少數幾門失去作用。1915 年 2 月 26 日爆破小組的登陸顯然令敵人措手不及。根據我們 1915 年 3 月 4 日的經驗，在未來摧毀敵人大炮的戰鬥中，必定會遭遇頑強且充分準備的抵抗。我認為，派遣一支有足夠能力在達達尼爾海峽內執行此任務的部隊登陸，並不是一項可行的行動。漢密爾頓將軍對此表示贊同。如果大炮不被摧毀，艦隊取得的任何成功都會化為烏有，因為艦隊穿越後海峽將被封鎖，我們可能會遭受重大物資損失，無法確保軍艦在達達尼爾海峽的通暢。在抵達馬爾馬拉海之前，水雷始終是一個威脅，而且這種威脅可能比我們預料的要大得多。我們必須小心謹慎，徹底清除水雷和漂雷的威脅。這需要時間，到陸軍能夠行動時，我們的準備工作也可以完成。因此，與其為可能只部分解決問題的行動冒險，不如等到 1915 年 4 月中旬左右進行一場決戰。

讀完這份電報後，我感到無比震驚。我憂慮長期拖延的風險，更為等待陸軍大規模進攻可能導致計畫無限期擱置而擔心。單是準備陸軍登陸這一項就能為敵人爭取至少 3 個星期的額外時間，在我看來這是一個極其危險的冒險。從各個方面來看，這比海軍進攻要嚴重得多。更何況，放棄海軍計畫根本沒有理由；到目前為止，我們所有的推理和結論都是基於這一計畫。海軍行動中人員損失幾乎可以忽略不計。整個過程中，只有 1 艘重要軍艦（「不屈」號）受損，她只需要在馬爾他造船廠修復 1 個月或 6 個星期即可完全恢復。至於那幾艘舊戰鬥艦，他們無論如何都注定要成為破銅爛鐵。損失的每一艘軍艦都有替補。就在 1915 年 3 月 20 日，中將還來電

3月18日

說：「基於18日的經驗，我認為經過幾天的炮轟後，我們能夠制服狹窄地段的堡壘和守衛雷區的炮臺，使掃雷船可以清除凱佩茲雷區。」既然如此，為什麼不繼續行動呢？這正是我們一直計劃去做的事情。也是我們決定要做的事情。為什麼要在這決定命運的時刻改變主意，讓陸軍去面對這種不可預知的嚴峻考驗？如果陸軍進攻失敗，我們將陷入海軍進攻無法解決的困境，風險更大，賭注更高。不管怎樣，我對應該給德·羅貝克中將下什麼命令已經沒有疑慮。於是立即召開海軍部戰時領導小組會議，將下面這份電文呈給他們審閱：

海軍部致德·羅貝克中將

　　回覆你的818號電報。鑑於拖延可能導致潛艇攻擊的風險，同時陸軍行動將付出巨大的代價，並且鑑於陸軍行動在打通海峽方面可能失敗或僅取得部分成效，以及未必能消除水雷威脅，因此我們認為，你應堅定地執行給你的指示和海軍部109號電報中所規定的計畫。你應做好充分準備，一旦機會來臨立即恢復3月18日開始的進攻。你應該壓制狹窄段的堡壘，清除雷區，然後在近距離內摧毀堡壘；掌握好你的時間，利用飛機和所有改進對付水雷的方法。摧毀狹窄段的堡壘可以為進一步推進鋪平道路。一支足以擊敗土耳其艦隊的我方艦隊進入馬爾馬拉海，將對整個局勢產生決定性的影響，你不必擔心隨後的交通線。我們知道敵人堡壘彈藥短缺，水雷供應有限。我們認為，放棄純粹使用海軍進攻達達尼爾海峽計畫的時機尚未到來。

　　德·巴托洛梅准將今天出發，他將詳盡地向你闡述我們的立場。同時，所有恢復進攻的準備工作應當立即開始進行。

　　然而，我立刻面臨了無法踰越的阻礙。參謀長非常願意下達命令恢復進攻，但第一海務大臣不同意這份電報中的建議，亞瑟·威爾遜爵士和當時出席會議的亨利·傑克森爵士也持相同意見。費雪勳爵給出的理由是，

他之前之所以同意這個計畫，是因為它得到了戰地指揮官的支持和推薦。如今，德·羅貝克中將和伊恩·漢密爾頓爵士決定聯合行動，我們只能接受他們的看法。事實上，這次行動最終回到了他和我們都樂於採取的初始形式，這讓他感到極大安慰。「我們還需要什麼？陸軍即將行動，他們早該這麼做了。」然而，由於時間的拖延和行動的暴露，形勢變得對我們不利，這令人悲痛和恐懼，這一點我無法容忍。我從這種缺乏堅定目標的心態中看到了可怕的前景。自戰爭爆發以來，八角會議桌周圍首次出現了激烈的辯論。我強烈主張恢復海軍進攻的必要性。德·巴托洛梅准將堅定支持我的立場，但他在這些人中年紀最輕，我的意見難以占上風。我在沒有達成決議的情況下結束了會議。會後，我將草擬的電報交給首相過目，發現他真心誠意地同意電文中的觀點，貝爾福先生的態度也相同；那天我和貝爾福先生討論了這件事。

回顧此事，如今人們可以清晰地看出，首相此時應該親自干預並貫徹他的看法。至於我本人，我能做什麼呢？如果辭職能促成這個決定，我會毫不猶豫地辭去職務。然而，我的辭職顯然只會使情況更加惡化。無論我做什麼，都無法說服那些頑固不化的海軍將領們。他們只需指出已經發生的軍艦損失，所有人都會站在他們一邊。因此，我無奈之下，只能放棄向德·羅貝克中將直接下令恢復進攻的打算。

第一海務大臣竭力撫慰我。

他在 1915 年 3 月 24 日致信我，表示：「毫無疑問，派遣巴托洛梅前往那裡是正確的，越快越好……你如此焦慮和激動是大錯特錯。務必牢記我們是迷途的以色列 10 個部落。我們必將勝利！我深知自己是個樂觀主義者！一直以來都是樂觀主義者！感謝上帝……讓巴托洛梅立刻出發！不要再發電報了！隨它去吧！」

縱觀後來的發展，我「如此擔心和激動是否極其不妥」，靜觀其變吧。探究重要事務是明智的，但應在時間尚充裕時進行。

3月18日

德‧羅貝克中將改變計畫

達達尼爾海峽發生了什麼事？陸軍已經到達。從陸軍能夠啟程的最早時刻起，海軍部就準時將全部軍隊運抵集結地點。伊恩‧漢密爾頓爵士在海軍準備進攻狹窄段的前夕抵達達達尼爾海峽，他從「費頓」號的艦橋上目睹了進攻的最後場面。戰鬥艦沉沒的景象、受傷的「不屈」號傾側地緩慢駛離海峽的景象、驅逐艦上擠滿了被救起的官兵的場面，無一不給他留下強烈印象。這一幕幕在秉性過於高尚的他的內心中，激起了強烈的想要幫助和拯救兄弟軍種的願望。正是在這種心情中，他決定致力於他將立刻面對的問題。

這個問題確實極其嚴峻且令人困惑。若海軍請求支援，伊恩‧漢密爾頓爵士將竭盡所能地提供協助。若在半島尖端登陸並占領基利德巴哈爾高地能解決海軍的困難，他會全力以赴。然而，時間顯然不容拖延。每過一天，每過一小時，土耳其的防禦和準備工作都在加強，他們的兵力也在集結。若是 2 週前，40,000 名士兵登陸半島還可能不費多大力氣。但如今登陸就必須準備迎接一場惡戰。而自 1915 年 3 月初便在戰地觀察戰鬥過程的伯德伍德將軍，急切希望當時能在那裡登陸，他相信迅速的進攻能夠克服對方的抵抗。

目前，在這次軍事行動中，參謀部首次獲准發表意見。他們向司令官提出了大量令人信服的理由。炮火下登陸的準備工作需要高度的組織性，而迄今為止尚未做任何準備。最為重要的是，實施如此宏大的計畫至少需要一定比例受過嚴格訓練的部隊。這樣的部隊目前並不存在。澳洲士兵雖然勇敢且忠誠，但和皇家海軍師一樣，他們僅受過部分訓練。而第 29 師剛從英國起航，預計在 4 月的第 1 週才能抵達。抵達後情況會如何呢？這

德‧羅貝克中將改變計畫

支部隊由 22 艘運輸船運送，根本沒有立刻投入戰鬥的準備。彈藥集中在 1 艘船上，運輸車輛裝在另 1 艘船上，馬具集中在第 3 艘船上，而機槍則放在船艙底層，諸如此類。在這支訓練有素的部隊能投入戰鬥之前，他們必須首先尋找平靜的水面或碼頭，利用小船上岸，然後重新編隊，按戰鬥序列組織起來。然而，穆德羅斯海港（位於萊姆諾斯）並不具備這些設施。此外，儘管已有近 60,000 人進入攻擊加里波利半島的範圍內，但補給物資仍分散在地中海各處，醫院也尚未準備好，工作人員從未集中在一起。

面對諸多不利選項，伊恩‧漢密爾頓爵士的參謀人員表示，無論拖延的風險多麼嚴重，也比毫無準備地發動進攻的風險要小。因此，將軍決定將基地和部隊從萊姆諾斯轉移至亞歷山大，以便在海軍需要時，他能夠從埃及組織大規模的軍事行動。在達達尼爾海峽，他只保留了足夠執行小規模任務的部隊。

當德‧羅貝克中將於 1915 年 3 月 18 日撤出戰鬥時，他渴望儘早重新發起進攻。然而，形勢突然發生了意想不到的變化，其影響在海軍部已經顯現。1915 年 3 月 22 日當天，「伊莉莎白女王」號軍艦上召開了一次會議，出席者包括德‧羅貝克中將、威姆斯少將、伊恩‧漢密爾頓爵士、伯德伍德將軍、布雷思韋特將軍和波倫艦長。伊恩‧漢密爾頓爵士記錄了會議的內容：

我們剛一坐下，德‧羅貝克便告訴我們，他已經非常明白，若沒有我們陸軍的全力支援，他無法穿越海峽。

在登船之前，布雷思韋特、伯德伍德和我已經達成共識，無論這些陸地部隊心中如何盤算，我們必須讓水手自行解決他們的問題。除非水手主動尋求我們的幫助或宣布他們放棄依靠海軍開闢通道的計畫，否則我們保持沉默，對登陸行動或兩棲行動既不贊成也不反對。

最終，他們尋求了幫助……

因此，討論便沒有展開。我們立即著手研究登陸計畫。

顯然，德·羅貝克中將在 1915 年 3 月 21 日下午或晚上做出了他的決定。這個決定影響深遠。它將政府和海軍部的政策完全拋在了一邊，而在這之前中將曾親自宣布過他完全贊同這個政策。這個由艦隊發起並獲得中將和海軍部同意的計畫就這樣被拋入九霄雲外。新的決定使艦隊退出了戰鬥，並將海軍承擔的責任加在陸軍身上。它使陸軍在極為不利的形勢下承擔了一項極端險惡而且至關重要的任務。這個決定完全違背了 1915 年 3 月 18 日戰鬥消息傳出後德·羅貝克中將從海軍部收到的最後那份電報的整體精神和具體條文。它已經超越了命令限定的範圍，而中將在接任指揮時曾表明他完全同意這些命令。確實，海軍部 1915 年 3 月 15 日在 109 號電報中有這麼一段話：「當漢密爾頓將軍抵達時，你必須在你認為有必要採取的任何大規模陸軍行動上與他取得一致。」但是這段話無論從含意上還是從文字上都沒有包含完全放棄海軍進攻，並由純陸軍行動取而代之的意思。

於是，在 1915 年 3 月 22 日的會議上，作出了兩項重要決定：首先，放棄海軍進攻，轉而全面進行陸軍進攻；其次，陸軍應撤回到亞歷山大，為這次進攻進行組織和準備工作，儘管這個過程至少要延遲 3 個星期。陸軍實際上到達得太遲，組織得也很糟糕，不易展開突然襲擊，但他們有充分時間出現在戰場上，誘使海軍終止其進攻計畫。

然而，人們必須充分諒解中將及其所代表的海軍觀點。對政治家和陸軍士兵而言，戰時的軍艦並沒有任何情感價值。它們只是戰爭機器，用於執行任務和冒險，必要時可以為了共同的事業和國家的基本政策而犧牲。在這些人看來，陸軍士兵的生命與海軍士兵的生命同樣寶貴，而一艘即將報廢的舊戰鬥艦不過是一個戰爭工具，有充分理由將其犧牲，就像為了掩護和支持步兵進攻而發射炮彈一樣容易。但對於有某種身分和教養的中將而言，這些舊軍艦是神聖的。當他還是一個年輕軍官初次踏上甲板時，她們還是海上的佼佼者。拋棄 1 艘軍艦的恥辱會深深銘刻在他的思想深處多

德・羅貝克中將改變計畫

年。眼見一艘高貴的戰艦可憐地沉入大海，是一件令人震驚和非同尋常的大事，因為在這艘戰艦上凝聚了無數赤膽忠心，她是海軍士兵們日常生活的漂浮住所。1915年3月18日這次重要的戰鬥僅損失不足30名英國水手和2、3艘無多大價值的軍艦，這會使普通人或陸軍士兵感到歡欣鼓舞；而且以如此微小的代價換取了許多有價值的成果。但是德・羅貝克中將卻從心底里感到悲傷和驚愕，這種情緒同樣也籠罩了海軍部的會議。

在德・羅貝克中將的陳述與伊恩・漢密爾頓爵士的陳述之間存在明顯差異。中將聲稱他改變主意是因為陸軍將軍向他「建議」，而陸軍將軍則明確表示：「我們剛一坐下，德・羅貝克就告訴我們，他已經清楚地知道，沒有我們陸軍的全力支持，他無法通過海峽。」對此，可能的解釋是：直到1915年3月21日晚間，中將還認為陸軍沒有得到授權可以進攻半島的任何地區，只有在艦隊占領航道後陸軍才可以占領布拉爾防線。一旦他得知陸軍可以朝任何方向行動，而且只要他提出要求，伊恩・漢密爾頓爵士已準備全力占領半島的南端，他便立即放棄了海軍進攻的計畫，請求陸軍開啟通道。

不論如何解釋，德・羅貝克中將的電報論點具有決定性。在海軍部，他的論點使得部分人堅定反對此次行動。在前線，他的論點導致艦隊陷入癱瘓。

1915年3月24日，伊恩・漢密爾頓爵士及其參謀團乘船前往亞歷山大。所有載有軍隊的運輸船都通過地中海駛向那裡。同一天，敵方也採取了重要行動。利曼・馮・桑德斯將軍此前一直是德國駐土耳其軍事使團的首領，但他從未行使過行政指揮權。土耳其人的困境和各次軍事行動帶來的危機促使恩維爾帕夏在1915年3月24日召見利曼・馮・桑德斯將軍到君士坦丁堡，並將守衛半島的土耳其軍隊的全部指揮權交給他。馮・桑德斯將軍在1915年3月26日接受了指揮權。他寫道：「3月26日以前，馬爾馬拉海兩側分布了5個師，這種部署必須徹底改變。此前他們按照完全

不同的原則部署兵力，就像古代的邊防衛士一樣，部隊沿整個海岸線分散鋪開。登陸的敵人會發現到處有抵抗，但沒有軍隊或後備隊展開頑強而有力的反擊。」

1915 年 3 月 23 日，我帶著沉重的心情向內閣通報，海軍中將及海軍部已決定不再繼續派海軍進攻，這次進攻無論如何也必須暫時擱置。自 1914 年 8 月危機以來，我受皇家海軍委派的諸多工作，迄今為止均已圓滿完成。首相、基奇納勳爵及內閣如今再度面臨選擇：如若他們願意，可以取消整個計畫，並以奪取亞歷山大勒塔為掩飾以免遭失敗。我們的傷亡人數比西線戰壕突擊戰要少得多，且沒有一艘重要軍艦沉沒。對於這樣的決定，我無話可說，儘管我可以據理力爭。然而，沒有必要再爭論了。每當事情變得糟糕，基奇納勳爵總是表現出紳士風度。他沒有責備，顯得自信、威嚴且寬容。在簡短的幾句話中，他承擔了重任，表示他將動用陸軍繼續軍事行動。因此，不需進一步討論：戰地海陸軍將領意見一致，基奇納勳爵的宣告在內閣成員面前無需再辯論。有關進行陸軍攻擊的決定既無正式決議，亦未在內閣或戰時會議紀錄中記載。回顧先前決定海軍進攻時的那場權衡有限風險和代價的漫長討論和研究，這次毫無聲息地投入巨大的陸軍冒險顯得格外異常。3 個月前，這個決定顯得何等安全、完善和可靠。然而現在呢？

當基奇納勳爵接下利用陸軍猛攻加里波利半島的任務時，他誤以為只需 1 週便能準備妥當並展開行動。然而，當他推翻 1915 年 2 月 16 日決定派遣第 29 師的決定，撤銷徵集運輸船隻的命令並解散船隊，並有意將問題拖延至 1915 年 3 月 10 日時，他實際上已將自己束縛住。他現在別無選擇，只能等待數週，眼睜睜看著危險和困難不斷增加，或者放棄整個行動計畫。這後者的選擇他絕不會考慮。相反，他已經決定進行，而事態也穩步發展中。

我依舊期盼海軍能持續施壓 —— 即便是在現有的規定範圍內 —— 以

德‧羅貝克中將改變計畫

鼓勵敵方恢復進攻，進而可能使陸軍免於慘烈的折磨。然而，他甚至未採取任何有限的軍事行動。他和他的參謀人員將全部心力投入到為陸軍登陸所需的全面而複雜的計畫中。「伊莉莎白女王」號再也沒有發射一炮，在接下來的一個月裡，所有軍艦都對敵人保持沉默。我無法使海軍的行動擺脫這個泥潭。所有消極的力量已經開始聯合起來。

自此，達達尼爾海峽的防禦因一道不可踰越的心理障礙而得以強化。狹窄水道處升起了一堵透明且完全無法移動的牆，無論任何武器都不能擊破這堵禁止行動的屏障。「不行」這個原則在人們心中扎根，已無可能剷除。我再也無法引導海軍部戰時領導小組和戰時會議採取果斷的行動。也無法促使第一海務大臣作出決斷。「不行」原則已經充斥在我們的會議之中，並以沉重的分量將我一直視為希望的事物壓得粉碎。1個月後，德‧羅貝克中將受到熱情的凱斯大力鼓舞，他仍然拒絕恢復海軍進攻。他已經無法挽回了。一旦「不行」占據了人心，我再也無法將其消除，不久，連我自己也屈服了。威姆斯少將在接替德‧羅貝克後，向新組建的海軍部委員會遞交了凱斯的計畫，並表明了他自己的堅定信念，但結果依然沒有任何改變。凱斯在10月分辭去了參謀長的職務，親赴倫敦向基奇納勳爵和我的繼任者請求進攻許可，但完全無濟於事。「不行」取得了勝利，得到了普遍的認可，結果帶來了無法估量的破壞。英國艦隊再也沒有能夠恢復對狹窄水道的進攻，這場進攻本來是根據1915年3月18日命令開始的，並且他們充滿信心地預期在短暫停頓後會繼續進行。然而，事實卻相反，他們在那裡等待了9個月，成為陸軍苦難和巨大損失的旁觀者，以及由此次事件中獲得不朽榮耀的見證者。他們一直期待著干預的機會，一直等待著輪到他們進行冒險和犧牲，最終卻不得不帶著殘餘的陸軍，在夜幕的掩護下，忍著悲痛和恥辱，撤離了這個遭受不可挽回失敗的地點。

然而，若海軍再度嘗試，他們將會發現大門已經敞開。他們經過改進的掃雷力量可以集中清除埃倫‧凱威海灣殘存的少數水雷。所有的損失都

能夠得到彌補。1915 年 3 月 18 日的戰役可以在 1 個月後以壓倒性優勢重新開始；若再度開戰，幾個小時內局勢就會變得明朗，戰鬥只能有一個結果。我們當時透過可靠的祕密管道得知，土耳其軍隊已彈盡糧絕。

海軍只需重新逐步推進和炮擊，我們便會驚訝地發現敵人的炮彈實際上所剩無幾。我們現在明白了一個當時很容易獲知的事實：對於那些能對裝甲軍艦造成損傷的重型大炮，他們僅剩不到 20 發炮彈。

在保加利亞加入中歐同盟國之前，德國無法向土耳其提供任何重磅炮彈。現在我們知道，只要繼續掃雷，有一點可以完全確定：那片水域已經沒有水雷了。君士坦丁堡剩餘的水雷 —— 無論是漂流的還是繫留的 —— 如同炮彈一樣不足一打，而且在長達 6 個月的時間內不會有水雷到達現場。

根據德國官方記載，由土耳其部隊內的德國總司令利曼・馮・桑德斯的參謀官所撰寫：

土耳其已耗盡大部分彈藥。中型榴彈炮和野戰炮的炮彈儲備已消耗過半。對於 5 門 25.5 公分（14 英吋）大炮而言，目前僅剩下 271 發炮彈，意味著每門大炮僅剩 50 發。對於 11 門 23 公分（9.2 英吋）大炮，每門也只有 30 至 50 發炮彈。遠端高爆炸藥炮彈的情形尤其嚴峻，幾乎全部耗盡，而只有這種炮彈才能有效對付裝甲。哈米迪耶堡壘僅剩 17 發炮彈；基利德巴哈爾只剩 10 發。儲備的水雷也已經用盡。如果 19 日及之後幾天繼續以同樣的勢頭進行戰鬥，結果會如何呢？

英國的官方軍事歷史學家撰文指出：

1915 年 3 月 18 日晚，土耳其的達達尼爾指揮部已完全處於絕望狀態。超過一半的彈藥已耗盡，且無法得到補充……有一點至關重要，若放棄君士坦丁堡，土耳其將無法繼續戰爭。所有的武器和彈藥生產工廠都集中在首都，英國艦隊將會摧毀這些設施，從德國獲取供應是不可能的……原本就不足的火力設施來源已被嚴重削弱。土耳其的炮兵士氣低落，若艦隊次

德‧羅貝克中將改變計畫

日繼續進攻，即使在場的德國軍官也顯然對成功抵抗不抱多大希望。

隨後繼續寫道：

在 9 道水雷線中，許多水雷已在海中放置了長達 6 個月之久，大部分據信已被海流沖走，或沉至船隻無法觸及的深度。至於其餘水雷，許多都是老舊型號，根本不可靠，由於數量不足，它們的間距平均為 90 碼，超過艦隻橫梁的 3 倍。

土耳其官方文獻記載如下：

為實現這一關鍵目標，敵人應無視較小的損失，繼續大規模進攻，他們原本可以成功通過水路占領海峽……哈米迪耶壘僅剩下 5 到 10 發炮彈，歐洲海岸的炮臺狀況也同樣糟糕。

根據我們當時掌握的資訊，我毫不懷疑，正如海軍部的電報所表明的那樣，陸軍所面臨的風險遠遠超過了海軍的風險，陸軍的傷亡人數將大大高於水手的傷亡人數。我們當時並不相信，土耳其防禦艦隊的力量如此脆弱，並且處於危急狀態。但是，沒有人真正計算過土耳其抵抗陸軍的巨大力量。陸軍部預計登陸和作戰取得決定性勝利需要付出 5,000 人的傷亡代價，而實際上，僅僅為了在半島上一個不重要的小尖端取得立足點，就傷亡了 13,000 人，並且在擴大基地的過程中付出了更多生命。這還不包括在蘇夫拉海灣戰役之前幾個月裡蒙受的慘重損失和浪費，也不包括在那個戰役中傷亡的 40,000 人以及在最後撤離前遭受的 20,000 人的傷亡。

我們此刻必須審視那些歷史場景：充滿不朽英雄主義的 1915 年 4 月 25 日，令人無計可施與極度失望的 5 月，悲劇籠罩的 8 月，以及接連遭受毀滅性失敗的 12 月。倘若那些握有重權、肩負歷史重任的人見到這些場面，勢必會認為，最明智的選擇還是堅決且忠實地執行已發出的命令和任務，堅持海軍進攻的策略！

大戰將臨，邱吉爾親歷的帝國紛爭：
從外交僵局到兵戎相見，英國首相重述一戰歷史

作　　　者：	[英] 溫斯頓・邱吉爾 （Winston Churchill）	
編　　　譯：	伊莉莎	
發 行 人：	黃振庭	
出 版 者：	複刻文化事業有限公司	
發 行 者：	複刻文化事業有限公司	
E - m a i l：	sonbookservice@gmail.com	
粉 絲 頁：	https://www.facebook.com/sonbookss/	
網　　　址：	https://sonbook.net/	
地　　　址：	台北市中正區重慶南路一段61號8樓 8F., No.61, Sec. 1, Chongqing S. Rd., Zhongzheng Dist., Taipei City 100, Taiwan	
電　　　話：	(02)2370-3310	
傳　　　真：	(02)2388-1990	
印　　　刷：	京峯數位服務有限公司	
律師顧問：	廣華律師事務所 張珮琦律師	
定　　　價：	580 元	
發行日期：	2024 年 12 月第一版	

◎本書以 POD 印製

Design Assets from Freepik.com

國家圖書館出版品預行編目資料

大戰將臨，邱吉爾親歷的帝國紛爭：從外交僵局到兵戎相見，英國首相重述一戰歷史 / [英] 溫斯頓・邱吉爾（Winston Churchill）著，伊莉莎 編譯. -- 第一版. -- 臺北市：複刻文化事業有限公司, 2024.12

面；　公分

POD 版

譯自：The World Crisis

ISBN 978-626-7620-11-3(平裝)

1.CST: 第一次世界大戰

740.272　　　　113017896

電子書購買

爽讀 APP　　臉書